중앙아시아 이슬람의 역사적 경험과 문화

Historical and Cultural Experience of Islam in Central Asia

신범식 엮음

양승조, 손영훈, 고가영, 오원교, 오은경, 최아영, 김상철 지음

진인진

중앙아시아 이슬람의 역사적 경험과 문화
Historical and Cultural Experience of Islam in Central Asia

초판 1쇄 발행 | 2019년 10월 30일

편저자 | 신범식
저　자 | 양승조, 손영훈, 고가영, 오원교, 오은경, 최아영, 김상철
편　집 | 배원일
발행인 | 김태진
발행처 | 진인진
등　록 | 제25100-2005-000003호
주　소 | 경기도 과천시 별양상가 1로 18 614호(별양동 과천오피스텔)
전　화 | 02-507-3077-8
팩　스 | 02-507-3079
홈페이지 | http://www.zininzin.co.kr
이메일 | pub@zininzin.co.kr

ⓒ 진인진 2019
ISBN 978-89-6347-427-4 93300

* 책값은 표지 뒤에 있습니다.
* 본 책자는 2015년 대한민국 교육부와 한국연구재단의 지원을 받아 수행된 연구의 결과물이다.
  (NRF-2015S1A5A2A03049727).
  (공동연구 제목: 중앙아시아 이슬람의 역사적 경험과 현재적 선택 / 연구기간: 2015.11.1-2017.10.31.)

* 본 연구는 2016년 및 2017년 서울대학교 아시아연구소의 아시아연구기반구축 사업의 지원을 받아
  수행되었다. (#SNUAC-2016-003 / #SNUAC-2017-003)
  (연구기간: 2016.03.01.-2017.02.28. / 2017.03.01-2018.02.28)

목차

머리말 ··· 5

서장 ·· 7

I. 중앙아시아 이슬람의 역사적 경험 ··· 25

   제1장   예카테리나 2세 시기 남시베리아 스텝지역에서 제정 러시아의
               이슬람 정책과 오렌부르크 이슬람 종무원(ОМДС) ················ 27

   제2장   18세기 말-19세기 중반 제정 러시아의 대 카자흐인 정책과
               오렌부르크 이슬람 종무원(ОМДС) ··· 61

   제3장   중앙아시아 자디드 운동과 러시아 혁명 ······························· 95

   제4장   스탈린 시기 소비에트 중앙 정부의 중앙아시아 이슬람 정책 ··· 125

   제5장   해빙기 소비에트 정부의 중앙아시아 이슬람 정책과 냉전 ······ 157

II. 현대 중앙아시아의 이슬람 문화와 교육 ··································· 197

   제6장   현대 우즈베키스탄의 생활이슬람의 양상과 전망 ·············· 199

   제7장   이슬람의 중앙아시아 투르크 세계 전파와 수피즘 ············· 253

   제8장   우즈베키스탄 역사교과서에 나타난 이슬람 서술 분석 ········ 277

   제9장   카자흐스탄 이슬람 연구: 이슬람 종무기구와 교육제도를
               중심으로 ··· 307

머리말

본 연구는 지구정치의 신흥지역으로 부상하고 있는 중앙아시아에서 이슬람을 주제로 이 지역의 특성을 살피려는 시도이다. 보편적 세계종교로서의 이슬람에 대한 관심보다는 지역적 특성이 반영된 사회적 현상으로서의 지역 이슬람의 특성에 대한 관심이 연구의 중심에 있다.

원래 이 연구는 서울대아시아연구소 중앙아시아센터가 수행하였는데, "중앙아시아 이슬람의 역사적 경험과 현재적 선택"(2015~2017)을 주제로 한국연구재단의 공동연구 지원을 받았고, 서울대아시아연구소의 기반구축사업(2016-2018)으로도 지원을 받았다. 3년 가까운 기간 동안 진행된 연구의 결실을 이제 두 권의 책으로 세상에 내놓게 되었다.

첫째 책『중앙아시아 이슬람의 역사적 경험과 문화』와 둘째 책『중앙아시아 이슬람의 현재: 정치·사회·경제적 선택』에는 각각 9편씩 총 18편의 연구논문이 담겨져 있다. 첫째 책은 "중앙아시아 이슬람의 역사적 경험"과 "현대 중앙아시아의 이슬람 문화와 교육"을 중심 주제로 연구된 결과물이고, 둘째 책은 "이슬람과 국가건설", "이슬람과 중앙아시아 사회", "이슬람과 중앙아시아 경제"에 관한 연구물이다.

본서로 전달되는 연구결과가 지역으로서의 중앙아시아와 그 이슬람에 대해 관심을 가진 연구자들과 후학들에게 새로운 흥미를 유발하고 창조적인 논쟁거리를 제공할 수 있다면 더없는 큰 보람이 될 것이다. 하지만 평가는 독자들의 몫이기에 이제 연구 결과를 떨림으로 겸허히 내려놓는다.

이 책이 나오기까지 많은 분들이 애써 주셨다. 무엇보다 연구에 함께 참여해 주신 필자들의 노고에 깊은 감사를 표하고 싶다. 그리고 책의 출판 과정에서 세밀한 논평과 지적을 해 주신 심사자들께도 깊은 감사를 드린다.

바쁜 연구일정 가운데서도 책 출판을 위해 끝까지 수고해 주신 최아영 박사님과 고가영 박사님 그리고 수차례의 현지조사를 비롯해 여러 궂은일들로 애써준 이금강, 소히바 유수포바 조교에게도 깊은 고마움을 표한다.

아울러 연구와 책 출간이 가능하도록 다방면의 지원을 아끼지 않은 아시아연구소와 출간과정에서 수고해 주신 진인진 관계자들께 감사를 드린다.

2019년 10월에
필진을 대표하여 신범식 씀

서장

신범식

제국주의 시기 지정학자들에 의해 심장부지역으로 주목받다가 갇혀버린 땅으로 주변화 되었던 중앙아시아가 다시 주목받고 있다. 현재 중앙아시아[1]는 자원과 물류의 이동과 흐름, 교류와 상호작용의 중심지로 대두되고 있다. 중앙아시아 지역은 유럽과 아시아를 연결하는 통로의 역할을 할 수 있는 공간으로 중국, 러시아, 서구 국가들이 이곳으로의 진출을 꾀하고 있다. 특히 에너지 지정학의 관점에서 볼 때 석유나 천연가스 등 지하자원이 풍부한 중앙아시아 지역은 세계 주요 강대국들 간의 상호의존관계를 심화시킬 잠재력을 가지고 있다(콜더 2013).

푸틴 정부 이래로 중앙아시아 지역에 대한 영향력을 다시 강화하고 있는 러시아는 2015년 중앙아시아 지역을 포함하는 구소련 지역의 경제적 협력과 결속을 강화하기 위한 목적에서 유라시아경제연합(Eurasian Economic Union, EEU)을 출범시켰다. 또한 세계 제2의 경제대국으로 성장한 중국도 중앙아시아

---

[1] 중앙아시아의 범주에 대해서는 많은 논의가 진행되고 있으나, 여기에서는 현재적이고 정치적인 범주로서의 중앙아시아, 즉 카자흐스탄, 우즈베키스탄, 키르기스스탄, 타지키스탄, 투르크메니스탄 5개국을 포함하는 지역으로 정의한다.

지역에 대한 영향력을 확대하고 있다. 2013년 9월과 10월 시진핑 정부는 중앙아시아 지역을 통과하는 '일대일로' 전략을 발표했고, 이 원대한 계획의 실현을 위한 외교적·경제적 노력을 적극적으로 기울이고 있다.

이렇듯 중앙아시아 지역은 역사적·지리적 관계를 바탕으로 강한 영향력을 행사하고 있는 러시아와 중국은 물론이고 미국을 비롯한 서구 열강의 진출과 함께 전 세계적 차원에서 지정학적·지경학적 중심지로 부상하고 있다.

또한 중앙아시아 지역은 국제적·지역적 불안정을 초래할 수 있는 요인 역시 가지고 있다. 2001년 9·11 테러 이후 이 사태의 주범으로 이슬람 근본주의 세력이 지목되었고, 미국의 주도로 아프가니스탄과 이라크 등지에서 '범지구적 대테러 전쟁(Global War On Terror, GWOT)'이 진행되었다. 이때 중앙아시아 국가들은 인구의 대다수가 이슬람교도임에도 불구하고 이슬람 세력과 전쟁을 벌이는 미국에게 공군기지를 제공하는 등 대테러작전에 적극적으로 협조하는 모습을 보임으로써 국제정치·안보 상황의 변동에 일정한 역할을 수행할 수 있는 행위자로 등장했다(Cornell 2002). 동시에 이슬람 근본주의가 확산되고 테러리즘의 위험이 높은 지역으로 주목받고 있는 것도 사실이다(강봉구 2014).

이렇게 중앙아시아 지역이 자원과 교역의 중심지로서 기회의 도전의 공간이자, 강대국 간 세력충돌이 벌어지고 있는 전략적 요충지로서 중요성을 더해가는 가운데, 세계적 변동의 역동성이 집약되어 표출되고 있는 중앙아시아 지역에 대한 이해와 연구가 필수적이다.

한편 중동 지역에서 한 때 맹위를 떨쳤던 이슬람 극단주의 무장단체인 '이슬람국가(Islamic State of Iraq and al-Sham, ISIS)'의 영향으로 중앙아시아 국적의 청년들이 실제로 이슬람국가에 다수 가담하여 중동에서 발생한 유혈 사태에 참전하는 사례가 발생했고,[2] 이로 인해 권위주의 정권과 청년 실업·빈곤 등의 문

---

2   예를 들면 최근에 3,000명 이상의 우즈베키스탄 국민이 이슬람국가에 가담하기 위해 시리아

제를 안고 있는 중앙아시아 국가들에서도 이슬람이 급진화·폭력화할 가능성이 있다는 우려의 목소리가 제기되는 등 최근 중앙아시아를 이해하는 데 있어서 이슬람이라는 키워드의 중요성이 높아지고 있다(장병옥 2013). 비단 앞의 사례뿐만이 아니라 이슬람은 중앙아시아 지역의 과거와 현재를 관통하여 때로는 통치의 수단과 대상으로서, 때로는 저항의 매개나 주체로서 이 지역 현실에 영향을 미쳐왔다.

역사적으로 이슬람의 중앙아시아 도래부터 중앙아시아 국가들이 소련으로부터 독립하기 전까지 중앙아시아 이슬람을 간략하게 되짚어 보면 세 시기로 나누어서 볼 수 있다. 먼저 중앙아시아 지역에 이슬람이 전파된 것은 7세기 중엽이고, 8세기 중엽부터는 이 지역의 본격적인 이슬람화가 이루어지기 시작했으며, 이후 순니 하나피(Hanafi)와 수피즘(Sufism)을 중심으로 하는 중앙아시아의 이슬람화 과정은 커다란 무력충돌 없이 비교적 순조롭게 진행되었다(이문영 2003: 145-148). 중앙아시아 지역에서 이슬람은 매우 오랜 시간에 걸쳐 사람들의 삶 속에 깊숙이 착근·침윤하게 되면서 이 지역 사람들의 역사적·문화적 정체성의 일부를 이루게 된 것이다.

19세기 후반 중앙아시아 남부 지역을 점령한 제정 러시아는 사적인 신앙이나 관행으로서의 이슬람은 용인했으나, 공적인 제도나 기구로서의 이슬람은 통제하고 억압했다(Brower 1997). 이렇게 이 지역에서 이슬람은 제국의 식민통치 및 행정을 위한 주요한 고려의 대상이었으며, 효율적인 지배를 위한 도구가 되기 시작했다. 이러한 영향으로 권력에 대한 종속성은 중앙아시아 이슬람의 주요한 특징이 되었다.

소비에트 국가 수립 이후 탈종교화를 공식담론으로 채택한 정부와 이슬람은 일반적으로 탄압과 저항이라는 갈등구도 속에 있었던 것으로 평가되고 있다(Hann 2009). 그러나 소비에트 정권은 언제나 일방적으로 이슬람을 탄압한 것이

로 향했고, 다른 중앙아시아 국가들도 유사한 문제를 안고 있다(Vatchagaev 2015).

아니라 국제 정세와 국내 상황의 필요에 따라 이슬람과 협력관계를 구축하기도 했다.

이슬람은 중앙아시아의 역사에서 중요한 역할을 했을 뿐만 아니라, 독립 이후 각국 정권이 국가 체제와 제도를 정비해 나가는 과정에서도 핵심적인 요인으로 작용하고 있다. 즉 신생 중앙아시아 정권은 새로운 국가 건설 및 통합의 기제로서 개인적·사회적 관행과 문화로 자리 잡은 이슬람의 상징자원에 주목하여 정권의 정당성을 확보하고 국민적 정체성을 형성하기 위해 이를 적극적으로 활용하기도 했다(Karagiannis 2009).

하지만 독립 이후 중앙아시아 권위주의 정권의 억압적인 통치에 대한 반발과 경제상황의 악화로 인해 발생한 이 지역 급진 이슬람은 각국 및 전체 지역의 현상(現狀)과 안정에 대한 위협 요인으로 인식되면서 탄압의 대상이 되고 있다(오원교 2008: 365-369). 사회가 이슬람을 매개로 국가 혹은 정권에 대해 자신의 요구와 불만을 표출하는 과정에서 조직된 급진 이슬람이라는 새 도전이 중앙아시아 지역 집권 세력 앞에 제기된 것이다(International Crisis Group 2003).

독립 이후 중앙아시아에서는 국가에 의해 공식화·제도화된 이슬람이 활성화되고 있기도 하고, 사회로부터의 도전으로 표출되는 이슬람이 등장하고 있기도 하지만 사람들의 일상과 문화, 관행과 전통의 일부로서의 이슬람 역시 부흥하고 있다(Poliakov 1992; Rasanayagam 2011). 이것은 중앙아시아 사람들이 국가 기구로서의 이슬람이나 교조화된 이념으로서의 이슬람이 아니라, 토착화·세속화된 삶의 방식으로서의 이슬람을 자신들의 정체성의 토대 혹은 준거로 선택하고 있기 때문이다.

따라서 중앙아시아 지역에 대한 폭넓고 깊이 있는 이해를 위해서는 중앙아시아의 역사, 정치, 사회, 문화와 이슬람이 가지고 있는 관계에 대한 다각적인 관찰이 필요하다.

하지만 중앙아시아 이슬람에 대한 연구의 높은 필요성에도 불구하고 지금까지 중앙아시아의 이슬람을 이해하는 데에는 몇 가지 한계점이 존재해왔다 (Khalid 2007: 1-18).

첫째, 우리는 이슬람을 하나로 묶어서 이 종교와 관련된 현상들을 모두 파악할 수 있다는 착각을 하고 있다. 기독교가 하나가 아니듯 이슬람도 하나가 아니며, 역사를 통해 이슬람이 겪은 다양한 경험의 차이와 지역적 환경의 차이는 다양한 이슬람이 지구상에 존재하고 있음을 보여 준다.

둘째, 이슬람이라는 종교가 민족주의와 어떤 상관성을 가지는지에 대한 이해가 부족하다. 이슬람은 모두 한결같은 이슬람 극단주의의 특성을 띨 것이라는 오해가 있다. 하지만 이슬람이 근대와 조우한 이후 본격적으로 정치 영역에 들어온 것은 20세기에 들어와서의 일이며, 이는 이슬람국가를 지향하는 이란의 혁명, 소련의 아프간 침공에 대항하는 사우디아라비아와 파키스탄의 성전(jihad) 그리고 최근 들어 격화된 테러와의 전쟁에 대한 성전 등으로 구체화되었다. 이 과정에서 모든 이슬람이 정치에 깊이 영향을 끼치는 것이라는 이해가 고착되었다. 하지만 이슬람 국가들 가운데 터키의 세속주의나 말레이시아의 국가주의는 이슬람과 민족주의 그리고 그를 기반으로 하는 국가의 형태를 일의적으로 규정하기 어렵게 만든다. 즉 이슬람과 정치의 관계가 지역마다 다르게 나타나고 있다는 점에 주목하고, 그 지역적 특성에 기반한 지역 이슬람의 특성을 이해하는 것이 중요하다.

셋째, 이슬람이 공산주의와는 대립적이며 자본주의와 친화적이라는 잘못된 편견이다. 실상 이슬람 교리는 사회정의에 깊은 관심을 가지며 사회주의 원리에 대한 친화성을 가진다. 이런 편견은 소련의 아프가니스탄 침공 시 이에 대항하여 만들어진 미국의 반공주의와 사우디-파키스탄의 연대가 결합되어 나타난 현상으로 보인다. 따라서 공산주의와 이슬람의 상호작용에 대한 이해를 통하여 그 실제에 대한 해석과 논의가 더 발전될 필요가 있다.

이 같은 관점에서 보았을 때에 중앙아시아의 이슬람에 대한 연구는 단순히 종교로서 이슬람에 대한 이해를 구하기보다는 다양한 이슬람의 모습을 이해하고, 이슬람과 공산주의의 조우가 가져온 결과를 이해하며, 나아가 근대국가 형성 과정에서 이슬람이라는 문화적 요소가 어떻게 현실적인 정치, 경제, 사회적 상호작용에 영향을 미치는가를 밝히는 데에 있어서 매우 유용한 연구의 장(場)을 제공한다고 할 수 있을 것이다.

정리하자면 중앙아시아 이슬람은 오랜 시간에 걸쳐 사람들의 일상과 관행에 뿌리 내린 삶의 방식이자 국가 통치의 도구로서 제도나 정책 등에 스며들어 나타나는 현상이다. 즉 중앙아시아 이슬람은 다른 지역의 이슬람과는 다른 역사적 맥락에서 수용·계승되어 왔고, 다른 지역과는 다른 구조적·제도적 환경과 행위자 요인에 의해 그 모습과 전개 양상이 결정되어온 것이다. 본 연구는 이처럼 중앙아시아 이슬람이 다른 지역과 차별화된 중앙아시아 지역의 특성이 반영된 '사회적 현상'이라는 점에 착목하여 "중앙아시아 이슬람의 역사적 경험과 현재적 선택"이 이루어진 과정에서 발견되는 중앙아시아 이슬람의 고유한 특성을 밝혀내는 것을 목적으로 한다.

"중앙아시아 이슬람의 역사적 경험과 현재적 선택" 시리즈는 총 두 권으로 구성되어 있다. 첫 번째 책 『중앙아시아 이슬람의 역사적 경험과 문화』와 두 번째 책 『중앙아시아 이슬람의 현재: 정치·사회·경제적 선택』에는 총 18편의 논문이 담겨 있다. 첫 번째 책은 다시 "중앙아시아 이슬람의 역사적 경험"과 "현대 중앙아시아의 이슬람 문화와 교육"이라는 부분으로 나뉘어 서술하고 있다. 제1부(1~5장)에서는 중앙아시아의 이슬람이 러시아 제국의 정복과 영토 확장의 결과 새로운 문명권에 편입된 후부터 소비에트 체제를 거치는 동안 외부와 어떠한 관계를 가졌는지를 보고 있다. 제2부(6~9장)에서는 소비에트연방으로부터 독립을 얻은 중앙아시아 국가들의 이슬람이 이 지역과 세계 속에서 어떤 특성을 가진 문화적 요인으로 발현되고 작동하는지를 탐색하고 있다.

제1장("예카테리나 2세 시기 남시베리아 스텝지역에서 제정 러시아의 이슬람 정책과

오렌부르크 이슬람 종무원(ОМДС)")에서는 제정 러시아의 이슬람 정책에 대한 기존 시각들, 즉 이슬람에 대한 일관된 탄압이 기본 기조였다는 다수 주장과 온건책과 강경책을 상황에 맞춰 사용했다는 수정주의 해석을 모두 비판적으로 바라보면서, 정책의 본질을 제국 체제의 일원화와 제국에 대한 구성원의 충성심 확보에서 찾고 있다. 이를 보여주기 위해 1장에서는 예카테리나 2세 시기 설립된 오렌부르크 이슬람 종무원의 설립 배경과 활동을 분석하고 있으며, 이를 통해 다음의 사실들을 제시하고 있다. 첫째, 러시아인들에게 있어 이슬람 지역과 무슬림 통치는 오랜 역사를 가진 문제였으며, 이러한 조건 속에서 제정 러시아가 수행한 이슬람 정책의 본질은 병합한 지역을 제국 영토에 확고하게 결합하는 것이었다. 그리고 제정은 이러한 목적을 달성하기 위해 필요에 따라 억압책과 유화책을 선택적으로 사용했다. 둘째, 제정 러시아가 경계를 접하고 있던 몽골-타타르 계통의 칸국들과의 경쟁에서 승리함으로써 복속하게 된 무슬림들에 대한 통치권을 확립하는 과정에서 설립된 오렌부르크 이슬람 종무원은 복속된 무슬림 신민을 기존 국가체제에 결합하기 위해 활용한 기구였다는 점에서 제정 러시아에서 수행한 이슬람 정책의 성격을 잘 보여주는 좋은 예이다. 셋째, 초대 종무원장인 무함메드잔 후사이노프(Мухаммеджан Хусаинов)의 예에서 알 수 있듯이, 이러한 러시아 제국의 이슬람과 무슬림 정책에 있어 오랜 시간을 거치며 제정의 충실한 신민이 된 무슬림 타타르가 중요한 역할을 담당했음을 확인할 수 있다.

2장("18세기 말-19세기 중반 제정 러시아의 대 카자흐인 정책과 오렌부르크 이슬람 종무원(ОМДС)")에서는 18세기 말-19세기 중반에 걸쳐 카자흐 스텝 지역에서 수행된 제정 러시아의 이슬람 정책을 오렌부르크 이슬람 종무원의 활동을 중심으로 살펴보았다. 이를 통해 다음과 같은 사실들을 확인할 수 있었다. 첫째, 예카테리나 2세 이래로 제정 러시아는 오렌부르크 이슬람 종무원을 통해 카자흐 스텝 지역의 이슬람화를 적극적으로 지원했다. 이 과정에서 제정은 카자흐 스텝과 그 주변지역에 이슬람 사원 건축을 지원하고 이슬람 경전인 쿠란을 인쇄해서 배포하는 등의 활동을 정책적으로 수행했다. 둘째, 이러한 제정 러시아의 활동은 러시아 영토 내에서 이슬람을 용인하고 수용하기 위한 조치가 아니었으며, 오히려 19세기 전반기에 카자흐 스텝 지역을 놓고 벌어지던 국제적 경쟁 속에서 이 지역을 자국 영토로 확보하기 위해 수행된 정책적 행동이었다. 종교적 수월성을 기반으로 카자흐 부족들로부터 신뢰를 확보하고 있었던 오렌부르크 이슬람 종무원은 러시아 제국이 카자흐 스텝 지역을 둘러싸고 복잡하게 전개되고 있던 국제정치 상황 속에서 자신의 이해관계를 카자흐 스텝 지역에서 확립하는 데 있어 커다란 기여를 했다. 셋째, 카자흐 스텝 지역을 완전히 장악한 이후 제정은 필요성을 상실한 오렌부르크 이슬람 종무원과 타타르 무슬림 지도자들을 배제한 채 이 지역을 직접적으로 관할하게 되었다.

앞의 두 장과 다르게 3장("중앙아시아 자디드 운동과 러시아 혁명")은 러시아 제국 말기 중앙아시아 이슬람 사회가 체제에 대응한 방식인 자디드 운동에 대해서 다루고 있다. 중앙아시아 이슬람 사회에서 자디드 운동은 애초에 종교 영역에서 출발하여 점차 교육과 문화 영역으로 확대되었고 궁극적으로 정치 영역에 이르면서 온건한 개혁에서 급진적 혁명으로 진화하게 되었다. 사실상 중앙아시아 자디드 지식인들의 급진화는 1917년에서 1920년까지의 러시아 혁명과 내전으로 대표되는 대변혁 시기에 중앙아시아를 중심으로 전개되었던 극도로 유동적인 대내외적 정치상황의 변화 과정에서 이슬람 사회의 지속적인 개혁과 근대화를 추진하기 위한 적극적 대응 전략이었다. 자디드 지식인들은 러시아 혁명과 내전 그리고 중앙아시아에서 발생한 극심한 기근, 민족간의 유혈 분쟁 등의 최악의 사태와 관련하여 개혁의 실패로 인한 암흑의 미래가 현실화되고 있다고 우려했다. 따라서 이들은 개혁을 위해 권고 이상의 급진적 변혁을 야기하는 전략을 필요로 했던 것이다.

중앙아시아 자디드 지식인들의 급진화는 유럽에 대한 시각에도 근본적인 변화를 야기하였다. 1917년 이전 자디드 지식인들은 놀라울 정도로 무슬림 사회의 근대적 개혁적 모델로 유럽 문명을 찬양하였으나 10월 혁명 이후 급진적 변화에 대한 열망에 오스만 제국의 몰락과 이슬람 세계의 심장부에서 영국의 승리에 대한 고뇌가 합치되면서 급격히 변화하기 시작하였다. 결국 자디드 지식인들은 유럽 제국주의에 대한 신랄한 비판과 더불어 당시 반제국주의 세력을 대표하였던 러시아와의 전략적 동맹을 선택하였다. 따라서 1917년 가을에서 1920년 여름 사이에 자디드 지식인들의 수사에는 두 가지 근본적인 변화가 발생하였다. 비록 무슬림 정체성을 단념하지 않았다 하더라도 이미 깊이 세속화된 무슬림 정체성은 민족적 정체성으로 대체되었고 유럽의 문명국가를 추종하라는 권고들은 격렬한 반제국주의로 대체되었다. 자디드 지식인들의 반제국주의는 계급이 민족에 의해 대체된다는 자체의 혁명적 논리를 지니게 되었고 따라서 중앙아시아에서 혁명은 결국 민족화되는 결과를 초래하였다. 한편 자디드 지식인들의 반제국주의는 볼셰비키와의 긴밀한 관계를 유발한 연결고리로 작용하였다. 자디드 지식인과 볼셰비키와의 사실상의 동맹은 불평등하고 일시적이었지만 자디드 지식인들의 급진화를 촉진하면서 결과적으로 이슬람 사회의 소비에트화에 기여하였다. 결국 소비에트 체제에 잠여한 자니드 시식인들은 국가를 통하여 그토록 갈망하던 이슬람 사회의 문화 개혁에 헌신하였지만 혁명의 독점을 주장하는 볼셰비키에 의해 점차로 공공 영역에서 배제되어 숙청되고 말았다.

4장과 5장은 소비에트연방 시기 중앙아시아를 다루고 있다. 4장("스탈린 시기 소비에트 중앙 정부의 중앙아시아 이슬람 정책")은 소비에트 정부와 중앙아시아 이슬람과의 관계를 살펴본 글이다. 일반적으로 소비에트 시기에는 이슬람교는 탄압받은 것으로 인식되어 있다. 이러한 인식이 과연 옳은 가를 중앙아시아 공식 이슬람의 대표적인 기구인 '사둠'의 설립과 활동을 통해 살펴보았다. '사둠'의 설립의 계기는 2차 대전이었다. 독일의 침공으로 인해 소련은 독일과 총력전을 펼쳐야 했다. 전쟁 이전 탄압을 받았던 이슬람교도들은 소련의 전쟁 수행을 지원하기 위해서 전쟁 물자 동원을 목적으로 하는 '사둠'을 설립했으며, '사둠'을 통해 전비 충당 뿐 만 아니라 모스크를 여는 것, 신학교를 설립하는 것, 성지순례를 가는 것, 영묘를 관리하는 것 등 종교적인 토대도 마련할 수 있었다.

    2차 대전 종전 이후 얼마지 않아 발발한 냉전으로 인해 '사둠'은 계속해서 정부와 동반자 관계를 갖게 되었다. 냉전 체제 하에서 아랍을 끌어들여야 했던 소련은 이슬람교에 대해 지속적으로 우호적인 정책을 펼쳤다. 이는 냉전 시기 '사둠'의 활발한 국제교류 현상을 통해 잘 드러난다. 이처럼 국제적, 국내적 상황으로 인해 이슬람교는 무신론을 표방한 소련에서 일방적으로 탄압당하기만 한 것이 아니라 정부와 동반자 관계를 형성하기도 했다.

    5장("해빙기 소비에트 정부의 중앙아시아 이슬람 정책과 냉전")에서는 스탈린 체제 이후 소비에트 연방에서 이슬람 정책은 어떠한 변화를 겪었는지 살펴보고 있다. 1953년 스탈린이 사망한 이후 집단지도체제 하에서 권력투쟁이 지속되는 동안은 종교에 대한 온건 정책이 우세했다. 그러나 1956년 말렌코프와의 권력다툼에서 승리한 후, 흐루쇼프는 정적인 스탈린주의자들을 누르고 자신의 권력을 공고히 하기 위해 스탈린 격하운동을 본격적으로 펼쳤다. 그런데 이러한 탈스탈린 운동 중 중요한 부분을 차지한 것은 스탈린이 전시에 행했던 종교에 대한 완화정책에 대한 비난이었다.

    전시의 스탈린의 종교정책은 '종교는 아편이다'라고 선언했던 마르크스와 레닌의 기조에 벗어나는 것이었기 때문에 스탈린 격하운동의 좋은 도구가 될 수 있었다. 1957년 집단지도체제에서 벗어나 권력을 획득한 흐루쇼프는 스탈린주의자들의 저항을 누르고, 자신의 권력을 더욱 공고하게 하기 위해 1958년 후반부터 '반-종교 캠페인'을 대대적으로 펼쳤다. 이러한 '반-종교 캠페인'의 혹독한 바람은 러시아 정교회와 침례교를 비롯한 소규모의 종파들인 개신교, 유대교에 혹독하게 불어 닥쳤다.

이러한 반-종교 정책의 바람은 이슬람교에도 불어 닥쳤지만, 다른 종교들과 비교할 때 그 강도는 미약했다. 그 이유는 냉전체제의 수립과정에서 제3세계에 속하는 지역들, 특히 중동과 동남아시아 지역의 무슬림들이 서구 제국주의로부터 벗어나 민족주의적 저항을 펼치는데 이슬람을 활용하고 있었기 때문이었다. 이스라엘이 친미노선을 택함으로써, 반미 경향이 강해진 중동 국가들과의 원활한 연대를 위해 흐루쇼프는 '반-제국주의 아젠다'를 내세우며 국내의 무슬림 기구인 '중앙아시아 무슬림종무원'을 활용하였다.

중앙아시아의 무슬림들은 국내에서는 '반-종교 캠페인'의 비바람 속에 있었으나, 국제관계 속에서 펼쳐지는 '반-제국주의 아젠다'라는 우산 속에서 거할 수 있었다. 이러한 현상들은 오늘날 중앙아시아 국가들에서 이슬람과 국가와의 관계를 이해할 수 있는 단초가 된다. 물론 모든 무슬림들이 이처럼 국가가 제공한 우산 속에서 공인 이슬람의 노선만을 추구한 것은 아니었다. 흐루쇼프 통치시기의 중앙정부의 이러한 정책들은 비공인 이슬람을 태동시켰으며, 오늘날 중앙아시아 이슬람의 중요한 한 축을 형성하고 있다.

2부의 시작인 6장("현대 우즈베키스탄의 생활이슬람의 양상과 전망")에서는 현대 우즈베키스탄의 생활이슬람의 양상과 전망에 대한 구체적·심층적 분석을 진행한다. 우즈베키스탄에서 이슬람은 오랜 역사적 부침을 거듭했지만 개인적, 사회적 삶의 강력한 조정자이고 종교적, 문화적 정체성의 고유한 벡터이며 민족적, 지역적 연대의 단일한 기초로서 작용해 왔다. 특히 무슬림들의 삶 속에 깊이 뿌리내린 생활이슬람은 통상적 의미의 종교에 국한되는 것이 아니라 삶의 규범이자 양식이며 총체이다. 제6장은 소통과 상생, 화합과 번영의 관점에서 먼저 독립 이후 우즈베키스탄 이슬람 사회의 현재적 양상을 탐색하였다. 이를 위해 이슬람 부흥의 와중에 식민 지배의 부정적 유산과 체제 전환의 복합적 요인의 작용으로 생겨난 이슬람의 분열과 반목의 실상을 공식이슬람, 저항이슬람, 생활이슬람을 통해 개괄적으로 고찰하였다. 뒤이어 생활이슬람의 실제적 상황을 제도적, 일상적 차원에서 다양한 예들을 통해 세밀하게 추적하였다. 더불어 여론조사에 기초하여 무슬림들의 종교적 태도와 인식을 구체적으로 검증하였다. 그리고 마지막으로 생활이슬람의 미래적 전망을 현 실태에 대한 비판적 성찰과 잠재성에 대한 적극적 모색의 차원에서 시대적 과제의 일환으로 개진하였다. 현대 우즈베키스탄의 생활이슬람의 양상과 전망에 대한 체계적 고찰과 총체적 규명은 현대 우즈베키스탄의 사회 문화에 대한 보다 넓고 깊은 이해에 일조할 것이다.

　7장("이슬람의 중앙아시아 투르크 세계 전파와 수피즘")은 중앙아시아 민족들과 밀접한 연관성을 가지고 있는 투르크인들에 대해서 살펴보고 있다. 이슬람을 창시했던 아랍인들 못지않게 투르크인들도 8세기 이슬람을 받아들이고 난 이후 역사 속에서 이슬람 문명을 주도했던 주역들이었다. 그러나 이런 사실에 주목하는 사람들은 많지 않다. 투르크인들의 이슬람의 가장 두드러진 특성은 수피즘이라고 볼 수 있으며, 수피들은 역사적으로 주도적인 이슬람 전도사 역할을 담당했었다. 이런 맥락에서 이 글에서는 수피즘의 태동과 더불어 투르크-이슬람 세계 속 전파와 확산 그리고 근대화로 인한 변화 등을 알아보고자 한다.

　투르크인들은 토착신앙이나 문화와 융합하여 새로운 이슬람을 창조한 것과 함께 수피즘을 받아들이고 확산시키면서 관용과 평화의 깊이 있는 이슬람 지식을 일구어내는데 주도적인 역할을 하였다. 신플라톤주의, 중앙아시아 토착신앙과의 결합, 그리고 우마이야 왕조의 도덕적 타락과 방종에 대한 저항 등으로 출현하고 발전한 수피즘은 중앙아시아-투르크 국가들에서 매우 번성하였고, 다양한 종단(따리까)의 형태로 전 세계로 퍼져나갔다. 시간이 가면서 알 가잘리나 알 아라비와 같은 매우 유능한 수피학자들의 출현으로 수피이론은 체계화되었고, 정비되었다. 이슬람 -투르크 세계의 각 국가들이 '근대화'라는 숙명적 과제에 직면하면서 사람들의 의식도 변화하여 이슬람 지식을 받아들이지 않는 숫자가 늘어나기는 하였으나, 여전히 대부분의 중앙아시아 투르크 국가들에서 수피즘은 중요한 역할을 하고 있으며, 수피들은 존경의 대상이 되고 있다.

현재 이슬람은 테러의 주된 요인이라는 오명 속에 처해 있으며, 폭력적 종교라는 해석과 편견이 전 세계적으로 확산되고 있다. 그러나 수피즘의 우주관과 세계관이 얼마나 심오하고 평화적인지 알게 된다면, 이슬람이 전 세계인에게 전파되는 과정에서 수피즘의 역할이 매우 클 수밖에 없던 이유도 깨닫게 될 것이다. 여전히 어느 정도는 이슬람 세계에서도 정통 이슬람과 수피즘과의 미묘한 긴장과 갈등은 유지되고 있는 것도 현실이다. 다만, 수피즘은 사상적, 철학적, 종교적 교리 면에서 이슬람을 빛내주고 있는 인류의 문화유산이라는 점은 잊지 말아야 할 것이며, 투르크-이슬람 세계가 그 중심에서 큰 역할을 했다는 것도 재조명되어야 할 것이다.

8장("우즈베키스탄 역사교과서에 나타난 이슬람 서술 분석")은 정교분리 원칙을 바탕으로 세속국가임을 천명한 우즈베키스탄의 역사교과서가 이슬람을 어떠한 내러티브로 전달하고 있는지를 분석하고 있다. 이로써 우즈베키스탄 국가가 이슬람을 어떠한 방식으로 청소년들의 역사의식 및 독립국가 국민으로서의 정체성 형성에 필요한 자원으로 활용하는가에 대한 답을 모색하였다. 이 장은 우즈베키스탄의 역사교과서가 전달하고자 하는 '이슬람'에 주목하면서, 소비에트 시기 편찬된 역사 교과서와 현대의 역사 교과서의 이슬람 서술을 비교 분석했을 뿐 아니라 독립 이후 우즈베키스탄 국가가 이슬람에 대한 역사 서술을 새롭게 만들어가는 전략과 양상을 분석했다.

소비에트 체제를 "제정 러시아 식민통치의 발전된 버전"이라고 정의하는 우즈베키스탄의 역사교과서는 이슬람으로의 회귀를 식민통치 시기 훼손된 전통의 복구로 서술하면서 탈 식민주의적 구도를 견지한다. 이때 역사교과서는 이러한 이슬람으로의 회귀를 전통의 부활이라는 맥락에서 해석하고, 이를 '종교'로서의 이슬람의 '부흥'으로 기록하지 않는다.

소비에트 시기의 특징이었던 국가와 종교의 분리라는 공적 담론도 여전히 이어지고 있다. 이렇듯 우즈베키스탄 정부가 편찬한 역사교과서는 전통과 민족 정체성의 회복이라는 필터로 걸러지지 않는 이슬람은 광신주의, 원리주의로 엄격하게 분리하려는 경향을 뚜렷하게 보여주고 있다.

본서의 마지막 장인 9장("카자흐스탄 이슬람 연구: 이슬람 종무기구와 교육제도를 중심으로")은 카자흐스탄의 이슬람을 이슬람 종무기구와 교육제도를 중심으로 관찰하고 있다. 중앙아시아의 이슬람과 이와 관련된 교육은 제정러시아 말기부터 소련시기를 거쳐 오늘날까지 이른바 국가행정체계에 따른 종교행정 차원의 관리를 통해서 발달해온 공식 이슬람 부문과 이러한 체계 바깥에서 이어져온 비공식 이슬람으로 구분된다. 또한 중앙아시아 전체 보다는 정착문명 전통권과 유목문명 전통권이라는 기준에 따른 차이가 특히 오늘날 중앙아시아 각 국가별로 이슬람과 관련된 상황의 다양화에 더 큰 영향을 주고 있다. 공통적인 공식 이슬람 영역 이외의 이른바 비공식 이슬람 수용과 관련되어 이러한 다양성은 더욱 두드러지고 있음을 알 수 있다.

중앙아시아 국가 가운데 가장 온건한 이슬람공동체가 유지되어온 카자흐스탄은 오늘날과 같은 국가공동체가 형성되기 이전에는 중앙아시아 전체 단위의 이슬람 행정 및 교육체계에 의해 이슬람 공동체의 변화 및 이와 연관된 이슬람 교육이 실시되어 왔다. 따라서 제정러시아 말기부터 독자적인 카자흐스탄 무슬림종무원이 만들어지는 소련체제 말기까지의 기간 동안에는 타슈켄트에 위치한 중부아시아 및 카자흐스탄 무슬림종무원 체계를 통해 이슬람공동체와 교육에 관련된 정책이 수립 및 집행되어 왔다. 또한 소련시기에 형성된 러시아인 중심 다민족공존구조로 인해 이슬람공동체와 이와 관련된 이슬람교육의 활성화 정도는 상대적으로 매우 낮은 편이었다.

이러한 상황은 소련말기 카자흐스탄 무슬림종무원 설립을 계기로 급격하게 변화하였는데, 터키 및 중동 아랍 국가들의 지원으로 카자흐스탄만의 독립적인 이슬람교육체계가 형성될 수 있었다. 이 과정에서 특히 터키 민간종교재단들의 지원이 카자흐스탄의 이슬람교육 분야 성장에 절대적인 역할을 하고 있다. 카자흐스탄 정부는 외국의 지원을 받는 이슬람 교육제도를 통해서 의도치 않은 급진주의 또는 테러주의, 공동체 안정에 위협을 초래할 가능성이 높은 비전통적 이슬람이 유입되지 않도록 하는 다양한 정책들을 펼치고 있다.

참고문헌

강봉구. 2014. "중앙아시아 페르가나지역 안보와 급진 이슬람주의: '해방당'의 특성을 중심으로." 『러시아연구』 제24권 제2호, 1-32.
오원교. 2008. "중앙아시아 이슬람 부흥의 양상과 전망." 『러시아연구』 제18권 제2호, 347-381.
이문영. 2003. "중앙아시아의 종교 상황과 종교 정책: 러시아 지배 유산의 극복과 이슬람의 발전." 『국제지역연구』 제7권 제1호, 143-170.
장병옥. 2013. "중앙아시아 이슬람 원리주의 연구." 『국제지역연구』 제17권 제3호, 155-174.
콜더, 켄트 지음. 오인석·유인승 옮김. 2013. 『신대륙주의: 에너지와 21세기 유라시아 지정학』. 서울: 아산정책연구원.

Brower, Daniel. 1997. "Islam and Ethnicity: Russian Colonial Policy in Turkestan." in Daniel R. Brower and Edward J. Lazzerini, ed. *Russia's Orient: Imperial Borderlands and Peoples, 1700-1917*. Bloomington: Indiana University Press.
Cornell, Svante E. and Regine A. Spector. 2002. "Central Asia: More Than Islamic Extremists." *The Washington Quarterly* 25(1), 193-206.
Hann, Chris and Mathijs Pelkmans. 2009. "Realigning Religion and Power in Central Asia: Islam, Nation-State and (Post)Socialism." *Europe-Asia Studies* 61(9), 1517-1541.
Huntington, Samuel P. and Lawrence E. Harrison, ed. 2000. *Culture Matters: How Values Shape Human Prgress*. New York: Basic Books.
Karagiannis, Emmanuel. 2009. *Political Islam in Central Asia: The Challenge of Hizb ut-Tahrir*. London and New York: Routledge.
Khalid, Adeeb. 2007. *Islam after Communism: Religion and Politics in Central Asia*. Berkeley and Los Angeles: University of California Press.
Poliakov, Sergei P. 1992. *Everyday Islam: Religion and Tradition in Rural Cen-

tral Asia. NY: M. E. Sharpe.

Rasanayagam, Johan. 2011. *Islam in Post-Soviet Uzbekistan: The Morality of Experience*. Cambridge: Cambridge University Press.

Vatchagaev, Mairbek. 2015. "Popularity of Islamic State Soars in Russia and Post-Soviet Space." *Eurasia Daily Monitor* 12(115).

International Crisis Group. 2003. "Неизбежен ли радикальный ислам в Центральной Азии? Приоритеты действия."

I부

중앙아시아 이슬람의 역사적 경험

제1장 예카테리나 2세 시기 남시베리아 스텝지역에서 제정 러시아의 이슬람 정책과 오렌부르크 이슬람 종무원(ОМДС) - 양승조
제2장 18세기 말-19세기 중반 제정 러시아의 대 카자흐인 정책과 오렌부르크 이슬람 종무원(ОМДС) - 양승조
제3장 중앙아시아 자디드 운동과 러시아 혁명 - 손영훈
제4장 스탈린 시기 소비에트 중앙 정부의 중앙아시아 이슬람 정책 - 고가영
제5장 해빙기 소비에트 정부의 중앙아시아 이슬람 정책과 냉전 - 고가영

제1장

예카테리나 2세 시기
남시베리아 스텝지역에서 제정 러시아의 이슬람 정책과
오렌부르크 이슬람 종무원(ОМДС)*

양승조

I. 머리말

러시아는 유럽 내 그 어느 나라보다도 이슬람과 접촉한 시간이 긴 나라로, 일찍부터 이슬람과 무슬림에 대한 국가 차원의 정책이 진행되어 왔다. 러시아 인이 이슬람 공동체와 최초로 접촉한 시점에 대한 설명은 구분 기준에 따라 차이를 보이고 있어서, 역사적 시공간을 기준으로 하면 키예프 대공국과 영토를 접하고 있던 볼가 불가리아(Волжская Булгария)가 이슬람으로 개종한 10세기 초로 상정할 수 있고, 현재 영토를 기준으로 하면 캅카스 지역에 있는 러시아연방 다게스탄 지방에 이슬람이 전파된 7세기까지 거슬러 올라간다(정세진, 2006: 273,

---

* 이 글은 『러시아연구』 26-2(2016)에 게재되었던 논문을 본서의 편집 취지에 맞도록 수정·보완한 것입니다.

특히 주 2 참조). 특히, 무슬림이 러시아 국가의 신민으로 편입된 이후로 모스크바 국과 러시아 제국의 지배층은 이들을 충성스런 백성으로 통합하기 위해 부단한 노력을 기울였다. 이러한 행위의 연장선상에서 볼 때 예카테리나 2세(Екатерина II) 시기에 성립된 오렌부르크 이슬람 종무원(Оренбургское магометанское духовное собрание(Orenburg Muslim Spiritual Assembly), ОМДС)은 이슬람을 국가 체제 내에 편입시켜 제도화함으로써 충성스런 무슬림 신민의 확보라는 목적을 달성하려고 했던 주요한 시도였다.

그런데 소련 시기에 이 주제에 대한 연구는 양적인 면에서는 물론이고 질적인 면에서도 대단하지 않았다. 앞에서 지적했듯이 예카테리나 2세 시기 제정의 이슬람 정책과 그 과정에서 설립된 오렌부르크 이슬람 종무원의 역할은 러시아 이슬람의 역사에서 매우 중요한 부분이다. 그러나 소련 성립 초기인 1930년대에 이 주제를 다룬 연구들은 기본적으로 이념적 편향성이 강해서, 무슬림 기구들은 제정의 도구로, 타타르 무슬림은 제정의 정보원이자 종교적 극단주의의 온상으로 치부했다(예를 들면, Аршаруни и Габидуллин, 1931). 그나마 1950년대 이후로는 이러한 형태의 연구와 성과물조차 거의 보이지 않는다.

이 분야에서 연구가 활성화되기 시작한 것은, 현재 러시아 역사학의 다른 많은 주제들과 마찬가지로, 소련 해체 이후의 일이다. 즉, 1990년대 이래로 특정 이념에 편향되어 있던 소련 시기 연구들에 대한 반발, 과거에는 접근하기 힘들었던 역사적 자료들의 개방, 그리고 무엇보다도 소련의 연방 구성 단위였다가 독립하게 된 신생 독립국들에서 빠른 속도로 성장하기 시작한 민족주의 정서 등을 바탕으로 공간적으로는 스텝과 중앙아시아[1] 지역에 거주하고 있고 종교적으로는 이슬람 지향성을 보이고 있는 연구자들이 중심이 되어 러시아와 중

---

1 중앙아시아의 지리적 범주에 대해서는 여전히 논의가 분분하다. 본장에서는 중앙아시아 지역의 영역을 카자흐스탄을 포함한 현 중앙아시아 5개국의 영토를 가리키는 정치적 범주로 상정할 것이다. 중앙아시아의 공간적 범주에 대해서는 양승조(2015b: 27-29)를 참조하라.

앙아시아 이슬람의 형성과 발전에 대한 연구를 활발하게 진행하고 있다. 이렇듯 점차 관심이 높아지고 있는 제정 러시아의 이슬람 및 무슬림 정책에 대한 분석은 크게 두 방향으로 진행되고 있다. 하나는 러시아의 대 이슬람 정책을 종교적-종족적 차이로 인한 제정의 이슬람과 무슬림에 대한 탄압으로 설명하는 견해이고, 다른 하나는 이것을 기본적으로 실용적 정책 차원에서 진행된 것으로 이해해야 한다는 견해이다.

전자는 현재 다수 연구자들로부터 지지를 받고 있는데, 가리포프(Н. К. Гарипов)의 연구 속에서 그 전형을 찾을 수 있다. 가리포프는 이반 4세(Иван IV)[2]의 카잔 칸국 정복으로 무슬림이 정교도에게 복속되기 시작한 이후 1917년까지 러시아의 대 이슬람 정책을 크게 네 시기로 나누어 살펴보면서,[3] 4세기 가까운 이 시간을 제정에 의한 이슬람과 무슬림에 대한 탄압이라는 틀 속에서 설명하고 있다: 블라디미르가 정교를 슬라브 인의 국가 종교로 도입한 이래로 러시아 인은 정교 국가적 정통성을 유지하고 확산하는 데 주력했다. 이러한 정책은 동슬라브족 거주 지역 중에서 동북지역이 모스크바 공국을 중심으로 통합되어 차르를 최고 통치자로 하는 국가인 모스크바 국으로 발전하게 된 이후에도 지속되었다. 거대한 슬라브 국가로 성장한 모스크바 국은 한때는 자신들의 지배자였으나 현재는 분열되어 약화된 몽골-타타르의 칸국들을 차례로 복속시켜 나갔다. 그리고 그 결과 자신들과는 종교적-문화적으로 이질적인 집단들을 피지배층으로 통합하게 되었다. 그런데 이들 모스크바 국의 새로운 신민들이 신

---

2 이반 4세(Иван IV)는 '뇌제(Грозный)'라는 별칭으로 더 유명하다.

3 가리포프가 분류한 네 시기는 다음과 같아서, 첫 번째는 이반 4세가 카잔 칸국을 병합한 1552년부터 차르 알렉세이(Алексей Михайлович) 시기에 무슬림에게 제한적이나마 약간의 권리를 허용하는 1649년 법전(Соборное Уложение 1649 г.)이 만들어질 때까지이고, 두 번째는 1649년부터 오렌부르크 이슬람 종무원 설립에 대한 예카테리나 2세의 주칙이 내리는 1788년까지이고, 세 번째는 1788년부터 오렌부르크 이슬람 종무원의 세 번째 무프티인 술레이마노프(Габдулвахит Сулейманов)의 재임기간인 19세기 전반까지이며, 네 번째는 19세기 후반부터 10월 혁명이 일어나는 1917년까지이다(Гарипов, 2011: 28-42).

봉하던 종교인 이슬람은 정교 국가적 정체성을 확립해가고 있던 모스크바 국의 지배층과 종교 지도자들에게 있어 달가운 현상이 아니었다. 이러한 이유로 모스크바 국 지배층은 정치적, 물리적 압박을 통해 이슬람을 탄압하고 무슬림의 정교 개종을 유도함으로써 이 문제를 해결하려고 했다. 이러한 정교 슬라브족에 의한 무슬림 탄압이라는 국내 정책은 이반 4세가 이끄는 모스크바 국 군대가 카잔 칸국을 붕괴시키면서 시작되어서 로마노프 왕조 수립 이후로도 상당 기간 동안 지속된 국가의 기본적인 종교정책이었다. 비록, 모스크바 국에 종속된 타타르 봉신국으로서 이슬람 공동체로서의 정체성을 허용 받았던 카시모프 칸국(Касимовское ханство)과 같은 예외적인 현상도 있었지만, 모스크바 국과 그 후계 국가인 러시아 제국은 그 본성상 정교 국가로서 이슬람을 비롯한 타 종교에 대해 배타적인 정책을 고수했다. 이러한 어려움에도 불구하고 차르의 신민으로 흡수된 무슬림이 자신의 종교적·문화적 정체성을 보존하고 전달할 수 있었던 것은 이들이 정교도의 강압적 반 이슬람 정책에 적극적으로 대응했기 때문이었다(Гарипов, 2011: 28-29).

다수 견해인 전자가 이렇듯 제정 러시아의 이슬람 정책을 종교적 정서와 종족적 차별에 기반을 둔 탄압과 강제 개종으로 보는 것과는 달리, 후자는 이를 합리적 선택으로 보는 수정주의적 시각이다. 그리고 이러한 수정주의적 입장에 서 있는 대표적 인물로는 카펠러(A. Kappeler)를 들 수 있다. 그에 따르면, 시기에 따른 차이가 있기는 하지만 기본적으로 20세기 이전까지 러시아의 이슬람 정책은 "실용적 유연성(pragmatic flexibility)"으로 설명할 수 있는데, 이것은 모스크바 국 안에 존재했던 카시모프 칸국이나 이슬람 타타르 귀족 등과 같은 존재들에 의해 입증된다(Kappeler, 2010: 31). 수정주의적 흐름의 또 다른 시각으로는 아라포프의 예가 있는데, 그는 제정의 이슬람 정책이 모순되게 진행되었다고 분석하면서, 이 시기 러시아에는 일관된 이슬람 정책이 존재하지 않았다고 주장하고 있다(Арапов, 2005).

이렇듯 국외에서는 이 주제에 대한 논의가 활성화되고 있는 반면, 아직까지 국내에서는 이와 관련된 본격적인 연구가 나타나고 있지 않다.[4] 이러한 상황 속에서 본 연구에서는 오렌부르크 이슬람 종무원의 설치 배경과 과정, 그리고 카자흐 스텝 지역에서의 활동을 살펴봄으로써, 제정 러시아의 이슬람 정책이 탄압과 실용 중에서 어느 쪽에 무게 중심을 두고 있었는지, 그리고 이것이 의미하는 바는 무엇인지를 살펴보고자 한다. 보다 세부적으로 들어가면, 먼저 오렌부르크 이슬람 종무원이 설치되기 이전까지 러시아의 이슬람 정책을 살펴보고, 이와 함께 이슬람 종무원을 구상하게 된 역사적 배경을 제시할 것이다. 다음으로, 오렌부르크 이슬람 종무원의 설치 과정과 그 구조를 설명할 것이다. 그리고 마지막으로 오렌부르크 이슬람 종무원의 첫 번째 무프티인 후사이노프의 카자흐 스텝 지역 활동을 살펴봄으로써, 제정 러시아가 중앙아시아지역으로 진출하는 데 있어 이슬람 종무원을 어떻게 활용했는지, 또는 제정 러시아 체제 내에서 이슬람 종무원이 담당했던 역할은 무엇이었는지를 드러낼 것이다.

II. 예카테리나 2세 이전까지 러시아의 이슬람 접촉사

2014년 현재 러시아 연방 내에 있는 무슬림 수는 약 1,500만 명으로, 러시아 전 인구에서 약 10퍼센트를 차지하고 있다(Силантьев, 2016: 5).[5] 이를 다시 지역별

---

4 제정 러시아의 이슬람 정책에 대한 국내 연구는 정세진(2006; 2012), Rozaliya et al.(2011) 등 정도로 그리 많지 않다. 이 중에서 정세진(2006)은 10월 혁명 이전까지 러시아 이슬람 정책의 역사를 캅카스 무슬림과의 관계를 중심으로 기술하면서, 제정 러시아 시기에 나타난, 그리고 그 한 부분으로서 예카테리나 2세 치세에 진행된 이슬람 정책의 추진 과정을 '무슬림에 대한 탄압'이라는 시각 위에서 개괄적으로 제시하고 있다.

5 실란티예프(Силантьев)에 따르면, 크림 반도의 인구와 무슬림 수는 각각 234만 명과 27만

로 살펴보면, 무슬림이 전 인구에서 10퍼센트 이상인 지방도 16개[6]에 달한다. 이렇듯 소련 해체 이후 독립한 중앙아시아 지역 국가들을 제외하고도 적지 않은 수의 무슬림이 러시아 국가의 구성원으로서 존재하게 된 데에는 긴 역사적 배경이 놓여 있다.

동슬라브족과 무슬림이 처음 접촉하는 시점은 10세기까지 거슬러 올라간다. 흑해 북부에서 카스피해 연안에 걸치는 지역에 위치해 있던 대불가리아(Old Great Bulgaria)가 붕괴된 후 그 신민들은 동쪽과 서쪽으로 이산하게 되는데, 이때 그 일파가 볼가강 중류 지역에 자리를 잡고 볼가 불가리아를 건설했다. 볼가 불가리아는 하자르 세력의 견제라는 정치적 필요, 이란과 중앙아시아 지역과의 지속적인 교류로 인한 문화적 접촉, 이 지역들에서 온 이슬람 선교자들에 의한 직접적 전파 등으로 인해 10세기 초에 이슬람을 수용했다(Юнусова et al., 2013: 6-7). 이에 따라 키예프 루시(Киевская Русь)[7]의 동슬라브 인들은 처음으로 이슬람 국가와 경계를 접하게 되었다. 볼가 불가리아는 키예프 루시의 공국들과

명으로 추산할 수 있다. 그런데 러시아가 크림 반도를 병합(2014)함으로써 2014년 현재 러시아 총인구는 1,530만 명이 되었고, 이 중에서 무슬림 인구는 10.5퍼센트를 차지하고 있다. 그러나 러시아의 크림 병합은 아직 국제 사회의 인정을 받지 못하고 있기에, 여기에서는 그 수치를 제외하는 것이 바람직하다. 그런데 무슬림 인구가 차지하는 비중은 크림 반도 인구 중에서나 러시아 연방 인구 중에서나 10~11퍼센트로 큰 차이가 나지 않기에, 크림 반도를 제외한 러시아 연방에서도 총인구에서 무슬림 인구가 차지하는 비중은 10퍼센트 내외라고 할 수 있다.

6 러시아 연방 내에서 크림 반도를 제외하고 총인구에서 무슬림 비중이 10퍼센트를 상회하는 16개 지역은 다음과 같다: 인구세티야 공화국(99%), 체첸 공화국(97%), 다게스탄 공화국(96%), 카바르다-발카리야 공화국(77%), 카라차이-체르케시야 공화국(65%), 바슈코르토스탄 공화국(54.5%), 타타르스탄 공화국(53%), 아디기 공화국(27%), 아스트라한 도(27%), 한틔-만시 자치구(22%), 북오세티야-알라니야 공화국(21%), 오렌부르크 도(16.5%), 울리야노프 도(13%), 야말네네츠 자치구(11.5%), 첼랴빈스크 도(11%), 튜멘 도(11%) (Силантьев, 2016: 8-9).

7 키예프 루시(Киевская Русь)는 러시아 최초의 국가이다.

상거래를 하는 등 긴밀한 관계를 맺고 있었으며, 이러한 인연으로 13세기 중반 몽골 침략기에는 이들 중 일부가 몽골군을 피해 블라디미르 대공 유리(Юрий II Всеволодович)에게 귀순하여 블라디미르 공국의 동북지역에 정착하기도 했다 (Мухетдинов, 2011: 110). 볼가 불가리아는 종교적으로도 루시의 공국들과 관련이 있어서, 988년에 블라디미르 스뱌토슬라비치(Владимир Святославич)가 기존의 전통 신앙을 버리고 새로운 종교를 수용하려고 할 때 그에게 이슬람으로의 개종을 권고했던 것이 바로 이들이었다(Повесть временных лет, 2014: 115).

13세기 중반 이래로 루시의 공국들은 금장 칸국(Золотая Орда)의 지배 아래 들어가게 된다. 그 결과 루시의 대공들은 대칸으로부터 책봉(ярлык)을 받아야만 통치권을 인정받을 수 있었으며, 이에 더해 루시의 공국들은 칸국에 정기적·비정기적으로 공물을 제공할 의무를 지게 되었다. 그런데 이렇듯 동슬라브인들 위에 군림하고 있던 금장 칸국이 우즈베크(Узбек) 칸 시기인 14세기 초에 이슬람을 국가적 차원의 종교로 받아들이게 되면서 정교를 믿는 루시의 공국들은 이슬람 유목국가의 지배를 받는 처지에 놓이게 되었다.

그러나 이러한 상황은 15세기 중반으로 접어들면서 바뀌기 시작한다. 루시의 공국들이 모스크바 공국에게 병합되어 가면서 과거 키예프 루시가 있던 지역은 동쪽의 모스크바 대공국과 서쪽의 리투아니아 대공국으로 통합되어 갔다. 반면, 강력한 유목국가였던 금장 칸국은 중심 세력이 약화되면서 15세기 초중반에 걸쳐 시비리 칸국(Сибирское ханство), 우즈베크 칸국(Узбекское ханство), 카잔 칸국(Казахское ханство), 크림 칸국(Крымское ханство), 노가이 칸국(Ногайская Орда) 등등으로 분열되어 갔다. 그리고 이렇게 분열된 몽골-타타르 계통의 칸국들은 루시의 동북지역을 통합하며 강력해진 모스크바 공국에게 차례로 병합되었다. 피지배 정교 세력에 의한 지배 이슬람 세력의 병합이라는 이 역사적 반전은 이반 4세 시기부터 본격적으로 진행되어서, 이미 그의 치세에 카잔 칸국과 아스트라한 칸국이 병합되었다. 또한 그가 통치하던 시기에 이루어진 예르마크(Ермак Тимофеевич)의 시베리아 원정으로 인해 시비리 칸국은 회복할 수 없는 타격을 입은 반면, 모스크바 국은 동방진출을 위한 기반을 확보할 수 있었다.

　몽골-타타르 칸국들을 병합하게 되면서 이반 4세는 자신의 전임 통치자들이 겪지 않았고 따라서 알지 못했던 새로운 정치적 상황에 직면하게 되었다. 즉, 무슬림과 그들의 거주 지역을 직접적으로 지배하게 되면서 이슬람과 무슬림에 대한 관계를 적극적으로 정립할 필요가 발생하게 되었던 것이다. 그런데 이때 모스크바 국이 진행한 초기 대응은 공격적인 억압 정책이었다. 카잔 칸국을 정벌한 후 이반 4세는 탄압과 강제개종을 이 지역 무슬림을 다스리는 종교 정책으로 삼았다. 이슬람 사원은 파괴되었고, 무슬림에게는 정교로의 개종과 세례가 강요되었으며, 이를 거부하거나 회피하는 이들에게는 최고 사형에 이르는 형벌이 내려졌다. 그러나 아스트라한 칸국(Астраханское ханство) 정벌을 전후한 시기부터 모스크바 국의 억압적 이슬람 정책은 순화되기 시작했다. 1555년에 무슬림에 대한 강제세례가 금지되었으며, 카잔 칸국과 아스트라한 칸국의 지배층 중에서 차르에게 충성을 서약하는 이들은 무슬림이라고 하더라도 모스크바 국 지배층의 일원으로 수용했다.

　이반 4세의 대 무슬림 정책이 강경책에서 유화책으로 바뀌게 된 데에는 무엇보다도 빠른 속도로 영토를 확장하는 과정에서 모스크바 국이 맞닥뜨리게 된 인적자원 부족이라는 현실적 문제가 큰 영향을 미쳤다. 사실 모스크바 국은 카잔 칸국을 공격하기 이전부터 자국으로 투항해 오는 무슬림 타타르 인들을 적극적으로 받아들였다. 그리고 이 과정에서 모스크바 국의 통치자들은 투항해 온 타타르 상층을 슬라브계 귀족과 동등한 권리를 가지는 지배층의 일원으로 수용하고, 국가의 핵심 군사력으로 활용했다. 또한, 카잔 칸국과 아스트라한 칸국을 병합하게 됨으로써 광대한 영토와 ―그 대부분은 무슬림이었던― 많은 수의 신민을 새로이 획득하게 되자, 이반 4세는 이러한 정책을 새로운 영토에도 확대 적용하게 되었다. 즉, 초기에는 정교국가로서의 정체성에 충실해서 "이념적 충돌(ideological conflict)"을 마다하지 않고 무슬림에 대한 공격적인 정책을 추진했지만, 영토 팽창으로 인해 지배층 내부에 인적 자원의 충원이 필요해지게 되자 새로이 병합한 지역의 무슬림 상층부를 적극적으로 수용하는 "실용적 정책(pragmatic policy)"으로 돌아섰던 것이다. 피정복 민으로서 모스크바 국의 새로운 신민이 된 타타르-무슬림은 군무(軍務)와 상업 부문에서 뛰어난 능력을 발휘했으며, 이에 따라 이반 4세 치세의 모스크바 국 지배층은 병합지 주민의 저항을 야기할 수 있는 강압적 통치라는 위험을 감수하기 보다는, 이들이 가지고 있는 종교적 특성을 묵인해 줌으로써 이들을 국가 발전을 위한 인적 자원으로 활용하는 쪽으로 노선을 잡았던 것이다(Kappeler, 2010: 30-31).

그러나 이슬람과 무슬림에 대한 묵인과 용인이라는 온건책은 표트르 1세 (Пётр I)를 기점으로 억압과 개종이라는 억압책으로 급격하게 바뀐다. 표트르 1세는 유럽화를 통한 러시아의 빠른 발전을 추구하면서, 이를 위해 국가 체계와 사회 구조의 평준화와 일원화를 내용으로 하는 개혁을 진행했다. 국가 전반의 모든 분야들이 개혁 대상이었는데, 종교 역시 이에서 예외가 아니었다. 정교회는 종무원(Синод)이라는 이름으로 국가기구화 됨으로써 국가의 통제 아래 들어가게 되었다. 그리고 이러한 통제는 아드리안(Адриан) 총대주교 사망 이후 새로운 총대주교 선출을 중단시킴으로써 더욱 강화되었다. 이러한 조건 속에서 그리스도교는 국가를 통합하는 단일 종교로서의 역할을 담당하게 되었다. 근대 국가로서 러시아는 그리스도교, 그 중에서도 정교를 중심으로 통일된 신앙체계를 갖추어 나갔으며, 이 과정에서 다른 종교들은 개혁을 저해하는 요소로서 공격받았다.

이슬람 또한 이러한 공격의 직접적인 대상이 되었다. 표트르 1세 시기에 무슬림 귀족은 정교로의 개종을 요구받았으며, 이를 거부하는 자는 신분이 평민으로 강등되어 제국의 일반 백성들에게 요구되던 다양한 의무들을 져야만 했다. 표트르 1세의 후계자들도 그의 종교 정책을 계승해서, 예를 들어, 엘리자베타(Елизавета) 시기에도 무슬림 강제 개종, 이슬람 모스크 파괴 등과 같은 이슬람에 대한 공격적 정책이 국가에 의해 진행되었다. 이러한 탄압으로 인해 많은 수의 타타르 인들이 종교의 자유를 찾아 동남변경지역으로 이주했으며, 볼가 유역의 바시키르 지역에서는 봉기(Башкирское восстание, 1755~1756)가 일어 나기도 했다.

카펠러에 따르면, 표트르 1세와 그의 후계자들에 의한 정교 이외의 다른 종교들에 대한 탄압은 러시아를 유럽 국가의 일원으로 만들고 국가체계를 근대 화하려는 계획의 일환으로 추진된 정책이었다. 당시 유럽 국가들은 왕권을 중심으로 정치, 행정, 사법, 경제 등이 체계적으로 구조화되고 있었으며, 종교 또한 국가별로 로마가톨릭교나 개신교로 일원화되는 경향을 보이고 있었다. 표트르 1세와 그의 후계자들은 러시아 내의 많은 다양한 분야들에 이러한 서유럽식 국가 체계를 적용시키는 과정에서 종교 또한 개혁의 대상으로 삼았던 것이다. 이 시기 러시아의 통치자들은 정교를 개혁하며 국가의 통제를 받는 단일 종교로 만들었으며, 이슬람을 포함한 다른 종교들은 통합되고 구조화된 근대적 국가에 적합한 통일된 신앙 체계 수립에 방해되는 요소로 간주하여 탄압했던 것이다(Kappeler, 2010: 33).

그런데 표트르 1세 이래의 공격적 이슬람 정책을 고려한다면, 러시아의 대이슬람 정책을 "실용적 유연성"이라는 개념을 중심으로 설명하는 카펠러의 분석은, 전혀 의미 없는 설명은 아니나, 19세기 전반까지의 러시아 역사에서 나타나는 러시아 국가의 이슬람 정책을 일관해서 설명하는 해석으로는 부적절하다. 카펠러식 해석이 가지는 맹점으로는, 먼저, "실용적 유연성"이라는 개념의 제한적 적용에 따른 문제를 들 수 있다. 카펠러는 표트르 1세와 그 이후시기에 나타나는 이슬람에 대한 억압 정책을 "실용적 정책(pragmatic policy)에서 강압적 불관용 정책(intolerant policy of force)으로의 전환"(Kappeler, 2010: 33)이라고 규정하고 있는데, 이에서 알 수 있듯이 그가 러시아의 이슬람 정책을 설명하면서 사용하는 "실용적 유연성"이라는 개념은 이슬람에 대한 '유화책'을 의미한다. 그런데 이에 따르면 표트르 1세 시대와 같이 매우 계획적이고 목적 지향적으로 이슬람을 억압했거나 탄압했던 짧지 않은 시기는 이슬람 정책이 실용적이지도 유연하지도 않게 집행된 시대가 된다. 즉, "실용적 유연성" 개념으로 포괄하지 못하는 긴 시간이 발생하게 되는 것이다. 사실 이 점에 대해서는 카펠러 자신도 인지하고 있는 것으로 보인다. 그것은 그가 크림 타타르, 캅카스 지역의 다양한 종족들, 카자흐 인 등과 같이 18세기 이후에 제정 러시아에 복속하게 된 스텝 지역과 산악 지역의 무슬림들에 대한 제정의 정책들에 대해 설명하면서, 이것들이 과거 16세기에 진행된 타타르계 무슬림들을 병합하는 과정에서 나타났던 것과는 달랐다고 말하고 있기 때문이다. 즉, 카펠러는 이슬람 국가들과 그 신민들이 러시아에 통합된 시기가 달랐고 이들의 전통들 또한 지역에 따라 달랐기에 이에 대응하는 정책 역시 다양할 수밖에 없었다고 인정하고 있다. 그리고 이러한 점을 고려해서 카펠러는 러시아에는 (사실) 일관된 이슬람 정책이 없었다고 말하고 있다. 그런데, 카펠러는, 그럼에도 불구하고, 이때에도 "실용적 유연성의 전통적인 형태들"(Kappeler, 2010: 35)이 나타나고 있다고 주장함으로써 자신의 논지를 유지하려는 시도를 하고 있다. 이 때 그가 말하고자 하는 "실용적 유연성의 전통적인 형태들"은 병합된 지역의 주민들 중 제국에 충성하는 상층과 정치 엘리트들에 대한 배려, 병합지가 제국의 일부와 확고하게 통합되기 전까지 주어졌던 종교적 관용과 러시아화의 억제 등과 같은 정책들이었다. 결론적으로 말해, 카펠러는 19세기 전반까지 러시아에는 시간과 공간을 관통하는 일관된 이슬람 정책은 존재하지 않았으나, 그럼에도 불구하고, 러시아에서는 —상황에 따라 적용되곤 하던 유화책인— "실용적 유연성"이라는 '유서 깊은' 이슬람 '정책'이 유지되고 있었다는 상충되는 주장을 하고 있는 것이다. 그리고 이러한 인식을 가지고 있는 카펠러에게 19세기 후반에 나타나는 제정의 여지를 주지 않고 오로지 공격적인 반이슬람 정책과 러시아화 정책은 이전에는 볼 수 없었던 "본질적인 정책적 변화"로 보일 수밖에 없을 것이다. 그러나, 카펠러 역시 인식히고 있듯이, 제정에 의해 진행된 억압 정책은 유화책에 비해 비이성적인 판단에 근거한 것이었거나 비실용적인 목적에 따른 것이 아니었으며, 따라서 카펠러의 "실용적 유연성" 개념은 소련 성립 이전 시기 러시아의 이슬람 정책 전반을 설명하는 것으로는 충분하지 않다.

　이상의 사실들을 고려할 때 러시아의 대 이슬람 정책을 보다 실제에 부합된 형태로 설명하기 위해서는 카펠러와는 다른 시각 위에서 접근하는 것이 필요하다. 그것은, 무슬림을 처음으로 통치하게 된 이반 4세 시대부터 대 이슬람 정책에 있어 다양한 경험을 축적하게 된 19세기 후반에 이르기까지 러시아가 견지한 기본적인 통치 기조는 새로 병합한 영토의 완전한 복속이었다는 해석이다. 모스크바 국과 제정 러시아의 통치자들은 새로운 영토를 획득하게 되면 초기에는 이 지역을 안정시키고 이곳에 통치체제를 구축하기 위해 원주민 지배층을 포섭하고 원주민의 전통과 문화를 인정하는 정책을 펼쳤으며, 병합 지역에 정치적·군사적·행정적 구조가 안정적으로 수립된 후에는 국가 중심 체계로의 통합을 추동했다. 즉, 시기를 막론하고 러시아 국가가 병합한 영토에서 추구했던 기본 목표는 국가 중심으로의 완전한 통합이었던 것이다. 따라서 러시아 국가는 기회가 된다면 병합 초기라 하더라도 새로운 영토를 국가 중심에 통합하는 작업을 진행했는데, 예를 들어, 카잔 타타르에 대한 강제세례가 금지되었던 1555년에도 모스크바 국은 카잔에 정교회 주교구를 설치했던 것이다. 이를 통해 알 수 있듯이, 카펠러가 "실용적 정책"이라는 용어로 정의한 러시아의 유화적 무슬림 정책은 이슬람에 대한 인정이라기보다는 병합된 지역의 주민들이 가지고 있던 자신들과는 다른 신앙 형태에 대한 잠정적 용인, 즉 이슬람이라는 종교 자체에 대한 인정과 수용이 아니라, 그러한 신앙을 가지고 있는 특정 집단에 대한 일시적 묵인이었던 것이다. 그리고 예카테리나 2세 시기에 설치된 이슬람 종무원은 이러한 구도의 연장선상에서 수행된 종교 정책이었던 것이다.

III. 예카테레나 2세와 오렌부르크 이슬람 종무원

1. 예카테리나 2세 시기 제정 러시아의 정치적 상황과 이슬람

예카테리나 2세 시기에 제정은 아시아와 유럽에 걸쳐 영토를 확장하고 있었다. 이 시기에 러시아 제국은 서쪽에서는 프로이센, 오스트리아와 함께 폴란드를 세 차례에 걸쳐 삼분할하여 병합했고, 남쪽에서는 흑해 북부 지역을 놓고 오스만 제국과 경쟁하고 있었으며, 북서쪽에서는 오스만 제국과의 전쟁으로 관심이 남쪽으로 쏠린 틈을 타 침입해온 스웨덴과 전쟁을 벌였다. 특히, 이 시기에 제정 러시아는 흑해 연안에서 커다란 성과를 거두어서, 오스만 제국과 벌인 두 차례의 전쟁에서 승리함으로써 모스크바를 겨누는 오스만 제국의 비수이자 흑해 지역의 요충지인 크림 칸국을 복속시킬 수 있었다. 캅카스 지역에서는 조지아를 보호국화 했으며, 이 지역으로 진격해 온 페르시아 세력을 공격해서 카스피해 서남부 지역까지 진출할 수 있었다. 중앙아시아 북쪽의 카자흐 초원지대에서는 러시아 제국에 신종(臣從)을 맹세했으나 여전히 독립 세력으로 남아있던 쥬즈(Жуз)[8]들의 영역에서 제국의 행정력을 확립하기 위해 노력하고 있었다. 이상에서 알 수 있듯이 예카테리나 2세 시기에 제정은 제국의 서남부와 중앙아시아 북부에 있는 전략적으로 매우 중요하고 무슬림 인구가 절대 다수를 차지하고 있는 지역들에서 통치권을 확립해야만 하는 상황에 처해있었다.

이렇듯 제국 내에서 무슬림 요소가 점점 더 중요해지게 되면서 제정에게 있어 가장 경계해야만 하는 세력으로 등장한 것은 오스만 제국이었다. 이 거대한 이슬람 제국은 발칸반도와 소아시아 지역을 중심으로 서아시아는 물론이고 지중해와 흑해 연안, 그리고 발칸반도와 동유럽 지역까지 커다란 영향력을 행

---

8 카자흐 스텝 지역의 쥬즈(Жуз)에 대한 자세한 내용은 본 장의 주 18)을 참조하라.

사하고 있던 강국이었다. 그런데 오스만 제국은 예카테리나 2세 시기에 러시아 제국과 여러 가지 면에서 이해관계가 상충되고 있었다. 종교적 측면을 보면, 오스만 제국은 정교의 발생지인 비잔티움 제국의 영토와 그 중심 도시인 콘스탄티노플을 차지하고 있던 이슬람 국가였다. 비잔티움 제국이 붕괴한 후 '제3의 로마설'[9]이라는 주장이 나올 정도로 정교의 새로운 수호자 역할을 자임하고 있던 러시아 제국의 입장에서 볼 때 오스만 제국이 차지하고 있던 그리스도교 세계의 주요 성지들은 반드시 되찾아야할 땅이었다. 지정학적 측면을 보면, 오스만 제국은 러시아가 지중해로 나아가기 위해서 반드시 거쳐야만 하는 흑해를 장악하고 있었다. 이에 따라 러시아 제국은 해군력을 양성하기 시작한 표트르 1세 이래로 18세기 내내 아조프와 같은 흑해 북부 연안에 있던 요새와 크림 칸국을 놓고 오스만 제국과 군사적 충돌을 반복했다. 이러한 상황에 처해 있던 제정 러시아에게 있어 제국 내에 있던 무슬림 신민은 국가 안정을 위협할 수 있는 매우 불안한 요소였다. 제정이 자국 내 무슬림을 위험 요소로 인식하게 된 것은 18세기 이슬람 세계에서 오스만 제국이 차지하는 위상 때문이었다. 오스만 제국의 술탄들은 세속적으로는 서아시아 최대 국가의 통치자였을 뿐만 아니라, 종교적으로는 아바스 칼리파조의 후예로부터 칼리파의 권위를 이양 받은 이슬람 세계의 최고 종교 지도자였다. 오스만 제국의 술탄들은 이러한 종교적 권위에 기반을 두어 오스만 제국의 영토 내에서는 물론이고, 주변 이슬람 지역들에서도 영향력을 행사할 수 있었다. 러시아 제국과 국경을 접하고 있던 크림 칸국은 물론이고, 볼가 유역의 타타르 인 거주 지역, 러시아에 신종을 맹세했으나 여전히 정치적 독립성을 유지하고 있었던 카자흐 인의 쥬즈들, 그리고 서투르키스탄 지역의 무슬림 칸국들은 이슬람이라는 종교적 유대 속에서 오스만 제국과

---

9 콘스탄티노플이 오스만 제국에게 점령된 후, 모스크바 국에서는 모스크바가 로마-콘스탄티노플을 잇는 그리스도교의 새로운 중심지라는 주장이 제기되는데, 이를 '모스크바-제3의 로마설'이라고 한다.

연결되어 있었다. 따라서 제정으로서는 오스만 제국 자체는 물론이고 오스만 제국 및 이와 밀접한 관계를 맺고 있던 중앙아시아 칸국들의 러시아 내 무슬림에 대한 영향력을 약화시킬 수 있는 방책이 필요했다(Загиделлин, 2011: 3-4).

    러시아 국가 내적으로는 무슬림 봉기가 국가의 주요한 해결과제였다. 최초의 이슬람 종무원이 설치되는 바시키르 지역에서는 17세기 중반부터 19세기 전반에 걸쳐 6차례, 푸가초프 농민전쟁을 포함하면 7차례나 반란이 일어났다. 이때 발생한 바시키르 봉기들의 원인들 중에서 주요한 것으로는 무슬림에게 그리스도교로의 강제 개종을 압박했던 제정의 강압적 종교정책을 들 수 있다. 1775~1776년에 일어난 바시키르 봉기는 그 대표적인 예이다. 표트르 1세 사망 이후 제정의 이교도 개종 정책은 더욱 강화되었다. 1731년에는 〈카잔·니제고로드[10] 무슬림·이종족세례위원회(Комиссия для крещения казанских и нижегородских мусульман и других инородцев)〉가 구성되어 활동했고, 1742년에는 11월 19일자 원로원(Сенат) 조직에 따라 카잔 시와 카잔 주에 있는 이슬람 사원 536개 중에서 418개가 철거되었으며, 1750년대에는 불가르족의 이슬람 성물들이 파괴되었다. 1775년 바시키르 봉기는 이러한 종교적 탄압이라는 배경 위에서 발생했으며, 그 결과 제정은 강제개종 정책을 포기하고, 이슬람을 독립적인 종교로 인정하게 되었다(Гарипов, 2011: 32; Юнусова et al., 2013: 11).

2. 오렌부르크 이슬람 종무원의 설치 과정과 구조

몽골-타타르계 칸국들이 몰락한 이후 볼가 유역과 우랄 지역에서 이슬람 조직은 붕괴했다. 수피 형제단은 카잔 칸국이 몰락한 이후에도 볼가 유역에서 여러 지역들을 아우르는 이슬람 조직을 유지하고 있었으나, 이들의 지도자들은 이

---

10   니제고로드(Нижегород)는 현 러시아 연방의 니즈니노브고로드(Нижний Новгород)이다.

슬람의 공식적인 직함을 가지고 있지 않았기에 그 영향력이 소규모 공동체 범위를 넘어서지 못했다. 이들 외에도 고대의 씨족 공동체에서 기원한 '지예나(джиена)'나 몇 개의 마할라(махалла)들로 구성된 촌락공동체 등이 볼가 유역에서 이슬람이 유지되는 기본 조직의 역할을 했다. 이들 지역 공동체들은 수피 형제단의 셰이크나 마할라 단위로 있던 이슬람 사원의 이맘을 중심으로 종교 생활을 영위했다. 즉, 18세기 중반까지 볼가 유역과 우랄 지역에 거주하고 있던 무슬림은 체계화된 이슬람 조직이 붕괴된 상황 속에서 기본적으로 자신들이 살고 있는 소규모 공동체 단위로 종교생활을 영위하고 있었던 것이다(Гарипов, 2011: 32-33).

그러다 16세기 말~17세기 초 이래로 이러한 소규모 공동체들을 아우르는 느슨한 지역 조직이 나타나기 시작했다. 이러한 조직들을 대표한 것은 아훈(ахун)이라고 불리는 신분으로, 이들은 신학적 식견과 모범적 종교 생활을 통해 획득하게 된 권위를 기반으로 소규모 공동체들의 이맘들 위에 있으면서 이들을 지도했다. 아훈의 수는 점차 늘어나서, 1730년대에 바시키르 지역에는 10명의 아훈이 있었다. 이들에 대한 무슬림 대중의 신뢰는 매우 커서, 예를 들어, 18세기 초에 일어난 바시키르 봉기의 참여자들은 아훈을 찾아가 봉기에 대한 조언을 구했다. 특히 아훈들 중에서도 가장 권위가 있었던 최고 아훈(старший ахун)은 오렌부르크 이슬람 종무원이 설치되기 이전에는 타타르 지역의 비공식적인 이슬람 최고 지도자로서, 볼가 유역, 우랄 남부, 카자흐 스텝 지역까지 종교적 영향력을 행사했다(Денисов, 2011: 43-46).

아훈의 영향력이 커지자 제정은 이들에 대한 통제를 강화하기 시작했다. 안나(Анна) 여제 시기에 내려진 1736년 2월 11일자 조칙에 따라 바시키르 지역에서 선출될 수 있는 아훈은 그 수가 네 명으로 제한되었다. 그리고 1786년에는 1785년에 오렌부르크변경위원회 산하에 설치된 아훈 직에 대해 "변경지역 제1아훈(первый ахун края)"이라는 칭호를 부여했다. 또한 과거에는 무슬림 신자 공동체의 선출 과정을 거쳐 아훈이 되었다면, 이제는 이에 더해 국가의 추인을 받는 과정을 거치게 되었다. 이에 따라 아훈이 되기 위해서는 종교적 탁월성뿐만 아니라 제정의 정치적 신뢰 또한 획득할 필요가 있게 되었다.

제정은 이렇듯 검증과정을 거쳐 선택한 아훈들을 이슬람 지역 통치를 위한 도구로 이용했다. 국내적으로는 아훈을 통해 이슬람 공동체와 소통하고 그 내부에서 발생하는 문제들을 해결했다. 그 결과 체계화된 이슬람 종교 조직이 없던 볼가 유역과 우랄 지역에서 아훈은 18세기 중반까지 러시아 중앙과 이 지역의 이슬람 공동체를 연결하는 통로 역할을 하게 되었다. 대외적으로는 러시아가 진출을 계획하고 있거나 제정의 통치권이 확립되지 않은 이슬람 지역에 파견하는 사절단이나 탐사대에 아훈을 참여시켰는데, 이들은 파견된 지역에서 현지 정보 수집이나 친 러시아 선전 활동을 수행했다. 즉, 카자흐 초원의 쥬즈 지역들과의 관계에 있어 바시키르 아훈들은 종교적으로는 이슬람 확산과 체계화의 구심점이었으며, 정치적으로는 러시아의 이해관계를 전달하는 대변인이었던 것이다(Денисов, 2011: 46-48).

예카테리나 2세 시기에 설치된 오렌부르크 이슬람 종무원은 이러한 역사적 조건들과 과정을 거치며 나타난 것이었다. 예카테리나 2세 시기에 러시아는 대외적으로는 오스만 제국을 비롯한 무슬림 세력들과 경쟁하고 있었고, 대내적으로는 타타르와 바시키르 무슬림들의 불만과 이에 따른 연이은 봉기들에 직면해 있었다. 이러한 상황 속에서 제정은 볼가 유역과 우랄 남부에서 자생적으로 성장하고 있던 아훈을 정점으로 하는 비공인 이슬람 조직을 통제 아래 두는데 성공했으나, 체계적 중앙집권화를 진행하고 있던 러시아에게 있어 비공식적이고 비구조적인 아훈 체제는 불안정하고 전근대적인 요소였다. 때마침 크림 칸국을 병합한 후 그곳에 확립되어 있는 무프티 체제를 접하게 된 제정은, 한편으로는 오스만 제국의 이슬람 조직을 모방하고 다른 한편으로는 제정의 기존 종교 정책을 반영해서, 국가 행정 체계에 소속된 무프티를 정점으로 하는 이슬람 기구의 창설을 구상하게 되었다(Загиделлин, 2011: 5; "В память столетия...", 2011: 191).

이 시기에 제정 정부가 이슬람에 대해 유화적인 정책으로 선회하게 된 것과 관련해서, 일부 학자들은 예카테리나 2세의 계몽전제주의를 이러한 변화가 나타나게 된 주요한 요인들 중 하나로 제시하고 있다(예를 들면, Kappeler, 2010: 34). 즉, 예카테리나 2세가 계몽주의의 영향을 받아 가지게 된 타 종교에 대한 관용적 태도가 종교 정책에 있어 유화책으로의 전환에 끼쳤다고 설명하고 있다. 그러나 예카테리나 2세가 통치 기간에 행한 현실적이면서도 권력지향적인 정책들을 감안할 때 이러한 해석은 현상을 표면적으로만 이해하는 것으로, 그 본질을 살펴보면, 예카테리나 2세의 이슬람 정책은 종교를 국가의 통제 아래 둠으로써 통치 수단으로 활용하고자 했던 표트르 1세의 정책과 동일한 목표를 가지고 있는 것이었다.

예카테리나 2세 시기에 제정의 이슬람 정책은 표트르 1세 이래로 러시아 사회에서 점차 비중이 커지고 있던 서구 지향적 경향의 연장선상에 있었다. 표트르 개혁 이전까지 러시아에 온 유럽인들은 무슬림 엘리트에 대한 모스크바 국의 유화책을 중앙집권화의 미완으로, 즉 모스크바 국이 가지고 있는 전근대성의 징표로 보았다. 이러한 외부의 시선을 알고 있었던 표트르 1세는 유럽화 과정에서 정교를 중심으로 하는 종교통합 정책을 강력하게 추진했다. 그런데 예카테리나 2세 시기에 서유럽에서는 계몽주의의 영향으로 다른 문화에 대한 인식이 바뀌어서, 종교적 관용이 폭넓게 수용되고 있었다. 그런데 이러한 유럽의 사상적 조류로부터 영향을 받았다고 이야기되는 예카테리나 2세가 국내 이슬람 정책을 억압책에서 유화책으로 바꾼 것은 표트르 1세 이래의 국가 근대화 정책과 모순되는 것이 아니었다. 그 실상에 있어 예카테리나 2세의 이슬람 정책은 종교를 국가의 통제 아래 둔다는 점에서 표트르 1세가 러시아 정교회 조직을 국가기구화한 정책을 답습하고 있는 것이었다. 실제로 18세기 말에 러시아의 이슬람에 대한 태도는 억압에서 유화로 변화했지만, 그 정책의 기조는 이슬람을 국가의 감시와 통제 아래 두고 국가를 위해 봉사하는 종교로 개조하는 것이었다(Crews, 2006: 32-33). 따라서 표트르 1세 시기에 러시아 정교 공동체가 국가 기구의 일부로서 재조직된 것처럼, 예카테리나 2세 시기에 러시아 이슬람 공동체도 동일한 방식으로 구조화될 필요가 있었다. 그리고 이를 통해 이슬람 공동체는 러시아 제국의 일부로 보다 확고하게 통합되고, 제정에 의해 보다 체계적으로 통제될 수 있어야만 했다.

이러한 목적 아래 예카테리나 2세는 러시아 제국 내에 공식적이고 체계화된 이슬람 조직을 만드는 작업을 진행했다. 먼저 제정은 1773년 6월 17일자 조칙을 통해 이슬람을 국가가 인정하는 공식 종교로 받아들였다("О терпимости всех вероисповеданий...", 1830: 775-776). 그리고 이 위에서 심비르스크·우파군 정지사였던 이겔스트롬(О. А. Игельстром)과 원로원에 내린 1788년 9월 22일자 조칙들을 통해 우파에 국가가 인정하고 지원하는 이슬람 종무원의 설치를 지시했다("Об определении Мулл...", 1830: 1107; "О назначении Муфтия...", 1830: 1107-1108). 새로이 설립될 이슬람 종무원의 첫 번째 무프티로는 당시 제 1아훈이었던 무함메드잔 후사이노프(Мухаммеджан Хусаинов)를 임명했다.[11] 또한 카잔 타타르 출신의 물라들 중에서 2~3명을 선출해서 종무원 회의의 구성원으로서 무프티를 보좌하도록 했다. 종무원에 소속된 이들 고위직 종사자들에게는 국가에서 급여를 지급하도록 규정되어서, 무프티에게는 연 1,500루블, 물라에게는 연 120루블이 배정되었다.

---

11 오렌부르크 이슬람 종무원 설립 초기에 수장인 무프티를 황제가 임명한 것은 이슬람의 입장에서는 매우 이례적인 일이었다. 그 이유는 먼저, 이슬람이 국교인 나라에서는 무프티가 국가 수장에 의해 임명되었지만 그렇지 않은 국가에서는 무슬림 공동체에서 자체적으로 선출했기 때문이었다(Гогиберидзе, 2009: 156). 다음으로, 당시 대표적인 이슬람 국가였던 오스만 제국에서는 그리스도교와 같은 타 종교에서 지도부를 구성할 때 이를 그 종파 구성원들이 독자적으로 선출하는 것을 허용하고 있었다는 점도 지적할 필요가 있다(Хабутдинов, 2010). 이러한 관례와 이슬람 세계의 관용 정책에 비추어 볼 때, 이슬람이 국교가 아닌 러시아 제국에서 —정교 신자인— 이교도 황제가 이슬람 최고위 종교지도자를 임명한 것은 이례적인 일로서, 이슬람에 대한 제정의 통제와 감시 의지가 얼마나 컸는지를 반증하는 사례라고 할 수 있다.

이러한 지시에 따라 이겔스트롬 군정지사의 지휘 아래 종무원 개설 준비가 진행되었으며, 마침내 1789년 12월 4일에 우파 이슬람 율법 종무원(Уфимское духовное магометанского закона собрание)[12]이 우파에 설립되었다. 종무원 회의는 무프티와 3명의 물라로 구성되었으며, 그 밑에는 비서, 통역 등 9명의 직원들이 부속되었다. 종무원은 도독부(наместничество)의 통제 아래 있었고, 모든 문서는 러시아어를 원본으로 했으며, 경우에 따라 타타르어 번역본을 작성했다("Об определении в учрежденное в Уфе Духовное Собрание Магометанского закона...", 1830: 20-21; "В память столетия...", 2011: 188, 189-190). 이러한 준비와 조직을 통해 타브리다 도(Таврическая область)[13]를 제외한 러시아 제국 내 모든 이슬람 공동체들을 관할하는 러시아 최초의 이슬람 종무원이 창설되었다.

---

12 제정 시기에 오렌부르크 이슬람 종무원은 세 차례에 걸쳐 명칭이 변경되었다. 설치 초기에 이 기구는 우파이슬람율법종무원이라고 불렸다. 그러다 1796년에 종무원이 오렌부르크로 이전하게 되면서 명칭이 오렌부르크 이슬람 율법 종무원(Оренбургское духовное магометанского закона собрание)으로 바뀌었다. 1802년에 종무원은 우파로 다시 돌아왔으나, 명칭은 변경된 그대로 유지되었다. 그러다 1846년에 오렌부르크 이슬람 종무원(Оренбургское магометанское духовное собрание)으로 개칭된 후 (2월 혁명 이후인) 1917년 7월에 무슬림 중앙종무원(Центральное духовное управление мусульман: ЦДУМ)으로 개칭될 때까지 사용된다("Оренбургское магометанское духовное собрание", 2009: 281-282).

13 타브리다 도(Таврическая область)는 크림 타타르가 지배하던 크림 반도와 주변지역을 포괄하는 지방으로, 1783년에 크림 칸국이 러시아 제국에 병합되면서 러시아의 한 지방이 되었다.

IV. 예카테리나 2세 시기 오렌부르크 이슬람 종무원과 카자흐 쥬즈

오렌부르크 이슬람 종무원은 러시아 제국의 중앙아시아 진출에서 중요한 역할을 담당했다. 앞에서 살펴본 것처럼, 오렌부르크 이슬람 종무원의 주요 설치 목적은, 대내적으로는 러시아의 영토 팽창 과정에서 복속시킨 무슬림을 제국 체제에 결합시켜 충성스런 신민으로 변화시키는 것이었고, 대외적으로는 경쟁 관계에 있던 이슬람 국가들, 특히 오스만 제국에 의한 제국 내 무슬림에 대한 선동을 구조적으로 차단하는 것이었다. 그런데 오렌부르크 이슬람 종무원이 제정을 위해 행한 주요한 역할들 중에는 앞의 두 목적들과 비교해 볼 때 그 비중이 떨어지지 않았을 뿐만 아니라 시간이 가면서 중요성이 더 커졌던 한 가지가 더 있었는데, 그것은 아직 통치권이 확립되지 않았던 병합지나 향후 영토 팽창의 대상 지역으로서 무슬림이 인구 다수를 차지하고 있던 곳에서 정보 수집, 우호 관계 수립, 친러시아 분위기 조성 등과 같은 활동을 벌이는 것이었다. 오렌부르크 이슬람 종무원 수립을 전후한 시기에 타타르 무슬림 지도자들이 카자흐 쥬즈 지역에서 러시아 제국의 대리인으로서 수행한 역할이 바로 이러한 것이었다.

    18세기 후반에 데슈티킵차크(Дешт-и-Кипчак)[14] 동부에는 카자흐계 부족들을 중심으로 세 개의 쥬즈들이 형성되어 있었다. 카자흐 집단의 형성은 15세기까지 거슬러 올라간다. 15세기 전반에 데슈티킵차크 지역을 장악하고 있었던 것은 킵차크 칸국이 붕괴하던 몽골-타타르의 분열 시기에 이 지역에서 독자적인 세력을 형성한 아불하이르(Абулхайр) 칸 세력이었다. 카자흐족은 15세기 중반에 아불하이르 칸에게 반기를 들고 이탈해 나간 자니벡(Өз-Жәнібек) 칸과 케레이(Керей) 칸 그리고 이들을 추종했던 부족들을 중심으로 형성되기 시작했

---

14   데슈티킵차크(Дешт-и-Кипчак)는 동쪽으로는 알타이 지역에서 서쪽으로는 도나우강 유역에 걸치는 스텝지역을 가리키는 명칭이다.

다. 아불하이르 칸이 사망한 후인 1460년대에 자니벡 칸과 케레이 칸의 추종 세력은 아불하이르 칸의 후계자인 무함마드 샤이바니(Muhammad Shayboniy)를 남쪽의 마 와라 알 나흐르(Māwarā' al-Nahr)[15] 지역으로 밀어낸 후 카자흐 초원 지대를 장악했다. 이렇게 성립된 카자흐 칸국은 짧은 시간 내에 카자흐 스텝 지역 전역을 활동 무대로 확보하며 강력한 유목국가로 성장했다. 그러나 17세기 중반에 접어들면서 카자흐 칸국은 대외적으로 매우 어려운 상황에 놓이게 되었다. 북쪽에서는 시비리 칸국을 붕괴시키고 서시베리아 지역의 새로운 강자로 등장한 모스크바 국이 남시베리아와 카자흐 스텝 지역으로의 진출을 시도하고 있었고, 남쪽에서는 시르다리야강 유역을 놓고 우즈베크 계통의 칸국들과 갈등을 빚고 있었다. 그러나 무엇보다도 가장 위협적인 세력은 서쪽에 있던 준가르 칸국(Dzungar Khanate)이었다. 오이라트 4부족을 중심으로 성립된 준가르는 17세기 중반에서 18세기 중반까지 존속하면서, 전성기에는 북쪽의 러시아 세력은 물론이고 동쪽에 새로이 성립된 당시 동아시아 최강국이었던 청 제국과도 견줄 수 있을 정도로 강력한 유목국가였다. 오이라트는 서몽골과 동투르키스탄 지역을 중심으로 스텝 지역을 따라 좌우로 세력을 확장해 나갔는데, 이에 따라 동쪽에서는 동몽골 지역을 놓고 할하(Халх)와, 그리고 서쪽에서는 서몽골에서 카자흐 초원에 이르는 스텝 지역을 놓고 카자흐 칸국과 지속적으로 충돌하게 되었다.[16] 양 세력의 충돌은 준가르의 우세로 점철되어서, 준가르 칸들이 이끄는 강력한 오이라트 기마부대의 공세에 밀려 카자흐 부족들은 발하시(Балкаш)호를 중심으로 남북으로 이어지는 카자흐 초원 지대의 동부 지역을 상실했으며, 나아가 18세기 초에는 칸국 자체가 장쥬즈(Ұлы жуз), 중쥬즈(Орта жуз), 말쥬즈

---

15 '마 와라 알 나흐르(Māwarā' al-Nahr)'는 '(아무다리야강) 너머의 땅'이라는 의미로, 아무다리야강과 시르다리야강 사이에 있는 지역을 가리키는 명칭이다. '트란스옥시아나'는 같은 지역을 지칭하는 라틴어 기원의 명칭이다.
16 준가르의 성쇠에 대해서는 양승조(2015a; 2015b)를 참조하라.

(Kiшi жуз)라는 세 개의 쥬즈들[17]로 분열되었다.

약화되고 분열된 카자흐 부족들은 상황에 따라 주변 강국들과의 외교적 관계를 변경하며 독자적 생존을 모색했다. 18세기 중반에 준가르가 청에게 정복됨으로써 카자흐 스텝 주변지역의 상황은 러시아와 청이라는 두 제국이 경쟁하는 체제로 재편되었다. 몇 차례에 걸친 대규모 원정 끝에 준가르를 몰락시킨 청은 준가르의 중심지였던 서몽골과 신장을 지나 서투르키스탄과 카자흐 스텝 동부까지 진출했다. 러시아 또한 청의 공격으로 준가르가 약화된 기회를 이용해서 이르티시(Иртыш)강 연안의 남시베리아 지역을 장악할 수 있었다. 그 결과 18세기 전반에 카자흐 부족들은 이 두 강력한 제국들의 압박에 직접적으로 노출되었으며, 카자흐 부족들의 연합체인 쥬즈들은 때로는 러시아와, 때로는 청과 외교관계를 맺으며 독립을 유지했다.

이러한 배경 속에서 나타난 쥬즈들의 러시아 제국에 대한 신종은, 따라서, 실질적인 충성과 복속을 의미하는 것이 아니었다. 아불하이의르(Абулхайыр) 칸 시대인 1731년에는 말쥬즈가 준가르의 공세 속에서 군사적 필요에 따라 러시아에 신종했고, 1740년에는 중쥬즈의 아빌맘베트(Абилмамбет) 칸이 아블라이(Аблай) 술탄과 함께 준가르의 위협에 대응하기 위해 제정 러시아에 신종했다.

---

[17] 쥬즈(Жуз)는 '부분' 또는 '지파'라는 뜻을 가진 아랍어 'juz' 또는 숫자 '백(百)'을 의미하는 투르크어 'yuz'에서 온 것으로 추정되는데, 그 의미는 "일정한 영역을 점유하고 있는 부족들의 집단 또는 연맹"이었다(History of Civilizations of Central Asia. V. 5, 2003: 93). 카자흐 쥬즈는 크게 울리(Улы), 오르타(Орта), 키시(Киши)로 불리는데, 현재 국내에서는 이것들을 '상·중·하'로 구분하고 있다. 그러나 이 말들의 원래 의미는 손위, 중간, 손아래라는 의미로, 러시아어권과 영어권에서는 이러한 의미가 반영되어 각각 손위(Старший, Senior), 중간(Средний, Middle), 손아래(Младший, Junior)라는 의미의 단어로 번역하고 있다. 이에 본글에서는 국내에서도 이러한 의미에 충실한 번역이 필요하다고 생각해서 위 세 단어를 각각 '장(長)·중(中)·말(末)'로 사용할 것을 제안하는 바이다. 그리고 이러한 연장선상에서 본글에서는 '상쥬즈', '중쥬즈', '하쥬즈'를 '장쥬즈', '중쥬즈', '말쥬즈'로 사용할 것이다.

그런데 이러한 카자흐 부족들의 신종은 러시아 제국으로의 완전한 복속을 의미하는 것이 아니었다. 이것은 18세기 전반에 카자흐 스텝을 둘러싸고 있던 러시아, 청, 그리고 무엇보다도 준가르라는 주변 강국들의 군사적·영토적 압박 속에서 카자흐 쥬즈들이 독자적 세력으로서 존립하기 위해 행한 정치적 동맹 체결이었을 뿐이었다. 이러한 이유로 카자흐 지배층은 카자흐 인의 복속을 현실화하기 위해 제정이 시도한 반복적인 신종 맹세 요구를 형식적으로는 수용했으나, 이것을 실질적인 지배-복종 관계의 수립으로 생각하지는 않았다. 한 예로 1731년에 러시아에 신종을 맹세했던 아불하이의르 칸의 경우를 보면, 그는 신종이라는 형식을 통해 획득한 러시아와의 군사적 동맹을 배경삼아 세력을 키워 카자흐 스텝 전역에 영향력을 행사하려 했으며, 때에 따라서는 러시아 제국이 자신의 영토와 신민으로 생각하고 있던 바시키르 지역까지 세력을 확대하려는 시도를 하기도 했다. 또한 중쥬즈의 아블라이는 청 군대가 쇠약해진 준가르를 몰아내고 중쥬즈의 동쪽 변경에 출현하자, 1757년에 청에게 신종을 맹세한다. 그 결과 중쥬즈는 러시아와 청 모두에게 충성을 맹세함으로써 "이중신종(двойное подданство)" 관계를 맺는 특이한 상황이 벌어지게 되었다(*История Казахстана*, 2011: 229-250).

    이러한 상황을 타개하고 카자흐 스텝 지역에 제국의 통치 질서를 수립하기 위해 제정은 카자흐 초원 및 마 와라 알 나흐르 지역과 긴밀한 관계를 가지고 있었던 타타르-무슬림을 통해 카자흐 부족들과 긴밀한 관계를 형성하려고 시도했다. 즉, 타타르 상인과 타타르 물라를 러시아 세력이 카자흐 초원과 트란스옥시아나로 정치적·경제적으로 침투하는데 사용할 매개자로 활용했던 것이다. 그리고 이러한 경향은 예카테리나 2세 시기에 더욱 강화되었으며, 특히 오렌부르크 이슬람 종무원의 수립 이후에는 이곳에 소속된 타타르 이슬람 지도자들을 활용하여 분열된 카자흐 쥬즈 지역에서 실질적인 통치 기제를 확립하는 작업을 진행할 수 있었다.

오렌부르크 이슬람 종무원의 첫 번째 무프티인 무함메드잔 후사이노프[18]는 제정의 이러한 정책에 적극적으로 부응한 대표적인 인물이었다. 후사이노프는 오렌부르크 이슬람 종무원의 무프티로 임명되기 이전부터 이미 러시아 제국을 위해 적극적으로 활동하고 있던 인물이다. 이겔스트롬이 우파와 심비르스크 지역의 군정지사로 임명되어 오렌부르크로 온 1784년에 말쥬즈 지역의 최고 권력자는 친 러시아적 성향을 띠고 있었던 누르알리(Нур-Али) 칸이었는데, 이 당시 그의 세력은 스림 다토브(Срым Датов)의 봉기로 인해 크게 약화되어 있었다. 이로 인해 누르알리 칸을 통해 말쥬즈 지역을 통제하는 정책이 불가능해지자, 이겔스트롬은 오렌부르크의 직접적인 통제를 받는 사법기구, 수석장로(главная старшина)직 등과 같은 새로운 행정 체계를 도입함으로써 이 지역에 대한 제정의 통제권을 보다 강화하려고 시도했다. 그런데 이를 진행하기 위해서는 말쥬즈 지배층의 동의가 필요했기에, 이겔스트롬은 개혁 시행의 전제 조건으로서 이들로부터 지역 안정을 위한 상호 보장과 황제에 대한 충성 서약을 받으려고 시도했다. 말쥬즈의 지도자들은 이러한 이겔스트롬의 제안을 논의하기 위해 1785년 가을에 회합을 가졌다. 그리고 누르알리 칸에 저항하는 봉기 세력의 중심이었던 스림 다토브의 수도 하에 이셀스트롬의 제안을 수용하면서, 그 대신 누르알리 칸의 폐위를 요구했다. 그 결과 여전히 말쥬즈 지배층으로부터 배척받게 된 누르알리 칸은 가족과 함께 오렌부르크로 갔다가 최종적으로는 러시아 정부가 우파에 마련해 준 거주지에서 생을 마감하게 되었다. 칸이 축출되어 권력 공백이 발생하자 말쥬즈 지역 내의 부족 간 분열은 더욱 심화되었으며, 반 칸 세력의 대표인 스림 다토브의 영향력은 강화되었다. 그러나 러시아의 통제권은 아직 말쥬즈 지역에 수립되어 있지 않았기에, 이 지역에 대한 제정의

---

18 후사이노프는 타타르 상인 집안 출신으로, 부하라와 카불에서 이슬람 교육을 받았다. 1785년에는 오렌부르크국경탐사대에 아훈으로서 참여했으며, 같은 해에 예카테리나 2세에 의해 제 1아훈으로 임명되었다.

통제권을 보다 강화할 수 있는 새로운 행정 체계 도입이라는 변화는 말쥬즈 지배층의 동의를 얻어야만 가능했다. 이때 이 지역으로 들어가 카자흐 부족장들을 설득해서 이겔스트롬의 '개혁안'을 수용하도록 만든 이가 당시 아훈으로 있었던 후사이노프였다. 그는 1785년(9월 21일), 1786년, 1787년(4월 5일)에 열린 말쥬즈 카자흐 지도자들의 회합에 참석해서 악담과 살해위협을 이겨내고 이들로부터 제국에 대한 충성 서약을 받아내는데 성공했다. 제정은 이러한 공로를 높이 사 그가 제 1아훈으로서 받고 있던 급여를 증액시켜 주어서, 1786년에는 기존 급여의 두 배인 연 300루블을 지급했으며, 같은 해 11월 12일에는 예카테리나 2세의 지시에 따라 여기에 다시 200루블을 추가해 주었다(Мубаракзянов, 2011: 101-104; Султангалиева, 2011: 148-151).

    1788년에 오렌부르크 이슬람 종무원이 설치되고 첫 번째 무프티로 '임명'된 후사이노프는 새로이 얻게 된 종교적 권위를 가지고 카자흐 스텝 지역에서 제정 러시아의 이해관계를 보다 심도 있게 대변하기 시작했다. 그는 스텝 지역으로 보내는 무프티의 "권언서한(увещевательные письма)"을 통해, 정교 황제에게 무슬림이 충성을 바치는 것은 신성한 일이며, 오히려 이 권력에 저항하는 것이야 말로 죄라고 설파했다. 또한 제정에게는 카자흐 스텝 지역을 보다 효율적으로 통치할 수 있는 방안을 진언했다. 1805년에 후사이노프는 알렉산드르 1세에게 올리는 상주문을 통해, 카자흐 지역이 러시아 제국에 신종한 지 오래되었지만 아직도 국가에 복종하지 않고 있으니 말쥬즈를 두 지역으로 나누어 분할통치 할 것과 상인들에 대한 카자흐의 약탈을 줄이기 위해 이와 관련된 엄격한 상벌규정을 제정할 것을 제안했다. 이 제안은 제정에 의해 채택되지는 않았으나, 제국의 충실한 신민으로서 후사이노프 무프티가 어떠한 역할을 했는지를 분명하게 보여주는 한 예라고 할 수 있다(Султангалиева, 2011: 155-158).

    제정은 러시아 제국을 위한 후사이노프의 충성스런 행위를 물질적 포상으로 보상해 주었다. 먼저, 아직 무프티가 되기 이전인 1786년에는 상인신분으로서 부담해야 했던 조세에서 해방시켜 주었다. 그리고 무프티로서 활동하던

1793년에는 은메달, 주택(오렌부르크), 여우가죽으로 만든 모피외투, 흑담비 모피를 내리고, 연 급여를 1,000루블 더 높여주었다. 그 결과 그가 죽었을 때 자손들은 수천 데샤티나(десятина)[19]의 땅과 많은 수의 가축을 유산으로 물려받을 수 있었다(Султангалиева, 2011: 158).

이렇듯 오렌부르크 이슬람 종무원의 첫 번째 무프티인 후사이노프는 타타르-무슬림들이 제정 러시아 정부의 대리인으로서 중앙아시아 지역에서 수행한 활동을 보여주는 전형적인 예이다. 제국의 충실한 신민으로서 후사이노프는, 종무원 설치 이전에는 카자흐 지역에 제정 러시아의 통제권이 확립되는데 있어 종교적-정치적으로 기여했으며, 무프티가 된 이후에는 말쥬즈의 분열된 세력들 사이를 조정하고 말쥬즈 지배층과 제정 러시아 행정당국 사이를 연결함으로써, 제정 러시아가 카자흐 초원에 지배체제와 통치구조를 확립하고 카자흐 인의 충성을 확보하는 일에 앞장섰다.

V. 맺음말

소련 수립 이전까지 러시아에서 수행된 이슬람 정책에 대한 연구는 크게 두 방향으로 진행되고 있다. 하나는 무슬림에 대한 탄압이라는 다수 견해이고, 다른 하나는 일관된 정책이 있다고 보기는 어려우나 그 기저에는 실용적 정책이 깔려 있다는 소수 해석이다. 그런데 이러한 두 시각들은 몇몇 한계들을 가지고 있다. 먼저, 러시아의 이슬람 정책을 탄압으로만 보는 시각은 이반 4세의 무슬림 엘리트 수용 정책이나 예카테리나 2세의 이슬람 종무원 설치와 같은 사건에서

---

19   데샤티나(десятина)는 러시아의 전통적인 면적 단위로, 1데샤티나는 1.09헥타르이다.

알 수 있는 것처럼 모든 상황과 시기에 적용될 수 있는 설명은 아니다. 반면, 실용적 측면을 강조하는 주장에도 문제는 있다. 이 입장에 서 있는 학자들의 주장처럼, 제정이 실용적 무슬림 정책에 따라 온건책을 펼치기도 했던 것은 사실이지만, 이것은 제국 내에서 이슬람이 지배적 종교인 변방지역이 혼란스럽거나 제국과 경계를 접하고 있는 이슬람 지역으로의 영토 팽창과 그곳에서의 통치권 확립이 필요한 경우에만, 즉 병합 지역의 안정과 이슬람과 무슬림에 대한 체계적 감시망 구축이 우선적으로 요구될 때에만 일시적으로 진행되었다.

그런데 러시아 지배층의 근본적인 지향점이 새로이 병합한 무슬림과 그들의 거주 지역을 기존 러시아 영토에 완전히 통합하는 것이었다는 점을 전제하고 살펴보면, 러시아의 이슬람 정책에 대한 기존의 두 주장들은 서로 대립적이기 보다는 상호 보완적인 관계에 있음을 알 수 있다. 사실 제정이 시행한 이슬람 정책의 궁극적 지향점은 러시아 제국이 새로이 병합한 지역을 기존 영토에 안정적으로 통합시키고, 그 위에 국가의 확고한 통치 체계를 수립하며 ─이교도 군주, 즉 러시아 황제가 다스리는─ 제국에 대한 (무슬림) 원주민의 충성심을 확보하는 것이었다. 이러한 대전제에 도달하기 위해 러시아가 사용한 이슬람 정책으로서 강경책과 유화책은 하나가 다른 하나를 대체하는 양립 불가능한 것이 아니라, 모스크바 국과 제정 러시아가 변경지역으로 영토를 확장하면서 주어진 시대적이고 환경적인 조건들에 대응하면서 의도적·비의도적으로 추진한 상호 의존적이고 서로 연계된 실용적 정책'들'인 것이다. 그리고 이러한 실용적 정책'들'을 통해 새 영토와 기존 영토의 통합이라는 일차 목표가 달성되면, 다음 단계로 러시아는 제국의 가장 충성스런 신민인 슬라브계 주민을 새로 병합한 지역에 이주시켜 러시아화를 달성함으로써 제국의 분리할 수 없는 일부로 융합시켰던 것이다.

예카테리나 2세 시기에 설치된 오렌부르크 이슬람 종무원은 제정이 새로운 영토를 통합하는 과정에서 시행한 초기 정책의 실상을 가장 잘 보여주는 역사적 예이다. 제국 주변에 위치한 강력한 이슬람 국가들과의 경쟁, 제국 영토로 통합된 기간이 아직 그리 길지 않은 남시베리아의 이슬람 지역과 무슬림 원주민(타타르 인), 그리고 새로운 팽창 대상인 스텝 지역의 무슬림 유목민(카자흐 인)이라는 문제들을 동시에 해결해야만 하는 조건 속에서, 예카테리나 2세는 억압책보다는 온건책을 통해 국가 내부의 불만과 외세의 견제를 해결하고, 새로운 영토에 대한 영향력을 확보하고 유지하고자 했던 것이다.

이를 위해 설치한 오렌부르크 이슬람 종무원은 이러한 선택이 ―러시아 측 입장에서는― 현명한 것이었음을 증명해 주었다. 오렌부르크 이슬람 종무원의 첫 번째 무프티인 후사이노프는 무슬림이자 제국의 신민으로서 제정이 원하는 바를 정확히 이해했고, 이의 실현을 위해 적극적으로 활동했다. 제정 러시아는 이렇듯 제국의 목적에 충실히 복무하는 타타르-무슬림을 카자흐 쥬즈 지역으로 파견함으로써 카자흐 초원 지대에 대한 지배권을 확립할 수 있었으며, 향후 그 남쪽에 있는 서투르키스탄 지역으로 진출할 수 있는 발판을 다질 수 있었다.

참고문헌

양승조. 2015a. "17세기 후반 18세기 전반 모스크바국의 동방 진출과 동투르키스탄의 주변화(周邊化): 준가르 제국을 중심으로."『역사문화연구』54, 141-172.
양승조. 2015b. "러시아, 중국 그리고 근대 중앙아시아: 역사적 회고."『중국의 부상과 중앙아시아』. 과천: 진인진, 23-49.
정세진. 2006. "제정러시아의 이슬람정책과 러시아 이슬람의 反제국주의적 정체성 – 역사적 기원과 형성과정을 중심으로."『슬라브학보』21(3), 271-298.
정세진. 2012. "제정 러시아의 정교 이데올로기와 무슬림과의 관계."『동유럽발칸연구』30, 297-324.

Арапов, Д. Ю. 2005. "Система государственного регулирования ислама в Российской империи (последняя треть XVIII — начало XX в.)." дис. д-ра ист. наук, М.: МГУ.
Аршаруни, А. и Х. Габидуллин. 1931. *Очерки панисламизма и пантюркизма в России*. М.: Изд. Безбожник.
В память столетия Оренбургского магометанского духовного собрания, учрежденного в городе Уфе. 1891. Уфа: Типография губернского правления ("В память столетия Оренбургского магометанского духовного собрания, учрежденного в городе Уфе." 2011. *Оренбургское магометанское духовное собрание и духовное развитие татарского народа в последней четверти XVIII — начале XX вв.: Материалы одноименного научного семинара, посвященного 220-летию учреждения религиозного управления мусульман внутренней России и Сибири (Казан, 18 декабря 2009 г.)*, Казань: Институт истории им. Ш. Марджани АН РТ, 182-207에 재출간됨).
Гарипов, Н. К. 2011. "Ислам и Российская власть: функционирование религиозных институтов мусульман." *Оренбургское магометанское духовное собрание и духовное развитие татарского народа в последней*

четверти XVIII — начале XX вв.: Материалы одноименного научного семинара, посвященного 220-летию учреждения религиозного управления мусульман внутренней России и Сибири (Казан, 18 декабря 2009 г.), Казань: Институт истории им. Ш. Марджани АН РТ, 28-42.

Гогиберидзе, Г. М. 2009. *Исламский толковый словарь*. Ростов-на-Дону: Феникс.

Денисов, Д. Н. 2011. "О роли ахунов до учреждения Оренбургского магометанского духовного собрания (на примере Южного Урала)." *Оренбургское магометанское духовное собрание и духовное развитие татарского народа в последней четверти XVIII — начале XX вв.: Материалы одноименного научного семинара, посвященного 220-летию учреждения религиозного управления мусульман внутренней России и Сибири (Казан, 18 декабря 2009 г.)*. Казань: Институт истории им. Ш. Марджани АН РТ, 43-48.

Загиделлин, И. К. 2011. "Предисловие." *Оренбургское магометанское духовное собрание и духовное развитие татарского народа в последней четверти XVIII — начале XX вв.: Материалы одноименного научного семинара, посвященного 220-летию учреждения религиозного управления мусульман внутренней России и Сибири (Казан, 18 декабря 2009 г.)*. Казань: Институт истории им. Ш. Марджани АН РТ, 3-11.

История Казахстана (История Казахской ССР с древнейших времен до наших дней издание 1943 г.). 2011. 3-е изд., Алматы.

Мубаракзянов, М. А. 2011. "Политика российского правительства в отношении Малого жуза в 80-90-е гг. XVIII в. и оренбургский муфтий М. Хусаинов." *Оренбургское магометанское духовное собрание и духовное развитие татарского народа в последней четверти XVIII — начале XX вв.: Материалы одноименного научного семинара, посвященного 220-летию учреждения религиозного управления мусульман* внутренней России и Сибири (*Казан, 18 декабря 2009 г.*). Казань: Институт истории им. Ш. Марджани АН РТ, 100-107.

Мухетдинов, Д. В. 2011. "Белые пятна в истории Центральной России." *Оренбургское магометанское духовное собрание и духовное развитие татарского народа в последней четверти XVIII — начале XX вв.: Материалы одноименного научного семинара, посвященного 220-летию учреждения религиозного управления мусульман внутренней России и Сибири* (*Казан, 18 декабря 2009 г.*). Казань: Институт истории им. Ш. Марджани АН РТ, 108-117.

"О назначении Муфтия над всеми обитающими в России Магометанского закона людьми." 1830. *Полное собрание законов Российской Империи. Т. XXII. с 1784 до 1788*, СПб.: Типография II Отделения Собственной Е. И. В. Канцелярии, 1107-1108.

"О терпимости всех вероисповеданий и о запрещении архиереям вступать в дела, касающиеся до иноверных исповеданий и до построения по их закону молитвенных домов, предоставляя все сие светским начальствам." 1830. *Полное собрание законов Российской Империи, с 1649 года. Т. XIX. 1770-1774*, СПб.: Типография II Отделения Собственной Е. И. В. Канцелярии, 775-776.

"Об определении в учрежденное в Уфе Духовное Собрание Магометанского закона Секретаря, Канцелярский и прочих служителей, с произвождением им жалования. Доклад." 1830. *Полное собрание законов Российской Империи, с 1649 года. Т. XXIII. с 1789 по 6 ноября 1796*, СПб.: Типография II Отделения Собственной Е. И. В. Канцелярии, 20-21.

"Об определении Мулл и прочих духовных чинов Магометанского закона и об учреждении в Уфе духовного собрания для заведывания всеми духовными чинами того закона, в России пребывающими." 1830. *Полное собрание законов Российской Империи. Т. XXII. с 1784* до 1788, СПб.: Типография II Отделения Совственной Е. И. В. Канцелярии, 1107.

"Оренбургское магометанское духовное собрание." 2009. *Ислам на Урале: энциклопедический словарь*. М.: Медина.

Повесть временных лет. 2014. М.: Институт русской цивилизации.

Силантьев, Р. А. 2016. *Современная география исламского сообщества России*. М.: РИСИ; ФИВ.

Султангалиева, Г. С. 2011. "Деятельность первого оренбургского муфтия Мухамеджана Хусаинова в Казахской степи." *Оренбургское магометанское духовное собрание и духовное развитие татарского народа в последней четверти XVIII — начале XX вв.: Материалы одноименного научного семинара, посвященного 220-летию учреждения религиозного управления мусульман внутренней России и Сибири* (Казан, 18 декабря 2009 г.). Казань: Институт истории им. Ш. Марджани АН РТ, 148-159.

Хабутдинов, А. Ю. 2010. *История Оренбургского магометанского духовного собрания (1788-1917): институты, идеи, люди*. Нижний Новгород: Медина, http://www.idmedina.ru/books/regions/?3165 (검색일: 2016.09.14).

Юнусова, А. Б. и Д. Д. Азаматов. 2013. *225 лет Центральному духовному управлению мусульман России. Исторические очерки*. Уфа: ГУП РБ УПК.

Crews, Robert D. 2006. *For Prophet and Tsar: Islam and Empire in Russia and Central Asia*. Cambridge(Massachusetts); London: Harvard university press.

History of Civilizations of Central Asia. V. 5. Development in Contrast: from the Sixteenth to the Mid-nineteenth Century. 2003. Paris: UNESCO.

Kappeler, Andreas. 2010. "Czarist Policy toward the Muslims of the Russian

Empire." in Bhavna Dave, ed. *Politics of Modern Central Asia. I. Encounters with Modernity: Russian and Soviet Rule,* London; New York: Routledge, 29-42.

Rozaliya, Garipova and Chong Jin Oh. 2011. "Struggle for the Russian Dar-al Islam: Russian Muslims and Their Attempts to Defend Muslim Way of Life in the Russian Empire." 『중동연구』 30(2), 205-237.

제2장
18세기 말-19세기 중반 제정 러시아의 대 카자흐인 정책과 오렌부르크 이슬람 종무원(ОМДС)*

양승조

I. 머리말

중앙아시아 이슬람에서 카자흐스탄이 차지하고 있는 위치는 독특하다. 카자흐스탄 지역에 이슬람이 유입된 것은 7세기 말에서 8세기 초로 우즈베키스탄을 비롯한 중앙아시아 지역의 다른 국가들과 마찬가지로 매우 이른 시기이다. 그러나 이후 이슬람의 심화와 확립은 스텝 지역과 오아시스 지역에서 다르게 진행되어서, 서투르키스탄 지역에 위치해 있으면서 정주 문화적 특성을 강하게 띠고 있던 국가들에서는 이슬람이 빠른 속도로 정착하고 발전했다면, 유목 문화적 전통을 강하게 유지하고 있던 카자흐 스텝 지역에서는 심화의 깊이나 구조화의 정도가 18세기까지도 비교적 낮았다. 그러다 18세기 말에 와서야 카자

---

* 이 글은 『슬라브학보』 32-4(2017)에 게재되었던 논문을 본서의 편집 취지에 맞도록 수정·보완한 것입니다.

흐 스텝 지역에서는 이슬람화가 전에 없이 빠른 속도로 진전되어서, 이슬람 사원들이 건축되었고, 이슬람 교리가 유목민들의 생활습속에 파고들어갔으며, 이슬람 조직이 체계화되어 가는 모습을 보이기 시작했다.

그렇다면 왜 18세기 말~19세기 전반에 걸친 시기에 와서야 카자흐 스텝 지역에서 이슬람이 이전에 비해 빠른 속도로 확산되고 확립될 수 있었는가? 이 질문에 답하기 위해서는 제정 러시아와 이 지역 사이의 관계를 살펴볼 필요가 있다. 사실 중앙아시아 지역에 이슬람이 전래된 이래로 카자흐 스텝 지역이 이슬람화하는데 있어 가장 커다란 영향력을 행사해 왔던 것은 서투르키스탄 지역의 국가들과 이곳에 확립된 이슬람 종단들이었다. 이들 정주민의 노력으로 카자흐 유목민 사이에서는 이슬람이 비교적 느리긴 하나 지속적으로 확산될 수 있었다. 그러나 이슬람의 확산 방향이 서투르키스탄 지역에서 북쪽의 스텝 지역으로 진행되어 왔다는 것이 오랜 시간에 걸쳐 계속되어온 조건이라는 점을 감안할 때 18세기 말 이래로 이 지역에서 이슬람이 전에 없이 빠른 속도로 구축되는 현상을 이것만으로 설명하기는 어렵다. 이런 이유로 우리는 18세기 말에서 19세기 전반에 이르는 시기에 카자흐 스텝 지역에서 이슬람화가 빠르게 진척되는데 영향을 끼친 무언가 다른 변화를 찾아볼 필요가 있는데, 그것은 당시 카자흐 스텝 지역을 정치적·행정적·경제적으로 그리고 또한 군사적으로 장악해가고 있던 제정 러시아의 대 이슬람 정책에서 보이는 변화이다. 그리고 이러한 변화의 중심에는 제정 러시아의 이슬람 정책이 카자흐 유목민들 사이에서 집행되는데 있어 핵심적인 역할을 담당했던 오렌부르크 이슬람 종무원(Оренбургское магометанское духовное собрание: ОМДС)의 등장이라는 현상이 자리잡고 있다.

이러한 중요성으로 인해 18세기 말~19세기 초에 이르는 기간에 카자흐 스텝 지역에서 제정 러시아의 대 이슬람 정책이 카자흐 유목부족들의 이슬람화에 어떤 영향을 끼쳤는지, 그리고 이 과정에서 오렌부르크 이슬람 종무원이 한 역할은 무엇인지에 대한 연구가 당대부터 러시아와 중앙아시아 출신의 연구자들에 의해 지속적으로 진행되어 왔다. 팔라스(А. И. Паллас)나 발리하노프(Ч. Ч. Валиханов)와 같은 19세기 연구자들에 따르면, 제정 러시아의 대 이슬람 정책은 카자흐 스텝 지역에서 이슬람이 확립되는데 있어 적지 않은 영향을 끼쳤다. 그러나 이러한 변화에도 불구하고 이 지역에서 이슬람 신앙과 제도의 심화 정도는 여전히 그리 깊지 않았다(Лысенко, 2008: 149-150). 1917년의 10월 혁명으로 국가 전체가 사회주의 이념이라는 토대 위에서 운영되기 시작하면서 종교에 대한 관심은 감소되었으며, 그 결과 소련 시기에 이 문제에 대한 연구는 위축되었다. 그러다 소련이 해체되고 중앙아시아 지역에 새로운 독립 국가들이 들어서면서 중앙아시아 이슬람에 대한 연구는 러시아와 중앙아시아 국가들의 학자들을 중심으로 다시금 활발하게 전개되고 있다. 19세기 연구자들에 의해 수행된 카자흐 스텝 지역 이슬람화에 대한 제정 러시아의 정책과 오렌부르크 이슬람 종무원의 역할에 대한 연구가 주로 현상에 대한 사실 제시와 이에 대한 설명으로 이루어져 있다면, 소련이 해체된 이후 이 문제에 접근하고 있는 연구자들의 분석은 이에서 한 걸음 더 나아가 몇몇 방향으로 나뉘고 있다. 한편에서는, 주로 러시아 연구자들을 중심으로 하는 일군의 학자들이 제정 러시아의 유화적 이슬람 정책과 러시아 내 이슬람 기구인 오렌부르크 이슬람 종무원이 카자흐 스텝 지역 이슬람화에 끼친 영향을 중심으로 이 문제를 살펴보고 있다(예를 들면, Ремнев, 2006: 238-277). 다른 한편에서는, 주로 카자흐스탄 연구자들을 중심으로 하는 다른 일군의 전문가들이 19세기 카자흐 스텝 지역의 이슬람화를 외부의 영향보다는 기존의 비교적 높은 이슬람화 수준과 이슬람화의 자율적 발전 가능성에 따른 현상으로 설명하고 있다(Лысенко, 2008: 150). 그리고 또 다른 한편에는 이 시기 제정 러시아의 대 이슬람 정책을 러시아 이슬람 정책의 역사에서 보이는 "실용적 유연성(pragmatic flexibility)"의 한 예로 보는 카펠러(A. Kappeler)와 같은 거시적 입장도 존재하고 있다(Kappeler, 2010: 29-42).

    이러한 해외의 연구 활성화 흐름과는 달리 현재 국내에는 이 주제에 대한 연구는 고사하고, 카자흐스탄 이슬람에 대한 연구 논문 자체도 그리 많지 않다.

2016년까지 카자흐스탄 이슬람에 대한 국내 연구는 이슬람을 소련 해체 이후 카자흐스탄 지역에서 진행되고 있는 민족통합 정책의 도구로 보는 분석(김중관 외, 2014: 27-51), 카자흐스탄 외부에 존재하는 카자흐 이슬람 공동체의 상황에 대한 분석(오종진, 2008: 65-103; Nyamzagd et al., 1995: 691-697), 그리고 18세기에 제정 러시아가 추진한 러시아 이슬람 정책의 일부로서의 카자흐 이슬람 정책에 대한 서술(양승조, 2016b: 269-297)이 거의 전부이다. 또한 몇 되지 않는 이 연구들도 내용상으로는 카자흐스탄 이슬람을 그 자체로 연구하고 있기 보다는 카자흐스탄 국내 정치의 한 부분으로서 또는 국외에 존재하는 카자흐 공동체를 이해하기 위한 종교-문화적 배경으로서 다루고 있다. 이러한 상황 속에서 소련 시기부터 현재까지 카자흐스탄 이슬람의 일반적 전개 상황을 개관해주고 있는 김상철의 논문(김상철, 2017: 69-101)은 카자흐스탄 이슬람 자체를 다루고 있다는 점에서 이 분야 국내 연구에서 큰 의미를 가지고 있다. 그런데 이러한 의의에도 불구하고 이 연구는 연구대상의 시간적 범위가 너무 광범위하다거나, 사실관계를 오인하고 있는 것과 같은 한계점 또한 내포하고 있다. 이렇듯 현재 국내에서 카자흐 스텝 지역의 이슬람과 무슬림에 대한 연구는 연구 대상 시기를 불문하고 매우 일천하다. 이러한 의미에서 볼 때 본 연구는 이러한 국내 연구 상황을 조금이나마 개선할 수 있는 하나의 기여가 될 수 있을 것이다.

　　본 연구의 목적은 러시아 제국이 카자흐 스텝 지역을 실질적인 자국 영토로 합병해가고 있던 19세기 전반부와 그 전후시기에 제정 러시아가 카자흐 스텝 지역의 무슬림을 대상으로 집행한 이슬람 정책의 변화상을 오렌부르크 이슬람 종무원의 활동을 중심으로 살펴보는 것이다.

　　연구 대상 시기는 오렌부르크 이슬람 종무원의 설치가 추인되는 1788년에서 카자흐 스텝 지역이 오렌부르크 이슬람 종무원의 관할에서 배제되는 1868년까지이다. 이것은 다시 당시의 복잡한 국제정세 속에서 카자흐 스텝 지역의 강한 독립성으로 인해 오렌부르크 이슬람 종무원을 통한 접근이 필요했던 전반부와 중앙아시아 지역을 둘러싼 경쟁에서 승리한 제정 러시아에 의해 카자흐 스텝 지역과 서투르키스탄 지역이 병합되면서 오렌부르크 이슬람 종무원의 필요성이 감소하게 되는 후반부로 나눌 수 있다. 본 연구에서는 이렇게 나눈 두 시기에 제정 러시아가 카자흐 스텝 지역에서 진행한 이슬람 정책이 지향했던 바와 그 과정에서 오렌부르크 이슬람 종무원이 수행한 역할이 변화하는 정치적·영토적 조건 속에서 어떻게 변화해 가는지를 드러낼 것이다.

II. 카자흐 스텝 지역의 이슬람화 상황: 18세기

중앙아시아[1]에 거주하는 투르크(Türk)계 종족들 사이에서 이슬람이 본격적으로 확산되기 시작한 것은 9세기 이래의 일이다. 다른 중앙아시아 민족들과 마찬가지로 카자흐 스텝 지역의 유목기마부족들이 이슬람을 접하게 된 시기는 우마이야 칼리파조가 중앙아시아 지역으로 영토를 팽창해 온 7세기 말이었다. 그러니 이들이 이슬람을 신앙의 대상으로 본격적으로 받아들이기 시작한 것은 이보다 더 뒤의 일로, 이 지역에 이란계 국가인 사만 조(Samanids)가 등장하면서 부터의 일이다. 9~10세기에 걸쳐 부하라를 중심으로 서투르키스탄, 아프가니스탄, 동페르시아에 걸친 지역을 지배했던 사만 에미르국은 동투르키스탄과 카자흐 스텝에 거주하고 있는 투르크계 유목기마부족들과 경계를 접하고 있었으

---

[1] 중앙아시아의 범주 개념에 대해서는 다양한 정의들이 존재하나, 본글에서는 (양승조, 2015: 27-29)의 정의를 기준으로 삼고 있다. 이에 따라, '중앙아시아'는 현 카자흐스탄·우즈베키스탄·투르크메니스탄·타지키스탄·키르기즈공화국의 5개국으로, '(동·서)투르키스탄'은 우즈베키스탄·투르크메니스탄·타지키스탄·키르기즈공화국의 4개국과 카자흐스탄 남부의 시르다리야강 유역(이상 서투르키스탄), 그리고 중국의 신장위구르자치구(동투르키스탄)를 포괄하는 지역으로 상정할 것이다.

며, 이에 따라 유목기마세력의 습격을 막기 위해 예방 원정을 수행하곤 했다. 그런데 이때 사만조가 내세운 원정의 명분들 중 하나가 비 이슬람교도에 대한 성전(聖戰)이었다. 이러한 상황 속에서 투르크계 유목기마부족들은 사만 조의 정벌을 회피하려는 목적에서 그리고 사만 조의 이슬람 포교에 의해서 이슬람화하기 시작했다. 그 결과 사만 조 말기에 투르키스탄과 아프가니스탄 지역에 수립되어 있던 두 개의 투르크계 국가들인 가즈나 조(Ghaznavids)와 카라한 조(Karakhanids)는 국가 성립 초기인 10세기에 이미 이슬람 국가로서의 정체성을 띠고 있었다. 그리고 아프가니스탄의 가즈니에서 북쪽으로 영토를 팽창해 온 가즈나 조와 카쉬가르를 중심으로 서쪽으로 진출해 온 카라한 조가 사만 조의 중앙아시아 영토를 아무다리야강을 중심으로 동서로 분할점령하면서 스텝 지역과 투르키스탄 지역은 투르크-이슬람화하기 시작했다(르네 그루쎄, 2007: 219-225; Избаиров, 2013: 12).

이렇듯 비교적 이슬람 성립 초기부터 진행된 중앙아시아 이슬람화는 하나피 마드합(Hanafi madhhab)[2]이 이 지역에서 지배적이라는 특징을 보이고 있다. 하나피는 수니 계열의 주요 4대 법학파들[3] 중 하나로, 8세기에 현재의 이라크 지역에서 활동했던 아부 하니파(Abu Hanifa)의 해석을 추종하는 집단이다. 하나피는 샤리아를 해석하는데 있어 형식보다는 믿음을, 의식보다는 실천을 더 중요하게 생각하며, 이러한 이유로 이슬람법의 현실 적용이 다른 법학파들에 비해 관대하다는 특성을 가지고 있다(Gunn, 2003: 395-396). 지역적으로 하나피는 이슬람 세계에서도 특히 중앙아시아와 그 주변지역에서 널리 확산되었는데, 하

---

2 마드합(madhhab)은 이슬람 법학파를 가리키는 용어이다.
3 이슬람에서는 이슬람 율법인 샤리아를 현실 생활에 적용함에 있어 해석의 다양성을 인정하며, 그 결과 원전의 해석에 따라 다양한 법학파들이 등장하게 되었다. 현재 수니계열에서는 하나피(Hanafi), 말리키(Maliki), 샤피이(Shafi'i), 한발리(Hanbali)의 네 법학파가 공인되고 있는데, 이 네 법학파들은 이슬람 성립 이후 8-9세기 사이에 성립되었으며, 그 명칭은 각 법학파의 창시자 이름에서 유래한 것이다.

나피가 이 지역에서 가지고 있는 우월성은 세 단계의 발전과정을 통해 확립되었다. 첫 번째 단계는 9~10세기에 걸친 기간으로, 이 시기에 하나피는 마 와라 알 나흐르(Māwarā' al-Nahr)[4] 지역에 도입되어 부하라, 사마르칸트 등을 중심으로 뿌리내리기 시작했다. 두 번째 단계는 9~13세기 초에 걸친 기간으로, 이 시기에 하나피는 카라한 조의 보호 아래 중앙아시아 지역에서 본격적으로 발전하기 시작했다. 세 번째 단계는 13세기 초~14세기에 걸친 기간으로, 이 시기에 서투르키스탄 지역은 하나피 법학파의 중심지로서 중앙아시아 지역은 물론이고 서아시아와 북인도 등 주변지역에서도 영향력을 행사했다. 이 세 번째 시기에 하나피 법학파는 킵차크 칸국과 티무르 제국의 후원아래 발전했는데, 이 과정에서 시르다리야강 주변지역을 중심으로 카자흐 스텝 지역에서도 하나피 중심지들이 형성되었다. 그 결과 카자흐 스텝 남부에 위치한 시르다리야강 주변지역은 서아시아에서 발원한 이슬람이 중앙아시아를 거쳐 킵차크 칸국으로 전달되는 경로의 중간지점으로서 중앙아시아 내 주요 이슬람 중심지들 중 한 곳으로 성장했다(Избаиров, 2013: 15-17).

카자흐 스텝 지역의 이슬람화에서 커다란 역할을 한 또 하나의 요소로는 수피즘(Sufism)을 들 수 있다. 카자흐 스텝 남부지역에서 수피즘은 중앙아시아 수피 타리카(Sufi tariqa)[5]의 주요 인물들 중 한명인 호자 아흐메트 야사위(Кожа Ахмет Ясауи)가 활동하던 11세기부터 본격적으로 확산되기 시작했다. 그러나 야사위 시대 이후 몽골 통치기에 중앙아시아 수피즘은 커다란 두각을 나타내지 못하다가, 몽골 지배에서 벗어난 이후부터 다시 사상적으로 발전하기 시작했다(Избаиров, 2013: 18-20). 중앙아시아 지역에서 수피 종단이 몽골 시대 이후

---

4 '마 와라 알 나흐르(Māwarā' al-Nahr)'는 '트란스옥시아나'의 아랍어 표기로, '(아무다리야강) 너머의 땅'이라는 의미이며, 아무다리야강과 시르다리야강 사이에 있는 지역을 지칭하는 것이다.

5 타리카(tariqa)는 수피 공동체를 가리키는 용어이다.

에 본격적으로 발전하기 시작한 데에는 주변지역의 정치적 변화가 커다란 변수로 작용했다. 16세기에 중앙아시아의 서쪽에는 시아 계통의 사파비 제국(Safavid dynasty)이 들어서고, 북쪽에는 정교 국가인 제정 러시아가 새로운 지배 세력으로 등장했다. 그 결과 중앙아시아 지역은 수니 이슬람 세계와 공간적으로 단절되었는데, 이 때 이 지역에서 수니 이슬람의 확산을 주도했던 것이 수피 종단들이었다(Hann et al., 2009: 1521).

이러한 조건들 속에서 18세기에 카자흐 스텝에 거주하고 있던 유목기마부족들 사이에서는 이슬람화가 지속되고 있었는데, 이 시기까지 카자흐 부족들의 이슬람화에 가장 큰 영향을 끼쳤던 것은 같은 샤이반 오르다의 후예들이 세운 우즈베크 칸국을 비롯한 서투르키스탄 지역의 칸국들이었다. 샤이반(Шибан)은 주치의 아들들 중 한명으로 바투로부터 스텝 북쪽의 우랄 동부 지역을 영지로 받았다. 이 지역을 다스리던 샤이반의 후손들은 14세기 말부터 카자흐 스텝 지역으로 남하하기 시작했으며, 아불하이르(Абулхайр) 칸 시기인 15세기 초에는 우랄 지역에서 카자흐 스텝 지역을 지나 시르다리야강에 이르는 광대한 영역을 세력권으로 확보하게 되었다. 그러나 아불하이르가 오이라트와의 전투에서 패한 후 그의 세력은 크게 두개로 분리되었다. 하나는 그의 손자인 무함마드 샤이바니를 따라 남쪽의 서투르키스탄으로 진출한 집단으로, 이들은 이곳에서 원주 공동체들을 정복한 후 우즈베크 칸국을 세웠다. 다른 하나는 케레이와 자니벡을 중심으로 아불하이르에게 반기를 든 집단으로, 이들은 시르다리야강 이북의 스텝 지대를 장악하고 유목기마전통을 기반으로 하는 카자흐 칸국을 수립했다(르네 그루쎄, 2007: 666-668). 이 중에서 우즈베크 칸국의 유목기마부족들은 국가 수립 초기부터 기존 정주 민족의 영향을 받아 이슬람 문화에 심도 깊게 동화되었다. 시간이 흐르면서 카자흐 부족들과 서투르키스탄 칸국들 사이의 접촉은 점차 빈번해졌으며, 이 과정에서 이슬람화가 상대적으로 느리게 진행되고 있던 카자흐 스텝의 유목부족들도 우즈베크 칸국을 비롯한 서투르키스탄 칸국들의 영향을 받아 이슬람에 점차 깊이 동화되어 갔다.

이러한 과정을 거치며 카자흐 스텝 지역에서도 자신들만의 이슬람 전통이 수립되기 시작했다. 중앙아시아 지역에 비교적 이른 시기에 도입되었던 이슬람이 남쪽의 마 와라 알 나흐르 지역에서는 비교적 빠르게 체계화되었던 반면 북쪽의 스텝 지역에서는 그 속도가 비교적 느렸는데, 이러한 차이가 나타나게 된 원인으로는 무엇보다도 먼저 카자흐 스텝 지역이 사회문화적인 면에서 유목기마전통이 오랫동안 유지되어 온 곳이라는 점을 들 수 있다. 유목기마전통은 두 가지 점에서 카자흐 스텝 지역에서 이슬람이 빠르게 발전하는 것을 가로막았다. 그 하나는 유목경제생활에 따른 주기적 이동으로 인해 이슬람 교리에 대한 교육이 안정적이고 체계적으로 이루어질 수 없었다는 점이고, 다른 하나는 집단 유목의 전통에 따라 가부장적이고 씨족적인 관계가 강하게 유지됨으로써 공동체가 기존에 가지고 있던 비 이슬람적 관습 체계인 아다트(adat)[6]가 그 어떤 종교 규범보다도 강하게 유지되었다는 점이다(Мажитова, 2015: 26). 실제로 16세기에 카자흐 스텝 지역의 이슬람 상황을 기록한 루즈베한(Рузбехан)에 따르면, 카자흐 인은 신분고하를 막론하고 자신이 무슬림이라고 생각하고 있으나, 실생활에서는 "우상 만들기", 서투르키스탄 지역을 침략해서 그곳에 거주하고 있는 같은 무슬림을 잡아 노예로 팔기, 일출 시 태양을 보며 "몰두배(沒頭拜, земной поклон)"하기 등을 지속하고 있었다(*История Казахстана*, 2011: 202-203). 그런데 이러한 모습은 19세기까지도 지속되었다. 19세기 중반에 활동했던 카자흐족 출신 역사가이자 인류학자인 발리하노프(Валиханов Ч.Ч.)는 당시 카자흐족 사이에서는 무슬림 신앙과 샤머니즘이 혼재되어 있어서 "알라를 믿으면서 동시에 온곤(Онгон)[7]들을 믿고 …… 샤만을 믿으면서 무함마드의 호자를 공경"한다고 증언하고 있다(Валиханов, 1985: 49). 이

---

6   이슬람 도래 이전에 현지에서 통용되던 관습(법)을 가리키는 말이다.
7   '온곤(Онгон)'은 몽골과 투르크 계통 부족들의 전통신앙인 샤머니즘에서 숭배하는 '조상신'을 지칭하는 말이다.

지역 이슬람화를 가로막은 또 하나의 요인으로는 유목생활의 불안정성을 들 수 있다. 초원 지대의 기마부족들은 유목이라는 자신들의 경제적 특성으로 인해 이동 생활을 지속해왔다. 그런데 이러한 이들의 생활양식은 카자흐 스텝 지역에서 이슬람이 안정적으로 전파되고 이슬람 종교기구가 확고하게 수립되는 것을 방해하는 주요 원인으로 작용했다(Мажитова, 2015: 26). 이러한 이유로 18세기 말까지도 카자흐 스텝 지역에서는 이슬람 자체는 널리 퍼져 있었으나, 그 신앙의 깊이나 종교기구의 구조화 및 체계화는 크게 발전되어 있지 못했다.

III. 제정 러시아의 대 카자흐 이슬람 정책과 오렌부르크 이슬람 종무원: 18세기 말-19세기 전반

1. 제정 러시아의 국제적 · 국내적 정치 상황: 18세기

17세기 중반에 시베리아 지역 대부분을 자국 영토로 확보하게 된 제정 러시아는 이를 기반으로 남쪽으로 영토를 팽창해 갔으며, 이 과정에서 남시베리아와 카자흐 스텝 지역을 놓고 준가르 칸국과 대립하게 되었다. 오이라트 부족들을 중심으로 건설된 준가르 칸국은 17세기 중엽에 스텝 지역에 대한 지배권을 놓고 동쪽에서는 청, 북쪽에서는 모스크바 국, 서쪽에서는 카자흐 부족들과 다투고 있었다. 이 시기에 준가르 동쪽에 형성되어 있던 몽골부족연맹체인 할하는 후금의 영향력 아래 들어가 있었고, 남시베리아에는 러시아 인이 요새를 건설하고 있었다. 오직 카자흐 스텝 지역만이 독립적인 공간으로 남아있었으나, 이곳은 카자흐 칸국이 붕괴된 후 유목기마부족들의 느슨한 부족연맹체들인 장쥬즈(Uly zhuz), 중쥬즈(Orta zhuz), 말쥬즈(Kishi zhuz)로 분열되어 있었다. 그 결과

이 지역에 대한 관할권을 놓고 북쪽의 제정 러시아, 동쪽의 준가르, 남쪽의 이슬람 칸국들이 경쟁하게 되었는데, 이 중에서도 준가르 칸국은 스텝 제국 건설의 일환으로 이 지역으로의 원정을 주기적으로 진행하며 카자흐 부족들에 대한 영향력을 확대해 갔다.

러시아에게 있어 준가르 칸국의 카자흐 스텝 지역 진출은 위기였을 뿐만 아니라 기회이기도 했다. 한편으로 17세기 중반에 모스크바 국은 강력한 기마 제국인 준가르 칸국의 등장으로 이르티시(Иртыш)강 이남으로의 진출을 포기한 채 남시베리아 지역에서 유목민과 공존하는 유화책을 선택할 수밖에 없었다(양승조, 2015: 32-33, 40-41). 반면 준가르 칸국의 등장은 제정 러시아가 카자흐 스텝 지역에서 영향력을 확대할 수 있게 되는 조건이 되기도 했다. 이 시기에 카자흐 부족들은 주변 세력들과의 경쟁에서 밀리면서 분열되고 약화되어 있었다. 그런데 이런 상황 속에서 준가르의 공격이 거세게 지속되자 이들은 자신들을 보호해주고 독립을 보장해 줄 강력한 외부 세력을 찾게 되었는데, 이때 이들 앞에 등장한 세력이 러시아였다. 18세기 중반에 제정 러시아는 준가르 칸국이 청과의 대결과정에서 약화되자 이르티시강 주변지역에서 이들을 몰아내면서 남시베리아 지역에서 통치권을 수립해가고 있었다(양승조, 2015: 42-44). 이러한 정세 변화를 지켜보던 카자흐 부족들은 러시아의 힘을 빌려 준가르 기마군의 공세를 저지하는 정치적 선택을 해서, 1731년에는 말쥬즈의 아불하이르 칸이, 그리고 1740년에는 중쥬즈의 아빌맘베트 칸이 제정 러시아에 신종하게 되었다(양승조, 2016b: 285-286). 그 결과 제정 러시아는 카자흐 스텝 지역에서 영향력을 확대하고 이 지역을 병합할 수 있는 공식적이고 합법적인 명분을 획득하게 되었다.

그런데 이러한 상황진전에도 불구하고 제정 러시아의 카자흐 스텝 합병은 19세기 초까지 이루어지지 못했다. 그 원인들 중 하나는 차르정에 대한 카자흐 쥬즈들의 신종이 곧 정치적-행정적 복속을 의미하는 것은 아니었기 때문이었다. 제정 러시아에 대한 카자흐 부족들의 신종은 전근대시기 동아시아와 중앙아시아 지역에서 어렵지 않게 찾을 수 있는 강대국과 약소국 사이에 맺어진 동맹의 한 형태였다. 즉, 신종관계는 두 개의 독립적인 정치체가 동맹관계에 있음을 표시하는 외교적 행위의 한 형태였으며, 다만 양 당사국 사이에 힘의 크기에 따라 ―군신관계, 부자관계, 형제관계 등으로 표현되는― 상하관계가 존재했다는 점에서 근대적 동맹과 차이가 날 뿐이었다. 이러한 형태의 동맹은 동시에 다수의 정치체들 사이에서 체결될 수 있었고, 상황 변화에 따라 상하관계의 위치가 바뀌기도 했으며, 상대편에 대한 ―특히, 동맹의 한 편이 유목국가인 경우에는― 약탈이 자행되기도 했다. 실제로 카자흐 부족들은 러시아 제국에 신종한 후에도 러시아 영토인 우랄 남부와 남시베리아에 거주하고 있는 타타르 인이나 바시키르 인과 같은 유목기마 전통을 가지고 있는 부족들을 자신들의 세력으로 복속시키려고 시도하는가 하면, 준가르가 몰락한 후 더 강력한 제국인 청과 경계를 접하게 되자 러시아에 대한 신종을 유지한 채 청에게도 신종하는 '이중적' 태도를 보이기도 했다(양승조, 2016b: 286-287; Добросмыслов, 1901: 123-272).

러시아가 카자흐 스텝 지역을 쉽게 병합하지 못한 또 다른 이유는 마지막 유목기마제국인 준가르는 물론이고, 준가르 몰락 이후에는 당시 동아시아 최대 강국이었던 청이 18세기 말까지 중앙아시아 지역에 대한 경쟁 세력으로서 정치적·경제적·군사적 영향력을 행사했기 때문이었다. 오이라트 유목부족들로 구성된 준가르 칸국은 남시베리아 지역에서 제정 러시아의 강력한 경쟁세력으로서 이 지역에 대한 러시아의 이권을 지속적으로 위협했다. 그러나 준가르 칸국은 청과 대결하는 과정에서 점차 약화되어서 제정 러시아에 군사적 위협을 가할 수 있는 가능성이 크게 줄었으며, 나아가 청과의 대결을 위해 러시아와 유대관계를 유지할 필요가 있었기에 점차 제정에 매우 협조적인 태도를 보이게 되었다. 그러다 1757년에 준가르 칸국은 건륭제가 파견한 청군에 의해 최종적으로 붕괴되었다. 그런데 이러한 준가르 칸국의 소멸이 카자흐 스텝 지역에 대한 제정 러시아의 영향력 확대를 보장해 주는 것이 아니라는 것이 곧 드러났다. 준가르 칸국을 몰락시키고 그 영토를 대신 차지한 청은 정치적·경제적·군사적·

문화적인 모든 면에서 주변 세력들을 압도했던 동아시아 지역의 절대강국으로, 국가를 유지하는데 있어 주변 그 어느 세력의 지원도 필요로 하지 않았다. 이러한 능력을 갖추고 있던 청은 자신들이 정복한 준가르 영토는 물론이고, 준가르의 영토였다가 러시아에 복속된 남시베리아와 알타이 지역으로도 군사원정을 단행했다. 이렇듯 강력한 국가가 중앙아시아 지역으로 진출하게 되자 제정 러시아는 남시베리아와 그 주변지역에서 확보하고 있던 우월적 지위를 상실할 수 있다는 위협을 느끼게 되었다(포사이스, 2009: 143-144). 이 시기에 청은 중앙아시아 지역에 대한 영향력 확대를 위해 다양한 형태로 정책을 집행하고 있었다. 즉, 외교적 활동뿐만 아니라 군사적 압박과 경제적 협력 등과 같은 수단을 사용하여 카자흐 스텝 지역에서 서투르키스탄에 이르는 지역을 자국 영향권으로 끌어들이기 위해 노력했던 것이다. 그리고 이러한 청의 시도는 적지 않은 결실을 맺어서, 한 예로, 중쥬즈의 아블라이 칸은 이미 러시아에 신종하고 있는 상태에서 1757년에는 청에게도 신종하는 이중신종관계를 맺었던 것이다.

크림반도 주변지역 병합과 흑해 진출 문제로 러시아와 충돌하고 있던 오스만 제국도 중앙아시아 지역에서 제정의 입지를 흔드는 주요한 변수였다. 18세기에 오스만 제국은 서아시아, 발칸반도, 캅카스, 크림반도 및 그 주변지역을 직간접적으로 지배하고 있던 동지중해와 흑해 주변지역의 강국이었다. 따라서 표트르 1세 이래로 제정 러시아가 진행해온 흑해 주변지역으로의 영토 팽창 정책은 오스만 제국과의 직접적인 충돌을 야기할 수밖에 없었다. 특히 예카테리나 2세 시기에 제정 러시아가 흑해 주변지역을 병합하는 과정에서 양국 사이에서는 긴장이 크게 고조되었다. 이러한 상황 속에서 오스만 제국은 대립관계에 있던 제정 러시아를 견제하기 위해 이슬람 세계에서 자신이 가지고 있던 종교적 권위를 적극적으로 활용했다. 오스만 제국은 자신들이 압바스 칼리파조로부터 이슬람 최고지도자의 자리를 물려받았다고 주장하면서 이슬람 종주국의 역할을 자임하고 있었는데, 제정 러시아와의 사이에서 정치적·군사적 긴장이 심화되자 이러한 종교적 권위를 십분 활용해서 크림 타타르 인과 캅카스의 산악부족들은 물론이고, 서투르키스탄의 칸국들과 러시아의 영향권 안에 있었던 카자흐 스텝 지역의 유목부족들, 그리고 심지어는 러시아 영토에 결합되어 있던 우랄 주변지역의 타타르 인과 바시키르 인까지도 반러시아 전선에 참여하도록 선동했던 것이다(양승조, 2016b: 279-280).

오스만 제국의 이러한 전술은 18세기에, 특히 예카테리나 2세 집권기에 우랄 남부 지역을 중심으로 빈번하게 발생한 무슬림 봉기들로 인해 제정에게는 실질적인 위협으로 인식되었다. 표트르 1세 이래로 제정 러시아는 근대화와 중앙집권화를 진전시키는 과정에서 종교 또한 그리스도교 일파인 정교로 단일화하는 정책을 펼쳤다. 이것은 곧 정교 이외의 다른 종교들에 대한 무관용 정책을 의미하는 것이었으며, 이에 따라 이반 4세 이래로 러시아 제국에 복속되어 오랫동안 신민으로 살아온 타타르 인과 바시키르 인 같은 무슬림도 정교로의 개종 압박, 이슬람 사원 폐쇄 등과 같은 탄압을 받게 되었다. 이러한 제정의 반 이슬람 정책은 예카테리나 2세 시기에 타타르 인과 바시키르 인이 주로 거주하고 있던 우랄 남부지역에서 봉기들이 빈번하게 일어나게 되었던 종교적 원인으로 작용했다. 그런데 오스만 제국과의 경쟁이 치열해지는 상황 속에서 국내 정세의 불안정은 적극적 대외 정책을 제약하는 요인이었을 뿐만 아니라, 이슬람 제국인 오스만 투르크의 종교적 선동으로 인해 국내 문제로도 확대될 수 있는 사안이었다. 이러한 현실적인 이유로 예카테리나 2세 시기에 제정은 제국 영토 내에 거주하는 무슬림과의 관계를 재정립하고, 이들을 국가 구성원으로 적극적으로 포용할 필요가 있었다(양승조, 2016b: 280).

2. 제정 러시아의 카자흐 인 이슬람화 지원 정책과 오렌부르크 이슬람 종무원의 역할

18세기 말에 제정의 대 카자흐 인 종교 정책은 카자흐 스텝 지역 내에서 이슬람을 심화시키고 구조화하는 것이었다. 18세기에 제정 러시아는 카자흐 초원의 북부지역에 거주하고 있던 유목부족들 사이의 복잡한 세력 관계를 이용해서 영향력을 확대해 가고 있었으나, 대내외적 조건으로 인해 이 지역을 완전히 병합하지는 못하고 있었다. 즉, 이 시기에 제정 러시아는 중앙아시아 지역으로 서진해 온 청은 물론이고, 서투르키스탄 지역의 이슬람 칸국들의 존재, 흑해 주변지역 진출에 따른 오스만 제국의 견제, 그리고 국내에서 벌어지고 있던 농민봉기와 그 일부로서의 타타르-바시키르 봉기들 등으로 인해 카자흐 스텝 지역에 대한 무력간섭이나 강제합병을 시도할 수 있는 상황이 아니었다. 이러한 가운데 카자흐 스텝 지역은 종교적으로 당시 중앙아시아 이슬람의 중심지였던 남쪽의 마 와라 알 나흐르 지역의 영향력 아래 있었는데, 이 지역에 있던 칸국들 역시 카자흐 스텝 지역을 놓고 정치적·군사적으로 제정 러시아와 경쟁관계에 있던 곳들이었다. 이러한 조건 속에서 제정은 카자흐 스텝 지역의 정치 세력들과 우호적인 관계를 유지하고, 이를 통해 이곳에 대한 제국의 영향력을 보존하고 강화하기 위한 방책으로서, 이 지역에서 러시아 국가가 주도하는 이슬람화를 추진했던 것이다.

    제정이 카자흐 스텝 지역의 이슬람화 지원 정책을 추진할 수 있었던 것은 무엇보다도 타타르-무슬림이라는 이슬람 집단이 러시아 내에 있었기 때문이었다. 제정이 보기에 타타르-무슬림은 러시아 제국의 충성스런 신민이면서 언어, 습속, 종교 등의 측면에서 카자흐 인과 공유하고 있는 것이 많은 존재였으며, 따라서 스텝 지역으로 보내어 카자흐 부족들 사이에서 제정 러시아에 우호적인 분위기를 조성하도록 활용할 수 있는 인적 자원이었다(Султангалиева, 2000: 21-22). 이러한 이유로 제정은 오렌부르크 이슬람 종무원이 설치되기 전부터 타타르 물라의 카자흐 스텝 파견을 적극적으로 추진했다. 1785년에 예카테리나 2세는 이겔스트롬(О. А. Игельстром) 심비르스크·우파 군정지사에게 내리는 칙령을 통해 카자흐 스텝 지역으로의 타타르 물라 파견을 지시했다. 또한, 원로원도 1785년에 이겔스트롬에게 보낸 칙령을 통해 타타르 물라를 카자흐 스텝 지역으로 파견함으로써 카자흐 유목민들 사이에서 러시아에 대한 신뢰 분위기를 구축하고, 이를 통해 러시아 상인과 변경 지역에 대한 이들의 습격과 약탈 행위를 제어할 필요가 있다고 지적했다(Лысенко, 2010: 146). 이러한 분위기 속에서 제정의 지원 아래 카자흐 스텝 지역으로 파견된 타타르 물라들은 이곳에서 러시아 제국의 이해관계를 관철하는 대리자 역할을 충실히 수행했다. 오렌부르크 이슬람 종무원의 초대 무프티인 무함메드잔 후사이노프는 그 대표적인 예로, 그는 여러 차례에 걸쳐 카자흐 스텝 지역을 왕래하면서 러시아 황제에 대한 카자흐 부족들의 충성을 확보하는 활동을 하고, 제정을 대신해서 카자흐 지배층의 대립을 중재했으며, 제정이 카자흐 지역에 행정적 변혁 안을 도입할 때 이를 수용하도록 이들을 설득했던 것이다(양승조, 2016b: 287-288). 술탄갈리예바가 직설적으로 지적하고 있는 것처럼, "이러한 방식으로 러시아 이슬람의 영적지도자층은 제국[러시아 제국-인용자] 권력 구조의 동반자가 되어서 제국의 대내외 정치 궤도에 끌려들어갔다."(Султангалиева, 2000: 23).

    이 시기에 제정은 카자흐 스텝 지역의 이슬람화를 용인하는데 그치지 않고, 이 지역에서 이슬람화가 심화될 수 있도록 지원하는 일에도 적극적으로 나섰다. 한 예로, 제정은 카자흐 유목부족들을 위해 스텝 지역에 이슬람 사원들을 건축해 주었다. 18세기 이래로 카자흐 스텝 지역에서는 이슬람 사원이 건축되고 있지 않았는데,[8] 예카테리나 2세는 1782년과 1784년의 칙령들을 통해 제정 러시아와 타타르 스텝 지역의 경계지역에 이슬람 사원을 건설할 것을 지시했고, 1785년 칙령을 통해서는 500명을 수용할 수 있는 이슬람 사원 건축을 다시 한 번 지시했다. 그 결과 오렌부르크, 베르흐네우랄스크(Верхнеуральск), 트로이츠크 요새(Троицкая крепость),[9] 페트로파블롭스크 요새(Петропавловская

---

8 Султангалиева(2000: 24). 술탄갈리예바에 따르면, 18~19세기 초 사이에 카자흐 스텝 지역에서는, 이슬람 사원을 건축하라는 지시가 있었다는 기록에도 불구하고, 사원 건축이 실제로 진행된 정황은 찾을 수 없다.

9 현 러시아연방 첼랴빈스크 도(Челябинская область)에 위치한 트로이츠크(Троицк) 시이다.

крепость)[10]에 카자흐 스텝 지역의 유목민을 위한 이슬람 사원이 만들어졌다. 또한 제정은 이슬람 관련 서적을 인쇄해서 카자흐 지역에 배포했다. 1787년에 페테르부르크에서는 예카테리나 2세의 칙령에 따라 아랍어로 된 쿠란 10,000부가 러시아 최초로 인쇄되어 카자흐-무슬림에게 무상 배포되었는데, 이 판본은 이후 1789년, 1790년, 1796년, 1798년에도 재 간행되어 유상 판매되었다. 또한 1800년부터는 이슬람 관련 서적의 출판에 대한 모든 제약조건이 폐지되었다(Rezvan, 2009: 173-174; Султангалиева, 2000: 22).

이러한 상황 속에서 18세기 말에 계몽전제주의를 자처하고 있던 예카테리나 2세는 이슬람을 보다 근대적이고 체계적으로 관리할 필요성을 느끼게 되었으며, 이에 따라 표트르 1세가 정교회에 대해 했던 것과 마찬가지로 이슬람 조직을 국가기구로 편입하는 종무원 체제를 수립했다(양승조, 2016b: 282-283). 그런데 예카테리나 2세의 대 이슬람 정책이 이러한 방향으로 진전된 데에는 18세기 말에 진행된 제정 러시아의 크림반도와 그 주변지역 병합이라는 사건도 영향을 끼쳤다. 제정 러시아는 1768~1774년에 크림 칸국을 둘러싸고 벌어진 오스만 제국과의 전쟁에서 승리한 후 크림반도와 그 주변지역을 실질적으로 점유하게 되었다. 그리고 1783년에는 예카테리나 2세의 선언서를 통해 이 지역이 러시아 영토임을 공식화했는데, 이때 제정은 크림 타타르에게 종교적 자유를 허용했다("Манифест.", 1830: 898). 그런데 이러한 예외적 상황은 제국 내에 거주하고 있던 기존 무슬림 신민들 사이에서 반발이 발생할 원인이 될 수 있었으며, 이에 따라 종교적 자유는 제국 내 다른 이슬람 지역에도 동일하게 적용되어야만 했다. 이를 계기로 무슬림에 대한 관리 체계를 확립하고 일원화할 필요성을 느끼게 된 예카테리나 2세와 제정은 1788년 9월 22일자 칙령을 통해 무프티를 수장으로 하는 이슬람 공식기구의 설치를 지시했으며, 이에 따라 1789년

---

10   현 카자흐스탄 세베로-카자흐스탄 도(Северо-Казахстанская область)에 위치한 페트로파블롭스크(Петропавловск) 시이다.

12월 4일에 제정 러시아 최초의 공인 이슬람 기구인 우파 이슬람 율법 종무원(Уфимское духовное магометанского закона собрание)[11], 즉 오렌부르크 이슬람 종무원이 우파에 설립되었다.[12] 이렇듯 오렌부르크 이슬람 종무원은 예카테리나 2세 시기에 러시아를 둘러싼 국내외의 다양한 사회적·정치적·이념적 조건들의 영향아래 국가의 통제를 받는 종교기구로서 설치된 것이었다.

국가로부터 새로이 공인받은 종교 기구인 이슬람 종무원은 기존의 유일한 종교 기구였던 러시아 정교회의 신성종무원(Святейший правительствующий синод)과 마찬가지로 제정에 직접적으로 종속되었다. 재정적인 면에서 이슬람 종무원은 조직 유지와 관련된 비용을 국가로부터 지원받았으며, 행정적인 면에서는 업무 수행에 대해 국가에 보고할 의무가 있었다. 이슬람 종무원 최고직책인 무프티는 무슬림들에 의해 선출된 것이 아니라, '이교도'인 러시아 황제에 의해 임명되었다. 이것은 이슬람 종무원 수립 초기부터 확립되어서, 초대 무프티인 무함메드잔 후사이노프는 바시키르 지역의 제 1아훈(первый ахун края)으로 있다가 이슬람 종무원 설치를 지시하는 예카테리나 2세의 1788년 칙령에 따라 무프티로 지명되었다.[13] 종무원은 협의체 기구(собрание)였으며, 이러한 의미

---

11 제정 러시아 시기에 오렌부르크 이슬람 종무원은 세 차례에 걸쳐 명칭이 바뀌어서, 처음에는 우파 이슬람 율법 종무원(Уфимское духовное магометанского закона собрание)이었다가, 1796년에 오렌부르크 이슬람 율법 종무원(Оренбургское духовное магометанского закона собрание)으로, 그리고 1846년에 오렌부르크 이슬람 종무원으로 바뀌었다. 이에 대한 보다 자세한 사항은, 본서 1장의 주 12)를 참조하라.

12 오렌부르크 이슬람 종무원의 설치 과정에 대해서는, 양승조(2016b: 280-284)를 참조하라.

13 오렌부르크 이슬람 종무원에는 1917년에 러시아 혁명이 일어날 때까지 모두 6명의 무프티가 재임했다: 1대 - 무함메드잔 후사이노프(Мухаммеджан Хусаинов, 재위 1788-1824); 2대 - 갑데살람 갑드라히모프(Габдесаллям Габдрахимов, 재위 1825-1840); 3대 - 갑둘바히드 술레이마노프(Габдулвахид Сулейманов, 재위 1840-1862); 4대 - 살림가레이 텝켈레프(Салимгарей Тевкелев, 재위 1865-1885); 5대 - 무하메디야르 술타노프(Мухамедьяр Султанов, 재위 1886-1915); 6대 - 무하메트-사파 바야지토프(Мухаммат-Сафа Баязитов, 재위 1915-1917).

에서 무프티 외에도 그를 보좌하고 그와 함께 주요 사안들을 논의할 고위 구성원으로서 3명의 물라(мулла)가 카디(кади)로 임명되었다. 이들에게는 국가에서 급여가 지급되어서, 무프티는 연간 1,500루블, 카디는 연간 120루블을 받았다. 이 외에도 종무원에는 비서, 통역, 서기 등과 같은 부속직원이 9명 있었는데, 이러한 인력을 유지하는데 필요한 비용 또한 국가에서 부담했다. 종무원에서 작성되는 모든 문서의 원본은 러시아어로 작성되었으며, 타타르어 문서는 필요에 따라 번역본의 형태로 작성되었다(양승조, 2016b: 280-284).

    제정이 오렌부르크 이슬람 종무원을 설치한 주요 목적은 러시아 본국 내의 무슬림을 관할하는 것이었지만, 이 외에도 이를 통해 이루고자 했던 또 하나의 주요 목적은 카자흐 부족들 사이에서 이슬람을 심화시키면서 제정 러시아에 대한 우호적인 분위기를 조성하는 것이었다(Лысенко, 2010: 147). 1대 무프티인 무함메드잔 후사이노프는 이러한 제정의 목적을 수행하는데 있어 가장 적합한 인물이었다. 이슬람 물라이자 타타르 인으로서 그리고 차르의 충성스런 무슬림 신민으로서 후사이노프는 카자흐 스텝 지역에서 이슬람을 확립하고 친 러시아 정서를 확산시키는 두 가지 임무를 훌륭하게 수행했다. 후사이노프는 이러한 충정을 인정받아 1785년에 제정에 의해 당시 바시키르 지역 이슬람 공동체에서 최고위직이었던 제 1아훈에 임명되었다. 제 1아훈으로 있으면서 그는 자신에게 부여된 과제들 중 하나인 카자흐 인에 대한 외교적 임무를 지속해서, 말쥬즈와 중쥬즈에 속한 카자흐 부족들을 러시아에 복속시키기 위한 활동에 적극적으로 나섰다. 그리고 이 과정에서 카자흐 부족들의 상층부와 접촉하는데 있어 이 지역 이슬람 최고지도자라는 자신의 지위를 십분 활용했다. 또한 1788년에 오렌부르크 이슬람 종무원의 초대 무프티로 임명된 후에도 후사이노프는 새로이 확보한 종교적 권위를 활용해서 카자흐 인들 사이에서 친 러시아 정서를 확산시키는데 노력했다. 즉, 카자흐 이이 타타르 지역 내에 있는 메드레세(Медресе)[14]에서 공부할 수 있도록 허용해 주었고, 무슬림이 이교도인 러시아

---

14   메드레세(Медресе)는 이슬람 학교인 '마드라사'의 카자흐어식 표기이다.

황제에게 충성을 바치는 것은 반드시 필요한 행위라고 설파했으며, 러시아가 카자흐 스텝을 확실하게 지배할 수 있도록 하기 위해 제정에 말쥬즈 지역의 분할 통치를 제안하기도 했다(양승조, 2016b: 287-289).

오렌부르크 이슬람 종무원의 2대 무프티인 갑데살람 갑드라히모프(Габде-саллям Габдрахимов) 역시 러시아와 카자흐 스텝 지역의 이슬람 최고지도자라는 역할과 카자흐 유목부족들 사이에서 러시아의 이해관계를 관철시키는 역할을 모두 충실히 수행했다. 19세기 초에 제정 러시아는 카자흐 스텝 지역을 보다 직접적으로 통치하는 정책을 적극적으로 개진해서 칸위를 폐지하는 것과 같은 정치적 개편과 이 지역에 러시아식 행정체계를 수립하는 것과 같은 행정적 통합을 시행했는데, 이러한 조치들은 카자흐 부족들 사이에서 반발과 저항을 불러일으켰다.[15] 이러한 시기에 오렌부르크 이슬람 종무원의 2대 무프티로 있던 갑데살람 갑드라히모프는 카자흐 스텝 지역에 거주하는 유목부족들에 대해 가지고 있던 종교적 권위를 이용해서 카자흐 인과 러시아 인 사이의 관계를 조정하는 역할을 수행했다(Юнусова, 2013: 37). 사실 후사이노프와 마찬가지로 갑드라히모프 역시 무프티가 되기 이전부터 이슬람 지도자로서 카자흐 스텝 지역에서 이슬람화와 친 러시아 정서 확대에 힘을 쏟음으로써 제정이 부여한 사명을 충실히 수행하던 인물이었다. 그는 이슬람 고위 지도자로서 카자흐 부족들 사이에서도 커다란 신망을 얻고 있어서, 1823-1824년에는 말쥬즈의 시르가지(Ширгазы) 칸 산하에 설치된 카자흐 인 문제를 다루는 위원회에서 구성원으로 활동할 정도였다. 그리고 1824년에 후사이노프 무프티가 사망하자 그는 알렉산드르 1세의 추인을 받아 1825년에 오렌부르크 이슬람 종무원의 2대 무프티로 취임했다. 무프티가 된 후에도 그는 제정의 지원과 협조 아래 카자흐 부족들 사

---

15 *История Казахстана*(2011)에서는, 이 책이 카자흐스탄 역사에 대한 개설서임에도 불구하고, 19세기 초에 카자흐 스텝 지역에서 제정 러시아의 통치권 확립과 이에 대한 카자흐 부족들의 저항에 대해 100쪽이 넘는 분량(281-384)을 할애하며 길게 설명하고 있다.

이에서 이슬람을 심화·확산시키는 정책을 지속해서, 카자흐 스텝 지역으로 물라를 파견하고 쿠란을 비롯한 이슬람 서적들을 인쇄해서 배포하는 일에 힘썼다.

이렇듯 제정과 오렌부르크 이슬람 종무원 지도부에 의해 진행된 카자흐 스텝 지역의 이슬람화 정책을 실무적 차원에서 직접적으로 실행한 것은 '타타르 물라들(Татарские муллы)'이었다. 18세기 말에서 19세기 중반까지 이슬람 종무원은 적지 않은 수의 타타르 물라들을 카자흐 스텝 지역으로 파송했다. 이 시기 카자흐 스텝 지역에 파견된 물라의 총수를 알 수 있는 자료는 확인할 수 없는데, 그것은 당시 오렌부르크 주(Оренбургская губерния)의 행정이 아직 체계적으로 작동하고 있지 않았고, 오렌부르크 지방당국이 물라의 임명과 파송을 완전히 통제하고 있지도 못했으며, 물라의 파견이 카자흐 지배층의 사적 요청에 따라 진행되었기 때문이었다. 이로 인해 이슬람 종무원과 제국의 이익을 위해 카자흐 스텝 지역에 파견된 '타타르 물라'들 중 다수가 공식적으로는 제정의 허가 없이, 즉 '비합법적으로' 카자흐 지역에 들어가 거주하는 존재였다는 아이러니한 현상이 발생하게 되었다. 이러한 이유로 카자흐 스텝 지역에 파견된 '타타르 물라'의 수는 지역이나 시기에 따라 부분적으로만 확인할 수 있다. 오렌부르크 수 자료에 따르면, 1800~1820년의 기간에 메셰랴크(мещеряки)[16] 물라 5명과 바시키르 물라 17명이 카자흐 스텝 지역으로 파견되었다. 또 다른 자료에 따르면 1851년에 말쥬즈 지역에는 '타타르 물라'가 17~20명 거주하고 있었다. 내지 오르다(Внутренняя Орда)라고도 불리는 보케이 오르다(Бөкей Ордасы)[17]에서는 그 수치가 급격하게 증가해서, 1845년에 이곳에는 '타타르 물라'가 113~130명이나 거주하고 있었다. 보케이 오르다와 관련해서는 이보다

---

16 메셰랴크인(мещеряки)은 현재는 미사르(Мишари)라고 불리며, 타타르 민족을 구성하는 하부 종족들 중 하나로 분류되고 있다.

17 보케이 오르다(Бөкей Ордасы)는 1801~1845년에 제정 러시아와 말쥬즈 사이의 경계지역에 존재한 카자흐 계통의 오르다로, 제정 러시아 측 영토에 포함되어 있었다.

더 커다란 수치도 제시되고 있다. 19세기 중반에 보케이 오르다 내에 있던 한스카야 스타브카(Ханская Ставка)[18], 노바야 카잔카(Новая Казанка)[19], 탈로브카(Таловка)에는 타타르 인이 각각 600명, 500여 명, 200명이 거주하고 있었는데, 이것은 당시 이 세 지역에 거주하고 있던 카자흐 주민수와 거의 맞먹는 수치였다. 그런데 제정 말기에 카자흐 스텝 지역에서 활동한 정교 사제이자 학자인 알렉토로프(А. Е. Алекторов)는 당시 이 세 지역에 거주하고 있던 이들 1,300여 명의 타타르 인을 "자비량(自備糧)[20] 물라(негласные муллы)"라고 지칭하고 있다(Султангалиева, 2000: 24-26).

이렇게 카자흐 스텝 지역에 파견된 물라들은 이 지역에서 이슬람을 심화하고 친 러시아 정서를 확산시키는 임무를 부여받았다. 제정 러시아 시기에 카자흐 스텝 지역에 파견된 러시아 출신 이슬람 지도자들은 통칭해서 '타타르 물라'라고 불렸는데, 실제로는 이들의 출신 지역과 부족은 다양해서, 이 중에는 카잔과 그 주변지역 출신인 타타르 인은 물론이고 우파와 그 주변지역 출신인 바시키르 인, 볼가 중류 출신인 메셰랴크 인 등도 다수 포함되어 있었다. 카자흐 스텝 지역으로 파견된 이들 타타르 물라들은 오렌부르크 이슬람 종무원에서 주관하는 시험을 거친 사람들이었다. 시험을 통과한 물라는 '봉명(奉命) 물라(указные муллы)'라는 칭호를 받았는데, 이를 통해 이들은 러시아 제국의 공식 대리인이라는 지위를 부여받았다. 물라의 파견은 카자흐 부족들의 요청에 대한 응답이라는 형식으로 진행되었다. 즉, 카자흐 부족의 지배층에서 사적인 차원에서 물라의 파견을 요청하면, 러시아 지방당국과 오렌부르크 이슬람 종무원이

---

18 현 카자흐스탄 바틔스카작스탄 도(Батыс Қазақстан облысы)에 위치한 한 오르다싀(Хан Ордасы)이다.

19 현 카자흐스탄 바틔스카작스탄 도(Батыс Қазақстан облысы)에 위치한 쟈나카잔(Жаңақазан)이다.

20 자비량(自備糧)이란 공동체나 타인의 도움을 받지 않고 자신이 소유한 재산을 사용하며 종교 활동을 한다는 의미이다.

이에 대한 응대 차원에서 '봉명 물라'를 해당 지역으로 파견했다. 카자흐 스텝 지역에서 '타타르 물라'는 존경받는 존재로서, 파견된 지역에서 이슬람 전파, 카자흐 부족 지배층 자녀에 대한 이슬람식 교육 제공, 이슬람 사원 건축 감독 등과 같은 일을 담당했으며, 나아가 카자흐 인들 사이의 분쟁과 카자흐 인과 러시아 인 사이의 분쟁 조정, 주민대장 작성과 같은 제정 러시아를 위한 행정적 활동과 정보 수집 활동 등도 수행했다(Султангалиева, 2000: 23-24; Лысенко, 2010: 147).

IV. 제정 러시아의 중앙아시아 지역 병합과 카자흐 인 이슬람화 정책의 종식

18세기 말~19세기 전반에 걸친 시기에 제정 러시아는 카자흐 부족들 사이에서 이슬람이 심화되고 확립되는 것을 의도적으로 지원했다. 그런데 제정의 이러한 정책은 이슬람이라고 하는 종교 자체의 인성이나 수용에서 나온 것이 결코 아니었다. 이것은 카자흐 유목부족들 사이에서 러시아에 대한 긍정적 인식을 확산시키고 이를 통해 이 지역에서 통치권을 확립하기 위한 하나의 수단으로서, 즉 실용적 정책의 차원에서 용인되었던 것이다. 당대의 러시아 인들 중에는 제정의 이러한 유화적 이슬람 정책을 카자흐 유목부족들을 그리스도교화하기 위한 장기적 포석의 일환으로 해석하는 사람도 있었다. 예를 들어, 19세기 러시아의 민족학자인 M. A. 미로피예프(М. А. Миропиев)는 예카테리나 2세 시기에 제정에 의해 진행된 카자흐 유목부족들에 대한 이슬람화 정책을 비판적으로 평가하면서, 이 정책의 본질은 원래 카자흐 유목민을 "이교" 신앙에서 "그리스도교" 신앙으로 전환시키려는 과정에서 이슬람을 중간단계로 활용하기 위한 것이었다고 설명하고 있다(Лысенко, 2010: 148). 미로피예프의 설명이 종교적 요인에 정도 이상으로 강조점을 두고 있긴 하지만, 최소한 18세기 말-19세기 전반에 걸쳐 제정이 펼친 카자흐 스텝 지역 이슬람화 정책의 본질이 이곳을 문명화하고(Мажитова, 2015: 26), 이를 통해 제국 영토에 확고하게 통합시키려는 목적 때문이었음은 분명하다. 이것은 예카테리나 2세의 언명을 통해 분명하게 확인할 수 있는데, 그녀는 알렉산드르 뱌젬스키(Александр Вяземский) 총감찰관(Генерал-прокурор)과 대화하는 도중에 카자흐 스텝 지역의 이슬람화 지원 정책에 대해 언급하면서, 이것은 "무함마드주의[이슬람 – 인용자]를 도입하기 위해서가 아니라 [카자흐 스텝에 정주하고 있는 유목민족들에 대한 – 인용자] 낚시미끼로서(не для введения Магометанства, но для приманки на уду)"(Rezvan, 2009: 173) 시행하는 것이라고 말하고 있다.

이러한 과정을 통해 획득한 카자흐 스텝 지역에 대한 영향력을 기반으로 19세기 전반에 제정 러시아는 이 지역을 실질적으로 합병하는 정책들을 진행해 나갔다. 먼저 카자흐 지역의 독립적 지배체제를 상징하던 칸위를 중쥬즈에서는 1822년에, 말쥬즈에서는 1824년에 폐지했다. 다음으로는 이 지역을 러시아의 직할 행정구역으로 재편성했다. 1822년에 시행된 스페란스키 행정개혁으로 러시아의 아시아 영토에 있던 시베리아 총지사부령(Сибирское генерал-губернаторство)이 동시베리아 총지사부령(Восточно-Сибирское генерал-губернаторство)과 서시베리아 총지사부령(Западно-Сибирское генерал-губернаторство)으로 분할되었다.[21] 이때 이전까지는 러시아 제국의 행정관할체계에 편입되어 있지 않았던 말쥬즈 지역과 중쥬즈 지역이 4관구(округ) 87읍(волость) 체제로 구획되어 서시베리아 총지사부령 산하로 부속되었다. 이후 1867~1868년의 행정개혁에 따라 볼가 이동의 바시키르 지역에서 카자흐 스텝을 거쳐 시르다리야강에 이르는 영역에 오렌부르크 총지사부령(Оренбургское генерал-гу-

---

21 스페란스키가 주도한 시베리아 개혁의 시행 배경과 경과에 대한 자세한 내용은, 오두영(1999)를 참고하라.

бернаторство), 서시베리아 총지사부령, 투르키스탄 총지사부령(Туркестанское генерал-губернаторство)이 설치됨으로써 카자흐 스텝 지역은 제정 러시아 행정체계의 한 부분으로 완전히 편입되었다.

이렇듯 카자흐 스텝 지역을 제정 러시아의 일부로 확고하게 병합시키는 작업이 정치적이고 행정적인 정책들을 통해 진전되면서, 19세기 초 이래로 이 지역에서 이슬람에 대한 국가 통제는 지역적 예외주의에서 다양한 그리스도교계 종파들을 포함하는 전 국가적 감독체계 내로의 통합으로 강화되어 갔다. 16세기 중반에 서유럽에서는 종교개혁의 결과 새로운 그리스도교 종파들이 발생하게 되었다. 이 시기에 신교도들은 종교개혁기와 그 이후에 나타난 탄압이나 30년 전쟁과 같은 서유럽 세계의 혼란스런 상황들을 피해 주변지역으로 이주하곤 했는데, 그 대상지역 중 하나가 러시아였다. 정교 국가로서 러시아는 오랫동안 갈등관계에 있었던 로마 가톨릭 교도보다는 신교도를 선호하는 경향이 있었으며, 이러한 이유로 표트르 1세 시기나 예카테리나 2세 시기에서 보이는 것처럼 유럽 세계로 부터, 특히 신교 국가로 부터 이주민을 적극적으로 수용하곤 했다. 그 결과 제정 러시아 내에는 다양한 그리스도교계 종파들이 존재하게 되었다. 예카테리나 2세 시기에 러시아에서는 제국 내에 있는 정교 이외의 그리스도교계 종파들에 신앙의 자유를 공식적으로 인정해 주었다. 그런데 오렌부르크 이슬람 종무원의 설치 조건에서 알 수 있듯이 제정은 국가 내에 있는 모든 종교들에 대한 통제권을 확보하려는 노력을 지속하고 있었다. 이에 따라 정교를 포함한 모든 종교들을 관장하는 국가기구를 설치하는 작업이 알렉산드르 1세 시기에 진행되었다. 먼저 1810년에 러시아 내에 있는 종교들을 관장하는 단일한 국가기구로서 '외래종교종무총국(Главное управление духовных дел разных иностранных исповеданий)'이 설치되었다. 처음에 알렉산드르 1세는 러시아 정교와 그 밖의 다른 공인종교들을 분리해서 관리하는 정책을 펼쳐서, 종교 관할 국가기구를 정교를 관할하는 신성종무원과 그 밖의 다른 외래 종교들을 관장하는 '외래종교종무총국'으로 나누었다. 그러다 1817년에는 '종교·교육부

(Министерство духовных дел и народного просвещения)'를 설치함으로써 정교를 포함한 모든 종교·종파들과 교육 관련 업무들을 하나의 독자적인 부서로 통합하여 관리하는 것으로 정책이 변경되었는데, 이때 종교 관련 업무는 종교·교육부 산하의 '종무청(Департамент духовных дел)'에서 관장했다. 이후 1824년에 정교와 그 밖의 외래 종교들에 대한 관리가 다시 분리되면서, 비 정교 종교·종파들에 대한 관리는 새로이 설치된 '외래종교총국(Главное управление дел иностранных исповеданий)'에서 담당하게 되었다. 외래종교총국은 1832년에 '외래종교종무청(Департамент духовных дел иностранных исповеданий)'으로 명칭이 변경되어 내무부 산하로 배속된 후 1917년까지 존속하게 된다. 이러한 부서 변화에서 알 수 있듯이, 제정 시기에 러시아에서 종교정책은 정교를 중심으로 진행되었다. 그리고 이러한 연장선상에서 1896년에는 외래종교종무청에서 작성한 규정에 따라 러시아 내에 있는 모든 그리스도교 종파들 중에서 오직 러시아 정교만이 포교활동을 할 수 있는 권리를 가지게 되었다(Терюкова, 2010: 204-205).

이처럼 카자흐 스텝 지역에 대한 제정의 직접 통치가 확립되어 가고 국가 내 모든 종교에 대한 관할권이 일원화되어 가면서 카자흐 유목부족들의 이슬람화를 지원하는 국가 정책에 반대하는 목소리가 점차 커져갔다. 예카테리나 2세 시대 이래로 제정이 카자흐 스텝 지역의 이슬람화 정책을 통해 지향했던 최종 목표는, 영토적으로는 이 지역을 러시아 제국의 완전한 일부로 통합하는 것이었고, 사회적으로는 카자흐 유목민을 러시아화하는 것이었다. 그런데 제정의 이슬람화 정책이 오렌부르크 이슬람 종무원과 이곳에서 파견한 '타타르 물라'들을 통해 진행되면서 카자흐 인이 러시아 문화가 아니라 타타르 문화를 수용하는 현상이 나타났다(Султангалиева, 2000: 28-29). 예를 들면, 19세기 초에 카자흐 부족들의 주요 칸들은 자신들의 권력을 강화하는 과정에서 씨족장들이 가지고 있던 사법권을 제한하고 대신에 이슬람 율법학자인 카디(кади), 즉 타타르 물라의 권한을 강화시켜 주었다(Мажитова, 2015: 27). 그 결과 카자흐 스텝 지역에서는 타타르 카디가 샤리아에 따라 사법권을 행사하게 되었다. 이러한 이유로 이미 18세기 말에 오렌부르크 지역에서 근무하던 러시아 관료들 사이에서는 카자흐 스텝 지역의 이슬람화 정책이 이 지역에 대한 러시아의 통치를 방해하는 요소라는 인식이 확산되어 있었다. 이러한 인식은 19세기로 넘어오면 더욱 강화되어서, 1865~1881년의 기간에 오렌부르크 총지사(Оренбургское генерал-губернатор)를 역임한 N. A. 크리쟈놉스키(Н. А. Крыжановский)는 카자흐 스텝 지역에서 이슬람에 대한 신앙의 깊이가 광적인 정도는 아니라고 판단하면서, 이 지역에서 이슬람이 더 이상 심화되지 못하도록 막는 조치를 취할 필요가 있다고 말하고 있다. 그리고 이러한 조치들이 실효성을 가지기 위해서는 무엇보다도 타타르 물라의 카자흐 스텝 지역 진출을 차단해야 한다고 지적하고 있다(Лысенко, 2010: 148).

이러한 상황에도 불구하고 19세기 전반까지 제정 러시아는 대내외적 원인들로 인해서 오렌부르크 이슬람 종무원을 활용한 이슬람화를 통해 카자흐 스텝 지역에서 영향력을 확대하는 정책을 중단할 수 없었다. 내적으로는 우랄 남부와 남시베리아 지역에서 카자흐 스텝 지역과 경계를 접하고 있던 제정 러시아 지역당국의 타성에 대해 지적할 필요가 있다. 즉, 이 지역을 관할하고 있던 오렌부르크 주 행정당국은 18세기 말에 수립된 오렌부르크 이슬람 종무원을 통한 카자흐 스텝 지역 관리라는 기존 체계를 유지하는데 안주하고 있었다. 그러나 이러한 행정적 문제는 중앙의 정책결정에 따라 해결될 수 있는 것이었다. 외적 요인으로서 내적 원인보다 더 큰 중요성을 가지고 있었던 것은 당시 이 지역을 둘러싸고 진행되고 있던 강대국들 사이의 대결과 중앙아시아 지역 내에서 영향력을 확대하고 있던 지역 국가들의 동향이라는 국제정치적 문제였다. 국제적 차원에서 볼 때, 19세기 후반에 중앙아시아 지역은 영국과 제정 러시아뿐만 아니라 청과 페르시아도 영향력을 확대하려 노력하고 있던 곳이었고, 오스만 제국 역시 제정 러시아를 견제하는 차원에서 이 지역과 연계관계를 가지고 있었다. 또한 지역적 차원에서는 부하라 칸국, 히바 칸국, 코칸드 칸국이라는 우즈베크족 계통의 세 칸국들이 지역 패권을 놓고 경쟁하고 있었다. 이 중에서 코칸드 칸국은 장쥬즈 지역을 비롯해서 시르다리야강 유역으로 영토를 팽창함으로써 카자흐 유목부족들에 대한 통제권을 놓고 제정 러시아에 도전하고 있었고, 부하라 칸국은 내부 개혁을 통해 전근대적 상황에서 빠져나오기 시작하면서 지역 패권국으로 발돋움하고 있었다(양승조, 2016a: 267-306). 이러한 상황 속에서 제정 러시아가 카자흐 유목부족들에 대한 영향력을 유지하기 위해 물리력을 사용하는 것은 주변 세력들의 반발을 가져올 수 있었으며, 이에 따라 오렌부르크 이슬람 종무원을 통해 종교적·문화적 정책을 펼침으로써 이 지역에서 제정의 영향력을 유지하고 친러시아 정서 확산을 도모하는 것이 보다 적절한 정책적 선택이 될 수 있었던 것이다.

 그런데 19세기 초반과 중반에 제정 러시아가 카자흐 스텝 지역에서 서투르키스탄에 이르는 중앙아시아 지역을 정치적·군사적으로 병합하게 됨으로써 이 지역을 둘러싼 정세는 인도를 중심으로 하는 영국과 중앙아시아를 확보한 제정 러시아로 정리되었으며, 이러한 변화된 조건 속에서 19세기 후반에 제정은 카자흐 스텝 지역에 대한 종교정책을 완전히 다른 방향으로 수정할 수 있게 되었다. 먼저 카자흐 스텝 지역에 대한 오렌부르크 이슬람 종무원의 정치적·외교적 영향력을 약화시키는 정책이 시행되어서, 이슬람 종무원은 3대 무프티인 갑둘바히드 술레이마노프(Габдулвахид Сулейманов) 이래로 카자흐 스텝 지역에 대한 외교적 업무에서 배제되었다. 이와 함께 이 지역에 대한 행정개혁 과정에서 종교를 포함한 이 지역에 대한 모든 통제권을 국가의 직접 관할 아래로 가져왔다. 1868년에 제정은 카자흐 스텝과 그 주변의 카자흐 인 거주 지역을 통합해서 우랄스크 도(Уральская область), 투르가이 도(Тургайская область), 아크몰린스크 도(Акмолинская область), 세미팔라틴스크 도(Семипалтинская область) 등 4개의 도로 재편함으로써, 카자흐 유목부족들이 거주하는 지역을 제국 영토에 보다 확고하게 통합하는 행정개혁 조치들을 진행했다("О преобразовании управления Киргизскими степями ......", 1873: 364).

그리고 이러한 개혁의 일환으로 오렌부르크 이슬람 종무원이 가지고 있던 이 지역들에 대한 종교적 관할권을 내무부로 이관했다(*История Казахстана*, 2012: 91-97; Избаиров, 2013: 39). 그 결과 오렌부르크 이슬람 종무원의 관할 범위는 제정 러시아의 기존 이슬람 지역으로 한정되었고, 새로이 병합된 무슬림 거주 지역들 중에서 크림 타타르 거주지역, 캅카스 지역, 서투르키스탄 지역에는 각각 독자적인 이슬람 종무원이 조직되어 활동하게 되었다. 그리고 오렌부르크 이슬람 종무원을 포함한 러시아 내 모든 이슬람 기구들은 국가 기구인 내무부 산하의 외래종교종무청의 통제를 받게 되었다.

또한 사법체계에서도 변화가 나타났다. 18세기 말~19세기에 걸쳐 급속하게 진전된 카자흐 스텝 지역의 이슬람화로 이 지역에서는 샤리아에 기반을 둔 이슬람 사법체계가 기존의 전통적인 관습법인 아다트를 부속시키며 주도권을 잡아가고 있었다. 이 시기에 제정은 이러한 과정을 통해 수립될 이슬람 사법체계가 러시아 사법체계와 병존하거나 합치되기는 어렵다고 판단하고 있었으나, 당시 진행되고 있던 이슬람화 정책으로 인해 이를 제지할 수도 없었다. 그러나 19세기 전반부에 카자흐 스텝 지역이 제국 영토의 일부로 결합되면서 제정과 러시아 지역당국은 종교적 사법체계인 샤리아보다는 중립적이고 무해해 보였던 카자흐 유목민들의 아다트를 러시아 법과 병존할 수 있는 체계로 여기며 선호하게 되었다(Мажитова, 2015: 30-31).

V. 맺음말

18세기 말~19세기 전반기에 제정 러시아는 카자흐 스텝 지역의 이슬람화를 지원한다는 전에 없던 획기적 정책을 추진한다. 예카테리나 2세 이래로 제정은 이슬람이 널리 퍼져 있긴 했으나 신앙적 깊이와 종교적 제도화는 그리 크게 진전되어 있지 않았던 카자흐 스텝 지역에서 이 종교가 확립될 수 있도록 지원하는 정책을 적극적으로 진행했다. 이 과정에서 제정은 국가 중앙에서 하달하는 직접적인 칙령 등을 통해 이슬람 사원 건축, 쿠란을 비롯한 이슬람 서적의 출간 및 배포, 이슬람 지도자 파견 등과 같은 일들이 원활하게 진행될 수 있도록 독려함으로써 카자흐 유목민의 이슬람화를 촉진하는 작업을 진행했다. 제정의 이러한 정책은 지방행정당국에 의해 시행되기도 했지만, 그 대부분의 활동은 예카테리나 2세 시기에 공인 이슬람 기관으로 설치된 오렌부르크 이슬람 종무원을 중심으로 진행되었다. 즉, 18세기 말~19세기 전반에 오렌부르크 이슬람 종무원과, 이곳에서 카자흐 스텝 지역으로 파견한 '타타르 물라'들은 제정 러시아의 적극적인 지원 아래 카자흐 스텝 지역에서 이슬람의 심화와 구조화를 추동했던 것이다. 이를 통해 제정은 오렌부르크 이슬람 종무원을 카자흐 유목정치공동체들과 교류하기 위한 수단으로, 즉 러시아 제국에 신종함으로써 형식적으로는 제정 러시아와 연결되어 있었으나 실제로는 18세기 말까지도 여전히 독립적 정치체로서의 특성을 강하게 띠고 있었던 카자흐 스텝 지역의 유목민 공동체들과 정치적-행정적 연계를 확립하기 위한 도구로 활용했다.

그런데 18세기 말~19세기 전반기에 제정이 카자흐 스텝 지역에서 이슬람이 확립되는 것을 촉진하는 정책을 적극적으로 펼친 것이 러시아가 이슬람을 종교적으로 수용했다거나 제국을 구성하고 있는 다양한 민족들이 가지고 있던 종교들을 인정했기 때문은 아니었다. 사실 제정 러시아는 그리스도교가 전래된 이래로 정교 국가로서의 정체성을 확립하고 있던 곳이었고, 표트르 1세의 종교 개혁 이후로는 유럽화의 일환으로 국가의 통제 아래 정교를 중심으로 하는 단일 종교 정책을 강화하던 나라였다. 그런데 예카테리나 2세 시대에 러시아를 둘러싼 국내외 정세로 인해 제정은 카자흐 스텝 지역을 대상으로 강력한 러시아화 정책을 펼칠 수도, 이곳을 무력을 사용해서 강제적으로 병합하기도 어려운 상황에 처해 있었다. 카자흐 스텝 지역 문제에 있어 청, 페르시아, 서투르키스탄의 칸국들은 러시아의 공공연한 경쟁세력으로서 제정 러시아가 이 지역을 병합하도록 보고만 있지는 않았다. 특히, 흑해 연안 지역을 두고 긴장관계에 있던 오스만 제국은 종교적으로 이슬람 세계에서 차지하고 있던 지도적 위치를 이용해서 중앙아시아 지역은 물론이고 볼가강 연안과 남시베리아 지역에 거주하고 있던 무슬림들 사이에서도 반러시아 정서를 확산시키는 정책을 추진했다. 예카테리나 2세 치세와 그 전후시기에 우랄 남부 지역에서 빈발했던 무슬림 봉기들에 직면해 있던 러시아 제국에게 있어 오스만 제국의 이러한 정책은 매우 현실적인 위협이었다. 이러한 상황 속에서 제정 러시아가 선택할 수 있는 합리적인 방안은 카자흐 스텝 지역을 보다 문명화시키면서 동시에 이 지역에서 친 러시아 정서를 확산시키는 것이었다. 제정은 이러한 목적을 달성하기 위한 한 방편으로, 18세기까지도 카자흐 유목민 사이에서 커다란 영향력을 행사하고 있던 전통적인 무속신앙이 아니라, 보다 체계화된 종교인 이슬람을 러시아에 충성스런 무슬림인 '타타르 물라'를 통해 확립하는 정책을 시행했던 것이다. 즉, 18세기 말-19세기 전반기에 제정 러시아에 의해 진행된 카자흐 스텝 지역의 이슬람화 지원 정책은 이슬람이라는 종교 자체에 대한 관심이 아니라 이 지역에서의 영향력 강화와 궁극적인 합병이라는 정치적 목적을 달성하기 위한 하나의 방책이었으며, 이 과정에서 오렌부르크 이슬람 종무원을 도구로서 사용했던 것이다.

그러나 19세기 후반에 카자흐 스텝 지역이 행정적으로 러시아에 완전히 통합되고, 나아가 서투르키스탄 지역까지 군사원정을 통해 제국 영토로 병합하게 되자 제정의 이슬람 정책은 변화하게 되었다. 즉, 19세기 중반에 정치적·행정적으로 카자흐 스텝 지역을 장악하게 된 제정은 이 지역에서 오렌부르크 이슬람 종무원의 영향력을 배제하는 조치들을 취해서, 먼저 카자흐 스텝 지역에 대한 종무원의 외교적·정치적 역할을 중단시켰으며, 다음으로 1868년에는 카자흐 스텝 지역 자체를 종무원 관할지역에서 국가의 직접 관할지로 전화시켜 버렸다.

참고문헌

김상철. 2017. "카자흐스탄 이슬람 연구: 이슬람 종무기구와 교육제도를 중심으로." 『중동연구』 36권 1호, 69-101.

김중관·윤희중. 2014. "카자흐스탄의 다문화 공존정책: 다종교현상에 대한 인구사회학적 분석." 『한국중동학회논총』 34권 4호, 27-51.

르네 그루쎄 저. 김호동·유원수·정재훈 역. 2007. 『유라시아 유목제국사』. 파주: 사계절.

양승조 2015. "러시아, 중국 그리고 근대 중앙아시아: 역사적 회고." 신범식 외. 『중국의 부상과 중앙아시아』. 과천: 진인진, 23-49.

양승조. 2016a. "19세기 전반 제정 러시아의 중앙아시아 진출과 부하라 아미르국의 중앙집권화." 『숭실사학』 36집, 267-306.

양승조. 2016b. "예카테리나 2세 시기 제정 러시아의 이슬람 정책과 오렌부르크이슬람종무청(ОМДС)의 역할." 『러시아연구』 26권 2호, 269-297.

오두영. 1999. "스뻬란스끼의 시베리아 개혁." 『슬라브학보』 14권 2호. 359-382.

오종진. 2008. "한국 이주 중앙아시아 무슬림의 현황과 조직화 – 우즈베키스탄, 카자흐스탄, 키르기스스탄, 투르크메니스탄, 아제르바이잔, 타지키스탄 출신 무슬림들을 중심으로 -." 『한국이슬람학회논총』 18권 3호, 65-103.

제임스 포사이스 저. 정재겸 역. 2009. 『시베리아 원주민의 역사』. 서울: 솔.

Nyamzagd S., Sukhbaatar Ts. 1995. "Life Peculiarities of The Mongolian Kazakhs." 『한국중동학회논총』 16권 1호, 691-697.

Валиханов Ч. Ч. 1985. "Следы шаманства у Киргизов." *Собр. Соч.* Алма-Ата, Т. 4, 48-51.

Добросмыслов А. И. 1901. "Тургайская область.историческийочерк." *Известия Оренбургского Отдела И.мператорского Русского Географического Общества*. Оренбург, Вып. 16, 123-272.

Избаиров А. К. 2013. *Ислам в Казахстане*. Алматы.

История Казахстана(История Казахской ССР с древнейших времен до наших *дней*). 3-е изд. 2011. Алматы.

История Казахстана: Хрестоматия. Алматы, 2012.

Лысенко Ю. А. 2008. "Степень исламизации казахского общества на рубеже XIX-XX вв. в оценке миссионеров Киргизской духовной миссии." *Известия Алтайского государственного университета* 4(60), 149-155.

Лысенко Ю. А. 2010. "《Татарский вопрос》 в конфессиональной политике Российской империи в Казахстане(конец XVIII — начало XX в.)." *Известия Алтайского государственного университета. История* 4(68), 146-152.

Мажитова Ж. С. 2015. "Шариат и/или адат в казахском праве(первая половина XIX в.)." *Исламоведение* 6(3), 25-33.

"Манифест. О принятии полуострова Крымского, острова тамана и всей Кубанской стороны, под Российскую Державу." 1830. *Полное собрание законов Российской Империи. Т. XXI. с 1781 до 1783.* СПб., 897-898.

"О преобразовании управления Киргизскими степями Оренбургского и Сибирского ведомств и Уральским и Сибирским казачьими войсками." 1873. *Полное собрание законов Российской Империи. Т. XLIII. Отделение второе. 1868.* СПб., 364-365.

Ремнев А. В. 2006. "Российская империя и ислам в казахской степи(60-80-е годы XIX в.)." *Расы и народы: современные этнические и расовые проблемы.* Москва. Вып. 32, 238-277.

Султангалиева Г. 2000. "《Татарская》 диаспора и конфессиональные связи казахской степи(XVII-XIX вв.)." *Вестник Евразии* 4, 20-36.

Терюкова Е. А. 2010. "Департамент духовных дел иностранных исповеданий и этноконфессиональная политика Российского государства(XVIII — начало XX вв.)." *Государство, религия, церковь в России и за рубежом* 4, 204-208.

Юнусова А. Б. Азаматов Д.Д. 2013. *225 лет Центральному духовному управлению мусульман России. Исторические очерки*. Уфа.

Gunn, T. Jeremy. 2003. "Shaping an Islamic Identity: Religion, Islamism, and the State in Central Asia." *Sociology of Religion* 64(3), 389-410.

Hann, Chris & Mathijs Pelkmans. 2009. "Realigning Religion and Power in Central Asia: Islam, Nation-State and (Post)Socialism." *Europe-Asia Studies* 61(9), 1517-1541.

Kappeler, Andreas. 2010. "Czarist Policy toward the Muslims of the Russian Empire." in Bhavna Dave, ed. *Politics of Modern Central Asia. I. Encounters with Modernity: Russian and Soviet Rule*. London; New York: Routledge, 29-42.

Rezvan, Efim(Резван, Ефим). 2009. "Qur'an and Power in Russia(Коран и власть в России)." *Christianity and Islam in the Context of Contemporary culture(Христианство и Ислам в контексте современной культуры)*. St. Petersburg; Beirut: EIDOS, 41-56, 172-188.

제3장
중앙아시아 자디드 운동과 러시아 혁명*

손영훈

I. 머리말

19세기 서구의 식민 통치를 경험하고 있던 이슬람 세계 전역에 불어 닥친 혁신과 개혁이라는 보편적 조류와 근대성의 유입은 무슬림들의 각성에 커다란 자극제가 되었다. 특히 러시아 제국으로 대표되는 서구 문명의 도전에 대한 무기력한 대처는 중앙아시아 무슬림 사이에서 이슬람 자체의 혁신과 사회 개혁에 대한 욕구의 분출로 이어지게 되었다.[1] 러시아 제국의 중앙아시아 정복과 러시아화 정책에 기반한 억압적 식민통치가 사회적 모순과 무슬림들의 불만을 야기하

---

* 이 글은 『한국이슬람학회논총』 25-1(2015)에 게재되었던 논문을 본서의 편집 취지에 맞도록 수정·보완한 것입니다.
1 이 글에서 중앙아시아의 지리적 범주는 소비에트 시기의 중부아시아(Srednyaya Aziya) 내지는 서구에서의 소비에트 중앙아시아(Soviet Central Asia)와 유사한 개념으로 현재 카자흐스탄 남부지역과 우즈베키스탄, 키르기스스탄, 투르크메니스탄 및 타지키스탄에 국한되는 극히 협소한 지역을 의미한다.

면서 이슬람 문명과 무슬림 공동체의 생존에 대한 심각한 위협으로 간주되었기 때문이었다. 따라서 러시아 제국의 식민 통치에 대한 저항적 대응이자 사회 전반에 걸친 철저한 개혁을 통해 근대 세계의 유례없는 도전을 극복하기 위한 방안으로 중앙아시아 무슬림 사회에 자디드(Jadid) 운동이 등장하게 되었다.

사실상 중앙아시아 이슬람 사회에서 자디드 운동은 장기간에 걸친 고립과 정체에서 벗어나 새로운 근대의 도전에 맞서기 위한 교육문화 개혁운동으로 출발하여 종국적으로는 투르크-무슬림 공동체의 건설을 지향하는 민족 운동으로 발전하였다. 중앙아시아 이슬람 사회에서 '진보(taraqqiy)', '문명(madaniyat)' 및 근대주의로 대표되는 자디드 운동의 핵심적 사상에 관한 보수적 울라마(ulama) 집단과 진보적 자디드 지식인들 사이의 격렬한 대립적 논쟁들이 교육문화 영역을 넘어 사회정치적 행위를 규정하는 토대가 되었던 것이다. 특히 자디드 운동의 핵심적 사상들은 1차 세계대전의 과정에서 구시대적 식민 질서의 붕괴와 1917년 두 차례에 걸친 혁명 그리고 내전이라는 대변혁의 시기에 이슬람 사회의 혁명적인 개혁을 열망하면서 소비에트 행정기구에 적극적으로 참여하였던 급진화된 자디드 지식인들을 양산하는데도 일조하였다.

중앙아시아 역사에서 자디드 지식인들의 근대주의 사상과 개혁 운동이 무슬림 공동체의 각성과 근대 국가로의 발전에 기반이 되었다는 각별한 의미와 위상에도 불구하고 자디드 운동에 관한 연구는 상대적으로 소홀히 다루어져 왔다(Baldauf, 2001: 87-88)[2] 그러나 소연방 해체 이후 중앙아시아 국가들에서 소비에트 유산의 극복을 통한 정체성 확립과 민족 역사 및 문화의 재정립이라는 시대적 요구에 따라, 자디드 운동에 대한 새로운 인식과 평가가 시도되어 왔다. 특히 우즈베키스탄을 중심으로 새로운 국가 및 민족 정체성의 확립 과정에

---

2 실제로 자디드 운동을 연구한 학자들은 크게 두 가지 경향으로 구분되는데, 첫째, 이슬람의 개혁을 통해 중앙아시아의 낙후된 전통적 봉건사회의 근대화를 추구했던 혁명적 선구 운동으로 평가하는 학자들과 둘째, 극소수 집단에 불과했던 자디드 운동이 중앙아시아 이슬람 사회의 변화와 발전에 의미 있는 영향을 미치지 못하였다고 주장하는 학자들로 양분된다.

서 자디드 운동은 러시아 식민 통치로부터의 해방과 통합적 투르크 무슬림 공동체를 건설을 위한 민족 운동으로 해석되면서 반러시아적, 반제국주의적 성격이 강조되어 왔다(오원교, 2009: 382-384). 이와 같은 자디드 운동에 대한 국내외 학계의 관심은 20세기 초 자디드 운동에 참여한 무슬림 지식인들에 의해 표출된 가치와 사상들이 이제 독립 30여 년을 앞두고 있는 중앙아시아 지역의 이슬람뿐만 아니라 러시아 혁명과 내전 시기에 무슬림들의 대응 양태를 심층적으로 이해하는데 여전히 실제적인 유효성을 지니고 있기 때문일 것이다.

그럼에도 불구하고 중앙아시아 무슬림 사회의 개혁운동으로서 자디드 운동에 대한 국내외 연구는 1917년 가을에서 1920년 여름까지 중앙아시아 지역에서 전개되었던 극히 유동적인 정치 상황에서 자디드 운동의 변화 양상에 대해서는 거의 주목하지 않았다. 따라서 본 논문은 당시 중앙아시아의 투르키스탄과 부하라 칸국을 중심으로 1917년 러시아 혁명과 내전에 의해 초래된 정치적 대변혁 시기에 자디드 지식인들의 지적 정치적 궤적을 살펴보면서 개혁에서 혁명으로 변모하는 자디드 운동의 급진화 과정과 그 의미를 살펴볼 것이다. 특히 이 연구는 중앙아시아의 근대 역사가 러시아 제국과 소비에트의 단순한 희생물에 불과하다는 일반적 시각에서 탈피하여 역사적 변혁의 능동적 주체로서 중앙아시아 자디드 지식인들의 목소리에 주목하면서 혁명과 내전에 직면한 중앙아시아 이슬람 사회의 대응 양태에 대한 총체적인 이해를 도모하는데 그 목적이 있다.

II. 중앙아시아 이슬람 사회에서 자디드 운동의 전개

일찍이 18세기 중엽 카자흐 초원을 평정한 러시아 제국은 1865년 타슈켄트 공격을 시작으로 20여 년에 걸친 군사적 정복을 전개하여 광활한 중앙아시아 지역에 대한 지배를 확립하였다. 비교적 단기간에 걸친 러시아 제국의 중앙아시아 정복은 기본적으로 총포로 무장한 군사력의 절대적 우위와 더불어 16세기 이래 세계사적 발전에서 소외되었던 중앙아시아의 사회문화적 침체와 지리적 고립의 결과였다(Bartold, 1929: 121).[3] 러시아 제국은 중앙아시아의 정복 이후 타슈켄트를 중심으로 직할령인 투르키스탄 총독부를 설치하고, 부하라와 히바를 보호국으로 편입시키면서 중앙아시아에 대한 통제를 강화하면서도, 무슬림들의 저항을 의식하여 문화와 종교에 대해서는 직접적인 개입을 자제하는 관용적 입장을 취하였다(Zenkovsky, 1955: 18).[4]

그럼에도 러시아 제국의 식민 통치를 전통적 생활양식과 이슬람 문화에 대한 위협으로 간주한 투르키스탄 무슬림들은 후진성을 극복하여 근대 세계의 도전에 대응하기 위한 실제적 방안을 모색하기 시작하였다. 따라서 19세기 말 크림 타타르 지식인이었던 가스프린스키(I. Gasprinskii)의 전통적 이슬람 교육에 대한 비판에서 출발한 자디드 운동이 20세기 초 투르키스탄 자디드 지식인들에 의해 폭넓게 수용되었다.[5] 즉 중앙아시아의 무슬림 지식인들이 20세기 초 중앙

---

3 중세 시기 알파라비(al-Farabi)와 이븐 시나(Ibn Sina) 등의 세계적 사상가, 알 비루니(Al Biruni)와 알 콰리즈미(Al Khwarizmi) 등의 학자들과 루다키(Rudaki)와 나보이(Navoi)와 같은 위대한 시인 등을 배출한 중앙아시아 지역은 16세기 초 극동에 이르는 해양로의 발견에 따라 유라시아 대륙을 관통하는 대륙 교역에서 중앙아시아 오아시스의 독점적 지위가 훼손되면서 경제적으로 문화적으로 쇠퇴하기 시작하였다. 동시에 페르시아에서 시아파 이슬람의 승리는 부하라와 사마르칸트의 수니파 무슬림들의 중동 이슬람 세계와 지속적인 교류를 박탈하였다. 이런 중앙아시아의 지리적 고립은 지역의 종교적 침체로 이어졌다. 따라서 러시아의 저명한 동방학자인 바르톨드(Bartold)는 중세와 비교하여 19세기 투르키스탄은 가장 후진적인 이슬람 국가들에 속한다고 묘사하였다.

4 당시 러시아 제국은 중앙아시아를 중심으로 세력 경쟁을 벌이고 있던 영국을 자극하지 않기 위해 부하라와 히바에 대한 직접 통치를 주저하였다.

5 종교 개혁을 넘어 문화 개혁의 차원에서 자디디 운동을 보다 폭넓고 확고하게 정립한 가스프린스키(Ismail Gasprinskiy)는 자디드 운동의 어원이 되는 새로운 음성학적 문자 교육을

아시아 이슬람 사회가 직면한 문제에 대한 역동적인 대응으로 투르크-이슬람 정체성을 바탕으로 하는 자디드 운동을 선택하였던 것이다. 사실상 투르키스탄에서 자디드 운동이 중앙아시아 무슬림의 내적인 쇄신의 욕구로부터 출현했다기보다는 대부분 타타르인(Tatar)들에 의해 이식되었다는 사실은 역설적으로 자디드 지식인들의 영향력이 상당히 제한적이었다는 것을 보여주는 것이다. 투르키스탄 자디드 운동의 중심 세력은 러시아 식민통치의 직접적 결과로서 전통적인 이슬람 교육기관뿐만 아니라, 근대적 교육기관에서 수학한 개혁적인 무슬림 지식인들과 자본주의 유입과 교역의 확대에 따라 급격히 성장한 진보적인 민족 부르주아였다(Zenkovsky, 1955: 26-27).

투르키스탄 자디드 지식인들은 다양한 출신 배경에도 불구하고 러시아로 대표되는 근대 세력의 도전에 직면하여 무슬림 공동체의 대대적인 혁신이 요구되고 있으며, 특히 식민 통치라는 비극적 상황은 무슬림들의 무지에서 비롯되었다고 인식하였다. 따라서 자디드 지식인들은 투르키스탄 이슬람 사회가 정체되어 있으며 세계적 발전으로부터 고립되어 있어 후진성을 면치 못하고 있기 때문에, 시급히 문명화와 진보를 수용하여 세계 시민들과 동등한 수준에 도달해야 한다고 확신하였다. 투르키스탄 자디드 지식인들은 지리, 산수, 러시아어 등과 같은 실용적 지식을 교육하지 않을 뿐만 아니라, 기본적인 독해와 작문 능력의 배양 및 심지어 이슬람에 대한 이해를 증진시키는데 실패한 막탑(maktab)을 무슬림들의 후진적 상황을 초래한 주요 원인으로 파악하였다(Zenkovsky,

---

창안했을 뿐만 아니라 이슬람 학교인 막탑(makab)의 개혁, 근대적 지식의 습득과 새로운 시민적 제도들이 도입 그리고 이슬람 사회에서 여성의 권익과 지위 향상을 역설하였다. 가스프린스키가 발간한 '테르주만(영어)'이라는 신문과 투르키스탄의 타타르 정착촌을 통해 '새로운 방법'의 학교들이 중앙아시아 전역으로 확산되었다. 중앙아시아 최초의 새로운 방법 학교는 1897년 안디잔(Andijan)에 타타르인 자디드 이민자에 의해 개설되었고 뒤이어 1898년 사마르칸트(Samarkand) 등지에서도 개설되었다. 투르키스탄 자디드 지식인들에 의해 설립된 새로운 방법의 학교는 사실상 1900년대 이후에 타슈켄트와 사마르칸트 등 도시를 중심으로 출현하였다.

1967: 76). 투르키스탄 자디드 지식인들은 초등교육의 목표에 대한 새로운 시대적 이해를 바탕으로 근대주의적 입장에서 막탑을 구체적으로 비판하면서, 그 해결책으로 음성학적 교수법을 활용하여 아랍어 문자를 교육하는 새로운 방법(usul-i jadid)의 학교를 설립하였으며, 작문, 산수, 역사, 위생 및 러시아어 등을 포함하는 표준적 교과과정을 마련하였다. 따라서 자디드 운동을 통해 투르키스탄 이슬람 사회는 과거와 현재에 대한 비이슬람적 상징뿐만 아니라, 전통에 근거하지 않은 변화의 양상을 점차적으로 수용하게 되었던 것이다.

당시 자디드 지식인들에게 진정한 문화 개혁이란 교육과 훈육을 통해서 후진적 문화를 극복하여 근대 세계에 편입하려는 투르키스탄 이슬람 사회의 내적 의지와 환경에 의해 달성되는 것으로 인식되었다. 이런 시각은 러시아 제국이 이슬람 사회의 문화와 종교 활동을 상당 부분 허용했음에도 불구하고 정치적이라 간주되는 행위에 대해서는 강력히 억압하였던 시대적 상황에 기인한 것이었다(Zenkovsky, 1955: 18-19).[6] 따라서 종교 학교와 인쇄 매체와 극장이 투르키스탄 무슬림 공동체가 당면한 주요 문제를 공론화하고 개혁을 논의하는 주요 통로이자 대상이 되었던 것이다.

실제로 자디드의 어원이 되는 '새로운 방법'의 학교들이 개혁의 중추적 과제였으나 자디드 운동은 학생들에게 실용적인 지식의 교육이라는 온건한 목표에 머무르지 않고, 투르키스탄의 전통적 이슬람 사회에 대한 철저한 개혁을 주장하면서 혁신 세력으로 부상하였다. 따라서 투르키스탄의 대표적 자디드 운동

---

6 투르키스탄 초대 총독이었던 카우프만(K.P. Kaufman)은 심지어 러시아 정교 선교사들의 중앙아시아 유입을 금지하고 타타르의 종교적 영향력을 억제하면서 투르크인들의 전통적 신앙으로 이슬람을 공식적으로 인정하였다. 카우프만 총독은 중앙아시아의 후진적인 이슬람 문화는 필연적으로 쇠퇴할 것이며 결국 현지 투르크인들은 러시아로 대표되는 서구의 선진 문화를 수용할 것이라 확신하였던 것이다. 따라서 카우프만은 현지 투르크인들의 적의를 유발할 수 있는 무모한 문화 개혁을 시도하기보다는 투르키스탄 전역에 질서를 유지하며 러시아의 정치경제적 지배를 강화하는데 전념하였다.

가였던 카리(Munavvar Qori)는 투르키스탄 이슬람 사회의 전면적인 개혁이 절실하다고 역설하면서, 종교적 관행의 개혁, 공제회 설립을 통한 새로운 형태의 조합 도입, 새로운 문학 장르와 극장의 건설 등을 핵심적 개혁 과제로 주장하였던 것이다(Khalid, 2007: 138). 더욱이 자디드 지식인들은 공동체의 구성원이자 가정에서 자녀 교육을 담당하는 어머니로 핵심적 역할을 담당하는 여성에 대한 교육 확대와 지위 향상이 필요하다고 강조하였다(Kamp, 2007: 36-52).

  자디드 지식인들은 무슬림 공동체의 보존과 후속세대의 미래를 위해서 투르키스탄 이슬람 사회의 개혁이 더 이상 지체되어서는 안 되는 시급히 완수해야 할 과제로 인식하였다. 그럼에도 1917년 혁명 이전 자디드 지식인들의 주요 활동은 개혁이라는 시대적 요구를 이행하지 않는다면 직면하게 될 암흑의 미래를 신문, 시 및 극장 등을 통해 생생하게 묘사하면서, 무슬림들에게 개혁을 권고하는 것에 한정되어 있었다. 다시 말해 종교학교에 대한 전면적 개혁 활동과 더불어 인쇄 매체와 극장 등을 통해 표출되었던 고뇌가 가득한 사설과 무슬림 대중을 향한 열정적인 호소가 투르키스탄 자디드 담론의 전형적인 특징이었던 것이다(Khalid, 2007: 139). 자디드 지식인들은 투르키스탄 이슬람 사회의 찬란했던 과거와 문명화된 유럽 국가들의 현재를 극명하게 대비시키면서, 현재 이슬람 사회의 후진성을 신랄하게 비판하는데 집중하였다. 자디드 지식인들에게 진보와 문명은 교육과 훈육이라는 조건하에서 모든 사회가 도달할 수 있는 보편적 현상이었다. 실제로 자디드 지식인들은 이슬람의 교리가 무슬림들의 근대 진입을 저해하지 않는다고 보았고, 따라서 시대의 요구에 부합하는 지식을 겸비한 근대적 인간만이 진정한 무슬림이 될 수 있다고 강조하였다. 따라서 투르키스탄 자디드 지식인들은 계몽주의에 입각한 진보와 문명의 개념을 이슬람에 대한 이해와 융합하여 문명의 성취가 모든 무슬림들의 종교적 의무라는 근대적인 해석을 창출하는데 주력하였다.

  러시아 제국의 점령 이후 직할령으로서 총독부의 직접적 통치를 받던 투르키스탄과는 달리 보호국으로 남아 있던 부하라 칸국에서의 자디드 운동은 상이한 환경에서 전개되었다(Zenkovsky, 1955: 33-34). 러시아 제국에 굴복한 이후 부하라 칸국의 지배자인 아미르(amir)는 중앙아시아의 유일한 무슬림 군주이자 이슬람의 수호자로서 정통성을 강력히 주장하였으나, 개혁에 대해서는 거의 관심을 보이지 않았다. 그러나 세계 경제에 새로이 편입된 부하라의 상인들이 자녀들을 위한 근대적 교육을 추구하면서 개혁에 대한 광범위한 지지층이 태동하게 되었다. 아미르가 근대 학교의 설립을 거부하자 부하라의 상인들은 학생들을 이스탄불로 유학보내기 위해 '아동교육(Tarbiyayi atfal)'이라는 공제회를 조직하였다(Khalid, 2007: 140). 따라서 투르키스탄에서의 자디드 운동과는 대조적으로, 부하라에서의 개혁은 오스만(Osman) 제국의 개혁 논쟁과 연계되면서 국가의 개혁 내지는 국가에 의한 개혁에 그 토대를 두게 되었다. 즉 부하라의 자디드 지식인들은 아미르가 무슬림 군주로서 책무를 완수하고 국가를 개혁과 진보로 이끌어 나가기를 희망하였으며 따라서 부하라에서도 교육은 개혁의 핵심적 요소였으나 국가에 의해 구현되어야 하는 과제였던 것이다(Khalid, 2000: 378-380). 따라서 부하라 자디드 지식인들의 교육문화 개혁운동은 점진적으로 아미르에 대항한 정치적 활동으로 이어지게 되었다.

특히 1909년에서 1913년까지 이스탄불에서 수학하였던 피트라트(Abdurauf Fitrat)는 터키 혁명과 전근대적 사회의 붕괴를 목격하면서 개혁과 진보를 위해서는 우선적으로 대중의 무지를 타파하고 위선적 지배자들의 실체를 밝히는 필요하다고 인식하였다. 따라서 피트라트는 '대화(Munizira)'라는 서적을 통하여 부하라 거리의 혼란과 무질서, 공중위생과 보건에 관한 정부 정책의 부재, 경제 계획과 공공 교육의 결여 및 도덕적 부패와 잘못된 종교적 관행 등을 지적하였다. 특히 피트라트는 아미르와 정부 관료들(umara)이 국가의 이익을 전혀 고려하지 않고, 울라마들은 흡혈귀와 같은 존재이며, 대중들은 무지로 인해 희생되고 있다고 격렬히 비판하였다(Zenkovsky, 1955: 37). 부하라의 아미르와 울라마의 실체를 적나라하게 폭로한 서적을 통하여 피트라트는 궁극적으로 부하라 청년들에게 교육을 통한 후진적인 생활의 극복과 더불어 부하라 이슬람 사회의 개혁과 진보를 강력히 권고하였던 것이다.

사실상 1917년 혁명 전야에 자디드 지식인들은 투르키스탄과 부하라의 이슬람 사회에서 소규모 집단으로 강력한 세력으로 부상하지는 못하였지만 도시를 중심으로 기반을 구축해 나가고 있었다. 투르키스탄 이슬람 사회에서 전통적 보수 세력으로 울라마가 여전히 상당한 영향력을 유지하고 있는 상황에서, 야심적인 자디드 지식인들이 이슬람과 부합하는 보편적인 문명화를 추구하고 교육과 문화에 집중된 개혁 운동을 전개하면서 이슬람 사회에 대한 지배권을 확보하기 위한 투쟁을 전개하고 있었다. 이처럼 1917년까지 투르키스탄과 부하라를 중심으로 중앙아시아 자디드 지식인들의 개혁 운동은 사실상 외부인(inorodtsy)로 취급받기보다는, 동등한 권리와 대표성을 지닌 시민으로서 러시아 제국 나아가 근대 세계에 편입되기 위한 투쟁이었던 것이다.

III. 러시아 혁명과 자디드 운동의 급진화

1. 중앙아시아 이슬람 사회의 위기

1917년 러시아 혁명은 자디드 운동을 문화개혁의 정치에서 대중동원의 정치로 변모시키면서 자디드 운동사에서 일대 전환점이 되었다. 중앙아시아 무슬림 공동체의 목표가 무엇이 되어야 하며 그 목표들을 누가 설정해야 하는가의 문제에 집중하고 있던 자디드 운동가들에게 2월 혁명은 즉각적인 행동을 요구하는 시대적 사건이었던 것이다. 1917년 2월 혁명 이후 임시정부에 의해 제시되었던 포괄적인 자유적 입헌주의에 대한 약속은 정치 영역에서의 철저한 변화를 의미하는 것이었다. 따라서 1917년 2월 혁명 직후 수차례의 대규모 대중 집회와 선언문들에서 표출되었듯이 자디드 지식인들은 전제정치의 붕괴에 따른 임시정부의 자유화 조치를 중앙아시아 이슬람 사회의 개혁과 민족적 구제를 성취할 수 있는 기회로 적극 환영하였다. 그럼에도 1917년 자디드 지식인들은 러시아 제국으로부터 정치적 독립을 추구하기보다는 자치를 통해서 이슬람 사회가 당면한 개혁과 민족 문제의 해결이 가능하다고 인식하였다(Zenkovsky, 1967: 228).

1917년 2월 혁명 이후 새로운 정치 환경에서 투르키스탄의 자디드 지식인들은 세계에 대한 새로운 지식과 인식을 보유하고 있던 자신들만이 후진적 이슬람 사회를 개혁하여 진보적인 근대로 이끌 수 있는 유일한 집단이라 공개적으로 주장하기 시작하였다. 이는 문화개혁운동으로서 자디드 운동을 이슬람 문명의 심각한 위협으로 인식하며 자디드 지식인들을 경험이 없는 미숙한 청년들로 경시하였던 울라마를 비롯한 전통적 보수 집단의 강력한 반발을 초래하였다.[7] 즉 울라마를 비롯한 보수적 전통주의자들(Kadimists)은 자디드 운동을 투르키스탄 이슬람 사회에서 오랫동안 누려온 자신들의 우월한 지위와 배타적 권위에 대한 위협으로 간주하여 이슬람의 근본 원리에서 어긋나는 무신론적 자유사상으로 매도하며 대립하여 왔던 것이다. 결국 1917년 5월 자디드 운동가들과 울라마간의 갈등이 가시화되면서, 투르키스탄 이슬람 사회에 대립적인 두 개의 무슬림 조직들이 출현하게 되었다. 자디드 지식인들은 이슬람 평의회(Shuroi islomiya)를 결성한 반면에, 보수주의적 세력들은 울라마 연맹(Ulamo Jamiyati)을 중심으로 결집하게 되었던 것이다(손영훈, 2013: 105).[8] 1917년 2월 혁명 이후 사실상 투르키스탄 이슬람 사회에 대한 지배권을 둘러싸고 경쟁하였던 자디드 지식인들과 울라마로 대표되는 보수 집단 사이의 대립은 극도로 격화되었고 빈번

---

7 투르키스탄 이슬람 사회에서 자디드 지식인들은 청년(yāshlar)으로 지칭되었다. 이는 1905년을 전후하여 자디드 운동이 본격화되었을 때, 자디드 지식인들의 일부가 십대 또는 이십대였던 것처럼 그들의 나이를 반영하면서도 지혜와 경험의 부족에 대한 비판이기도 하였다.

8 성직자 연맹(Ulema Jamiyati)은 1917년 투르키스탄에서 가장 강력한 무슬림 조직이었으며 러시아로부터 중앙아시아의 독립과 이슬람 샤리아 국가의 수립을 주장한 전임 현지 관료이자 법률가인 라핀(Shir Ali Lapin)에 의해 주도되었다.

히 유혈 사태로 변질되기도 하였다.

실제로 1917년 여름과 가을에 투르키스탄의 일부 도시에서 개최된 시위원회 선거에서 자디드 지식인들은 울라마를 중심으로 하는 보수 집단에게 처참히 패배하였고, 오히려 광범위한 무슬림 대중의 지지를 획득한 보수적 울라마들이 중앙아시아 이슬람 사회를 대표하는 공식적 지도자로 부상하게 되었다. 특히 중앙아시아에서 가장 진보적인 도시로 간주되었던 타슈켄트에서조차 러시아 우파와 연합하였던 보수적 울라마 집단이 총투표의 60%를 획득하며 압도적인 승리를 거둔 반면에 자디드 지식인들은 단지 10%의 지지만을 받는데 그쳤다(Zenkovsky, 1967: 229). 1917년 2월 혁명 이후 자디드 지식인들은 수차례에 걸쳐 소위 '자유의 시대'를 찬양하는 대규모 대중 집회를 조직하며 세력을 결집하였으나 그 지지를 선거의 승리로 직결시키는데 실패하였던 것이다. 따라서 개혁과 진보에 대한 열망을 투르키스탄 무슬림들이 전면적으로 공유할 것이라는 자디드 지식인들의 희망은 1917년 선거 패배라는 내부의 대중적 외면에 직면하여 좌절되면서 개혁을 야기하는 방법에 근본적인 의문을 제기하게 되었다.

일찍이 1916년 봉기에서 촉발된 투르키스탄 이슬람 사회의 경제적 위기는 1917년 러시아 혁명에 따른 정치적 혼논으로 급속히 악화되었다.[9] 1916년

---

9 1916년 6월 25일 니콜라이 2세는 전시의 부족한 노동력을 보충하기 위해 투르키스탄에서 성인 남자 25만 명을 후방의 노동병으로 동원한다는 칙령을 반포하였다. 그러나 충분한 호구 조사나 사전 준비를 하지 않은 채 갑작스레 발표한 칙령은 식민 통치를 받으면서 축척된 무슬림들의 불만이 폭발하는 계기가 되었다. 투르키스탄의 지자흐(Jizzakh), 세미레치예(Semirechye) 및 트랜스카스피아(Transcaspia) 등 농촌 무슬림들을 중심으로 발생한 1916년 봉기는 러시아 식민 통치에 대항한 대중적 저항 운동으로 엄청난 폭력을 동반한 민족 분쟁으로 발전하였으며, 이슬람은 1916년 봉기에서 중요한 역할을 담당하였는데 러시아 이교도에 대항하는 투르키스탄 무슬림들의 강력한 통합 요소로 작용하였다. 한편 투르키스탄 자디드 지식인들은 러시아 제국의 정치에서 무슬림들의 지위 확보와 영향력 구축을 위해 1916년 봉기에 반대하며 순조로운 징집을 위해 정부에 협력할 것을 호소하였다. 대부분의 자디드 지식인들은 병역에서의 배제와 같이 투르키스탄 무슬림과 러시아인간의 시민적 장벽을 허물어 "러시아의 주류 생활에서 투르키스탄 무슬림의 존재감"을 창출하기 위해 1916년 징

봉기가 러시아 군대에 의해 무자비하게 진압된 이후, 특히 2월 혁명 이후에도 정부로부터 무기를 지원받은 러시아 농민들에 의한 대대적인 보복이 자행되면서 사회경제적 갈등도 격화되었다(Sokol, 1954: 167-168). 더욱이 1917년 여름에 투르키스탄 전역에 발생한 가뭄으로 이미 러시아 제국으로부터 수송되는 곡물에 의존하고 있던 투르키스탄은 재앙에 가까운 처참한 기근에 직면하게 되었다. 1917년 이후 3년 동안 기근, 전염병의 확산과 식량 보급에서 특권적 지위를 추구한 러시아 정착민들과의 무장 투쟁은 투르키스탄 무슬림들의 삶을 완전히 파괴하였다. 1918년에 투르키스탄의 면화 경제가 파탄에 직면하여 생산량이 급감하였으며 1914년부터 시작된 인플레이션은 혁명 시기인 1917년에 466%, 1918년에 1065%가 상승하였다. 일부 연구자에 따르면 1917년에서 1920년 사이에 기아와 내전 등으로 투르키스탄 농촌 무슬림 인구의 23%가 감소하였다고 추정하였으며 그 피해는 사실상 1920년대 중반까지도 회복되지 못하였다(Buttino, 1990: 64-69). 자디드 지식인들은 진보에 이르는 개혁의 실패로 인해 초래되는 암흑의 미래가 당시 투르키스탄에서 혹독한 기근과 대규모 유혈 사태를 동반한 약탈과 민족 분쟁 등으로 표면화되면서 최악의 사태로 현실화되고 있다고 보았다. 따라서 이러한 일련의 충격적인 사건들은 자디드 지식인들의 사상적 변화에 결정적인 영향을 미쳤던 것으로 보인다. 결국 특히 자디드 지식인들이 희망을 걸었던 헌법적 질서의 붕괴가 급진주의의 승리로 귀결되자 혁명을 새로운 형태의 변혁을 위한 기회로 간주하면서 이슬람 사회의 급진적 변혁을 야기하는 권고 이상의 전략과 대대적인 변혁을 추구하게 되었던 것이다.

한편 1917년 2월 혁명 이후 부하라에서 구체제와 자디드 지식인 사이의 대립은 투르키스탄보다 더욱 격렬하게 전개되었다. 부하라의 자디드 지식인들은 1917년 2월 혁명 이후 아미르가 위로부터의 개혁을 제도화할 것이라고 기대

집령을 지지하였다. 투르키스탄 자디드 지식인들의 실용적인 정치적 이해관계에서 비롯된 이런 입장은 주로 투르키스탄의 도시를 중심으로 활동하였던 자디드 지식인들과 농촌 무슬림들 사이의 괴리를 보여주는 것이기도 하다.

하면서 아미르를 전방위적으로 압박하기 시작하였다. 1917년 3월에 부하라 자디드 지식인들은 임시 정부에 전신을 보내 아미르가 차르 체제의 붕괴 이후 선포되었던 자유적 조치를 비롯한 개혁을 이행하도록 압력을 행사해 줄 것을 요청하였다. 그러나 부하라의 아미르는 국가의 주권과 이슬람의 순수성 문제를 제기하며 국면을 전환시키고 보수 세력의 지지에 의존하면서 온갖 계략을 총동원하여 자디드 지식인들을 이슬람과 부하라의 반역자로 낙인찍어 잔혹하게 박해하기 시작하였다(Genis, 2001: 27). 특히 1917년 4월 울라마를 비롯한 보수 세력의 반동으로 촉발된 유혈 사태는 부하라 자디드 지식인들의 사상적 변화와 급진화에 결정적인 전환점이 되었다(Zenkovsky, 1967: 238-239). 부하라 자디드 지식인들은 아미르에게 그 어떤 개혁도 기대할 수 없다는 사실을 자각하고 일찍이 아미르의 박해에 대항하여 지하운동을 전개하였던 '청년부하라당'으로 결집하면서 급진화를 지향하게 되었던 것이다(Khalid, 2001: 148-149). 이제 부하라의 아미르는 부하라의 관대한 아버지이자 대중을 보호하는 군주에서 대중의 피땀에 기생하면서 오로지 권력 유지에만 관심을 두는 잔인한 폭군으로 간주되었다. 아미르의 폭압적 박해를 피해 대부분 투르키스탄으로 피신하였던 청년부하라인들은 볼셰비키의 동방 혁명화 사상을 수용하고 모스크바의 지원을 모색하면서 부하라의 아미르 체제를 전복시키기 위한 본격적인 활동에 돌입하게 되었다.

2. 반제국주의로의 전환

1917년 10월 혁명과 1차 세계대전의 종전은 중앙아시아를 둘러싼 지정학적 상황을 재규정하였다. 비록 공식적으로 러시아 내전이 1918년 5월까지 시작되지 않았지만 제국에서의 군사적 상황은 1917년 가을 이후 극도로 불안정하였고 일찍이 50여 년 전에 확립된 식민 질서를 심각히 훼손시켰다. 더욱이 세미레치예 지역을 장기간 점령하였던 코사크들의 오렌부르크 봉쇄가 중앙아시아를 유럽 러시아로부터 고립시켰으며 내전에서 최종적인 승리를 거둔 모스크바 중앙 정부가 중앙아시아에 증원 병력을 파견할 수 있었던 1920년까지 타슈켄트에서의 소비에트 권력은 매우 취약한 상태로 남아있었다. 따라서 타슈켄트의 볼셰비키들은 자립적으로 생존하며 투쟁해야 했으며 1919년 말까지 사실상 모스크바의 직접적 영향력은 극히 미비하였다(Khalid, 1998: 284).

특히 1차 세계대전에서 오스만 제국의 패배와 이슬람 세계의 심장부에서 유일한 지배 세력으로 영국의 부상이라는 지정학적 변화는 1917년 10월 혁명에 의해 조성된 급진적 변화에 대한 열망과 결부되면서 자디드 지식인들의 세계관에 근본적인 변화를 야기하였다. 자디드 지식인들은 오스만 제국이 독일과 오스트리아와 동맹국으로 1차 세계대전에 참전했을 때에도 이슬람 국가인 오스만 제국보다 러시아 제국에 우호적인 입장을 견지하고 있었다(Khalid, 2001: 151-152). 자디드 지식인들이 중앙아시아 이슬람 사회의 개혁과 진보를 달성하는 데 있어 오스만 제국을 비롯한 이슬람 국가보다 러시아 제국을 통한 유럽 문화의 영향력을 더 긍정적으로 평가하였기 때문이었다. 그럼에도 불구하고 오스만 제국은 유럽 우위의 시기에 무슬림들의 유일한 근대적 형태의 국가라는 실제적 존재로서 식민 통치하의 중앙아시아 무슬림들에 대한 정서적 영향력을 구축하고 있었다. 따라서 1918년 이슬람의 패배로 간주된 오스만 제국의 몰락은 자디드 운동가들에게 거대한 충격으로 다가왔으며 중앙아시아 이슬람 사회의 시급한 개혁의 필요성을 더욱 절감하게 되었다.

1차 세계대전 이전 자디드 지식인들에게 유럽은 중앙아시아 이슬람 사회가 추종해야 하는 진보와 근대의 모범이었으며 이에 따라 유럽에 대한 자디드 지식인들의 수사는 놀랄 정도로 긍정적인 시각을 표출하였다(Khalid, 2001: 149). 그러나 1917년 혁명에 의해 야기된 급진적 개혁에 대한 열망이 오스만 제국의 패배라는 충격적 사건과 중첩되고 반제국주의 사상이 확산되면서 유럽에 대한 긍정적인 시각은 근본적인 변화에 직면하게 되었다. 특히 이슬람 세계의 중심부에서 영국이 승리자로 부각되면서 자디드 지식인들은 일찍이 매료되었던 유럽 문명에 대한 흥미를 급속도로 상실하면서 결국 부르주아 질서에 대한 급진적이고 반제국주의적인 비판가로 거듭나게 되었다.

일찍이 1911년 개혁을 권고하는 소책자에서 자신의 대변자로서 영국인을 선택할 정도로 유럽 문명에 긍정적이었던 피트라트는 아미르의 박해를 피해 타슈켄트에서 머물고 있던 1919년 '동방정치(Sharq siyasati)'라는 소책자를 통해 유럽 제국주의에 대한 신랄한 비판을 거침없이 쏟아냈다. 피트라트는 중세 시기 유럽에 비해 동방이 지식과 계몽의 근원이었으나 지배자들의 실정과 교육의 부재로 후진적 상황에 직면하게 되었다고 주장하였다. 그 결과 유럽의 제국주의가 동방을 습격하여 정복과 착취를 감추기 위해 동방의 야만과 무지를 과장하면서 문명의 사도라는 가면으로 위장하고 있다고 비판하였다. 특히 유럽이 동방의 전통과 양립할 수 없는 부도덕, 도박, 음주, 매춘 등을 의도적으로 확산시켜 도덕적 가치를 파괴하고 민족의 생존을 위협하고 있다고 주장하였다(Fitrat, 1919: 1-13; Khalid, 2001: 150-151).

특히 1918년 오스만 제국이 연합국에 굴복하고 영국이 중동이슬람 지역에서 최종적인 승리자로 부각되자 유럽 제국주의의 공세가 최고조에 이르렀다고 인식하였던 자디드 지식인들 사이에서 반영국적 정서가 급속히 확산되었다. 이스탄불에서 수학한 경험으로 오스만 제국에 동정적이었던 피트라트는 유럽 특히 영국을 무슬림의 적으로 규정함에 따라 반제주의적 특히 반영국적 수사는 자디드 지식인들의 주요 특징이 되었다. 특히 1919-1920년에 걸친 피트라트의 저서들에서 1917년까지 진보와 문명의 모범으로 간주되었던 영국은 제국주의, 착취 및 억압으로 상징되는 악마로 묘사되기도 하였다(Khalid, 2007: 145). 수편의 에세이와 타슈켄트에 상영된 두 편의 연극을 통해 피트라트는 인도에서 영국의 억압적 통치를 집중적으로 다루면서 영국에 대항하여 투쟁하는 인도인들을 찬양하였다.[10] 피트라트에게 인도에서 영국을 몰아내는 것과 같은 애국적

---

10   1920년에 피트라트는 인도에서 영국의 억압적 통치와 관련하여 사랑, 애국주의, 반제국주

의무는 코란을 가축이 밟지 않도록 보호하는 것과 모스크에서 돼지를 쫓아내는 것과 같이 위대한 가치를 지닌 행위였던 것이다.

일찍이 피트라트를 비롯한 자디드 지식인들이 유럽과 그 문명에 매료되었던 것은 자기 보존과 자기 강화를 위해 필수적인 기술과 수단을 획득하려는 무슬림들의 요구를 전제로 한 것이었다. 그러나 제국주의적 세계 질서에 대한 직접적 도전으로서 러시아 10월 혁명은 자디드 지식인들이 열망했던 진보, 자결 및 독립 등의 목표들을 성취할 수 있다는 새로운 희망을 제시하였다. 결국 피트라트를 비롯한 자디드 지식인들은 러시아 제국의 구질서에 도전하면서 1917년 10월 혁명의 과정에서 거대한 동원력과 집행력을 실제적으로 보여준 볼셰비키를 민족 해방과 진보의 가능성을 내포한 새로운 세계 질서의 선구자로 인식하기 시작하였다. 따라서 자디드 지식인들은 중앙아시아 무슬림이 유럽 제국주의와 부하라의 아미르와 같은 그 하수인들의 굴레를 극복하기 위해 특수한 근대성의 형태로서 유일한 반제국주의 세력으로 간주한 볼셰비키의 혁명에 매료되면서 급진화를 추구하게 되었던 것이다.

1917년 10월 혁명 직후 동방의 혁명화를 끊임없이 언급하면서 중앙아시아를 영국이 통치하고 있던 인도와 중동 지역을 비롯한 동방으로 혁명을 확산시키는 주요 관문으로 간주한 볼셰비키는 자디드 지식인들을 중앙아시아 혁명의 주요 토대로 간주하고 반제국주의적 정서를 통한 관계 개선과 적극적 동맹을 시도하였다. 실제로 1917년 내내 볼셰비키는 러시아에서의 혁명이 영국과 독일 같은 서유럽의 선진 산업국가에서 프롤레타리아 혁명을 야기할 것이라 기대하였으나 혁명의 확산에 실패하면서 중앙아시아와 같은 식민지에서의 혁명에 관심을 집중하였다. 식민지에서의 민족해방운동이 유럽에서의 부르주아 통치의 경제적 기반을 파괴하여 궁극적으로 프롤레타리아 혁명을 초래할 것이라

의, 혁명적 투쟁 등의 소재들이 얽혀있는 진짜 사랑(Chin sevish)과 인도 혁명가(Hind ixtilolchilari)라는 두 편의 연극 작품을 집필하였으며 투르키스탄에서 인기리에 공연되었다.

간주하였기 때문이었다. 유럽에서 자본주의 체제를 와해시키기 위해 반제국주의적 정서를 이용하려는 모스크바의 의도는 중앙아시아 자디드 운동가들과 관계 개선에 중요한 역할을 담당하였다. 다시 말해 반제국주의가 투르키스탄에서 볼셰비키와 자디드 지식인간의 밀접한 관계 형성의 기반으로 작용하면서 모스크바는 투르키스탄 소비에트의 러시아 정착민에 대항하여 중앙아시아 자디드 지식인들의 동맹자가 되었던 것이다.

IV. 무슬림 공산주의자의 출현과 혁명의 민족화

러시아 10월 혁명 이후 온건적 개혁운동에 대한 중앙아시아 무슬림들의 관심이 급속히 소멸되면서 자디드 지식인들은 개혁과 진보를 성취하기 위한 양식으로서 권고와 점진주의가 더 이상 비효율적이라 자각하고 중앙아시아 이슬람 사회에 대한 급진적이고 혁명적인 개혁을 추구하게 되었다. 비록 계급적 시각이 아니라 민족적 관점에서 혁명을 인식하였다 하더라도 결국 자디드 지식인들은 사회의 혁명적 변화 사상에 매료되기 시작하였던 것이다. 이에 따라 1917년 10월 혁명 이후 자디드 지식인들의 정치적 전략은 새로운 소비에트 권력 기구에 참여하면서 무슬림 사회의 다양한 문화변혁 프로그램을 실질적으로 이행하는데 집중되었다. 자디드 지식인들은 이제 중앙아시아 무슬림 사회의 개혁은 급진적이고 강제적이어야 하며 무엇보다도 사고의 혁명이 전제되어야 한다고 주장하였다. 자디드 지식인들은 혁명을 계급적이라기보다는 오로지 민족적인 것으로 이해하였으며 혁명이 궁극적으로 국내외의 폭압으로부터 민족을 구제하여 결국 진보의 길로 이끌어 줄 것으로 기대하였던 것이다.

일찍이 레닌은 1917년 11월 "러시아와 동방의 억압받는 무슬림들에게"

라는 성명을 발표하면서 혁명의 대열에 중앙아시아 무슬림들을 흡수하기 위해 상당한 조직적 역량을 집중하였다. 따라서 1917-1918년 겨울 대부분 유럽 출신의 비무슬림으로 구성된 타슈켄트 소비에트가 1916년 봉기 이후 첨예한 갈등 관계를 유지하고 있던 투르키스탄 무슬림을 권력에서 배척한 것은 동방 혁명화를 위해 무슬림들을 체제로 유입하려는 모스크바의 정책과 상반되는 것이었다(Zenkovsky, 1967: 239). 따라서 1920년 적군에 의해 군사적으로 제압되기까지 모스크바의 투르키스탄에 대한 영향력이 극히 제한적이었다 하더라도 모스크바 중앙정부는 투르키스탄에 대한 관심을 늦추지 않으면서 일찍이 1918년 초부터 모스크바의 중앙 볼셰비키는 투르키스탄 현안에 직접 개입하고자 하였다. 결국 1918년 2월 민족문제 인민위원회(Narkomnats)는 타슈켄트 소비에트를 견제하기 위해 코보제프(A. P. Kobozev)와 두 명의 타타르인인 이브라히모프(Y. Ibrahimov)와 클레블리예프(Arif Klevleev)로 구성된 대표단을 파견하여 소비에트 행정기구와 정당에 무슬림들을 등용하는 업무를 본격적으로 추진하기 시작하였다. 코보제프는 타슈켄트 소비에트를 장악하고 있던 러시아 정착민들에 비해 투르키스탄 무슬림들을 전폭적으로 지원하는 상당히 직설적인 전술을 채택하였다(Safarov, 1985: 159). 코보제프 대표단 파견을 통보하기 위해 타슈켄트 소비에트로 보낸 전신에서 스탈린은 과거의 경력에 관계없이 소비에트 체제를 위해 봉사할 준비가 되어 있는 무슬림들의 등용을 두려워하지 말아야 한다고 주장하였다(Khalid, 1998: 287). 코보제프 대표단의 헌신적인 활동으로 4월 제5차 투르키스탄 소비에트 의회에서 무슬림들의 수적 규모가 급격히 확대되었으며 특히 1918년 4월 선포된 투르키스탄 자치공화국 중앙집행위원회도 10명의 무슬림들을 포함하는 총 36명으로 구성되었다. 또한 코보제프는 새로운 소비에트 권력기구에 무슬림들의 참여를 제도화하기 위해 투르키스탄 민족문제 인민위원회(Turkomnats)를 조직하였다. 투르키스탄 민족문제 인민위원회의 기본적 역할은 투르키스탄에 거주하고 있는 비러시아인을 포함한 다양한 민족 출신의 노동자들의 이익을 대표하고 보호하는 것이었으나 모스크바의 후원으로 상당한 정치권력이 집중되면서 공산당에서 무슬림들을 대변하는 기구로 발전하게 되었다. 특히 1918년 6월 코보제프의 주도로 결성된 투르키스탄 공산당(KPT)에도 혁명에 매료되어 지지한 투르키스탄의 자디드 지식인들을 비롯한 상당수의 무슬림들의 자발적인 참여도 확대되었다. 특히 1919년 1월 타슈켄트 국방위원이었던 오시포프(Osipov)에 의해 조직된 반공산주의 반란의 진압과정에서 무슬림들의 소비에트 체제 유입에 부정적이었던 상당수의 타슈켄트 사회주의자들이 처형됨에 따라 무슬림들을 등용하려는 모스크바 정책에 대한 저항이 급속히 감소되면서 행정기구와 공산당에 투르키스탄 자디드 지식인을 비롯한 무슬림들의 참여가 대대적으로 조직되었다(Zenkovsky, 1967: 240-241). 또한 사마르칸트 노동자 연맹이 사마르칸트 지구(uezd) 노동자 및 농민 대표의 무슬림 소비에트로 개편되었고, 타슈켄트 타타르 연맹은 타타르 사회주의 노동자 위원회로 개명되어 결국 투르키스탄 공산당의 타타르 분과로 발전하였으며 사마르칸트 자디드 신문인 '자유(Hurriyat)'는 사마칸트 소비에트의 교육 분과의 기관지로 선정되어 '노동자의 목소리(Mehnatkashlar tovushi)'로 개명되었다. 따라서 자디드 지식인들은 10월 혁명 이후 소비에트 체제에 적극 참여하면서 무슬림 공산주의자로 변신하였고 다시 한 번 투르키스탄 무슬림의 이름으로 권리를 강력히 주장하기 시작하였다.

1918년 이후 투르키스탄 공산당에 참여하면서 무슬림 공산주의자로서 거듭난 자디드 지식인들이 계급과 혁명의 언어에 적응하며 1917년 이전과는 다른 면모를 보였다 하더라도 계몽과 교육은 여전히 무슬림 공산주의자의 전략에서 중심적인 위치를 차지하였다. 10월 혁명 이후에도 무슬림 공산주의자들은 새로운 교과서를 발간하고 교사양성과정을 적극적으로 조직하였으며 특히 무슬림 교육을 직접 담당하게 된 투르키스탄 교육인민위원회를 통해서 자디드 지식인들의 소비에트 체제 참여가 지속적으로 확대되었다. 실제로 1918년 여름에만 20개의 학교가 새로이 설립되었으며 1919년 타슈켄트에만 158명의 교사와 9,200명의 학생으로 구성된 48개의 이슬람 학교가 존재하였는데, 비록 이 학교들의 세부적인 교과과정을 파악하기 어렵지만 자디드 운동의 새로운 방법에 기초한 학교들이었던 것이다(Safarov, 1985: 149).

한편 혁명에 대한 자디드 지식인들과 볼셰비키간의 입장이 궁극적으로 상이하였다 하더라도 혁명사상의 수용으로 볼셰비키와 밀접한 관계를 형성한 자디드 지식인들은 혁명적 상황에 대한 적응에 실패하였던 보수적 울라마를 압박하면서 이슬람 사회에서 주도적 지위를 차지할 수 있었다. 1918년 4월 자디드 지식인들은 타슈켄트 무슬림 노동자 및 농민 소비에트를 통해 울라마 연맹의 반혁명적 울라마의 체포와 재산의 몰수를 요구하였고 결국 5월 울라마 연맹은 노동 계급의 이익에 부합하지 않는다는 명목 하에 전격적으로 해체되고 말았다.

1920년 여름 내전에서 최종적인 승리를 거두고 투르키스탄에 대한 통치를 확고히 구축한 볼셰비키들은 투르키스탄 소비에트에 현지 사정에 정통한 자디드 지식인을 비롯한 무슬림들의 체제 참여를 원칙적으로 보장하였다. 이에 따라 볼셰비키는 소비에트 체제에 참여한 자디드 지식인들에게 민족 공동체의 운명을 통제하고 무슬림 사회의 변혁을 추진하기 위한 새로운 기회를 제공하였던 것이다(Khalid, 2005: 208). 이제 자디드 지식인들은 자신들이 열망해 오던, 그러나 다른 정치적 맥락에서 이슬람 사회의 변혁을 성취하기 위한 발판으로서 이 기회를 적극적으로 활용하였다. 따라서 개혁을 위한 권고의 시대는 지나고 이제 진보와 문명을 향한 광범위한 개혁을 야기하기 위해 필요하다면, 국가 권력을 사용하는 동원과 변혁의 시기가 도래하였던 것이다. 바로 이것이 자디드 지식인들에게 혁명이 의미하는 것이었으며 소비에트 체제에 적극적으로 참여하며 혁명가로 거듭나게 된 배경이었던 것이다. 다시 말해 자디드 지식인들은 볼셰비키의 계급적 언어에 적대감을 표출하면서도 이슬람 사회의 전면적인 개혁을 추진하기 위한 수단으로 혁명을 지지하였던 것이다. 자디드 지식인들에게 혁명은 전통적인 보수적 엘리트를 퇴출시키고 이를 근대적이고 개혁적인 지배자들로 대체하면서 민족적 개혁 목표들을 달성하는 것이었으며, 계급에 기초한 광범위한 사회적 혁명을 의미하는 것은 아니었다.

한편 1917년 4월 이후 아미르의 박해를 피해 대부분 투르키스탄으로 피신하면서 급진적 개혁을 지향하기 시작한 청년부하라인들에게 1920년대는 사실상 열정으로 충만한 시기였다. 1918년 청년부하라당의 지도자이자 이후 우즈베키스탄의 초대 대통령이 되었던 호자예프(Fayzullah Khojaev)는 아미르를 제국주의 특히 이슬람 세계의 중심인 터키를 몰락시키고 메카와 메디나를 공격하였던 영국의 하수인으로 매도하면서 억압적이고 잔인한 폭군인 아미르와 그 측근들을 파멸시키고 자유와 평화에 기초한 공정한 정부를 수립하기 위해 세계 전역의 무슬림과 함께 영국과 그 추종자인 아미르에 대항할 것이라고 주장하면서 이를 위해 세계의 정의와 자유의 옹호자인 볼셰비키를 지지하고 긴밀히 협력해야 한다고 주장하였다(Khalid, 1998: 295). 결국 1920년 청년부하라인들은 적군의 부하라 공격에 참여하여 아미르 체제를 붕괴시켰으며 볼셰비키의 후원으로 형식적 독립을 유지하였던 부하라인민공화국의 실권을 장악하게 되었다. 청년부하라인들은 전통적 아미르 세력이 지원한 농민 봉기와 같은 내부적 저항에 대처하는데 국력의 대부분을 소진하면서도 과거 지하운동을 전개하던 시기부터 입안하여 왔던 민족과 문화 개혁을 의욕적으로 추진하였다. 특히 청년부하라 정부는 막탑(Maktab)과 마드라사(Madrasas)에 대한 대내적인 개혁을 단행하면서 이슬람 교육기관들을 공공교육체계를 제도적으로 확립하는 한편 와크프(waqf) 재산을 국유화하였고 공공보건체계를 구축하면서 국가 경제의 재건을 의욕적으로 추진하였다. 투르크어를 공식 언어로 선언한 청년부하라인들의 개혁 프로그램은 프롤레타리아 독재 또는 사적 재산의 청산에 대한 언급이 없었다는 점에서 공산주의보다는 민족주의를 표방하였다. 1920년 이전 부하라 자디드 지식인들의 주요 적대 세력이었던 보수적 울라마의 대부분은 처형되거나 인접한 아프가니스탄으로 망명하였으나 부하라 문학계의 거장이었던 마흐둠(Sharifjon Makhdum)과 같은 개혁적 지식인들은 청년부하라 정부를 지지하면서 진보적인 울라마 조직을 주도하였다. 타슈켄트 소비에트의 국가경제위원회에서 활동하던 피트라트는 1921년 초 부하라로 귀환하여 교육부 장관으로 복무하면서 음악 학교를 설립하였고 국가의 문화유산에 대한 자료를 수집하는 업무를 총괄하였다. 청년부하라인들에게 국가의 실제적인 모형은 마르크스 사상에서 비롯된 것이 아니라 오스만 제국 말기에 전개되었던 근대적 이슬람 개혁 사상에서 비롯된 것이었다. 특히 부하라인민소비에트공화국이 실존한 시기는 공교롭게도 터키에서 민족주의 운동의 시작과 터키 공화국의 수립 시대와 일치하였다. 이는 볼셰비키가 의도하지 않았던 상황으로 1923년 중엽 볼셰비키는 피트라트를 포함하여 청년부하라 정부의 민족주의적 자디드 지식인들을 압박하기 시작하였고 결국 1924년 부하라인민소비에트공화국이 해체되면서 청년부하라인의 도전은 사실상 실패로 귀결되었다(Khalid, 2007: 148-149).

한편 투르키스탄에서도 소비에트 통치 초기에 자디드 지식인들을 포함하여 상당수의 무슬림들이 소비에트 권력기구와 공산당에 참여하였으나 러시아 교육기관에서 수학하여 러시아어를 능숙하게 구사하는 카자흐 무슬림들에 가려 거의 주목받지 못하였다. 카자흐 무슬림의 대부분은 당시 투르키스탄의 일부였던 세미레치예 출신들로서 특히 르스쿨로프(Turar Rysqulov)는 소비에트 통치 초기에 가장 탁월한 정치적 인물이었다. 1917년 혁명 과정에 적극적으로 참여하였던 르스쿨로프는 1919년 투르키스탄 무슬림들의 공산당 가입에 관한 업무를 담당하던 무슬림국의 총책임자로서 활동하였고 1920년 1월 투르키스탄 소비에트 중앙집행위원장으로 임명되면서 투르키스탄 행정 권력의 최고 수장으로 부상하였다. 그러나 르스쿨로프가 투르키스탄에서의 정치적으로 성공을 통해 소비에트 체제에서 러시아인과 동등한 중앙아시아 무슬림들의 정치적 경제적 지위 보장을 열망하였다 하더라도 대부분의 세속적 카자흐 지식인들과 같이 우즈베크인 중심의 무슬림 개혁운동이었던 자디드 운동과는 직접적 연계 고리를 지니고 있지 않았기 때문에 정치권력에서 자디드 지식인들은 상대적으로 배제될 수밖에 없었다(Qongyratbaev, 1994). 그러나 정치권력에서 소외된 투르키스탄의 자디드 지식인들은 십여 년 이상 교육문화 영역을 지배하면서 혁명으로 인한 진보와 새로운 삶을 찬양하면서도 새로운 민족 문화와 민족적 정체성을 확립하는데 전념하였다.

소비에트 통치 초기 투르키스탄에서 '무슬림'이란 용어는 토착민들을 다양한 유럽 정착민과 구분하기 위한 기준이자 민족적 정체성을 대표하는 범주로 사용되면서 자디드 지식인들에게 민족이란 투르키스탄의 '무슬림'으로 구성되는 공동체로 간주되었다. 그러나 10월 혁명 이후 급진적 변혁 과정에서 자디드 지식인들은 범이슬람주의보다는 종족민족주의를 바탕으로 투르키스탄의 무슬림들의 투르크 민족으로서의 동질성과 투르크인들의 모국으로서 투르키스탄을 강조하면서 급진적 형태의 투르크주의를 지향하게 되었다.[11] 투르크주의는 자디드 지식인들의 언어 사용의 전환을 야기하였는데, 혁명까지 배타적으로 페르시아어로 서적을 발간하였던 피트라트를 비롯한 자디드 지식인들은 이제 순수한 투르크어로 교과서를 집필하거나 작품 활동을 전개하기 시작하였다. 특히 투르키스탄 자치공화국과 부하라인민공화국에서 정치 권력에 참여한 자디드 지식인들을 통해 투르크어가 국가의 공식 언어로 선언되었다. 자디드 지식인들에게 혁명은 민족의 개혁과 민족 언어에 기초한 민족 문학의 발전을 통해 성취되는 민족의 구제를 의미하였기 때문이었다. 1918년 피트라트의 지도하에 "차가타이 대화(Chaghatay Gurungi)"라는 문학단체로 집결하였던 상당수의 자디느 지식인들은 투르크 문학 언어와 문자의 개혁에 관심을 집중하면서 민족 정체성의 확립을 모색하였고 결국 차카타이주의(Chaghatayism)와 궁극적으로 우즈베크 민족주의의 형성으로 이어지게 되었던 것이다(Fierman, 1991: 232-239). 따라서 자디드 지식인들의 투르크주의는 오스만 제국과 연계된 범투르크주의라기보다는 이슬람 세계의 동부 지역 즉 투르키스탄에 국한된 투르키스탄주의였다. 다시 말해 자디드 지식인들이 민족이라는 근대적 범주를 투사한 대상은 현재의

---

11   1917년 10월 중앙아시아 무슬림들의 통합을 호소하는 문건은 "무슬림이여! 우리 투르크인의 모든 희망과 모든 목적들은 동일하다. 우리 종교(din)와 우리 민족(millat)을 보호하고 우리 땅(toprak)과 우리 국가(watan)에 대한 자치를 획득하며 서로에 대한 억압 없이 자유롭게 살아가는 것이다. 투르키스탄은 투르크인들의 것이다"라고 주장하였다.

우즈베크나 타지크가 아니라 투르키스탄의 투르크-무슬림 공동체였던 것이다 (Fitrat, 1919: 37-47; Khalid, 1998: 294).

투르크주의에 확산에 따라 무슬림 공산주의자로 변신한 자디드 지식인들은 1920년 1월 투르키스탄 공산당 제5차 회의에서 투르키스탄 공산당을 투르크 공산당으로 변경하고 투르키스탄 자치공화국도 투르크 공화국으로 변경하는 결의안을 통과시키고 투르키스탄의 광범위한 자치를 요구하는 결의안을 채택하면서 볼셰비키에게 야심차게 도전하였다(Safarov, 1985: 171). 더욱이 자디드 지식인들은 투르크 민족들을 분할하려는 볼셰비키의 책동에 대항하여 러시아의 모든 투르크 민족들과 거주 지역을 통합하는 투르크 소비에트 공화국의 형성에 대한 열망을 공개적으로 주장하기에 이르렀던 것이다(Rezoliutsn..., 1968: 70).

한편 소비에트의 문화 사업에 관여한 자디드 지식인들의 목표는 당시 유럽과 아시아에서 발생한 다양한 민족주의 운동의 목표와 동일하게 자신의 언어로 표현되는 고유의 문학, 극장, 언론 등과 같은 민족 문화를 보유하는 것이었다. 따라서 자디드 지식인들을 비롯한 무슬림 작가들은 진보와 새로운 삶을 찬양하면서도 당당하게 민족주의적 시각을 표출하였던 근대 문학을 창조하는 데 몰두하였다. 피트라트, 촐판(Cholpon) 등 문학 대가들이 현재에도 뛰어난 작품으로 평가되는 산문, 운문 및 드라마 등을 창작한 1920년대는 사실상 우즈베크 문학의 황금기였다(Khalid, 2007: 151). 민족 문학의 발전에 따라 자디드 지식인들은 언어 자체에 대한 개혁을 추구하였으며 결국 1920년대 말 채택된 투르크어 특히 우즈베크어의 라틴화는 문화적 지향을 재설정하려는 자각에서 비롯된 것으로 라틴 문자는 진보, 근대성 및 보편적 문명으로의 편입을 상징하는 것이었다. 물론 이슬람 사회와 문화에 대한 급진적 개혁에 대한 저항도 존재하였으나 자디드 지식인들이 체제에 적극적으로 참여하면서 지속적으로 이행해 나갈 수 있었다. 그러나 내전에서 최종적 승리를 거둔 볼셰비키가 중앙아시아에서 자신의 의지를 관철시킬 수 있었던 1920년대 중반 이후 투르키스탄과 부하라에서 벌여온 정치적 실험들을 종료하고 자디드 지식인들을 압박하면서 자디드 운동은 점차로 쇠퇴하게 되었다.

V. 맺음말

중앙아시아 이슬람 사회의 개혁 운동으로서 출발한 자디드 운동은 애초에 종교 영역에서 시작되어 점차 교육과 문화 영역으로 확대되었으며 궁극적으로 정치 영역에 이르면서 온건한 개혁에서 급진적 혁명으로 진화하게 되었다. 사실상 중앙아시아 자디드 지식인들의 급진화는 1917년 가을에서 1920년 여름까지 중앙아시아를 중심으로 전개되었던 극도로 유동적인 대내외적 정치상황의 변화 과정에서 이슬람 사회의 지속적인 개혁과 근대화를 추진하기 위한 적극적 대응 전략이었다.

  자디드 지식인들은 1917년 전제정치의 몰락을 광범위한 자유화 조치에 기초하여 무슬림 사회의 개혁과 진보를 성취할 기회로 환영하였다. 그러나 자디드 지식인들의 개혁과 진보에 대한 열망이 무슬림 사회에서 공유될 것이라는 희망은 선거 패배라는 내부의 저항에 직면하여 좌절하고 말았다. 따라서 10월 혁명과 내전 그리고 중앙아시아에서의 극심한 기근, 유혈적 민족 분쟁 등과 같은 최악의 사태가 개혁의 실패로 초래되는 암흑의 미래가 현실화되고 있다고 우려한 자디드 지식인들에게 개혁을 위한 권고 이상의 급진적 변혁을 야기하는 전략을 요구하게 되었던 것이다.

  한편 혁명의 결과로서 자디드 지식인들의 급진화는 유럽에 대한 시각에도 근본적인 변화를 야기하였다. 1917년 이전 자디드 지식인들은 놀라울 정도로 무슬림 사회의 근대적 개혁적 모델로 유럽 문명을 찬양하였으나 10월 혁명 이후 급진적 변화에 대한 열망에 오스만 제국의 몰락과 이슬람 세계의 심장부에서 영국의 승리에 대한 고뇌가 합치되면서 급격히 변화하기 시작하였다. 결국 자디드 지식인들은 유럽 제국주의에 대한 신랄한 비판과 더불어 당시 반제국주의 세력을 대표하였던 러시아와의 전략적 동맹을 선택하였던 것이다.

따라서 1917년 가을에서 1920년 여름 사이에 자디드 지식인들의 수사에는 두 가지 근본적인 변화가 발생하였다. 비록 무슬림 정체성을 단념하지 않았다 하더라도 이미 깊이 세속화된 무슬림 정체성은 민족적 정체성으로 대체되었고 유럽의 문명국가를 추종하라는 권고들은 격렬한 반제국주의로 대체되었다. 자디드 지식인들의 반제국주의는 계급이 민족에 의해 대체된다는 자체의 혁명적 논리를 지니게 되었고 따라서 중앙아시아의 혁명은 결국 민족화되는 결과를 초래하였다. 한편 자디드 지식인들의 반제국주의는 볼셰비키와의 긴밀한 관계를 유발한 연결고리로 작용하였다. 자디드 지식인과 볼셰비키와의 사실상의 동맹은 불평등하고 일시적이었지만 자디드 지식인들의 급진화를 촉진하면서 결과적으로 이슬람 사회의 소비에트화에 기여하였다.

결국 자디드 운동이 개혁과 진보에 관한 담론으로서 중앙아시아 이슬람 사회에 대한 직접적인 영향력의 한계를 절감한 자디드 지식인들은 1917년 10월 혁명 이후 변화의 주체로서 국가의 중요성을 인식하기 시작하였다. 사실상 정치 영역에 관여하지 않았던 혁명 이전의 자디드 운동은 국가의 역할을 배제한 개혁과 자립에 관한 담론의 형태로서 존재하였으나 1917년 혁명 이후 상당수의 자디드 지식인들은 소비에트 체제에 볼셰비키의 적극적 지원으로 대거 참여하며 급진화가 가속화되었던 것이다. 그럼에도 문화 엘리트로서 자디드 지식인들의 목표는 러시아 정착민들의 폭력에 대항하여 무슬림들을 보호하기 위해 국가 권력을 이용하고 무슬림 사회의 급진적 변혁을 유발하는 것에 한정되었다. 자디드 지식인들이 볼셰비키를 지지하며 혁명에 매료된 것은 민족 해방을 위한 이념이 필요했기 때문이 아니라 대중을 동원하고 조직할 수 있는 효과적 수단이라고 여겼기 때문이며 민족의 자결과 번영이라는 과제를 실현하기 위한 하나의 방편에 불과하였다. 결국 계급과 민족이라는 서로 다른 목표를 지향하고 있던 볼셰비키와 자디드 지식인들의 결별은 불가피한 일이었다. 소비에트 체제에 참여한 자디드 지식인들은 국가를 통하여 그토록 갈망하던 이슬람 사회의 문화 개혁에 헌신하였지만 혁명의 독점을 주장하는 볼셰비키에 의해 점차로 공공 영역에서 배제되기 시작하였으며 결국 문화 엘리트로서의 한계를 극복하지 못하고 1930년대에 국가테러의 희생자로 전락하며 역사적 무대에서 사라지게 되었다.

참고문헌

고마츠 히사오 외 저. 이평래 역. 2005. 『중앙유라시아의 역사』. 서울: 소나무.
손영훈. 2013. "우즈베키스탄 근대적 무슬림 지식인의 형성과 정치 활동." 『한국이슬람학회논총』 23(2), 89-113.
오원교. 2009. "중앙아시아의 자디드운동(Jadidism)에 대한 재고(再考)." 『러시아연구』 19(2), 381-418.

Allworth, Edward, ed. 1994. *Central Asia: 130 Years of Russian Domination, A Historical Overview*. 3rd ed. Durham and London: Duke University Press.
Baldauf, Ingeborg. 2001. "Jadidism in Central Asia within Reformism and Modernism in the Muslim World." *Die Welt des Islam* 41(1), 72-88.
Bartold, V. 1929. I*storiia kulturnoi zhizni Turkestana*. Leningrad.
Buttino, Marco. 1990. "Study of the Economic Crisis and Depopulation in Turkestan 1917-1920." *Central Asian Survey* 9(4), 59-74.
D'Encausse, Hélène Carrère. 1988. *Islam and the Russian Empire: Reform and Revolution in Central Asia*. London: University of California Press.
Fierman, William. 1991. *Language Planning and National Development: The Uzbek Experience*. Berlin.
Fitrat, Abdurauf. 1919. *Sharq siyosati*, Tashkent.
Fitrat, Abdurauf. 2007. "A Debate between a Teacher from Bukhara and a European." translated by William L. Hanaway with introduction by Adeeb Khalid in Charles Kurzman, ed. *Modernist Islam, 1840-1940*. New York and London: Oxford University Press.
Genis, V. L. 2001. "Bor'ba vokrug reform v Bukhare: 1917 god." *Voprosy istorii* 11-12, 18-37.
Kamp, Marianne. 2007. *The New Women in Uzbekistan: Islam, Modernity, and Unveiling under Communism*. Seattle: University of Washington

Press.

Khalid, Adeeb. 1998. *The Politics of Muslim Cultural Reform: Jadidism in Central Asia*. Berkeley: University of California Press.

Khalid, Adeeb. 2000. "Society and Politics in Bukhara, 1868-1920." *Central Asian Survey* 19(3-4), 367-396.

Khalid, Adeeb. 2001. "Nationalizing the Revolution in Central Asia: The Transformation of jadidism 1917-1920." in Ronald Grigor Suny & Terry Martin, eds., *A State of Nations: Empire and Nation-Making in the Age of Lenin and Stalin*. New York: Oxford University Press.

Khalid, Adeeb. 2005. "Turkestan v 1917-1922 godakh: bor'ba za vlast' na okraine Rossii." in *Tragediia velikoi derzhavy: natsional'nyi vopros i raspad Sovetskogo Soiuza*. Moscow.

Khalid, Adeeb. 2007. "The Fascination of Revolution: Central Asian Intellectuals, 1917-1927." in Uyama Tomohiko, eds., *Empire, Islam, and Politics in Central Eurasia*, Slavic Research Center. Hokkaido University.

Rezoliutsn i postanovleonua s"ezdov Kommunisticheskoi partii Turkestana (1918-1924 gg.). Tashkent. 1968.

Safarov, G. 1985. *Kolonial'naia revoliutsiia: opyt Turkestana*. Oxford.

Sokol, Edward. 1954. *The Revolt of 1916 in Russian Central Asia*. Baltimore: John Hopkins University Press.

Qongyratbaev, Ordaly. 1994. *Turar Rysqulov: qoghamdiq-sayasi jane memlekettik qyzmeti*. Almaty.

Zenkovsky, S. 1955. "Kulturkampf in pre-revolutionary Central Asia." *American Slavic and East European Review* 14(1), 15-44.

Zenkovsky, S. 1967. *Pan-Turkism and Islam in Russia*. Cambridge: Harvard University Press.

제4장
스탈린 시기 소비에트 중앙 정부의 중앙아시아 이슬람 정책*

고가영

I. 머리말

오늘날 중앙아시아 사회와 문화를 이해하는데 있어서 이슬람은 핵심 요소 중 하나이다. 7세기에 중앙아시아 지역에 이슬람이 전파된 이래, 이슬람은 단순한 신앙체계 만이 아니라 정치·경제·사회·문화 전반에서 중요한 요소로서 작용했다. 중앙아시아인들은 러시아 정교회를 공인된 종교로 내세운 제정러시아의 통치 하에 들어갔으며,[1] 이후 무신론을 표방한 소비에트 정권의 지배를 70여 년

---

* 이 글은 『슬라브학보』 32-1(2019)에 게재되었던 논문을 본서의 편집 취지에 맞도록 수정·보완한 글입니다.
1 러시아는 16세기 중엽 이반 4세의 통치 하에 카잔 칸국과 아스트라한 칸국을 정복하면서 중앙아시아 진출의 발판을 마련했다. 러시아는 카잔 칸국을 정복한 후 카자흐 북부 스텝 지역에 일련의 요새를 건설하면서 중앙아시아 지역으로 본격적으로 진출했다. 1731년 3개의 부족 연합체로 분리되어 있던 카자흐 유목 귀족들이 준가리아인들의 지속적인 침략에 대항해 러시아에 보호를 요청함으로써 러시아에 본격적으로 복속되었다. 이후 1850~1870년대에 코칸트 공국, 타슈켄트, 부하라 칸국, 사마르칸트, 히바 칸국을 무력으로 정복함으로써 중앙아시아에

동안 받았음에도 불구하고, 지금까지 이슬람은 여전히 중앙아시아인들의 역사적·문화적 정체성의 중요한 요소로 작동하고 있다.[2]

무엇보다 독립 이후 신생 중앙아시아 정권은 새로운 국가 건설과정에서 통합의 기제로서 이슬람을 적극 활용하고 있다. 이는 2016년 9월에 사망한 우즈베키스탄의 이슬람 카리모프 대통령이 1992년에 독립국가인 우즈베키스탄 공화국 첫 대통령으로 취임할 당시 헌법과 더불어 코란에 손을 얹고 선서를 한 것에서도 잘 나타난다.[3] 독립국가로서 스스로의 정체성을 확립하기를 원하는 중앙아시아의 신생 정부들은 이전의 소련 정권과의 차별성을 부각시키고자 노력하고 있다. 이는 소연방에서 독립한 신생독립국가들이 공통적으로 당면한 과제이기도 하다. 가령 예를 들자면, 발트 3국의 경우 일제히 점령 박물관을 건립하여 나치 깃발과 동일하게 소련의 깃발을 나란히 세워, 소련을 나치와 동일한 침략군으로 정의하고 있다. 이로써 과거 구소련과는 구별되는 신생독립국가의 정체성을 확립하려고 하고 있다. 이와 유사한 맥락에서 오늘날 중앙아시아에서는 소련시기 중앙정부의 이슬람 탄압에 대한 부분을 부각하고 있다. 이는 동방학 연구소의 이슬람 연구 권위자인 바바하노프(P. C. Бобохонов)가 바스마치

서 세력을 확장했다.

2 현재 중앙아시아 5개국의 이슬람 신자들의 비율은 매우 높다. 외교부 자료에 따르면 종교 분포는 다음과 같다. 우즈베키스탄(2015): 이슬람 88%, 정교 9%, 기타 3%; 카자흐스탄(2015): 이슬람 70%, 러시아 정교 23%, 개신교 2%, 기타 5%; 타지키스탄(2015): 이슬람 90%(수니파 85%, 시아파 5%) 러시아 정교 등 기타 5%; 투르크메니스탄(2015): 이슬람 89%, 동방정교 9%, 기타 2%; 키르기즈(2013): 이슬람 75%, 러시아 정교 20%, 개신교 등 기타 5%
http://www.mofa.go.kr/countries/europe/countries/20110808/1_22879.jsp?menu=m_40_50_20; http://kgz.mofa.go.kr/korean/eu/kgz/policy/overview/index.jsp(검색일: 2016.9.30).

3 http://www.fergananews.com/news/23256(검색일: 2016.12.20.). 이때 카리모프는 먼저 헌법에, 그 다음 코란에 손을 얹고 선서했다.

운동[4]을 지하드(Jihad, 성전)라고 표현하고 있는 것에서도 드러난다(Бобохонов, 2016). 바스마치 운동은 내전기 페르가나 지역을 중심으로 볼셰비키 정권에 대항하여 일어났던 무력항쟁으로서, 소련 역사에서 부정적으로 묘사되었다.

    소비에트 시기 중앙아시아 이슬람에 대한 중앙 정부의 정책은 대체로 대립적인 길항관계로 평가되고 있다. 즉, "종교는 인민의 아편이다(Религия есть опиум народа)"라는 레닌의 선언[5]에서 비롯된 소비에트 정부의 이슬람에 대한 탄압정책과 이에 대항하는 이슬람의 저항이라는 대립구조로 보고 있다. 그런데 과연 소비에트 시기 정부와 이슬람과의 관계는 이처럼 단순한 대립적인 길항관계로만 해석할 수 있는가? 소련은 중앙아시아의 이슬람을 일방적으로 탄압했으며 신생독립국가는 이 탄압에서 벗어나 소비에트 정권과는 전혀 다른 정책을 펼치고 있는가? 오히려 소비에트 정부는 국내적, 국제적 상황에 따라 이슬람을 때로는 억압하고 때로는 동반자로서, 도구화 해온 것은 아닌가? 하는 의문에서 이 글은 출발한다. 소비에트 정부와 이슬람의 보다 다층적인 관계의 실체를 파악하기 위해 이 글에서는 '대조국전쟁'[6] 시기 전 국민적 동원 체제 하에서 설립된 〈중앙아시아와 카자흐스탄의 무슬림 종무원(Духовное управление мусульман Средней Азии и Казахстана(САДУМ), 이하 '사둠'으로 표기)〉의 활동을 살펴보고자 한다.

---

4 바스마치라는 용어는 소비에트 언론이 명명한 것으로써 터키어에서 번역되었다. 그 의미는 '공격하다'이다. 그런데 중앙아시아 무슬림들은 이 운동에 참가한 자들을 '모드자후다미(моджахудами, 지하드 참가자)'라고 불렀다(Бобохонов, 2016).

5 레닌은 1905년 12월 3일 발간된 신문 〈새로운 삶(Новая Жизнь)〉 28호에 게재한 기고문 「사회주의와 종교(Социализм и религия)」에서 그리고 1909년 5월 26일자 〈프롤레타리아(Пролетарий)〉 신문 45호에서 "종교는 인민의 아편이다"라고 주장했다. 이는 1844년에 저술한 칼 마르크스의 저작 『헤겔 법철학 비판을 위해서(Zur Kritik der Hegelschen Rechtsphilosophie)』에서 종교를 '민중의 아편(Opium des Volkes)'으로 묘사한 것을 인용한 것이다.

6 일반적으로 2차 대전은 1939년에 발발한 것으로 여겨지고 있는데, 2차 대전 중 독일과 소련의 전쟁은 1941~1945년까지였다. 이를 러시아 사람들은 2차 대전이라는 용어와 구분하여 '대조국전쟁'으로 사용하고 있다.

지금까지 중앙아시아 이슬람에 관한 연구는 이슬람 개혁운동인 자디드 운동[7]과 관련된 부분과 페레스트로이카 이후 이슬람 부흥과 급진 이슬람에 대한 연구[8], 중앙아시아 이슬람과 여성에 대한 연구[9] 등에 집중되어 있다. 그러나 2차 대전 기간인 1943년에 설립된 '사둠'을 비롯한 '무슬림 종무원'에 대한 연구는 아직까지 미약하다. 중앙아시아 연구자인 사로얀(Mark Saroyan)의 경우 소비에트 시기 '무슬림 종무원' 연구가 매우 필요하다고 강조하고 있으나(Saroyan, 2010), 아직까지 실질적인 연구는 본격적으로 진행되지 않고 있다. 국내와 서구에서 '무슬림 종무원'에 대한 연구가 미흡하다는 것은 아직까지 이 기구에 대한 합의된 용어가 확립되지 않은 것에서도 알 수 있다. 오늘날 영어권에서는 '무슬림 종무원'을 The Spiritual Board of Muslims of Central Asia and Kazakhstan, SADUM(Sebactien Peyrouse); The Spiritual Administration of the Muslims of Central Asia and Kazakhstan(Alexander Wolters); The Muslim Spiritual Directorate for Central Asia and Kazakhstan(Johan Rasanayagam) 등으로 표기하고 있다(Peyrouse, 2011; Rasanayagam, 2011). 국내에서는 중앙아시

---

7   19세기 말 중앙아시아 무슬림 사회를 중심으로 러시아 제국의 식민 통치에 대한 저항적 대응이자 사회 전반에 걸친 철저한 개혁을 통해 근대 세계의 유례없는 도전을 극복하기 위한 방안으로 자디드 운동이 태동하게 되었다. 자디드 운동은 중앙아시아 이슬람 세계가 오랫동안의 고립과 정체에서 벗어나 새로운 근대의 도전을 극복할 수 있는 정신적 문화적 개혁운동으로 태동하여 투르크-무슬림 공동체의 건설을 지향하는 정치적인 민족운동으로 발전하였다. 특히 자디드 운동의 핵심적 사상이었던 진보, 문명 및 근대주의에 관한 광범위한 대립적 논쟁들은 20세기 초 중앙아시아 무슬림들의 정치적 행위를 규정하는 근본적 토대를 이루기도 했다(손영훈, 추석훈, 2015: 35). 이러한 자디드 운동에 대한 연구로는 오원교(2009); 손영훈(2013), 손영훈 외(2015), Khalid Adeeb(1998), Исмаилов А. И., Базарбаев К. К. Джадидизм(2013) 등이 있다.
8   급진 이슬람에 대한 연구들에는 오원교(2010), 이채문(2009), 강봉구(2014), 장병옥(2011), Van David Biema(2003), Svante E. Cornell et al.(2002), Зураб Тодуа(2005) 등이 있다.
9   중앙아시아 이슬람과 여성에 관한 글로는 김대성(2001), 김대성 외(2004), 백영주 외(2008), 기계형(2011), 이현숙(2013), 김상철(2015), 신보람(2016) 등이 있다.

아 및 카자흐스탄 무슬림 종무국(현승수, 2009); 무슬림종무관리국(박창규, 2009); 중앙아시아 무슬림 영적지도회(김대성, 2001)라고 언급하고 있다.

이처럼 '사둠'에 대한 연구는 이제 시작단계이며, 주로 소비에트 시기 이슬람에 대해 다룬 저서와 논문들에 파편적으로 언급되어 있다(Бобохонов, 2016; Белоглазов, 2013). 국내에서는 단지 포스트 소비에트 시기 우즈베키스탄공화국 종무원을 다룬 연구 논문이 하나 있을 뿐이다(현승수, 2009). 따라서 '사둠'의 활동에 대한 이 글은 기존의 소비에트 이슬람을 다룬 연구서들을 기반으로 하되, '사둠'의 후속기구인 '우무(Управление Мусульман Узбекистана)'[10]에서 2014년에 발간한 자료집(Ўзбекистон мусулмонлари идораси, 2014)과 역대 종무원장의 생애를 다룬 저서(Усманходжаев, 2008)와 러시아 연방 국립 아카히브(ГАРФ, Государственный Архив Российской Федерации)에 보관되어 있는 이슬람 관련 정부의 법령 모음집(Ислам и советское государство, 2011)을 주 자료로 활용했다. 아울러 보다 심층적으로 '사둠'의 활동을 살펴보기 위해 '사둠' 초대 무프티의 손녀이자, 2대 무프티의 딸, 3대 무프티의 여동생인 동방학 대학 아랍어과 교수인 파시롬 지야부지노바 무흐리사혼(Фасиром Зиявуддинова Мухлисахон)과 랍샨 바히도비치 압둘라예프(Равшан Вахидович Абдуллаев) 이슬람 대학 총장, 미르자틸 알리하노프(Мирзатил Алиханов) 부종무원장 등과 2016년 5월 8~14일 사이에 타슈켄트에서 구술인터뷰를 진행했다.

이러한 사료들을 토대로 이 글에서는 러시아 혁명이후 '대조국전쟁' 발발 이전까지 〈사둠〉의 설립 배경, 그리고 '대조국전쟁'이 사둠을 비롯한 '무슬림 종무원'의 설립과 활동에 미친 영향과 전쟁 이후 스탈린 시기 '사둠'의 활동에 대해 살펴보고자 한다. 이를 통해 2차 대전이 소비에트 시기 중앙아시아 지역의 이슬람을 중앙정부가 활용하는데 어떤 영향을 미쳤는가를 파악하고자 한다. 또한 소

---

10 '사둠'은 1992년에 'Управление мусульман Мовароуннахра'로 명칭이 변경되었다가, 1995년에 'Управление мусулман Узбекистана' 다시 명칭을 변경했다.

연방 마지막 인구조사였던 '1989 인구조사'에 의하면, 소연방 내 무슬림 인구는 5천 4백만, 약 전체 인구의 20%를 차지한다. 이중 우즈벡은 전체 무슬림의 30%를 구성하고 있다(Yaacov, 2000). 이처럼 인구학적으로도 커다란 비중을 차지하고 있는 소비에트 이슬람, 특히 우즈베키스탄을 중심으로 한 중앙아시아 이슬람에 대한 연구는 소련사 연구에 있어서 연구의 공백을 메우는 작업이 될 것이다.

II. '사둠'의 설립 배경

1. 러시아 혁명과 중앙아시아 이슬람

볼셰비키 혁명으로 새롭게 수립된 신생 국가에서 종교는 구세계의 표상으로서, 벗어나야 할 굴레처럼 여겨졌다. 그러나 중앙정부의 권력이 미약했던 소비에트 정부는 집권 초기에 중앙아시아 지역의 부하라 칸국과 히바 칸국에 대하여 민족자결권의 원칙을 표방하며 간섭하지 않았다(최한우, 1995: 7).[11] 구체적으로

---

11 혁명 이전 시기의 중앙아시아 이슬람의 역사를 간략하게 살펴보자면, 중앙아시아 지역으로 이슬람이 전파된 것은 7세기 아랍군의 중앙아시아 침입으로부터 시작되었다. 이슬람 전파 이전 중앙아시아에는 샤머니즘, 네스토리우스파 기독교, 마니교, 불교 및 조로아스터교 등과 같은 종교가 존재했었다. 652년 사산조 페르시아를 무너뜨린 아랍군대는 673년 아무다리야 강유역을 정복했고, 676년에는 부하라 지방을 정복했다. 706년과 716년 사이에는 시르다리야 강 유역 정주지를 획득하여 8세기 중엽에는 중앙아시아에 대한 아랍 이슬람의 영향력이 크게 증대했다. 이후 몽골의 등장으로 중앙아시아 이슬람은 침체기를 맞이했다. 몽골의 강력한 반이슬람 정책으로 이 지역의 이슬람은 지배층의 종교로서의 위치에서 벗어나, 일부 변형된 형태로 명맥을 유지했다. 이때 이슬람의 보존은 수피들에 의해 생활 이슬람의 형태로 보존되었다. 수피 선교사들의 노력으로 킵차크 칸국과 차가타이 칸국의 몽골 통치자들이 무슬림으로 개종하게 되었다(송재우, 1996: 166-169).

혁명 정부는 1917년 11월 20일에 '러시아와 동방의 전무슬림종사자들에게(Ко всем трудящимся мусульманам России и Востока)'라는 선언을 통해 제정 러시아의 종교적, 민족적 탄압을 비난하며, 무슬림들의 관습과 이들의 민족적, 문화적인 제도들은 불가침의 것이라고 표방했다. 따라서 무슬림들에게 10월 혁명은 제정 러시아 지배의 종식으로 인식되었다. 물론 이러한 주장은 집권 초기 그리고 곧 바로 이어진 내전 시기 무슬림들과의 불협화음은 불필요하다는 소비에트 중앙 당국의 판단에 기인한 것이었다. 이러한 상황 인식 하에서 볼셰비키는 이슬람이란 기독교와는 달리 정해진 건물이나 성직자의 존재 여부, 정해진 의식 절차에 있어서 상대적으로 자유롭고, 오히려 종교와 일상생활이 혼연일체가 되어 있기 때문에 신중한 태도로 접근해야 한다고 보았다. 따라서 1920년대 초반까지 이슬람은 정교에 비해 상대적으로 관용적인 정책의 대상이 되었다(송재우, 1996: 172-173).

소비에트 정권 초기에 무슬림들이 누렸던 상대적인 자유는 교육 분야에서도 파악할 수 있었는데, 중앙아시아 지역에서는 상대적으로 종교 교육의 자유를 누릴 수 있었다. 물론 소비에트 정권의 첫 법령 중 하나는 교회로부터 학교를 분리하는 것이었고, 투르키스탄 지역에서도 이에 따른 법령이 발효되었다. 하지만 이것을 실행으로 옮기는 문제는 매우 복잡했다. 중앙아시아에서 종교로부터 학교를 분리하고, 새로운 소비에트식 학교가 설립되는 것은 매우 느리게 진행되었다. 무엇보다 문화적, 관습적 특수성으로 인해 소비에트 당국의 지시가 실현되는 것에 어려움이 있었다. 당시 중앙아시아의 많은 부모들은 소비에트 학교에서 교사들이 찰마[12]와 할라트[13]를 착용하고, 아이들이 정시에 기도를 올릴 수만 있다면 학교를 보내는 것을 허락하겠다고 주장했다. 부모들은 이러한 전통을 준수할 수 있는 조건 하에서만 학교에 재정적인 후원을 했다. 당시 부모

12　무슬림 남성들이 머리에 쓰는 터번과 같은 것.

13　무슬림식 복식.

들이 지불하는 후원금은 소비에트 학교의 열악한 재정 상황을 고려할 때 매우 중요한 비중을 차지했다. 이러한 이유들로 인해 중앙아시아 지역에서는 일시적이긴 하지만 일반 소비에트 학교에서 이슬람 교리를 가르칠 수밖에 없었다(최소영, 2000: 818-819).

그러나 이와 같은 유화정책은 일시적인 것이었다. 내전기 중앙아시아가 반혁명 세력의 근거지가 되었다는 명분하에 1920년에 소비에트 중앙정부는 명목상으로 존재해오던 부하라 칸국과 히바 칸국의 봉건 제후들을 폐위시킴으로써 중앙아시아를 장악했다. 1924년 10월 27일 부하라 칸국과 히바 칸국은 공식적으로 해체되었으며, 바스마치 저항운동의 진원지였던 페르가나 계곡은 이후 우즈베키스탄, 타지키스탄, 키르기스스탄 등으로 분할되었다.

투르키스탄의 주민이자 무슬림이라는 공통점을 지니고 있었던 중앙아시아는 이제 민족별로 구분되어 통치되었고, 이와 같은 중앙아시아 지역 분할로 인해 중앙아시아 무슬림들의 응집력은 약화되었다. 더구나 바스마치 운동까지 진압한 소비에트 정부는 이제 자신감을 가지고 반(反)이슬람 정책을 강화하기 시작했다.

2. 내전 이후 중앙아시아 이슬람 정책

내전이 종식되고, 바스마치 저항운동이 약화되자, 소비에트 권력은 이슬람에 대한 그동안의 유화정책을 철회했다. 샤리아 법정과 종교 학교들은 금지되었고, 거의 모든 모스크와 이슬람 종교 교육기관인 메드레세(медресе)가 폐쇄되었다. 종교지도자들은 누명을 쓰고 감옥에 갇혔으며, 유형에 처해졌다.

1925년 11월 러시아 공산당 중앙아시아 지도부는 지주들의 토지와 농업도구를 몰수하여 노동량에 따라 토지를 분배하였고, 농업도구와 가축도 분할하였다. 토지의 몰수와 재분배를 통한 개혁은 지주와 사제들의 강력한 저항을 불러일으켰다. 후일 초대 종무원장이 된 에숀 바바한(Эшон Бабахан)도 신변의 위협을 느꼈으며, 1928년에 타슈켄트 근교에 소유하고 있던 땅들과, '하자르티 이맘' 마할라에 위치한 집과 재산들을 몰수당했다(Усманходжаев, 2008).

교육 및 토지 개혁과 더불어 투르키스탄 지역의 도시에서는 도덕관념에 어긋나는 전통적인 무슬림 관습에 대한 공격이 개시되었다. 소비에트 정부의 눈에 비친 가장 비합리적인 제도는 여성에 대한 것이었다. 기록에 의하면 19세기 말에 이 지역의 17~19세가량의 여성 중 64%가 혼인 상태였고, 9~10세만 되어도 성년으로 여겨져 결혼의 대상이 되었다. 중앙아시아 여성들의 열악한 지위는 혁명 이후에도 지속되었으며, 가난한 집안의 딸들은 중혼의 대상이 되었고, 자신들의 권리를 갖지 못한 채 집안의 노예와 비슷한 처지에 놓이게 되었다. 이에 투르키스탄 중앙집행위원회는 일부다처제와 여성에 대한 결혼의 강요에 관해 형사책임의 기준을 만들었다. 1926년에는 신부에게 지불하는 지불금 제도를 금지하고, 여성의 결혼 연령을 높이는 포고령을 발표했다. 그러나 이러한 법령에도 불구하고 중혼이나 베일 착용과 관련된 문제들에 대해서 무슬림들은 여전히 관습법에 따르고 있었다(최소영, 2000: 820).

중앙아시아 무슬림 사회에 가장 많은 파문을 불러일으키며 실시되었던 성책은 1927년에 있었던 여성들의 베일착용을 거부하는 대대적인 운동이었다. 1927년 3월 8일 '국제 여성의 날'에 우즈베키스탄의 타슈켄트, 페르가나, 사마르칸트의 소비에트 건물 앞에 정부의 주도하에 여성들이 모였다. 무슬림 여성의 불평등과 격리의 상징이었던 베일이 일제히 땅바닥에 던져졌으며, 베일을 불에 태우는 '후줌(худжум/hujum)'[14] 캠페인이 일어났다. 이러한 일은 전통을 중요하게 생각하는 사람들에게는 강한 반감을 불러일으켰고, 베일 착용 반대운동에 앞장섰던 많은 여성들이 살해되거나 구타당하고, 혹은 강간당하는 사태가 발생했다. '후줌' 운동이 절정에 달했던 1927~1929년 사이에 우즈베키스탄

---

14 후줌은 우즈벡어로 '공격'을 뜻하는 용어이다(기계형, 2008: 330).

에서 약 2천 명 가량의 여성들이 살해되었다.[15] 이와 유사한 국가주도의 관습에 반대하는 운동이 이슬람식 기도 관습과 라마단 단식 관습에 대해서도 펼쳐졌다. 이 두 가지 관습은 "계획경제시대의 작업규율과 모순되며 노동자들이 사회주의 건설에 적극적으로 참여하는데 방해가 되는 부끄럽고도 반동적인 관습"이라는 것이 정부의 성명이었다.

소비에트 중앙 정부의 과거와의 단절을 위한 정책의 절정은 아랍어를 이용해 모든 공용어들을 표기했던 방식을 버리고 라틴 알파벳을 사용하도록 한 1929년의 문자 개혁이었다. 이것은 '문명퇴치의 촉진'이라는 기치아래 실시되었다. 이 조치 이후 아랍문자로 표기된 책을 집에 소장하고 있기만 해도 탄압을 받게 되었다. 또한 아랍어에 대한 지식을 지니고 있던 고전적 지식의 전문가들은 '아랍옹호가'라고 불리며 체포되어 수용소로 보내졌다. 이러한 언어표기 전환 조치로 중앙아시아의 무슬림들은 아랍의 영향력뿐만 아니라 과거의 전통과도 단절되는 상황에 놓이게 되었다(최소영, 2000: 820-821).

이러한 대 탄압 시기 아랍어로 된 서적들을 몰수당한 경험은 오늘날까지도 사람들의 의식 속에 존재하고 있다. 2016년 현지조사 당시 타슈켄트의 이슬람 대학 총장이었던 랍샨 바히도비치 압둘라예프에 의하면, 이슬람 대학은 아랍어 서적 보관을 위하여 우즈베키스탄 국민들이 개인적으로 소장하고 있는 아랍어 고서적들을 구매하고 있다. 그러나 아랍어 서적이 불태워진 역사적 경험들로 인해 사람들은 정부의 정책의 지속성에 대한 의구심을 떨쳐 버리지 못하고 있다. 이로 인해 아직까지 공기관에 아랍어 서적들을 내놓는 것을 두려워하며 개인 소장을 하고 있는 경우가 많다고 한다.[16]

---

15 몇 개월동안 후줌운동에 참여하여 베일을 벗은 여성들에 대한 공식 기록은 거의 십만 명에 이르렀으나, 이 중 80%이상이 다시 베일을 썼다(기계형, 2008: 352, 354).

16 2016년 5월 12일 Равшан Вахидович Абдуллаев 랍샨 바히도비치 압둘라예프(이슬람 대학 총장) 인터뷰.

이처럼 1920년대 말~1930년대 초에 소련 내에서 이슬람교는 러시아 정교, 유대교 등 다른 종파들과 마찬가지로 가혹한 탄압을 받았다. 모스크는 폐쇄되었고,[17] 이슬람 교육 체제도 철폐되었으며, 이슬람 종교지도자들은 체포되었다. 단지 우파에 위치한 '중앙무슬림종무원(ЦДУМ, Центарлное духовное управление мусульман)'[18]은 존속되었으나 그 활동은 얼어붙었다(Ислам и советское государство, 2011: 19).

3. 스탈린 대테러와 중앙아시아 무슬림 지도자들에 대한 탄압

이슬람에 대한 박해는 1930년대 중반, 스탈린 대테러 시기 절정에 달했다. 정부의 공식 프로파간다인 무신론 정책은 무슬림들에게 심리적인 두려움을 불러일으켰다. 사람들은 심지어 자신의 집에서 나마스를 하는 것도 두려워했으며 종교서적을 읽는 것도 두려워했다. 이러한 박해는 전통적으로 무슬림 지도자 가문 출신으로서, 후일 '사둠'의 초대 무프티가 되었던 에슌 바바한의 집안에도 몰아닥쳤다. 1937년에 에슌 바바한과 그의 아들 자이누딘-카리(Зайнуддин-кари)

---

17 1912년에 모스크는 26,000개 정도였다(Peyrouse, 2011: 40).
18 중앙종무원의 전신은 1788년에 내려진 예카테리나 2세의 법령 "오렌부르그 마호메드 종무원 설립에 관하여 Об учреждении Оренбургского магометанского собрания"에 근거하여 1789년 12월 4일에 설립되었던 우파마호메드율법종무원(Уфимское духовное магометанского закона собрание)이다. 이후 1796년 오렌부르크로 이전한 이후 오렌부르크마호메드율법종무원(Оренбургское духовное магометанского закона собрание)으로 개칭하였으며, 종무원이 1802년에 우파로 돌아온 이후에도 이 명칭을 계속 사용하다가 1846에 오렌부르그마호메드종무원(Оренбургское магометанское духовное собрание)으로 명칭이 변경된 이후 이슬람중앙 종무원(Центральное духовное управление мусульман Внутренней России и Сибири, ЦДУМ)으로 1917년 7월에 변경되었다. 1923년 11월 30일에는 카자흐스탄 공화국이 포함되는 규정이 내무인민위원회(НКВД, KGB 전신)에 의해 승인되기도 했다.

는 종교 행위로 인해 체포되었다. 이 때 에숀 바바한이 선대로부터 물려 받아 보유하고 있던 트럭 두 대 분량의 매우 귀중한 아랍어 서적과 자료들을 몰수당했다. 에숀 바바한의 딸인 소피야혼 바바하노바(Софияхон Бабаханова)는 아버지와 오빠가 체포된 당시에 어려움에 대해 다음과 같이 회고하고 있다.

"오빠인 자이누딘-카리는 시베리아로 보내졌다. 오랫동안 우리는 그에 대한 어떤 소식도 들을 수 없었다...1938년 멀리 부랴치야에서 자이누딘한-카리의 사망 소식이 도착했다. 그의 두 아들, 후스누딘한(Хуснуддинхан)은 8세였고, 누루딘한(Нуруддинхан)은 2세였다.
아버지가 체포된 후 다른 오빠들도 실업자가 되었다. 종교 업무에 종사한 자의 아이들에게 그 누구도 일자리를 주지 않았다. 방법은 성을 바꾸는 것 밖에 없었다. 오빠들은 성을 바바하노프(Бабаханов)에서 바바예프(Бабаев)로 바꾸고 공장에 취직했다. 그러나 곧 군대에 징집되었다."(Усманходжаев, 2008).

에숀 바바한은 체포된 지 6개월 후 석방되었는데, 당시 그의 나이는 80세였다. 그런데 3년 후인 1941년에 에숀 바바한은 두 번째로 체포되었다. 그의 아들이자 후일 2대 종무원장이 된 지야우딘한(Зияуддинхан)도 종교적인 가르침을 행했다는 죄목으로 체포되었다. 중앙아시아 이슬람에 대한 이러한 가혹한 탄압은 1941년 6월 22일 독일이 소련을 침공함으로써 전혀 새로운 국면을 맞이하게 된다. 에숀 바바한과 그의 아들 지야우딘한도 1941년 10월에 석방되었다.

III. '대조국 전쟁'과 '사둠'의 설립

1. '사둠'의 설립과정

1) 설립 계기: 중앙정부의 필요 - 전쟁 물자 동원

독일의 침략에 맞서 국가를 수호하기 위한 힘겨운 전쟁을 수행하기 위해 총동원령을 내려야 했던 중앙정부의 종교정책은 급격히 변화되었다. 나치와의 전쟁에서 승리하기 위해 모든 자원을 총동원할 필요가 있었다. 이러한 필요에 의해 정교회와 유대인들에 대한 정책 변화와 더불어 이슬람 정책도 이전과는 전혀 다른 양상을 띠게 되었다.

그런데 이러한 전시에 나타난 종교에 대한 태도의 변화는, 점령지역에서 독일군들이 펼쳤던 종교에 대한 관용정책으로부터 영향을 받기도 했다. 구체적인 사례는 1941년 10월부터 1944년 4월까지 크림 반도를 점령했던 독일군이 점령지역의 주민들의 지지를 끌어내기 위해 이슬람에 대한 관용정책을 펼친 것이다. 관용정책의 일환으로 1941년 11월 말 독일 당국은 지역 정부의 권한을 인정하는 상징으로서 크림의 여러 도시들에 〈무슬림 위원회(Muslim Committee)〉를 설립하기도 했다.[19]

점령지역에서 독일군들이 정교회 사원의 문을 여는 등 종교정책을 나치의 선전도구로 활용하고 있다고 1942년 3월 10일에 〈내무인민위원회(NKBD)〉 장인 베리야가 이를 공식적으로 인정했다. 베리야는 10년 동안의 정부의 무신론 프로파간다에도 불구하고 종교적인 요소는 여전히 강하며, 이는 전쟁 승리를 위한 해결책이 될 수 있다고 주장했다. 이러한 상황 하에서 정교회와 마찬가지로 이슬람 종무원 체제의 복원이 허가되었다(Силантьев, 2010: 98).

---

19 〈무슬림 위원회〉의 지도부는 1941년에 유형으로부터 돌아온 크림 타타르 인텔리들이었다. 그들 중 아흐메드 오젠바실리가 1942년에 〈무슬림 위원회〉 의장으로 선출되기도 했다.

이러한 정부의 종교적 완화정책의 시행 의지에 부합하여 소련의 무슬림들은 1942년 5월 15일에 독일-파시스트 점령자들의 범죄행위를 비난하는 집단 호소문 "독일-파시스트 침략에 대해 신자들에게 보내는 무슬림 사제들 대표들의 호소문(Обращение представителей мусульманского духовенства к верующим по поводу немецко-фашистской агрессии)"을 작성했다. '중앙무슬림종무원'의 무프티 라술레프(Г. Расулев)의 주도 하에 무슬림 종교지도자들은 이 호소문에 서명했다. 이처럼 무슬림들은 전시에 소비에트 정부를 적극지지 했으며, 무엇보다 중앙정부가 필요로 하는 전쟁 물자를 공급했다.

이를 잘 보여주는 것은 1943년 3월 3일 신문 〈이즈베스치야(*Известия*)〉지에 게재된 무프티 라술레프의 전신이었다. 전신의 내용은 탱크 제조를 위해 무슬림들이 모금을 한 것과 라술레프가 개인적으로 5만 루블을 기부한 것이 포함되어 있었다. 이에 대해 스탈린은 무프티에게 답신을 보냈다. 스탈린의 답신에는 "붉은 군대의 기갑부대에 대한 도움에 감사합니다. 나의 인사와 붉은 군대의 감사를 받아주시오. 스탈린"이라고 적혀 있었다(Силантьев, 2010: 98).

이처럼 전쟁기간동안 정부의 동원정책에 협력한 것을 계기로 우파의 무슬림 지도부는 정부의 공식적인 인정을 받게 되었다. 이러한 맥락 하에서 전쟁 물자 동원을 가속화하기 위해 소비에트 당국은 우파 이외의 지역인 중앙아시아와 카프카즈와 자카프카즈 지역 등에도 '무슬림 종무원'을 설립했다. 그 결과 소연방 내에 총 4개의 '무슬림 종무원'이 존재하게 되었다.

2) '사둠'의 설립 과정

'사둠' 역시 이러한 목적에 부합하여 설립이 진행되었다. 1943년 7월 12일 에슌 바바한을 중심으로 무하마드 알르모프(Мухамад Алымов), 아크람한 타지하노프(Акрамхан Тазиханов), 사딕 이슬라모프(Садик Исламов) 등 중앙아시아 무슬림 종교지도자들은 소련 최고회의 의장인 칼리닌(М.И. Калинин)에게 중앙아시아와 카자흐스탄 무슬림 종무원 설립을 요청하는 청원서를 보냈다.

에숀 바바한의 딸인 소피아혼 바바하노바의 회고록에 의하면 우즈베키스탄 공화국의 수상(내각 의장)인 압두좌바르 압두라흐마노프(Абдужаббар Абду-рахманов)가 에숀 바바한을 초대했다. 그 자리에서 그는 모스크바로부터 종무원과 모스크 설립 허가를 받았음을 거론하면서, 이를 위한 장소를 구하기 어렵다고 이야기 했다. 이에 에숀 바바한은 종무원 설립 부지로 1928년에 몰수당한 〈하스트-이맘〉 마할라에 위치한 자신의 저택을 돌려줄 것을 요청했다(Усманходжаев, 2008).

'사둠' 설립과정에서 매우 중요한 사건은 1943년 여름에서 가을로 넘어가는 시기에 발생했다. 이때 스탈린이 에숀 바바한과 그의 아들 지야우딘한을 모스크바로 초청한 것이다. 그런데 이때는 전쟁 중이라 국내 항공편도 없었으며, 자동차 도로도 훼손되고 오직 철도만이 가동되고 있었다. 에숀 바바한 부자가 타슈켄트에서 철도로 모스크바로 가는데는 6일이 소요되었다. 스탈린은 자신의 직무실에서 에숀 바바한을 만났으며, 대담은 통역을 통해 이루어졌다. 스탈린은 에숀 바바한에게 차와 포도를 대접했다. 에숀 바바한의 회고에 의하면, 스탈린의 직무실은 매우 검소했다(Усманходжаев, 2008). 이때 스탈린은 '정중하고 부드럽게 무슬림들의 상황과 그들의 삶에 대해 질문했으며, 무슬림 쿠릴타이를 개최할 것을 제안하고, 종무원을 조직하고 침략자들에 대항하는 투쟁을 단호하게 행할 것'을 요구했다.[20] 그런데 에숀 바바한과 스탈린의 회담은 1924-1953년까지의 공식 접견 목록에는 포함되어 있지 않다(Ислам и советское государство, 2011: 20). 그 이유는 스탈린이 이 만남을 공식 회담의 영역으로 포함시키는 것을 원하지 않았던 것이라고 짐작해 볼 수 있다.

1930년대 중·후반에 중앙정부에 의해 자행된 종교지도자에 대한 탄압의 여운이 가시지 않은 상태에서 종무원을 설립하는 일은 중앙아시아의 무슬림 지

20　1943년 9월 5일에는 스탈린은 정교회 지도부와 회담을 가졌다(Ислам и советское государство, 2011: 20).

도자들에게 매우 두려운 일이었을 것이다. 이러한 두려움을 일거에 해소시켜준 것이 스탈린과의 직접적인 면담이었을 것이다. 스탈린의 권고하에 종무원을 설립한다는 것을 공공연하게 확인시켜준 이 면담은 향후 종무원 설립과정을 용이하게 만들었을 것이다.

스탈린과의 면담 후 타슈켄트로 돌아온 에숀 바바한은 1943년 8~9월 사이에 준비위원회를 소집했다. 준비위원회의 노력으로 첫 번째 쿠릴타이가 1943년 10월 15~20일에 타슈켄트의 에숀 바바한의 집에서 열렸으며, 160명의 대표단이 참석했다. 쿠릴타이 의장은 에숀 바바한이었다. 이 쿠릴타이에는 카자흐스탄, 타지키스탄, 키르기스스탄, 투르크메니스탄의 무슬림 지도자들이 참석했다. 이외에도 '중앙무슬림종무원' 무프티인 압두라흐만 라술리, 모스크바 사원 이맘-하티프 쉐이흐 하릴 라흐만, 카잔 사원 이맘-하티프 쉐이흐 키야미딘 카드리가 참석했다(Усманходжаев, 2008).

쿠릴타이는 '사둠' 창설을 결정했다. '사둠' 의장은 만장일치로 85세의 에숀 바바한이 선출되었다. 책임서기로는 미래의 무프티 계승자가 될 지야우딘한이 선출되었다(Ислам и советское государство, 2011: 21). 부 종무원장으로는 무라트 호자 살레히(Мурат Ходжа Салехи)가 선출되었다. 11명의 집행부원이 선출되었고, 5명의 감사위원이 선출되었다. 우즈베키스탄, 카자흐스탄, 타지키스탄, 키르기스스탄, 투르크메니스탄 공화국 모두에 '사둠' 산하의 카디(청)을 둘 것을 결정했다. 우즈베키스탄 카디는 지야우딘한 이븐 에숀 바바한, 카자흐스탄은 압둘 가파르 샴수트진, 타지키스탄은 살레프 바바칼란, 키르기스스탄은 올림혼 투라 샤키르, 투르크메니스탄은 안나 이샨이 선출되었다.

이처럼 '사둠'은 처음부터 중앙 정부의 의도 하에, 아래로부터의 청원의 형식으로 설립되었다. 이러한 태생적인 한계로 인해, 정부의 허용범위를 벗어나지 않는 범주 내에서 활동했다. 이와 같은 공인된 이슬람에 불만을 품은 많은 이슬람 종교 활동가들은 지하에서 활동하기 시작했으며, 이는 오늘날 중앙아시아 이슬람의 특성 중 하나로 분류되는 공인 이슬람과 비공인이슬람의 구분을 더욱 선명하게 만드는 계기가 되기도 했다.

2. '사둠'의 구조와 활동

1) '사둠'의 구조

앞에서 살펴본 것처럼 전쟁이전에는 우파에 '중앙무슬림종무원'만 존재했으나, 전시에 나머지 3개가 추가로 신설되어 총 4개의 종무원이 지역별로 구성되었다.[21] 4개의 '무슬림 종무원'은 다음과 같다.[22]

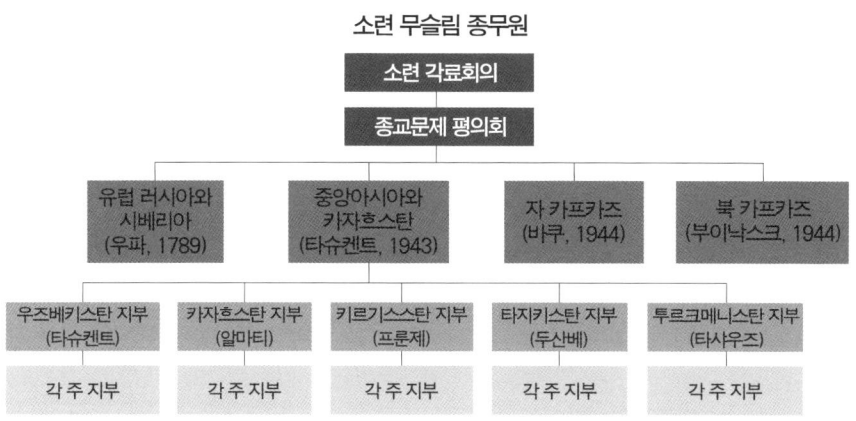

---

21 1944년 5월에 정교회 이외의 종교에 대한 감찰을 위해 〈종교문제 평의회(Совет по делам религиозных культов)〉가 각료회의 산하에 생겨났다. 1944~1956년 동안 전쟁이전시기부터 종교 업무에 경험 있는 НКГБ 대령 폴랸스키(И.В.Полянский)가 기관장을 역임했다. 1965년에는, 1943년에 설립된 〈러시아정교문제 위원회(Совет по делам Русской православной церкви)〉와 〈종교문제 평의회(Совет по делам религиозных культов)〉를 통합하여 〈종교 위원회(СДР, Совет по делам религий)〉가 만들어져 1991년까지 존속했다.

22 이 표는 현승수(2009)에 수록된 표를 참조하여 수정·보완한 것이다.

① 유럽 러시아 및 시베리아(ДУМЕС, Духовное управление мусульман европейской части СССР)

② 중앙아시아 및 카자흐스탄(САДУМ, Духовное управление мусульман Средней Азии и Казахстан)

③ 자카프카즈(ДУМЗ, Духовное управление мусульман Закавкаья)

④ 북카프카즈(ДУМСК, Духовное управление мусульман Северного Кавказа; 1975년에 다게스탄의 마하츠칼라로 이전)(Ислам и советское государство, 2011: 21).

4개의 종무원은 기본적으로 각각 독립된 형태로 소련 내각 산하의 〈종교문제 평의회〉 관할 하에 놓여지도록 구성되었다. 종무원의 하부 조직으로 중앙아시아 5개국에 카디청이 세워졌다. 그런데 실제로는 '무슬림 종무원'에 대한 영향력 행사는 소련공산당 중앙위원회 선전선동부와 내무인민위원회에 의해 이루어졌다.

2) '사둠'의 활동

'사둠' 역시 전시에 실행된 종교적인 유화정책의 일환으로 설치된 '무슬림 종무원'의 하나였으므로, 가장 중요한 업무는 무슬림 주민들로부터 전쟁 수행을 위한 기부금을 모으는 것이었다. 초대 '사둠'의 무프티인 에숀 바바한은 중앙아시아 지역의 무슬림으로부터 돈과 물자들을 모집했다.

이처럼 소비에트 중앙정부는 전쟁 수행과정에서 무슬림들의 인적, 물적 자원을 총동원하기 위한 목적으로 '사둠'을 창설했으나, 무슬림 지도부는 이 기회를 활용하여 그들의 종교적인 목적 달성을 추구했다. 이를 잘 보여주는 것이 '사둠' 창립총회에서 설정된 '사둠'의 목표였다. '사둠'의 목표는 다음과 같다.

- 공식적인 종교적인 통합을 통한 우즈베키스탄, 카자흐스탄, 키르기스스

탄, 타지키스탄, 투르크메니스탄에서의 종교적인 업무와 종교의식을 관장할 것
- 신자들에게 이슬람의 기본을 설교할 것
- 종교의례와 관련된 개별 어려움과 갈등 문제들을 해결할 것, 이맘-하티브를 통해 신자들에게 이러한 문제에 대한 답을 제시할 것
- 신자들이 정의, 명예, 근면, 그리고 준법성을 지킬 수 있도록 교육할 것

등이었다(Усманходжаев, 2008).

이러한 목표 하에 '사둠'의 실제적인 주요 업무는 〈종교문제 평의회〉와의 협의를 통해 각 지역에 모스크를 인가해 주고, 모스크의 지도자를 임명하는 것, 메드레세를 설립하고 이맘을 교육시키고 등록하는 것, 성지 순례를 관장하는 것 등이었다.

이외에도 사둠은 무슬림에게 매우 중요하게 여겨지는 성인들의 영묘를 관리하는 업무를 담당했다. 이는 〈종교문제 평의회〉 의장 폴랸스키가 1945년 1월 3일 각료회의 부의장인 몰로토프에게 무슬림 영묘 관리를 '사둠'에 양도하는 청원서를 제출하였고, 이 청원이 받아들여져 영묘관리권을 '사둠'이 갖게 되었다.[23]

이처럼 '사둠'은 정부가 허용한 범주 내에서 활동했으나, 모스크 운영, 종교교육, 성지 순례와 영묘 관리 등을 통해 무신론을 표방한 사회주의 국가 내에서 이슬람의 명맥을 유지하고 확장하는데 긍정적인 기여를 하였다.

---

23 ГАРФ. Ф. Р-6991. Оп.3, Д.10. Л.1.

IV. 전후 스탈린 시기 '사둠'의 역할 및 활동

1. '사둠'의 국제관계에서의 역할

독일과의 전쟁이 승리로 마무리 되면서 '무슬림 종무원'의 전쟁시기의 전쟁물자 동원이라는 목표는 사라지게 되었다. 그러나 2차 대전 이후부터 소연방 해체 이전까지 확립된 새로운 전쟁, 즉 냉전시기에 '무슬림 종무원'들, 특히 그 중에서도 '사둠'은 새로운 임무를 부여받았다. 그것은 국제관계의 확대였다. '무슬림 종무원'의 역할에 대해 중앙아시아 이슬람을 본격적으로 연구해온 모스크바 동방학 연구소 연구자인 바바호노프는 소연방의 국제관계에서의 이슬람의 역할을 중시한다. 수많은 이슬람 국가들과의 우호적인 상호관계의 유지를 위해 '무슬림 종무원'의 존재가 필요했다는 것이다(Бобохонов, 2016: 200-201). 이처럼 이슬람 국가가 소련에게 중요해진 것은 냉전체제의 수립과 관련되어 있다. 무엇보다 이스라엘이 미국 편향으로 돌아선 후 중동국가들에 대한 중요성이 고조되었다.

1947년 11월 29일 국제연합(UN) 총회에서 이스라엘이 제기한 팔레스타인 분할안[24]이 통과된 이후 소련은 미국과 함께 이를 적극 지지한 바 있다. 이때 소련은 신생국가인 이스라엘에 사회주의 체제가 수립되어 중동지역에서 소련의 교두보 역할을 할 것을 기대했다.[25] 그러나 이스라엘에 사회주의 정권이

---

[24] 이 분할 안은 찬성 33표, 반대 13표, 기권 10표로 통과되었으며, 아랍 국가가 42.88%, 유대 국가는 56.47%, 예루살렘 국제지구는 0.65%의 영토를 차지하는 것으로서, 시오니스트들의 외교활동의 승리였다. 아랍연맹은 분할결의안의 이행을 실력으로 저지한다는 성명을 발표했으며 실제로 그 다음날부터 무력 충돌이 일어났다. 소련의 입장은 무엇보다 중동에서 영국의 영향력을 약화시키려는 것이었다(劉共祚, 1991: 457-459).

[25] 이로 인해 이스라엘이 1948년 5월 15일 정부수립을 선포했을 때, 시오니스트들의 로비로 정부 수립 선포 16분 만에 이를 승인했던 미국에 이어, 소련은 이틀 뒤인 5월 17일에

수립되지도 않았으며 이스라엘의 외교정책이 친미적인 경향으로 기울자, 소련은 외교적 입장을 선회하기 시작했다. 소련은 반미감정을 표출한 아랍국가들을 지지하기 시작한 것이다. 이러한 국제정세는 소련 내에서 유대인에 대한 탄압으로, 그리고 무슬림에 대한 관용 정책으로 이어졌다.[26]

국민 총동원 전쟁이었던 독일과의 전쟁에서 승전한 이후, 스탈린의 종교정책은 전쟁 이전시기의 탄압 일변도의 정책을 그대로 유지할 수는 없었다. 전쟁 중인 1943년에 무슬림 지도자인 에슌 바바한을 크레믈로 불러서 직접 면담을 통해 '사둠'을 만든 것처럼, 스탈린은 1943년 9월에 3명의 정교회 대주교 세르기이(Сергий Страгородский), 알렉시이(Алесий Симанский), 니콜라이(Николай Ярущевич)를 크레믈로 직접 불러서 〈정교문제위원회〉를 설립하도록 했다.[27]

유대인의 경우는, 배우와 작가들을 비롯한 문화예술계의 잘 알려진 인물들을 통해 1942년에 〈유대인 반파시스트 위원회(Еврейский Антифашистский Комитет)〉를 결성하도록 했다. 이 기구는 국내만이 아니라, 캐나다와 미국의 각지를 순례하며 북미 지역의 유대인 이주민 사회에서 막대한 자금과 물자들을 모집했다.[28] 이는 유대인을 학살하는 나치와의 전면전을 치르고 있는 소련을 국외의 유대인들로 하여금 정치적, 물질석으로 후원하도록 한 것이었다. 이처럼

두 번째로 이스라엘을 국가로서 승인했다. 이스라엘의 국가선포에 대항하여 아랍 연합군이 이스라엘을 공격하여 1차 중동전쟁이 발발했을 때에도 소련은 이스라엘을 적극 지지하여 체코슬로바키아 무기들이 이스라엘에 판매되도록 승인했다. 이에 대해 워싱턴에서는 체코슬로바키아가 유대인과 아랍인들 사이에 1948년 6월 11일 유엔안전보장이사회에 의해 체결된 정전협정을 침해한다며 비난 성명을 발표하기도 했다. 그러나 소련은 이에 굴하지 않고 전쟁 수행과정에서 이스라엘을 도왔으며, 이 전쟁은 이스라엘의 승리로 종결되었다 (Правда, 1948-29 мая; Независимая газета, 1998-11 апр).

26 이는 80년대 초 소련 내 등록된 모스크는 1,330개였으며, 등록되지 않은 모스크는 몇 배 더 많았던 것에서도 잘 알 수 있다(Ислам и советское государство, 2011: 21).
27 러시아 정교회의 전시 동원에 대해서는 신동혁(2004; 2009), 황영삼(1997)을 참조할 것.
28 〈유대인 반파시스트 위원회〉의 결성과 활동에 대해서는 고가영(2014)을 참조할 것.

전시에 정부는 러시아 정교회와 유대교 그리고 이슬람교의 대대적인 도움을 물심양면으로 받았다.

그런데 전쟁이 끝난 이후 스탈린의 종교정책이 각 종파별로 동일한 것은 아니었다. 소련 내 대표적인 종교였던 러시아 정교회와 유대교 그리고 이슬람교에 대한 중앙 정부의 정책은 각각 다른 양상을 보였다. 러시아정교회의 경우 전쟁 기간의 노력에 대해 어느 정도의 보응을 받을 수 있었던 것으로 보인다. 전후 수용소가 다시 죄수들로 채워질 때에도 정교회는 별다른 탄압을 받지 않았으며, 1946년에 스탈린은 2개의 정교회 신학 아카데미(Духовная Академия)와 8개의 신학교(Духовная Семинария)의 설립을 허가했다(신동혁, 2009: 390, 395).

그러나 유대교는 전혀 사정이 달랐다. 전후 유대인들은 대대적인 탄압을 받았으며, 〈유대인 반파시스트 위원회〉 의장인 유명한 배우 미호엘스(C. M. Михоэлс)는 1948년에 스탈린의 명령에 의해 교통사고로 위장하여 살해되었다.[29] 대부분 작가들로 구성된 위원회의 대표들 13명은 1952년 8월에 처형되었다. 전후 유대인들이 이렇게 혹독한 운명에 처하게 된 것은 냉전의 시작과 맞물려 있었던 것이다. 위에서 살펴본 바와 같이 1948년 이스라엘 건국이후 이스라엘은 친서방적인 노선을 걷게 되었으며, 소련은 미국과 결탁한 이스라엘에 맞서는 아랍인들과 같은 진영을 이루게 되었다.

이러한 유대교 탄압의 원인이 되었던 냉전 시기의 국제적인 상황은 이슬람교에 대한 정책에도 영향을 미쳤다. 냉전체제의 수립이라는 국제정세로 인해 이슬람교는 유대교와 전혀 다른 길을 걷게 되었다. 냉전 체제 수립 과정에서 아랍 세계를 끌어들여야 했던 정부의 필요에 의해 이슬람은 전후에도 그 도구로서 활용가치를 지속적으로 인정받게 된 것이다. 이러한 맥락 하에서 전후 '사둠'은 국제적으로 아랍세계와의 우호관계 증진에 활용되었으며, 그 대가로 공인이슬람으로서의 명맥을 유지할 수 있게 되었다.

---

29 이 사실은 스탈린 사후에 작성된 보고서가 공개되며 세상에 알려졌다(Etinger, 1995: 104).

2. '사둠'의 국내 활동

전쟁 시기 전쟁 물자 동원에 적극 협조한 대가를 누릴 수 있었던 것과 마찬가지로 냉전시기 중앙정부의 정책에 적극적으로 협력한 무슬림들은 그 혜택을 누릴 수 있었다. 이러한 혜택들이 가시적으로 드러난 것은 모스크 수였다. 전후 모스크가 많았던 절정기는 1949년이었다. 1949년에 등록된 모스크 수는 415개였다.[30]

러시아연방국립문서보관소(ГАРФ) 자료에 따르면 1952년 4월에 등록된 모스크 숫자는 다음과 같다.[31]

지역	ДУМЕС	САДУМ	ДУМЗ	ДУМСК	합계
모스크 수	129	150	52	20	351

이 중 '사둠' 관할 지역 내 등록된 모스크 수는 다음과 같다.

	우즈베키스탄	타지키스탄	카자흐스탄	투르크메니스탄	키르기스스탄	합계
1948[32]	79	23	28	17	36	183
1952[33]	66(4: 성묘)	27	20	4	33	150

모스크 운영과 더불어, '사둠'의 중요한 활동은 무슬림들의 일생의 소원인 성지 순례를 떠나는 것이었다. 비록 소수에게 국한된 것이지만 독소전쟁 승전에 기여한 보답으로 무슬림들은 오랜 열망을 성취할 수 있게 된 것이었다. 소비에트 정권 수립 이후 무슬림들의 성지순례는 금지되었으나, 이제 냉전체제의 수립으로 중동국가와의 우호관계를 강화시키기 원했던 중앙 정부의 공인 하에 성지 순례를 할 수 있게 된 것이다. 1945년 10월 10일에 인민위원회 법령에 의거하여

---

30 1965년에는 흐루쇼프의 반종교정책의 여파로 305개로 감소했다.
31 ГАРФ. Ф. Р-6991. Оп.4. Д.23. Л.60-63.
32 Силантьев, 2011: 106.
33 ГАРФ. Ф. Р-6991. Оп.4. Д.23. Л.60-63.

메카로 성지순례를 가는 팀을 구성할 수 있게 되었다. 이 법령에는 메카로 성지 순례를 가는 이슬람교도들의 수를 20~22명으로 할 것과 이들에게 4,500 이집트 파운드를 소비에트 화폐에서 환전하여 지급할 것이 수록되어 있다.[34] 이러한 당국의 메카로의 성지순례 허가에 따라 1945년 11월 6일에 17명의 성지순례자들이 모스크바에서 비행기로 메카를 향해 출발했다. 인솔자는 '사둠' 의장인 무프티 에슌 바바한이었으며, '중앙무슬림 종무원' 무프티 라술례프, 자카프카즈 무슬림 종무원(ДУМЗ) 부의장인 이브라김 에펜지-자데(Ибрагим Эфенди-Заде) 등이 포함되어 있었다. 이들의 성지순례에 대한 기사가 정부 기관지인 〈이즈베스치야(Известия)〉지에 수록되기도 했다.[35] 이후 성지순례는 중단없이 지속되었다.

이와 더불어 무엇보다 중요한 성취 중 하나는 1945년 10월 10일에 인민위원회 법령 No 148083에 의해 타슈켄트와 부하라에 무슬림 종교 교육기관 설립이 허가된 것이었다.[36] 1945년에는 메드레세 〈미르 이 아랍(Мир и Араб)〉이 문을 열었다. 메드레세 〈미르 이 아랍〉은 1530년에 부하라에 건립되어 많은 이슬람 종교지도자들을 배출했다.[37] 이후 소비에트 정권이 수립되고, 1920년대 초반에 폐쇄되었다가 '사둠'에 의해 복원된 것이다. 〈미르 이 아랍〉은 새롭게 문을 연 모스크들을 관장할 이맘들이 부족한 상황에서 이맘들을 배출하기 위해 다시 설립되었다.

이처럼 사둠은 전쟁이 종식된 이후에도 공인 이슬람으로서 중앙아시아 지역에서 정부가 허용한 범위 내에서 그 활동을 유지해 나갈 수 있었다. 물론 정부의 허용 범주를 벗어난 종교 활동은 금지되었으며, 다수의 무슬림들은 정부의 감시를 피해 지하에서 종교적 명맥을 이어가는 비공식 이슬람의 범주를 형성했다.

---

34 ГАРФ. Ф. Р-6991. Оп.3. Д.10. Л.82.
35 ГАРФ. Ф. Р-5991. Оп.3. Д.10. Л.85.
36 ГАРФ. Ф. Р-6991. Оп.4. Д.1 Л.15.
37 메드레세 〈미르 이 아랍〉의 최초의 건립 연도는 자료에 따라 1503년, 1530년, 1535년이라고 기록되어 있다. 대략 1530-1535년 사이인 것으로 보인다.

V. 맺음말

볼셰비키 혁명으로 수립된 소련은 공식적으로 무신론을 표방하며, 종교에 대해 비관용적인 정책을 시행했다. 특히 '사회주의 건설기'로 명명되는 1930년대에는 이슬람을 포함한 모든 종교에 대한 억압정책을 펼쳤다. 그러나 소련 시기 내내 정부가 이슬람에 대한 탄압정책으로 일관한 것은 아니었다. 정부의 억압적인 종교정책이 획기적으로 전환된 것은 독소 전쟁이었다.

1941년 독일이 소련 영토를 침략함으로써, 소련은 침략군을 물리치기 위해 총력전을 펼치게 되었다. 이러한 총력전의 인적·물적 총동원의 필요를 절감한 정부는 정교회, 유대교, 이슬람교의 전폭적인 지지를 끌어내기 위해 종교적 관용정책을 펼치게 되었다.

이러한 맥락 하에 1943년 아래로부터의 청원의 형태를 띠기는 했으나, 사실상 위로부터의 결정에 의해 설립된 '사둠'은 독립된 자치단체로 출발했으나, 실제로는 국가의 통제와 관리 하에 놓인 국가기관이나 다름없었다. 이 기구에 소속되어 활동하는 공인된 종교지도자들은 정부에 지역 무슬림 대중의 동태를 파악해 보고하는 역할을 수행하기도 했다. 이처럼 권력의 동반자 역할을 한 '사둠'의 활동은 부정적인 역할을 한 부분들이 있다고 할 수 있다.

그런데 '사둠'에 대한 중앙 정부의 정책은 국내 정치만이 아닌 국제정치적 상황을 고려하여 분석할 필요가 있다. '사둠'의 설립 목적은 전쟁 기간에 군수물자를 동원하는 도구로서 활용하는 것이었다. 2차 대전이라는 열전의 종식이후 냉전체제 하에서 소련은 중동국가들과의 공조 체제를 공고히 하기 위해 '사둠'을 중동 지역의 무슬림들과의 교류와 협력의 통로로 활용하였다. 이처럼 열전과 냉전, 두 개의 전쟁은 '사둠'의 설립과 이후 활동에 결정적인 역할을 하였다. 사둠의 1대 무프티 에숀 바바한은 전쟁 물자 동원과 파괴된 이슬람 사원들을 복구하는 것이 가장 큰 사명이었다면, 2대 무프티 지야우딘한에게 중앙 정부에서 요구한 것은 국내적인 필요보다 국제 사회에서의 역할이었다.

이처럼 정부의 필요를 충실히 수행했던 '사둠'의 활동에 대해 단면적인 평가만을 내리기는 어려운 점들도 있다. '사둠'이라는 기구가 지속적으로 존재한 것으로 인해 중앙아시아의 이슬람적 전통과 자료들이 보존될 수 있었다. 포스트 스탈린 시기에도 몇 몇 자료들을 통해, 중앙아시아 지역에서 이슬람의 영향이 매우 강했음을 확인할 수 있다. 공인 이슬람으로서의 '사둠'의 존재는 사회주의 정권 하에서 무슬림들이 일방적으로 종교적인 탄압을 당하기만 한 것이 아니라 서로의 필요에 의해 협력관계를 유지했다는 것을 잘 보여준다.

'사둠'의 후신인 우무('УМУ')의 2016년 당시 서기인 미르자틸 알리하노프(Мирзатил Алиханов)는 소비에트 시기 '사둠'은 반드시 필요한 기구였다고 평가하고 있다.[38] 물론 많은 부분 '사둠'을 계승하고 있으며, 여전히 권력의 동반자 역할을 하고 있는 '우무'의 현재 위치를 고려한다면, 당연한 평가라고 할 수 있다.

그런데 공식적으로 무신론을 표방한 사회 내에서 '사둠'의 기능, 무프티의 활동에 대해 다각적인 시각이 존재하기도 한다. 2016년 5월 11일 동방대학교에서 진행한 인터뷰에서 현재 아랍어과 교수로 재직 중인 지야우딘한의 딸 파시롬 지야부지노바 무흐리사혼은 중동 여러 나라들에서 뜨거운 환대를 받았던 아버지에 대해 자랑스럽게 회고했다. 그러나 정작 본인은 유치원 시절, 아버지가 무프티라며 아이들로부터 손가락질 당했던 기억을 떠올리며 눈물짓기도 했다.[39] 이러한 인터뷰를 통해 종교 지도자들에 대한 사회 내의 비판적 시선들도 확인할 수 있었다.

---

38 2016년 5월 12일 미르자틸 알리하노프 인터뷰(타슈켄트, 우무(Управление Мусульман Узбекистана, УМУ) 서기).

39 2016년 5월 11일 파시롬 지야부지노바 무흐리사혼(Фасиром Зиявуддинова Мухлисахон) 인터뷰(타슈켄트, 동방학대학).

이처럼 '사둠'은 국가와의 관계에서 매우 순응적이었으므로, 국가와의 관계에서는 어떠한 마찰도 야기하지 않았다. 그런데 '사둠'이 중앙아시아 사회 내에서 어떤 평가를 받았는가에 대해서는 좀 더 다각적인 측면에서의 연구를 필요로 한다.

참고문헌

강봉구. 2014. "중앙아시아 페르가나지역 안보와 급진 이슬람주의: '해방당'의 특성을 중심으로."『러시아연구』제24권 제2호, 1-32.

고가영. 2014. "'부르주아 민족주의'와 '뿌리 없는 코스모폴리타니즘'과의 전쟁: 전후 스탈린 시기 반유대주의(1945-1953)."『역사문화연구』제49집, 251-294.

고재남. 1996.『구소련지역 민족분쟁의 해부』. 경남대학교 출판부.

기계형. 2008. "중앙아시아 무슬림 여성의 베일에 관한 담론."『e-eurasia』Vol. 9, 39-41.

기계형. 2011. "중앙아시아의 민족, 젠더, 그리고 베일: 1920년대 우즈베키스탄의 후줌(Hujum)운동을 중심으로."『역사와 경계』79호, 329-369.

김대성. 2011. "중앙아시아의 이슬람과 여성."『한국이슬람학회논총』제11권, 67-84.

김대성 외. 2004.『이슬람사회의 여성』. 서울: 한국외국어대학교 출판부.

김상철. 2015. "중앙아시아 사회의 여성지위와 역할변화-제정러시아 및 소비에트시기를 중심으로."『중동연구』33권 3호, 79-106.

박창규. 2009. "중앙아시아 이슬람: 수용 및 발전 그리고 변화."『Acta Russiana』제1호, 35-63.

백영주 외. 2008. 연구보고서 수시과제『중앙아시아와 여성정책 협력사업을 위한 탐색 연구』. 서울: 한국여성정책연구원.

손영훈. 2013. "우즈베키스탄 근대적 무슬림 지식인의 형성과 정치 활동."『한국이슬람학회논총』제23-2집, 89-113.

손영훈, 추석훈. 2015. "중앙아시아 자디드 운동과 러시아 혁명."『한국이슬람학회논총』제 25-1집. 한국이슬람학회, 31-59.

송재우. 1996. "중앙아시아의 종교와 민족주의." 임영상·황영삼 편.『소련과 동유럽의 종교와 민족주의』. 서울: 한국외국어대학교 출판부.

신동혁. 2004. "2차 세계 대전과 소련정부의 교회정책."『슬라브학보』19(2), 197-226.

신동혁. 2009. "스탈린 종교정책 1943-1948."『슬라브학보』24(4), 371-398.

신보람. 2016. "『안채』에서 나온『굴사라』: 소비에트-우즈벡 정체성과 후줌운동의 상징성, 1920년대-1930년대 문학을 중심으로."『외국문학연구』제63호, 73-98.

오원교. 2008. "중앙아시아 이슬람 부흥의 양상과 전망." 『러시아연구』 제18권 제2호, 347-381.

오원교. 2009. "중앙아시아의 자디드 운동에 대한 재고." 『러시아연구』 제19권 제2호, 381-419.

劉共祚. 1991. "UN의 팔레스타인 분할과 이스라엘 건국." 『경희사학』 Vol. 16, 447-465.

이채문. 2009. "중앙아시아의 이슬람 원리주의와 사회운동-타지키스탄의 해방당을 중심으로-." 『사회과학담론과 정책』 제2권 2호, 193-232.

이현숙. 2013. "소비에트 초기 중앙아시아 여성정책과 정체성." 『아시아여성연구』 제52권 1호, 163-189.

장병옥. 2011. "중앙아시아 이슬람 원리주의 단체에 대한 연구." 『한국중동학회논총』 제31-3호, 81-109.

정수일. 2016. 『이슬람 문명』. 서울: 창비.

최소영. 2000. "소비에트 정권과 反이슬람 정책의 변화-1920년대 중앙아시아를 중심으로-." 『外大史學』 제12호, 807-822.

최한우. 1995. "중앙아시아의 민족과 종교문제-어제와 오늘-." 『중동연구』 제14호, 53-87.

현승수. 2009. "우즈베키스탄의 정치와 종교 관계: 분석 개념으로서 '종무국 이슬람'과 공인-비공인 이슬람의 이항구도를 중심으로." 『중동문제 연구』 제8권 2호, 1-32.

황영삼. 1997. "공산주의 시기 러시아 정교회의 존속과 변화 : 1917-1991." 『러시아지역연구』 vol. 1, 253-282.

Агзамходжаев, С. 2009. "Проблемы становления и развития мусульманского образования на постсоветском пространстве." http://www.idmedina.ru/books/school-book/?1835(검색일: 2016.8.20).

Алимова, Д. и др. 2005. *История Узбекистана (1917-1991)*: Учебн. для учащихся 10 кл. Т.: 〈Шарк〉.

Бобохонов, Р.С. 2016. *История ислама в ценральной Азии: средневековое, новое и новейшее время*. М.: Научные технологии.

Бабаханов, Ш. 2001. *Муфтий Зияутдин ибн Эшихон Бабахан.* Ташкент.

Белоглазов, А.В. 2013. *Влияние ислама на политические процессы в Центральной Азии.* учеб. пособие. Казань: Казан. ун-т.

Зураб, Тодуа. 2005. "Радикальный ислам в Узбекистане: этапы становления и перспективы развития." *Центральная Азия и Кавказ* 1(37), 41-47.

Ислам и советское государство (1944-1990). 2011. сборник документов. сост. Д.Ю. Арапов. М.: Изд.дом Марджани.

Исмайлов, А. И., Базарбаев, К. К. 2013. "Джадидизм — история просветительного движения и свободомыслия в Средней Азии, конец XIX — начало XX века." *Былые годы* №. 1(27), 44-51.

Мусаев, М.М., Урманова Р.К. 1982. *История Узбекской ССР. Учебное пособие для 9-10 классов средней школы.* Ташкент : 〈Укитувчи〉.

Независимая Газета. 1998. 11 апр.

Правда. 1948. 29 мая.

Силантьев, Р.А. 2010. *Мусульманская дипломатия в России: история и современность.* М.: ИПК МГЛУ Рема.

Силантьев, Р.А. 2016. *Современная география исламского сообщества России.* Москва: РИСИ, ФИВ.

Усманходжаев, А. 2008. *Жизнь муфтиев Бабахановых: служение возрождению Ислама в Советском Союзе.* М.: Нижний Новгород: ИД "Медина".

Ўзбекистон мусулмонлари идораси(Управление Мусульман Узбекистана) таҳрир ҳайъати . 2014. У. Алимов. Тошкент Movarounnahr.

Bennigsen, Alexander, Wimbush, S. Enders. 1986. *Muslims of the Soviet Empire: A Guide.* Bloomington; Indiana Univ. Press.

Cornell, Svante E., Spector, Regine A. 2002. "Central Asia: More Than Islamic Extremists." *The Washington Quarterly* 25(1).

Khalid, Adeeb. 1998. *The Politics of Muslim Cultural Reform: Jadidism in*

Central Asia. Berkeley: University of California Press.

Peyrouse, Sebactien. 2011. "The Rise of Political Islam in Soviet Central Asia." *Current Trends in Islamist Ideology*, ed. Hillel Fradkin, Husain Haqqani, Eric Brown, Vol.5. Hudson Institute, Washington D.C, 40-54.

Rasanayagam, Johan. 2011. *Islam in Post-Soviet Uzbekistan: The morality of experience*. Cambridge: Cambridge University Press.

Saroyan, Mark. 2010. "The reinterpretation and adatation of Soviet Islam." Bhavna Dave ed., *Politics of Modern Central Asia*. Routledge: London and New York.

Yaacov, Ro'i. 2000. *Islam in the Soviet Union : from the second World War to Gorbachev*. New York: Columbia University Press.

Yemelianova, Galina ed. 2010. *Radical Islam in the Former Soviet Union*. Routlege, London, New York.

Wolters, Alexander. 2014. *The State and Islam in Central Asia: Administering the Religious Threat or Engaging Muslim Communities?*. PFH Forchungspapiere/Research Papers, PFH Private Hochshule Göttingen No. 03, 1-26.

http://bg.sutr.ru/journals_n/1364042554(검색일: 2016.3.10).

http://www.mofa.go.kr/countries/europe/countries/20110808/1_22879.jsp?menu=m_40_50_20; http://kgz.mofa.go.kr/korean/eu/kgz/policy/overview/index.jsp(검색일: 2016.9.30).

http://www.fergananews.com/news/23256(검색일: 2016.12.20).

2016년 5월 12일. 미르자틸 알리하노프 우무 서기 인터뷰 (타슈켄트, Управление Мусульман Узбекистана, УМУ).

2016년 5월 11일. 파시롬 지야부지노바 무흐리사혼(Фасиром Зиявуддинова Мухлисахон) 동방학 대학 교수 인터뷰 (타슈켄트, 동방학대학).

2016년 5월 12일. 랍샨 바히도비치 압둘라예프(Равшан Вахидович Абдуллаев) 이슬람 대학 총장 인터뷰 (타슈켄트, 이슬람 대학).

제5장
해빙기 소비에트 정부의 중앙아시아 이슬람 정책과 냉전[1]

고가영

I. 머리말

소비에트 시기 중앙아시아 이슬람에 대한 중앙정부의 정책은 '종교는 아편이다'라는 레닌의 선언에서 비롯된 억압 정책으로 일관되었다고 일반적으로 이해되고 있다. 이는 2016년과 2017년에 현지조사에서 만났던 중앙아시아의 모스크들에서 일하고 있는 이맘들과 우즈베키스탄과 카자흐스탄 이슬람 대학들의 학자들과 우즈베키스탄 무슬림종무원의 종교지도자들이 이구동성으로 소련 시기 이슬람은 탄압받았지만, 독립 이후 종교의 자유를 누리게 되었다고 평가하고 있는 것에서도 잘 드러난다.

그러나 앞 장에서 2차 대전 시기의 소비에트 중앙정부의 중앙아시아 이슬람에 대한 정책을 고찰해 본 결과, 소비에트 연방 정부는 국내적·국제적 상황

---

[1] 이 글은 『슬라브학보』 34-1(2019)에 게재되었던 논문을 본서의 편집 취지에 맞도록 수정·보완한 것입니다.

에 따라 이슬람을 때로는 억압하고, 때로는 유화정책을 통해 통치의 동반자로서 도구화해온 것을 알 수 있다. 소비에트 시기 이슬람이 처했던 상황들을 살펴보자면, 볼셰비키 혁명이후 내전이 종식된 때로부터 중앙아시아 이슬람은 무신론을 표방한 중앙정부에 의해 탄압을 받았던 것은 사실이다. 이후 스탈린 대테러 시기에도 중앙아시아의 무슬림 지도자들도 다수가 체포되고 강제수용소로 보내지는 등 고초를 겪기도 했다. 그러나 1941년에 발발한 독-소 전쟁은 이러한 국면을 전환시켰다. 이 전쟁은 가능한 범주 내에서 인적·물적 자원들을 동원해야 하는 총동원 전쟁의 성격을 띠게 되었다. 이로 인해 중앙정부는 전쟁 수행을 원활하게 하기 위해 종교의 힘을 빌리기로 결정했다. 정교회, 유대교, 이슬람 등 각 종파의 종교 지도자들은 정부의 동원령에 협조할 것을 요청받았고, 이를 수용했다. 이로써 볼셰비키 혁명 정부 수립 이래 소비에트 정부와 종교계는 전쟁 기간 중 전례 없는 밀월관계를 형성하게 되었다. 전후 스탈린 시기에도 유대교를 제외하고, 러시아 정교와 이슬람에 대한 이러한 완화정책의 기조는 유지되었다.

이 글에서는 독-소 전쟁 이전까지 억압정책으로 일관했으나 전쟁 기간 그리고 전후시기에 완화정책을 펼쳤던 중앙아시아 지역 이슬람에 대한 정책이 스탈린 사후, 탈 스탈린 운동이 전개되던 해빙기에는 어떤 형태로 진행되었는가를 살펴보고자 한다. 흐루쇼프 시기 종교 정책에 대한 연구는 국내외를 막론하고 주로 정교회에 대한 연구들이 주를 이루고 있다. 해빙기로 명명되고 있는 이 시기 중앙아시아 이슬람에 관한 연구는 상대적으로 미약하다. 이 글은 그동안 소비에트 시기 이슬람에 대해 개괄적으로 다룬 논문이나 책들 속에서 해빙기를 파편적으로 다루고 있는 글들(Бобохонов, 2016; Белоглазов, 2013; Yaacov, 2000)과 소비에트 시기의 공인 이슬람에 대한 정책을 다룬 자신의 논문에서, 키르기스스탄의 이슬람이 해빙기에 얼마나 극심한 탄압을 받았는가를 다루고 있는 에렌 타사르(Eren Tasar)의 글을 참조하였다(Tasar, 2010; 2017). 이를 바탕으로 중앙아시아 무슬림 종무원장의 생애를 다룬 글(Усманходжаев, 2008)과 우즈베키스탄 무슬림종무원에서 발간한 자료집(Ўзбекистон мусулмонлари идораси, 2014), 러시아연방국립문서보관소 문서모음집(Ислам и советское государство, 2011)에 수록된 아카이브 자료들을 활용하여 해빙기 이슬람 정책에 대해 보다 세밀하게 분석해 보았다.

흐루쇼프 시기는 소련에서 종교와의 전쟁이 첨예화된 시기로 알려져 있다. 스탈린 사후 사회의 여러 분야에서 탈 스탈린 운동이 전개되었고, 종교 부문에서도 탈 스탈린 운동의 일환으로 스탈린에 의해 왜곡되었던 종교정책을 바로잡는다는 명분하에 '반-종교 캠페인'이 대대적으로 벌어졌다. 이러한 '반-종교 캠페인'으로 인해 종교에 대한 새로운 박해의 물결이 시작되었다. 그 규모는 1930년대의 종교적인 박해와 비견할 만한 규모였다. 비록 1930년대처럼 사제들이 총살당하거나 대규모로 투옥되지는 않았지만 정교회, 유대교 등의 종교 공동체들에게 가해진 타격은 결코 가볍지 않았다. 본격적인 흐루쇼프의 '반-종교 캠페인'은 1958~1964년에 일어났다. 이 기간 동안 4천 개 이상의 정교회 사원이 폐쇄되었다. 저명한 인권운동가이자 정교회 사제인 게오르기 에델쉬테인(Георгий Эдельштейн)은 이를 '흐루쇼프 연회(хрущёвский шабаш)'로 명명하기도 한다.[2]

그런데 이러한 흐루쇼프의 종교정책이 이슬람에도 그대로 적용되었는가에 대한 평가는 일치되지 않는다. 이시기 중앙아시아 이슬람은 전형적인 철의 장막 정책으로 무슬림 세계로부터 격리되어 있었으며, 이슬람 역시 정부에 의해 억압당했다고 보는 견해들이 있다(정세진, 2012; 송재우, 1996). 그러나 2차 대전 이후에도 과연 이슬람에 대한 정책이 탄압 일변도로 진행되었는지를 중앙아시아 지역을 중심으로 구체적으로 살펴보고자 한다. 즉, 본 연구를 통해 해빙기 소비에트 중앙 정부의 중앙아시아 이슬람에 대한 정책의 실체는 무엇이었는지를 분석해 보고자 한다. 이를 통해 소비에트 정부와 중앙아시아 이슬람의 다층

2　"Хрущёвская антирелигиозная кампания," http://iamruss.ru/khrushchevs-antireligious-campaign(검색일: 2018.6.9).

적인 관계의 실체를 파악할 수 있을 것이다. 이러한 연구는 이슬람이 중요한 사회적 요소로 작동하고 있는 중앙아시아 사회의 특성에 대한 이해를 도울 것이다.

II. 흐루쇼프 '반-종교정책'의 배경과 특성

1953년 3월 5일 스탈린의 예기치 못했던 갑작스러운 죽음은 소련사회에 커다란 충격을 가져왔다. 스탈린이 사망한 직후 지도부는 권력의 공백으로 인한 혼란은 일어나지 않을 것이며, 모든 것이 법에 의해 통치될 것이라고 즉각 공표했다. 스탈린이 공식적으로 후계자를 지정하지 않은 채 사망했기 때문에 새 지도부를 형성했던 감찰기구의 장인 라브렌티 베리야와 행정부의 수반인 게오르기 말렌코프, 그리고 공산당을 장악하고 있었던 니키타 흐루쇼프 사이에 권력투쟁이 시작되었다.

    스탈린 사후 정국의 주도권을 잡아 가던 베리야에 대해 반대세력들은 연대 전선을 펼쳤다. 마침내 1953년 6월 26일 소연방 국무회의 최고회의에서 베리야는 체포되었고, 며칠 후 그의 모든 직위가 해제되었고, 당에서 축출되었으며, 재판에 회부되었다. 같은 해 7월 10일 언론은 베리야를 '영국 스파이이며 명백한 인민의 적'이라는 죄명으로 체포했음을 보도했다. 베리야의 해당적(害黨的), 반국가적 행위는 1934년 12월 1일에 제정된 러시아연방 형법 58조에 의거하여 기소되었다. 공식적인 발표에 의하면, 1953년 12월 23일에 베리야와 그의 측근들은 최고법정의 판결에 의하여 총살되었다.

    베리야가 제거된 이후 행정부 수반이었던 말렌코프와 제1서기였던 흐루쇼프 사이의 권력투쟁이 첨예화되었다. 이 권력투쟁의 승자는 흐루쇼프였다. 1955년 2월 소련 최고회의 기간에 말렌코프는 농업경제정책의 실패에 대한 책임을 지고 공식적으로 수상직을 사임하였다. 수상직에서 사임한 말렌코프는 한직이라고 할 수 있는 에너지부 장관으로 임명되었다. 겨우 정국의 주도권을 잡게 된 흐루쇼프의 주도 하에 본격적인 탈 스탈린 운동이 시작되었다. 그 신호탄이 쏘아 올려진 곳은 1956년 2월 14일에서 25일 사이에 개최된 제 20차 공산당 당 대회였다. 이 때 흐루쇼프는 〈개인숭배와 그 결과(О культе личности и его последствиях)〉라는 제목의 비밀연설을 단행하였다. 연설문의 내용은 스탈린의 실책을 폭로한 것이었다. 죄 없는 사람들에 대한 대량 총살과 30, 40년대에 여러 민족들을 강제 이주시킨 것 등이 포함되어 있다(Хрущев, 1989: 128-130). 흐루쇼프는 이 같은 대량 탄압의 원인은 스탈린 개인숭배와 관련되어 있으며, 그의 부정적인 성격과도 관련이 있다고 보았다. 또한 스탈린 개인숭배는 당의 원칙들과 당 민주화, 혁명 법칙을 왜곡시켰다고 비난하였다. 흐루쇼프는 비밀연설에서 레닌의 후계자라는 것과 2차 대전의 영웅적 사령관으로서의 모습을 포함한 몇 가지 스탈린에 대한 환상을 깨뜨렸다.[3]

흐루쇼프의 연설은 스탈린에 대한 새로운 모습을 그렸다. 그것은 나날이 자신의 개인숭배를 만들어간 독재자, 그 어떤 의견도 수용하지 않았던 민중들과 유리되어 있던 부적합한 독재자로서의 모습이었다. 이와 같은 흐루쇼프의 비밀연설은 엄청난 파장을 불러 일으켰다. 스탈린의 후계자를 자처하는 지도부 내부에 엄청난 분열과 저항을 야기하였다. 당 지도부 내에는 흐루쇼프의 탈 스탈린 정책과 정치, 경제 개혁에 불만을 품는 이들이 있었다. 이들 반대파들은

---

3   흐루쇼프는 스스로 레닌의 후계자임을 주장하였던 스탈린이 은폐하였던, 1922년 12월에 당 대회로 보낸 레닌의 편지를 공개하였다. 이 편지에서 레닌은 "서기장이 됨으로서 자신의 손에 막강한 권력을 집중시킨 스탈린이, 이 권력을 조심스럽게 다룰 수 있을 지 확신할 수 없다... 스탈린은 너무 어리석고, 서기장의 업무를 감당하기에 너무 참을성이 없다. 따라서 나는 동지들에게 스탈린을 이 직위에서 해임시키고 이 직위에 다른 사람을 임명할 방법을 심사숙고할 것을 제안한다"고 피력하였다. 또한 이 연설문을 통해 스탈린의 판단오류로 인한 전시의 막대한 피해에 대하여 처음으로 공개하였다(Хрущев, 1989: 128-130).

1957년 6월 흐루쇼프를 실각시키려 하였으나 이 시도는 실패로 돌아가고 오히려 흐루쇼프의 권력은 더욱 강화되었다.[4]

이러한 정치적인 변동은 사회 전반에 영향을 미쳤으며, 흐루쇼프는 자유화 정책을 펼쳤다. 그런데 '흐루쇼프의 해빙'[5]으로 명명되는 사회, 문화 분야[6]의 자유화의 기운은 종교의 영역에는 미치지 못했다. 오히려 이 시기는 종교에 대한 공격의 시대였다고 할 수 있다. 흐루쇼프의 '반-종교 캠페인'의 배경은 이와 같은 흐루쇼프의 권력 장악과정에서 시행된 탈 스탈린 운동과 무관하지 않다. 1956년 2월의 비밀 연설을 시작으로 흐루쇼프는 본격적인 스탈린 격하운동을 펼쳤다. 1958~1961년 사이에 절정을 이룬 흐루쇼프의 '반-종교 캠페인'은 이러한 스탈린 격하운동의 일환으로 진행되었다. 흐루쇼프는 2차 대전 이후 종교에 대한 관용정책을 펼쳤던 스탈린의 정책을 비판하며 '종교는 인민의 아편'이라고 규정했던 레닌의 정책으로의 회귀를 도모했다.

이처럼 흐루쇼프가 종교에 대해 탄압 정책을 시행한 원인에 대해 미국 역

---

4   이에 흐루쇼프는 탈스탈린화에 더욱 박차를 가하여 1961년 제22차 전당대회에서 개인숭배를 완전히 극복하고 레닌주의의 원칙을 부활시킬 것을 확인하였다. 스탈린의 유언에 의해 레닌의 시신 옆에 전시되어 있던 스탈린의 시신을 옮겨 땅에 묻었고, 스탈린그라드라는 도시의 명칭도 1961년 11월 10일에 볼고그라드로 개명하였다.

5   1954년 『깃발(*Знамя*)』 5호에 에렌부르크의 새로운 소설 『해빙(*Оттепель*)』이 게재되었는데, 이 소설 제목은 흐루쇼프 시대 전체를 일컫는 용어가 되었다. 1956년 8월호에 실린 두진체프의 "빵만으로 살수 없다"라는 소설도 엄청난 반향을 불러일으켰다.

6   스탈린 사후 시작된 개혁은 문화 발전의 토대를 만들었다. 새로운 문학-예술 잡지들이 활발하게 창간되었다. 이 때 창간된 저널들은 〈들판(*Нева*)〉, 〈청년(*Юность*)〉, 〈외국문학(*Иностранная литература*)〉, 〈모스크바(*Москва*)〉, 〈우리 동시대인(*Наш современник*)〉, 〈젊은 근위대(*Молодая гвардия*)〉, 〈돈(*Дон*)〉, 〈문학의 제문제(*Вопросы литературы*)〉, 〈창작(*Творчество*)〉, 〈소비에트 영화(*Советский экран*)〉, 〈음악 생활(*Музыкальная жизнь*)〉, 〈신세계(*Новый мир*)〉이었다. 이 저널들은 정치, 경제, 학문, 철학 등의 다양한 주제들로 구성되었다. 또한 문학 작품들도 격렬한 토론을 불러일으켰다. 새로운 문학 풍조에 주요한 역할을 한 것은 셰모노프와 트바르돕스키가 편집장으로 있었던 『신세계(*Новый мир*)』였다.

사가인 월터 샤워츠키(Walter Sawatsky)는 두 가지 중요한 원인을 제시한다. 그 중 하나는 흐루쇼프가 권력 투쟁과정에서 필요성을 느꼈기 때문이라는 것이다. 샤워츠키의 견해는 충분한 타당성을 지닌다. 스탈린 사망 직후 집단 지도체제를 선언했으나, 흐루쇼프는 경쟁자인 비밀경찰의 총수 베리야와 스탈린의 암묵적인 후계자로 여겨졌던 행정부 수반이었던 말렌코프 수상을 물리치고 권력을 장악하기 위해 1956년 2월 비밀연설을 단행했다. 스탈린을 비판함으로써, 아직까지 권력의 상층부에 잔재해 있는 스탈린주의자들을 물리치고 권력을 장악하기를 원했던 것이다.

두 번째 원인은 이데올로기적인 성격에 기인한 것이라고 샤워츠키는 주장했다. 흐루쇼프는 확신에 찬 공산주의자였기에 스탈린의 종교에 대한 완화정책을 묵인할 수 없었다는 것이다. 이처럼 흐루쇼프의 종교에 대한 탄압 정책은 내부적 요인인 개인적 신념과 외부적 요인인 권력투쟁 과정에서 필요한 도구로서 활용한 것이었다고 볼 수 있다.

그런데, 흐루쇼프 시기 시행된 '반-종교정책'은 그 이전시기의 종교 탄압과는 다른 특징을 가지고 있다. 종교학자인 학술원 회원 미트로힌(Л. Н. Митрохин)은 소련에서 종교에 대한 박해를 2단계로 구분한다. 1단계는 볼셰비키 정권 수립 직후 사회주의 국가 건설과정에서 시행된 것으로서 '전투적인 무신론(воинствующий атеизм, 1920-1930년대)'으로 명명할 수 있다는 것이다. 그리고 흐루쇼프시기에 시행된 2단계 탄압은 '학문적인 무신론(научный атеизм, 1950-1980-е годы)'으로 명명한다(Митрохин, 2008).

'전투적인 무신론' 캠페인 시기에는 적극적으로 종교활동을 펼치는 신자들을 소비에트 국가 이데올로기에 해를 끼치는 존재로 여겨졌으며, 이들에 대한 탄압은 생명을 빼앗는 경향을 띠고 있었다. 이들은 한마디로 인민의 적으로서, 용서받을 수 없는 자들로 인식되었다. 그러나 '대조국 전쟁' 기간에 손에 무기를 들었던 신자들은 소비에트 조국에 대한 자신들의 충성심을 증명했다. 따라서 전후 해빙기에 펼쳐졌던 '학문적인 무신론' 캠페인 시기에는 신자들도 소비에트 사회의 일원으로 여겨졌다. 즉, 소비에트 사회 건설기인 1920~1930년대의 '전투적인 무신론'과의 투쟁 시기에는, 영향력 있는 종교적인 활동가들은 사회주의 사회 건설을 방해하는 해로운 존재로서 제거 대상이었다. 그러나 해빙기에 시작된 '학문적인 무신론'과의 투쟁에서 종교 활동가들은 독소전쟁 기간 소련 국민으로서의 자신을 이미 증명한 소비에트 사회의 가치 있는 구성원으로서, 단지 재교육되어야 할 대상으로 인식되었다.

해빙기 '반-종교 캠페인'의 또 다른 특징은 전례 없이 대규모로 행해졌다는 것이다. 종교와의 전쟁은 형벌기구(법 집행 기구)에 의해서만이 아니라 당과 소비에트의 권력기구, 회사들, 노조, 콤소몰, 사회 단체들에 이르기까지 사회 전반에 걸쳐 행해졌다. 당시의 언론은 매우 감정적이었다. 그들은 무신론의 근거를 증명하려는 노력을 기울이지 않았으며, 신자들이 다른 국민들에게 끼치는 위해에 대해 흥분된 어조로 보도했다.[7]

III. '반-종교정책'의 전개와 중앙아시아 이슬람

해빙기 종교정책은 전반부와 후반부 두 단계로 나누어서 살펴볼 수 있다. 전반부는 1953~1957년까지로, 스탈린 사망 직후부터 흐루쇼프가 권력을 획득해 가는 과정에서 권력투쟁이 진행되던 시기이다. 이 시기의 종교정책은 보다 온건한 정책이 시행되었다. 후반부는 1958~1964년까지로서, 흐루쇼프가 실질적으로 권력을 장악한 시점으로부터 당 내 쿠데타로 권좌에서 밀려나는 때까지이다. 이때에는 종교에 대한 본격적인 탄압, 즉 강경정책이 시행되었다.

7　Хрущёвская антирелигиозная кампания.

1. 해빙기 초기 종교에 대한 온건 정책 시행

스탈린 사후, 종교에 대한 우려는 법령들을 통해 나타나기 시작했다. 예를 들자면, 1954년 6월 7일에 공표된 〈학문적-무신론 프로파간다의 극심한 불충분함과 방법에서의 개선(О крупных недостатках в научно-атеистической пропаганде и мерах её улучшения)〉에 관한 공산당 중앙위원회 법령이 있다. 이 법령에서는 '교회와 다양한 종파'들의 활동이 활발해 졌으며, 종교 의례를 따르는 국민들의 수가 증가했다고 언급되어 있다.[8] 실제로 이슬람의 경우, 스탈린 통치 말기인 1952년 1월 1일에 소련 전체에 357개의 등록된 무슬림 종교 단체가 있었다.[9] 이후 1954년 11월 10일에도 새로운 법령 〈주민들 속에서의 학문적-무신론 프로파간다의 실수(Об ошибках в проведении научно-атеистической пропаганды среди население)〉가 채택되었는데, 공산당 중앙위원회에서 공인된 이 법령에서도 정부는 종교에 대한 우려를 표현했으나, 현저하게 조심스러운 어조가 사용되었다. 이 법령에서는 아직까지 스스로 종교적 믿음을 가지고 있는 시민들, 즉 신자들에 대해 언급하고 있는데, 이들을 시민적 의무를 다하면서 정직하게 적극적으로 사회에 참여하는 이들로 지칭하고 있다. 한마디로 종교인들도 완전한 시민권을 누릴 수 있음을 명시하고 있다. 소비에트 국민 누구든 자신의 종교적 신념으로 인해 더 이상 유치하고 유해한 정치적인 의심의 대상이 되지 않는다는 것이다. 이러한 면에서 역사학자 드미트리 포스페로브스키(Дмитрий Поспеловский)는 1955~1957년을 오히려 1947년 이후 신자들에게 가장 자유주의적인 시기로 평가하기도 했다.

스탈린 사후 해빙기 초기 시기의 이러한 종교정책은 1944년 5월 정교회

---

8 https://rusoir.ru/03print/03print-02/03print-02-239(검색일: 2018.1.22); (Малашенко, 1998: 60).

9 Мусульмане и "хрущевская оттепель" Islam news. ИНФОРМАЦИОННОЕ АГЕНТСТВО РОССИИ. http://www.islamnews.ru/news-499726.html(검색일: 2018.3.20).

를 제외한 다른 종교에 대한 감찰을 위해 각료회의 산하에 신설된 기구인 〈종교문제 평의회(Совет по делам религиозных культов)〉를 중심으로 시행되었다. 〈종교문제 평의회〉는 흐루쇼프의 '반-종교 캠페인'이 개시되던 1958년 후반까지, 종교에 대한 온건노선을 옹호하는 원칙적인 목소리를 내었다. 〈종교문제 평의회〉는 종교 정책을 시행함에 있어서 합법성을 바탕으로 정책을 수행하고자 했는데, 무엇보다 신자들의 합법적인 권리를 공식적으로 보장하려고 노력했다. 〈종교문제 평의회〉는 특별한 목적을 위해 종교공동체와 지역 정부와의 양자의 관계에서 〈종교문제 평의회〉가 주도권을 행사하려고 노력했다. 1940년대 말부터 〈중앙아시아 무슬림 종무원(Духовное управление мусульман Средней Азии и Казахстана: САДУМ)〉과 〈종교문제 평의회〉는 공조해왔는데, 1950년대에는 동맹은 더욱 강화되고 발전했다. 실제로 공산당원들이 근무했던 〈종교문제 평의회〉의 목적은 대중들과 희망적으로 공조하면서 궁극적으로는 모든 신자들을 무신론자로 변화시켜 나가는 것이었다. 합법성을 유지하면서 동시에 종교를 청산하는 실행가능한 길로 여겨지는 교육, 반-종교 프로파간다 그리고 과학 지식들을 확산시키는 것을 중시했다(Tasar, 2010: 74).

신자들이 소비에트 시민으로서의 권리를 누릴 수 있도록 하겠다는 〈종교문제 평의회〉의 지향점을 보여주는 구체적인 사례가 있다. 이는 1954년 10월 17일에 키르기스스탄 남부의 이슬람 학자이자 무슬림 사제(이맘)인 샤포아트 호지 호리크나자로프(Shafoat hoji Xoliqnazarov)의 두 딸이 '종교적 인물의 아이들로서' 초등학교에서 정기적으로 괴로움을 당한 사건이었다. 샤포아트는 10여 년 동안 아흐티아모프(〈종교문제 평의회〉의 키르기스스탄 공화국 대표)와 1945~1957년까지 오슈지방의 〈종교문제 평의회〉관리였던 이스마일 할리모프(Ismail Halimov)와 친분관계가 있는 무슬림 사제였다. 그의 두 딸들은 학교에서 부당한 대우를 당한 것에 대해 호소했다. 특히 교사인 귤롬 코시모프(G'ulom Qosimov)는 오로지 아버지의 직업으로 인해 모든 방법을 동원해 아이들을 괴롭혔다. 1954년 10월 15일에 마침내 샤포아트는 학교를 방문해 교사인 코시모프와 대화를 시도했다. 샤포아트에 의하면, 교사는 자기 손가락으로 샤포아트의 수염을 찌르는 역겨운 행위로 그에게 모욕을 주었다.

이맘의 보고를 받은 할리모프는 '적당한 방법들'을 찾아볼 것을 약속했다. 이 사건에 대해 할리모프로부터 보고를 받은 아흐티아모프는 키르기스스탄 정부의 수상과 키르기스스탄 공산당 비서인 큐르망갈리 카라케에프에게 이 사건에 대해 보고서를 제출했다. 아흐티아모프는 보고서의 마지막 부분에서 샤포아트의 소비에트 시민으로서의 권리를 침해한 모욕 행위에 대한 배상이 필요하다는 점을 강조했다.

> "...소비에트 교사의 부모를 향한 불합리한 접근은 소비에트 학교 안에서는 어디에서도 일어나서는 안됩니다. 종교적인 의례를 수행하는 이들의 자녀들인 학생들을 향한 적대적인 행위, 그리고 예배 수행자라는 신분으로 인한 부모에 대한 인신공격은 징계를 받아 마땅합니다."(Tasar, 2010: 99-100).

당과 행정 당국은 이에 대해 후속 조사를 시행했다. 오슈 시의 당 위원회는 선전부 서기에게 이 업무를 배당했다. 그런데 조사관의 성씨가 의도적인지 아닌지 알 수 없으나, 조사대상인 교사와 동일한 코시모프였다. 조사관은 개인적으로 그를 조사하기 위해 학교를 방문했다. 조사관은 할리모프의 보고서 사본을 교사에게 건넸다. 교사인 코시모프는 샤포아트의 비난을 부인했으며, 더 나가 사실은 이맘이 자신을 거칠게 위협했다고 주장했다. 당국은 누구를 믿어야 할지 알지 못한 채로 조사는 마무리되었다. 할리모프는 이러한 점에 대해 애석해 하며 "이것은 지역의 통치자들이 문제를 처리하는 방식"이라고 샤포아트에게 말했다.

이 사건을 통해 이슬람 사제인 이맘의 자녀들이 학교에서 부당한 대우를 받은 것을 알 수 있다. 그런데 명확하지 않은 점은 교사가 공산주의 사상에 충실하여 종교를 인민의 아편으로 여겨서 이런 행위를 한 것인지, 무슬림으로서 당의 노선에 충실한 공인 이슬람의 사제들에 대한 반감에서 행한 행위인지는 구분하기 어려운 점이 있다.

이외에도 해빙기 초기에 중앙아시아에서 만연된 종교적 현상에 대해 우려하는 사례들은 다음과 같다. 1954년에 키르기스스탄의 주요 신문의 하나인 〈크즐 키르기스스탄(*Kyzyl Kyrgyzstan*)〉에 라마단 기간 동안의 금식에 맞서 투쟁할 것을 공산당과 소비에트 정부에 촉구하는 한 역사학 박사의 기고문이 게재된 것이다. 또한 같은 해인 1954년에 키르기스스탄 당 중앙위원회의 선전선동부는 요원 중 한 명을 이식쿨 지역에 선동 상태를 평가하도록 보냈다. 이 업무를 수행한 사니코프는 프르제발스크 시 외곽에 있는 묘지를 방문했을 때 공포를 느꼈다고 보고했다. "주위가 붉은 깃발로 장식된 무덤 위의 초승달 이미지 다음 바로 육각형 별이 나타난다"(Tasar, 2010: 105). 이처럼 묘지에서 소비에트의 상징인 붉은 깃발과 이슬람 문양인 초승달, 그리고 유대인 표식인 육각형의 별들이 혼재되어 있는 모습에 대해 그는 보고하며 생활 속에 스며들어 있는 종교적 잔재에 대해 우려를 표명했다. 한편 1958년에는 페르가나 계곡의 볼셰비키인 콜호즈의 장이 라마단 시작일을 나타내는 신호를 전력발전소를 통해 공식적으로 내보냈다. 이는 중앙아시아에서 무신론 프로파간다를 확산시키게 되는 한 원인으로 작용하기도 했다(Khalid, 2007:84).

이처럼 흐루쇼프가 권력 투쟁 과정에 있었던 해빙기 초기에는 종교에 대한 온건 노선이 우세했다. 신자들의 소비에트 시민권을 완전하게 인정해 주고 교육시킴으로서 궁극적으로 무신론자로 변화시킬 수 있다는 이러한 온건 노선은 20차 당 대회 이후 흐루쇼프의 권력이 강화되면서 강경노선으로 변해갔다.

2. '반-종교 캠페인'의 본격적 시행

소련에서 '반-종교 캠페인'의 절정기는 1958~1964년으로 평가되고 있다. 1957

년 반-당 그룹에 대한 숙청이후 권력을 장악한 흐루쇼프는 자신이 획득한 권력을 공고하게 다지기 위한 방편 중 하나로 종교에 대해 격렬하게 타격을 가하기 시작했다. 이는 앞에서도 살펴본 바와 같이 스탈린주의자들에게 타격을 주기 위한 방책의 일환이었던 것으로 보인다. 이 새로운 공격은 소련 과학 아카데미의 공식 저널인 〈소비에트 민족학〉에 "당은 결코 어떤 종류의 이데올로기적인 반작용에 대해서도 타협하지 않을 것이다. 종교에 대항한 투쟁은 계속되어야만 하며 모든 가능한 방법을 사용하여 고양될 것이다."라고 게재된 것에서 확인된다. 종교에 대한 이러한 강경한 태도는 흐루쇼프가 자신이 헌신적인 무신론자임을 여러 차례 언급했음에도 불구하고 나라 안에 부는 자유화의 신선한 바람에 매료된 소비에트 대중과 시민들 그리고 해외의 관찰자에게 매우 예상치 못한 일이었다(D.-Cokun, 2008: 85).

본격적인 '반-종교 캠페인'은 1958년 10월 4일 공산당 중앙위원회의 비밀법령으로 촉발되었다. 이 법령은 선전선동부서의 보고에 기반을 두고 작성된 것으로서, 〈연방 공화국들에서의 학문적-무신론 프로파간다의 불충분성(О недостатках научно-атеистической пропаганды)〉에 대한 것이었다.[10] 당과 사회 조직들에게 소련 사람들의 의식과 일상 속에 남아 있는 종교적인 잔재들을 공격할 것이 권유되었다. 종교적 잔재 청산을 위해 수도원 산하의 묘지를 포함하여 교회 부지에 대한 세금을 높였으며, 도서관에서 종교 서적들을 치워버렸다. 또한 당국은 신자들이 성지를 방문하는 것을 금지했다. 심지어 성지 근처에 혹은 바로 그 장소에 돼지 사육장과 쓰레기 소각장을 만들었다.

이처럼 1958년 10월 4일에 공표된 중앙위원회의 법령과 그 법령에 기반을 둔 활동들은 공식적으로 종교에 대해 새로운 방향으로 수정을 개시하는 것

---

10 № 39 Записка Отдела пропаганды и агитации ЦК КПСС по союзным республикам "О недостатках научно-атеистической пропаганды". https://rusoir.ru/03print/03print-02/03print-02-239(검색일: 2018.10.3).

을 의미했다. 이는 흐루쇼프의 '반-종교 캠페인'의 본격적인 시작을 알리는 명백한 신호였으며, 강경노선이 승리를 거두기 시작했음을 의미하는 것이기도 했다. 그동안의 종교에 대한 온건정책은 전후 공식적인 무기력함과 성직자들의 유해한 활동에 대한 무관심이 반영된 후기 스탈린주의자들의 정치적 태도에 의한 것이라고 비판받았으며, 이는 볼셰비키 혁명 이념에 대한 배반으로 여겨졌다.

점차 종교를 향한 온건노선에 대한 분노를 표방하는 것이 각 공화국과 지역 정부로 확산되었다. 대대적인 캠페인과 더불어 종교적인 고위 인사들에 대한 공격이 연방공화국, 공화국, 그리고 지역 차원에서 펼쳐졌다. 구체적인 사례로는, 키르기즈의 당원이자 저명한 작가인 카시말리 잔토쉐프(Kasymaly Jantoshev)가 1958년 후반에 키르기즈 당 서기인 이스학 라자코프와 1958~1961년까지 정부 수반이었던 카지 두캄파예프에게 보낸 청원서를 들 수 있다. 청원서의 핵심 내용은 "대조국전쟁 기간 동안 우리 인민들의 통합과 국제적인 상황과 관련하여 당과 정부의 종교에 대한 태도가 변한 것은 이해가 간다. 하지만 이것이 오랜 미신과 관련되어 있는 종교적인 삶에 대한 반-종교 프로파간다를 멈춰서는 안된다"는 것이었다.

이러한 청원서에 부합하여 지역 차원에서 벌어졌던 사제에 대한 공격의 한 사례는 키르기스스탄 잘랄라바트에 위치한 모스크의 이맘인 무티굴라 아사둘린(Mutigulla Asadullin)과 관련된 것이었다. 1959년 5월 21일에 도시 신문 중 하나는 이맘을 모욕하는 기사를 게재했다. 이에 대해 〈종교문제 평의회〉의 키르기스스탄 위원장인 아흐티아모프는 모스크바의 그의 상관에게 다음과 같이 불평했다.

"아사둘린은 78세이다. 지난해에 그의 아내가 죽었고 그를 돌볼 사람이 아무도 없었다. 그래서 그는 50세의 여성과 재혼했다. 이 일에서 눈살을 찌푸릴 것은 아무것도 없다. 왜냐하면 그 여성은 50세가 넘을 때까지 미혼이었기 때문이다. 우리는 아사둘린을 종교 의례 집행자로 14년을 알고 지내고 있는데,

그는 알콜 중독자도 아니며 더 나가 술을 커다란 악이라고 생각하는 사람이다. 무엇 때문에 불필요하게 완전히 노인인 사람의 명예를 실추시키고 고통스럽게 하는가?".

아흐티아모프는 이를 묵과하지 않았으며 이러한 모욕적인 행태로 인해 다음해 말에 사직했다(Tasar, 2010: 253). 이러한 사례를 통해 '반-종교 캠페인'이 이슬람 사제들의 도덕성을 공격하는 방식으로 펼쳐졌음을 알 수 있다.

1959년 5월 8일에는 저널 〈학문과 종교(Наука и религия)〉가 창간되었다. 이를 통해 1920년대와 유사한 공격적인 무신론 프로파간다가 본격화되었다. 1950년대 말에 흐루쇼프는 1941년 가을에 스탈린에 의해 허용된 교회 종소리를 금지하기도 했다.[11]

'반-종교 캠페인'의 시행과정을 인구의 다수를 구성하고 있는 정교회를 중심으로 살펴보자면, 1958년 말 각료회의는 1945년에 도입된 수도원 재산에 대한 세금 면제를 폐지하는 것을 결정했다. 8개의 정교회 신학교 중 5개가 폐교되었으며, 18세 이하의 아이들은 교회 예배에 참석하는 것이 금지되었다. 1959~1964년 사이에 교회 수가 22,000개에서 7,000개로 감소되었다. 같은 기간에 성직자들은 30,000명에서 6,000명으로 감소되었다. 수도원 수는 69개에서 17로 줄어들었다(D.-Cokun, 2008: 85). 흐루쇼프 시대에는 스탈린 시기에 행해지던 임의 체포와 박해가 중단되었다. 상당부분의 수용소는 폐쇄되었다. 그러나 사제들로 구성된 특수 수용소는 아랄 해 부근의 스텝지역의 황무지에 유지되었다. 이곳에 수용된 수감자들은 대략 3만 명의 사제들과 수녀들이었다(D.-Cokun, 2008: 85).

---

11 Дымарский Виталий Наумович. Времена Хрущева. В людях, фактах и мифах: Хрущев и церковь. Антирелигиозная кампания. http://www.libma.ru/istorija/vremena_hrusheva_v_lyudjah_faktah_i_mifah/p13.php(검색일: 2017.12.20).

이러한 당국의 조치들에 부응하여 1959년 12월에 〈전 연방 복음주의 크리스천-침례교도 위원회(Всесоюзный совет евангельских христиан-баптистов, ВСЕХБ)〉 총회에서는 두 개의 문서를 채택했다. 이 문서는 〈소련 내 복음주의 기독교인과 침례교인의 연합 상황에 관하여(Положение о Союзе евангельских христиан-баптистов в СССР)〉와 〈원로 장로들에게 보내는 교훈적인 서신(Инструктивное письмо старшим пресвитерам ВСЕХБ)〉이었다. 이 문서들에는 30세 이하의 젊은이들이 세례를 받는 것을 허용하는데 제한을 둘 것, 아이들이 예배에 참석하지 않게 할 것, 가정에서 모이는 모임에 설교자로 참석하지 말 것, 다른 종교공동체에 가지 말 것 등을 권고하는 내용이 포함되어 있다.[12] 이와 같은 문건을 통해 당국의 탄압이 강화되어 가는 상황에서 기독교 공동체 스스로 주의를 기울이는 것을 통해 당시의 상황들을 파악해 볼 수 있다.

반-종교적인 프로파간다에서 중요한 역할을 한 것은 자신의 신앙을 버리고 전향한 과거의 사제들과 신자들이었다. 그 대표적인 사례는 레닌그라드 신학원(Ленинградская духовной академии РПЦ)의 교수이자 사제장(протоиерей)인 오시포프(А. А. Осипов) 교수가 1959년 12월에 신을 부인한 것이었다. 이는 큰 반향을 불러 일으켰다. 이 시기 신문들은 이와 유사한 사례들을 자주 게재했으며, 이들 중 다수의 기사들은 이후 별도의 단행본으로 출간되었다.

이러한 흐루쇼프의 '반-종교 캠페인'으로 인해 러시아 정교회가 40%이상, 침례교의 22% 정도의 예배당 등록이 취소되었다. 이슬람의 경우도 각 지역에서 모스크 등록이 취소되는 사례들이 나타났다. 그러나 지역별로 편차는 있었다. 카자흐스탄이나 키르기스스탄에 비해 종교적 열정이 강했던 우즈베키스탄이나 타지키스탄에서 모스크 폐쇄 비율은 더 높았다.[13]

12　Хрущёвская антирелигиозная кампания.
13　1959년에 4개의 등록된 모스크가 단지 타지키스탄의 레닌아바드 주에서만 등록이 취소되었다. 그리고 1960년에는 2개가 더 문을 닫았다. 모두 〈종교문제 평의회〉의 동의 없이 일

공인된 모스크 수(Anderson, 1994: 384)

일시	1958.1.1.	1964.1.1.
러시아연방공화국	184	142
카프카즈	26	24
우즈베키스탄	90	67
카자흐스탄	26	25
키르기스스탄	34	33
타지키스탄	34	18
투르크메니스탄	4	4
합계	398[14]	313[15]

    법적으로 공인된 종교 지도자들은 복잡한 상황 하에 놓이게 되었다. 그들은 신자들의 이해관계와 무신론 국가의 정치적 노선 사이에서 균형을 맞추는 역할을 수행해야 했다. 각 종파의 종교 지도자들은 계속 합법적으로 존속하기 위해 정부와 타협점을 찾기 위해 노력했다.[16]

    정교회와 비교해 볼 때, 정교회가 커다란 타격을 받은 것에 반해 키르기스스탄의 공인된 모스크는 거의 타격을 받지 않았다.[17] 키르기스스탄은 1959년에 등록된 모스크가 35개였는데 1965년에 33개로 거의 타격을 받지 않았다. 그러나 많은 수의 무슬림들은 비공인 이슬람의 영역으로 들어갔다. 흐루쇼프의 '반-종교 캠페인'은 소련 이슬람의 특징 중 하나인 공인 이슬람과 비공인 이슬람의 구분을 심화시켰다. 이 시기에 보다 더 타격을 받은 것은 공인되지 않은 이슬람

    어난 일이었다. 1961년에는 마르길란에서 도심에 위치한 등록된 모스크가 문을 닫았다 (Yaacov, 2000).

14 앤더슨의 원자료에는 합계가 402로 표기되어 있으나, 이는 계산 오류인 것으로 보인다.

15 앤더슨의 원자료에는 합계가 312로 표기되어 있으나, 이는 계산 오류인 것으로 보인다.

16 Хрущёвская антирелигиозная кампания.

17 1959~1961에 가장 집중적으로 예배 장소들이 문을 닫았다. 구체적으로는, 1958년에서부터 1959년까지 러시아 정교회와 관련된 90개의 예배 장소들이 등록을 상실했다. 1958년 말에 우크라이나 공산당은 공화국 내의 40개의 수도원 중 13개를 폐쇄할 것을 제의했다.

공동체였다. 중앙아시아에는 공인된 모스크에 비해 비공인 예배 장소들이 훨씬 더 많았다. 과거 콤소몰 활동가였던 인물의 증언에 따르면, 우즈베키스탄에서만 1961~1963년 사이에 3,567개의 비공인 모스크가 문을 닫았다. 정통 이슬람에서 인정하지 않는, 미신적인 요소를 포함하고 있었던 영묘 숭배에 관한 영역도 타격을 받아 중앙아시아에서 영묘들이 폐쇄되었다. 〈종교문제 평의회〉에 의하면, 타지키스탄에는 1958년 초에 이러한 영묘가 210개가 있었는데, 1960년 1월 1일에 이들 중 170개가 폐쇄되었다. 한 보고서에 따르면, 1959년 5월 20일에 우즈베키스탄에서 31개, 타지키스탄에서 61개, 투르크메니스탄에서 4개의 영묘가 폐쇄되었다(Tasar, 2010: 254).

이러한 '반-종교 캠페인'에 보다 확고한 법적 기반을 제공한 것은 1961년 3월 16일자의 "종교의례와 관련된 법령을 수행하는 것에 대한 통제 강화에 관하여"라는 제하의 소련 각료회의에서 공표된 종교에 대한 법령이었다. 〈종교문제 평의회〉 의장인 푸진(А. Пузин)은 1955년에서 1965년 사이에 만들어진 새로운 법안들은 '전쟁기간과 종전 직후에 행해진' 실수를 바로잡기 위한 것이라고 강조했다. 그는 이 법안들이 소련 정부의 이전의 일련의 결정들을 변형시키는 것으로서, 이를 통해 종교의례와 관련된 레닌주의 법들의 효력을 재건해야 한다고 주장했다. 새 법은 기도처를 닫거나 여는데 주도권을 가지고 있던 〈종교문제 평의회〉의 권한을 축소하고 지역 정부에게 더 큰 권한을 부여했다. 미등록 물라들과 소수의 개신교 종파의 특별 구성원들을 감옥형에 처하는 것은 1962~1965년 사이 정책 수행의 공통적인 특징이 되었으며 이는 1980년대까지 좀 더 낮은 강도로 지속되었다. 캠페인 기간 동안, 특히 1958~1962년 사이에는 여러 법률들은 공식적으로 인가된 종교 조직들의 자율권과 운신의 폭을 제한했다. 이 기간인 1961년에 우즈베키스탄 공산당이 오르조니키제 지역의 나보이 콜호즈 장인 아자모프를 해고한 사건도 많은 것들을 시사해 준다. 그는 집단 농장의 1헥타의 땅을 예배를 위한 장소로 제공했으며 철 60개 시트와 4천 개의 벽돌을 콜호즈 예산에서 오래된 모스크를 재건하고 새로운 창고를 건설하는 비용으로 제공했기 때문에 해고되었다(Khalid, 2007: 84).

흐루쇼프 통치하에 당은 선전 선동의 효과를 높이기 위해 더 광범위한 인적자원을 동원했다. 학계와 문화영역과 교육부문 종사자들이 동원되었다. 우선 학계를 살펴보자면, 종교에 관한 소비에트의 저명한 학자인 이슬람교도 리우치안 클리모비치와 역사학자 알렉세이 클리바노프와 같은 이들의 도움을 받았다. 지역 차원에서 학자들은 이슬람, 특히 영묘 순례의 반동적인 특징에 대해 인민들을 교육시키기 위한 목적으로 자료들을 활발하게 출판했다. 1959년에 〈즈나니예(Знание)〉의 키르기스스탄 지부는 키르기스스탄 과학 아카데미가 개최한 무신론에 대한 컨퍼런스를 지원했는데, 여기에는 300명이 참가했다.

이러한 무신론에 대한 장려는 학계에만 국한된 것은 아니었다. 1964년 10월에 두샨베에서 타지키스탄 문화부는 "대중들의 무신론 장려"라는 프로그램을 시작했다. 여기에는 강의들, 사진 전시, 연극들, 콘서트들, 영화 상영,[18] 좌담, 그리고 공원에 무신론관련 부스 설치하기, 박물관, 도서관 클럽들이 포함되었다.

무신론 교육은 교육현장에서도 실시되었다. 교사들은 학생들을 "반-종교 특징에 대한 대담"에 참가하도록 고무시켰다. 예를 들면 키르기스스탄 북부 초등학교에서 반장으로 선출된 학생들을 대상으로 교사들이 라마단 기간에 교실에서 반-종교적인 '대담'을 지도하기도 했다.

이처럼 '반-종교 캠페인'은 정교회를 비롯한 종파들과 비공인 이슬람의 영역에는 심각한 탄압이 행해졌다. 그러나 공인된 이슬람의 경우는 탄압의 정도

---

18 이러한 '반-종교 캠페인' 시기 제작된 영화로는 이반(Иванна, 1959), 기적을 일으키는(Чудотворная, 1960), 소나무 숲 위의 구름(Тучи над Борском, 1960), 삶, 그대를 사랑하며 Люблю тебя, жизнь, 1960), 파문(Анафема, 1961), 기만당한 사람들(Обманутые(라트비아어 Pieviltie), 1961), 아마겟돈(Армагеддон, 1962), 참회(Исповедь, 1962), 세싱의 종말(Конец света, 1962), 죄를 지은 여인(Грешница, 1962), 타락한 천사(Грешный ангел, 1962), 돌 위의 꽃(Цветок на камне, 1962), 천국 이야기(Небесная история(애니메이션), 1962), 모든 것은 사람들에게 남아있다(Всё остаётся людям, 1963) 등이 있다.

가 상대적으로 미약했다.

IV. '반-제국주의 아젠다'와 중앙아시아 이슬람

1. 냉전의 심화와 무슬림의 역할

공인 이슬람에 대한 상대적인 유화정책은 국제적인 역학 관계의 영향을 받은 것이라고 할 수 있다. 스탈린 시기 시작된 냉전체제는 흐루쇼프시기에 이르러 더욱 강화되었다. 체제간의 경쟁은 더욱 심화되었다. 이러한 경쟁의 일환으로 1957년 10월 4일에 무인 우주선인 스푸트닉을 발사하기도 했으며, 1961년 4월 12일에는 최초의 우주비행사인 유리 가가린을 태운 유인우주선을 발사하며, 과학기술에 있어서 우위를 과시하기도 했다. 한편 진영을 이탈할 움직임을 보였던 동독(1953년)과 헝가리(1956년)를 무력으로 침공하여 냉전 체제를 더욱 공고하게 했다. 1961년에는 베를린 장벽을 설치하였으며, 이후 쿠바에 핵무기를 배치함으로써 긴장은 절정에 이르렀다.

이때 서구의 식민지배를 종식한 중동, 아시아, 아프리카의 무슬림 국가들과의 우호관계를 형성하는 것은 소련에게 매우 중대한 것이었다. 특히 1950년대 말에서 1960년대 초반 아프리카 대륙에 수세기의 식민지의 멍에로부터 해방을 위한 민족운동이 시작되었으며, 아프리카의 여러 국가들이 자신들의 독립을 선언했다.[19] 신생 독립 국가들은 발전을 위한 스스로의 노선을 규정하는 것

---

19 1956년 수단, 튀니지, 모로코; 1957년 가나; 1958년 기니; 1960년 1월 카메룬, 4월 토고, 6월 세네갈, 말리, 마다가스카르, 7월 소말리아, 8월 코트디부아르, 다호메, 어퍼볼타(현 부르키나파소), 니제르, 가봉, 차드, 10월 나이지리아, 11월 모리타니 등; 1961년 시에라리온,

이 필요했다. 냉전체제가 확립된 당시 세계에서는 사회주의와 자본주의 두 개의 시스템이 경쟁하고 있었다.

이처럼 무슬림을 표방한 신생 독립국가들이 아시아와 아프리카 지역에 출현함에 따라 소련은 고통당한 국가들의 '반-제국주의 해방자'로서 자신들의 이미지를 강화시키기를 원했다. 흐루쇼프는 중동에서 반 서구적인 입장을 취하고 있는 '부르주아 민족주의자' 그룹들에 대한 지지를 표명했다. 국제관계에서 소비에트 무슬림들은 유용한 도구로 인식되었다. 이러한 정부의 의도를 잘 보여주는 것은 아랍 연합 공화국(Объединенная Арабкая Республика)[20] 대통령 가말 암델 나세르(Гамал Абдель Насер)가 1958년 5월 2일 금요일에 모스크바 모스크(собоная мечть)를 방문했을 때, 모스크바 모스크의 이맘 살리호프 카마레트진(Салихов Камаретдин)이 행한 설교문이다. 이맘 살리호프는 아랍어로 한 설교에서 자본주의 침략자들로부터 아랍 민중들을 지키기 위해 소련은 할 수 있는 모든 일을 할 것이라고 강조했으며, 소련의 무슬림들이 아랍 민중들을 위해 모금한 돈을 전달하기도 했다. 설교문은 다음과 같다.

"오늘 기도회에 참석한 큰 손님인 가발 암델 나세르와 그의 동료들은 제국주의자들로부터 박해받는 아랍 민중들의 해방을 위해 많은 일을 하였으며, 지존자인 알라의 명령에 부합하여 인내와 고난을 극복하고 자신들의 목적을 달성했습니다. 물론 강력한 적인 제국주의자들로부터 해방을 위해서는 믿을만한 친구들의 도움이 필수적이었습니다. 그들은 이런 상황을 잘 이해하고 있

탕가니카(현 탄자니아); 1962년 르완다, 부룬디, 알제리, 우간다; 1963년 케냐; 1964년 니아살랜드(현 말라위), 북로데지아(현 잠비아)가 독립했다.

20 아랍 연합 공화국(Объединенная Арабкая Республика)은 1958~1971까지의 이집트의 명칭이었다(Ислам и советское государство(1944-1990). С.184). 이집트는 1958년 시리아와 합병하면서 국명을 이와 같이 사용했다. 시리아는 1961년에 탈퇴했으나, 이집트는 이후에도 10년 동안 이 명칭을 사용했다. 소련과 이집트는 1943년 8월 26일에 수교를 맺었다. https://interaffairs.ru/news/show/9929 (검색일: 2018.11.28).

는 소련의 얼굴에서 그것들을 발견했습니다. 지존자인 알라에게 영광을!

신의 은혜와 지지에 의거하여 그들은 소련과 가까워졌고 자신들의 위대한 일을 성취할 수 있었습니다. 우리 정부, 소련 정부는 박해받는 인민들의 믿을만한 친구가 되었으며, 민족해방과 주권을 위한 그들의 노력을 적극적으로 지지했습니다. 따라서 자본주의 침략자들이 또다시 식민주의 정책으로 아랍 민중들을 억압하려고 한다면, 소련은 이들 민중들에게 도덕적인 지지를 보낼 것입니다. 자본주의 침략자들이 여성들, 아이들, 그리고 노인들을 죽이려 한다면, 소련은 아랍 민중들의 생명을 보존하기 위한 가능한 모든 일들을 할 것입니다! 우리 소련의 무슬림들은, 평화롭게 살고 있으며, 행복한 삶을 누리고 있으며 우리의 형제들―아랍 무슬림―을 침략자들이 침공하는 날들에 우리 정부가 우리에게 허용한 자유로 인해 이 사원에서 지존하신 알라에게 기도를 올릴 수 있습니다. 그리고 침략을 당한 우리의 형제들을 돕기 위해 하루 동안 40,000 루블을 모금했습니다. 지존자에게 영광을, 다시 한 번 지존자에게 영광을. 인종에 대한 차별 없이, 어느 민족인지에 상관없이, 그리고 종교에 상관없이, 박해받는 민족들에게 인도적인 도움을 베푸는 정부의 통치 하에 살아가는 행복을 우리는 누리고 있습니다. 동란의 시기에 다신교도들에게 침략을 받던 위대한 선지자 마호메드가 이웃 나라 군주의 도움을 발견한 것처럼 우리 아랍 형제들은 소련의 얼굴에서 자신의 신뢰할 만한 친구를 발견했습니다. 이러한 상황은 자본주의 침략자 무리들에게 불안을 불러일으켰으며, 그들은 다양한 뇌물들, 달러 선물, 소련을 비방하는 것, 그리고 소련을 반대하는 선전을 통해 아랍민족들을 소련으로부터 멀어지게 하고, 소련을 비방하게 하려고 하고 있습니다...우리 아랍 형제들은 자본가들의 낚싯줄에 굴복하지 않으며 그들의 거짓말을 믿지 않습니다. 알라에게 영광을! 그들은 누가 진정한 친구이고, 누가 적인지를 알아봅니다."[21]

---

21 ГАРФ. Ф. Р-6991. Оп.4. Д.99. Л.54-59 // Ислам и советское государство(2011).

소비에트 당국은 냉전체제 수립 이후 중동국가들과의 공조 체제를 확립하기 위해, 무슬림 기구가 국내에 지속적으로 존재해야 한다는 것을 이해했다. 이 역할을 담당한 것은 중앙아시아 무슬림종무원이었다. 정부는 중앙아시아 무슬림종무원을 중동 지역의 무슬림들과의 교류와 협력의 통로로 적극 활용하였다. 무슬림 종무원은 해외의 무슬림들에게 소련에서 신앙의 자유를 증명하는 기구였으며, 중동을 비롯한 무슬림 국가들과의 활발한 접촉을 가능하게 하는 도구가 되었다. 독소 전쟁 기간 중이었던 1943년 새롭게 설립되었던 중앙아시아 무슬림종무원은 열전이 끝난 이후 확립된 새로운 전쟁, 즉 냉전시기에 새로운 임무를 부여받게 되었다. 그것은 국제관계의 확대에 기여하는 것이었다. 소비에트 중앙 정부는 수많은 이슬람 국가들과의 상호관계를 위해 '무슬림 종무원'의 존재를 필요로 했다(Бобохонов, 2016: 200-201).

'중앙아시아 무슬림 종무원'의 1대 무프티(종무원장)의 임무가 전쟁 물자 동원이었다면, 2대 무프티에게 중앙 정부에서 요구한 것은 국내적인 것보다 국제 사회에서의 역할이었던 것이다.[22] 에숀 바바한의 아들인 2대 무프티 지야우딘 바바하노프는 흐루쇼프의 '반-종교 캠페인'이 본격화되던 1957년에 종무원장직을 맡게 되었다.[23] 1948년에 종무원 부원장으로 선출된 바 있었던 그는

---

22 에숀 바바한은 1957년 99세의 나이로 사망했다. 그의 사망 소식은 〈이즈베스티야(Известия, 소식)〉 신문에 게재되었다. 여러 도시들에서 수많은 군중들이 〈하자르티 이맘〉 광장으로 몰려들어 그의 마지막 가는 길을 배웅했다. 우즈베키스탄 정부의 결정에 의해 이맘 아부 바크라 무하마드 이븐 알리 이스마일 알-카팔 아슈-샤쉬(имам Абу Бакра Мухаммада ибн Али Исмаил аль-Каффаль аш-Шаши) 영묘에 안장되었다. 에숀 바바한의 이름은 모스크와 거리에 명명되었다(Усманходжаев, 2008).

23 그는 1908년에 타슈켄트에서 위대한 학자 집안인 에숀 바바한 이븐 압둘마쥐드한 가문에서 태어났다. 1920년에는 타슈켄트에 있는 메드레세 〈쿠칼도쉬〉에서 수학하며, 하디스와 피키흐 기본을 배웠다. 스탈린 대테러 시기 1대 종무원장인 아버지 에숀 바바한과 함께 두 번이나 투옥되며 탄압을 받았었다. 그는 1943년에는 샤둠 특별 서기로 선출되었으며, 우즈베키스탄 카디가 되었다. 1947~1948년에는 카이로 대학 〈알-아즈하르〉에서 수학했으며, 그 이후에는 메카와 메디나에서 공부했다. 그는 소연방을 포함하여 요르단, 모로코, 레바논

1957년 아버지인 1대 무프티 에숀 바바한이 사망한 이후 1957년 6월 제3차 쿠릴타이에서 만장일치로 무프티로 선출되었다.

무슬림 국가들과의 교류를 위한 중요한 요소 중 하나는 소련의 무슬림들이 성지로 순례를 가는 것이었다.[24] 그런데 중앙정부에서는 성지 순례를 떠나는 무슬림 신자들에게 지켜야 할 사항들을 지시하고 있다. 이러한 지시사항에서는 소련정부가 무슬림들을 성지 순례를 보내는 의도가 드러난다. 이는 러시아연방 국립문서보관소에 소장되어 있는 문서 중 〈1959년 5월 종교문제 평의회가 작성한 소비에트 무슬림의 메카 성지순례자들의 주의사항(№ 41 Наказ советским мусульманам-поломникам в Мекку, составленный в Совете по делам религиозных культов)〉을 통해 알 수 있다. 이 문서에는 다음과 같은 일곱 가지의 주의사항들이 기록되어 있었다. 첫 번째 주의사항은 다음과 같다.

"메카로 성지순례를 떠나는 종무원 대표들과 무슬림들은 자신들이 무엇보다도 위대한 소비에트 연방의 국민이라는 사실을 기억해야만 한다. 해외에서 조국 소비에트 국민으로서의 가치를 훼손하는 어떤 행동과 언어도 허용해서는 안된다. 소련의 무슬림 순례자들은 외국의 무슬림들이 소련의 이슬람을 포함한 종교적 상황에 대해 그리고 무슬림들의 삶에 대해 잘못된 관념을 가지고 있는 것을 보았을 때, 모든 방법을 동원하여 그들의 그러한 생각이 사라지게 하기 위하여 소련 무슬림들의 삶에 대해 진실을 말해야만 한다."[25]

등에서 명예훈장을 받았으며 여러 저술을 남겼다(Ўзбекистон мусулмонлари идораси, 2014).

24 소비에트 정권 수립 이후 무슬림들의 성지 순례는 금지되었으나, 1945년 11월 6일 17명의 성지순례자들이 에숀 바바한의 인솔 하에 성지 순례를 떠남으로서 재개되었다(ГАРФ. Ф. Р-5991. Оп.3. Д.10. Л.85).

25 ГАРФ. Ф. Р-6991. Оп. 4. Д. 102. Л. 1-6.

또한 소련 내에서 얼마나 소수민족들의 권리가 보장되고 있으며, 종교의 자유를 누리고 있는지에 대해서도 알릴 것을 요구하고 있다.

"순례자들은 모든 적합한 순간들에 다른 나라의 무슬림들과 소련 국민들의 업적에 대해서 대화해야만 한다. 모든 삶의 부문에서 (경제, 학문, 문화) 그리고 소비에트 통치 시기동안 소련 무슬림들의 삶에 나타난 변화에 대해서, 소련 사람들의 단합과 단결에 대해, 소련 내 민족들의 우애에 대해, 종교 의례를 수행하는데 있어서의 자유와 민족 관습들에 대한 존중에 대해 이야기 해야만 한다."[26]

두 번째 주의사항으로는 순례단을 이끌고 있는 유럽 러시아와 시베리아 지역의 종무원장 샤키르 히야레트디노프(Шакир Хиялетдинов)와 몇몇 순례자들에게 반드시 카이로에 있는 소련 대사관에 들러서 소련 대사나 그의 대리인으로부터 아랍 연합 공화국과 사우디아라비아의 상황에 대한 정보를 들을 것과 소련 국민이 이들 나라들과 다른 나라들에서 행해야 할 행동 규칙들에 대한 조언을 받을 것을 요구하고 있다. 아울러 순례자들은 다른 나라들의 순례자늘과의 대화에서 민족들 사이의 평화를 지키는 것에 대해 이야기 할 것을 요청하고 있다. 그리고 이집트의 언론이 공개적으로 이라크 공산주의에 반대하는 경향이 있는 것에 대해 주의를 줄 것을 언급하고 있다. 그렇지만 이집트 정부와 나세르의 활동에 대해 솔직하게 말하지 말라는 주의도 덧붙이고 있다. 특히 아랍 신문사 특파원들과 이야기 할 때 조용한 어조로 이집트 국민들과 우호관계를 맺기를 원하는 소련 국민들의 희망에 대해, 제국주의 침략 시기에 아스완에 높은 방벽을 건설하는데 소련이 도움을 준 것을 강조할 것을 요구하고 있다.

또한 아시아 아프리카의 순례자들과 대화를 나눌 때 삶에서 가장 중요한

---

26   Там же.

것은 평화라는 것을 강조하라고 요청했다. 소련의 무슬림과 전 인민은 평화를 추구하는 소련과 평화를 사랑하는 다른 나라들의 정책을 뜨겁게 지지하고 있으며, 소련 정부는 핵실험과 수소폭탄 실험을 영원히 중단할 것을 끊임없이 요청해왔으며, 지금도 요청하고 있음을 아시아 아프리카 무슬림들에게 전달할 것을 요구했다.

세 번째 주의사항에서는 국내에서 종교의 자유를 누리고 있는 것을 강조하면서, 경제적인 수준이 향상된 것을 널리 알릴 것을 요청하고 있다.

> "순례자들은 국외의 무슬림들에게 소련의 이슬람교의 상황과 개인의 삶에서 소득의 강화로 인해 삶의 수준이 향상된 것에 대해 주의 깊게 알려주어야만 한다. 소련에는 진정한 양심의 자유가 존재하며, 종교 의례를 행할 자유가 존재한다. 소련 헌법으로 양심의 자유가 보장되고 있다. 국민들의 양심의 자유를 보장하기 위해 국가로부터 교회는 분리되어 있고 교회로부터 학교는 분리되어 있다. 교회가 국가의 일에 관여하지 않는 것처럼, 국가는 교회 내의 일에 관여하지 않는다. 모든 국민들은 종교 의례를 행할 자유를 보장받는다. 소비에트 정부는 종교적 신념을 탄압한 적도 없고 탄압하지도 않을 것이다. 소련에서 모든 종교는 법 앞에 평등하다. 한 종교가 다른 종교에 비해 특권을 누리지 않는다. 소련에서 이슬람교는 전적으로 자유를 누리고 소련 내에 존재하는 다른 종교와 마찬가지의 지위를 누린다. 무슬림교도들과 사제들은 샤리아에 규정된 모든 종교적인 의례를 준수한다."[27]

이와 더불어 최근에는 다양한 무슬림 국가들, 인도네시아, 파키스탄, 시리아 이라크 등으로부터 무슬림 종교 활동가들 대표단이 소련을 방문하고 있다는 점을 강조하고 있다. 네 번째 주의사항으로는 카이로, 메카, 메디나와 다른 장소

---

27 Там же.

들에서 사회주의 국가들의 순례자들과의 관계에 대해 언급하고 있다.

"우선 중국인들을 만났을 때에는 업무적 관계를 맺어야만 한다. 리비아, 튀니지, 모로코 그리고 알제리 순례자들과 대화를 나눌 때에는 소련인들이 알제리의 영웅적인 민중들에게 진정한 우정을 느끼고 있음을 말해야만 한다."[28]

다섯 번째로는 성지순례 이후 이슬람 공의회가 열리게 되면, 소련 대표단이 그 회의에 참석할 수 있도록 노력하고, 소련에 대해 비방하는 선동적인 발언에 대해서는 반격을 펼쳐야 하며, 이후 카이로에서 대사의 조언 하에 기자회견 등의 보충적인 행동을 할 것을 주문하고 있다. 여섯 번째로는 카이로에서 순례단의 지도부는 아랍 언론들과 위에 언급된 것과 같은 내용으로 인터뷰를 할 수 있음을 명시하고 있다. 마지막으로는 사우디아라비아와 아랍 연합 공화국 방문과 관련된 모든 문제들은 아랍 연합 공화국에 있는 소련 대사관과 사전 합의가 있어야 한다는 점을 명시하면서, 모든 가능한 방법을 사용하여 무슬림 종교 활동가들을 가까운 시일 내에 소련을 방문하도록 초대하는 것이 가능한 지를 모색할 것을 주문하고 있다. 특히 사우디아라비아나 다른 아랍 국가들의 종교 활동가를 초빙할 수 있어야 하며, 우편을 통한 개인적인 관계망을 지속적으로 확립할 것을 요구하고 있다.[29] 이러한 준수 사항들에서는 무슬림들을 통해, 중동 지역에서 체제 선전을 하고자 하는 소련 정부의 의도가 명백하게 드러난다고 할 수 있다.

이와 같은 정부의 주의사항에 소련의 무슬림들이 어떻게 반응했는지에 대해서는 소련 외무성이 1960년 3월에 〈종교문제 평의회〉에 보낸 공한(公翰)에서 잘 나타나고 있다. 이 문서에서 "소련 외무성은 올해 성지순례를 메카뿐 아니라

---

28   Там же.

29   Там же.

나자프(이라크)³⁰도 가기로 한 것은 매우 적합하다고 생각한다. 왜냐하면 지난 여러 해 동안의 경험인 성지 순례를 통해 우리의 무슬림들이 소련의 신앙의 자유의 진실을 확산시킴으로써, 소련의 이익에 현저하게 기여했다"며 성지 순례자들의 현격한 공헌에 대해 적시하고 있다. 이를 통해, 소련의 무슬림 순례자들이 해외에서 정부의 주의사항을 잘 수행했음을 알 수 있다. 이에 덧붙여 메카와 나자프에서 아시아 아프리카 국가의 무슬림 일부가 갖고 있는 소련에 대한 불신과 회의의 감정을 극복할 수 있도록, 그리고 소련을 향한 유해한 프로파간다를 폭로할 것을 성지 순례객들에게 당부하고 있다.³¹ 이 문서는 외무성 차관인 말리크에 의해 작성되었다.³²

또한 냉전 체제 내에서 갈등이 정점에 달하던 1961년에는 '중앙아시아 무슬림종무원' 산하에 국제관계부서가 신설되었다. 부서 책임자는 만장일치로 무프티 지야우딘한이 선출되었다. 성지 순례 외에도 아시아 아프리카의 무슬림들과의 다양한 접촉이 시도되었다. 각 나라의 무슬림 대표단을 초청하기도 하고, 중앙아시아 종무원장이 이슬람 국제대회들에 참석하기도 했다. 구체적으로는, 1961년에 중앙아시아 무슬림 종무원에 최초의 외국 손님인 시리아의 무프티인 쉐이흐 아부 유스르 아비딘, 파키스탄 '자모아툴' 이슬람공동체 의장 마블로노 바다유니, 모로코 이슬람 장관이자 '이스티클롤' 당대표인 알랄 마치 박사가 공식 방문했다(Ўзбекистон мусулмонлари идораси, 2014: 19-20).

---

30 나자프(아랍어: النجف Najaf)는 이라크 남부에 위치한 도시로, 나자프 주의 주도이다. 시아파 무슬림의 성지 순례 장소이다. 현재 이라크 시아파의 정치적 중심지 역할을 하고 있다. https://islamist.ru/%D0%BD%D0%B5%D0%B4%D0%B6%D0%B5%D1%84(검색일: 2018.9.20).

31 ГАРФ. Ф. Р-6991. Оп. 4. Д. 209. Л. 37.

32 야코프 알렉산드로비치 말리크(Яков Александрович Малик, 1906-1980)는 소련의 외교관으로서, 일본과 영국의 소련 대사를 역임한 바 있다. 1946~1953년과 1960~1967년에 소련 외무성 차관을 지냈다.

이러한 상황 하에서 흥미로운 사건은 1962년 5월 29일부터 6월 4일까지 바그다드에서 개최된 제 5차 세계 이슬람 총회(Всемирный Исламский конгресс)에 무프티 지야우딘한을 중심으로 한 소련 대표단이 참석한 것이다. 이 회의에는 38개의 아시아 아프리카 그리고 다른 나라들로부터 176명이 참석했다. 이때의 세계 이슬람 총회는 마치 냉전의 전투장과 같은 모습을 보인다. 1962년 6월 12일〈종교문제 평의회〉의장인 푸진에 의해 작성된 비밀문서에는 제5차 세계 이슬람 총회와 관련된 사항들이 상세하게 포함되어 있다.[33]

우선 이 문서에는 총회 지도부가 작성하여 발송한 총회의 목적이 '자본주의와 공산주의 사이의 제3세계로서의 이슬람 세계의 우호 확립'이라고 명시되어 있다. 총회 지도부는 '완전한 무신론적 삶으로 이끌어지고 있는 공산주의 세계의 커다란 성공에 대해 눈감을 수 없음'을 밝히고 있다. 또한 이 문서에서는 영국과 미국과 같은 제국주의자들이 이슬람 총회를 반공산주의를 펼치는 장으로써 악용하고 있다고 평가한 파키스탄 주재 소련 대사관의 보고서도 언급하고 있다.

무엇보다 이 문건에서는 소련의 무슬림 대표단이 총회에 참석한 것은 총회의 다른 참가자들과 이라크 정부에 강한 인상을 심어주었다고 평가하고 있다. 소련 대표단의 총회 참석은 많은 이들이 전혀 생각하지 못한 것이었다. 이라크 정부는 총회가 반소비에트 성토장이 될 것을 크게 우려하여, 총회에 참석하기 위해 이라크에 와 있던, 미국과 밀접한 관련을 맺고 있었던 대만 무슬림 대표단과 오스트리아로 이주한 유고슬라비아 무슬림 대표단을 이라크에서 추방하기도 했다. 한편 이라크 외무성 장관은 이라크 주재 소련 대사와의 대담에서 "이라크 정부와 이라크 무슬림 단체들은 총회에서 소련과 다른 사회주의 국가에 반대하는 공격을 허용하지 않을 것이며, 반제국주의, 반식민주의 기조 하에 단결할 모든 방법을 강구할 것"이라고 밝혔다.[34]

33　ГАРФ. Ф. Р-6991. Оп. 3 Д. 1398. Л. 149-156.

34　Там же.

총회의 결의문은 식민주의를 비난하는 것이었다. 식민주의란 다른 나라들의 진보를 방해하는 인류 앞에 범죄를 짓는 것이라고 규정했다. 총회는 알제리 인민들이 독립을 위해 영웅적인 투쟁을 벌인 것에 대해 높이 평가했다. 아울러 총회에서는 아프리카에서의 이슬람에 대해 유해함을 확산시키는 제국주의 활동에 대한 불안이 표명되기도 했다. 총회의 결의문에서는 영국 식민주의자들이 오만을 포함한 아라비아 반도 남부에서 아직까지 활동하고 있는 것은 불법적이며 자신의 영토를 영국 식민주의자들로부터 해방시키기 위해 투쟁하는 인민들과 연대를 할 것임을 밝혔다. 팔레스타인 문제에 대해서도 영국, 미국, 프랑스와 같은 서구 열강들의 주관적이고 불공정한 정책에 대해 비판하며, 유대인들의 불법적인 침략 행위에 대항해 팔레스타인 인민들에 대한 도움과 지지를 표명했다. 한편 카쉬미르 문제를 둘러싼 인도와 파키스탄의 대립에 관하여서 총회는 파키스탄을 지지했으나, 소련 무슬림 대표단은 이 결정에는 참여하지 않고 중립을 지켰다.

총회를 마친 후 이라크 외무성 장관은 주 이라크 소련 대사에게 이전의 4차례의 총회와는 달리 이번 총회에서는 공산주의와 소련의 민주화에 대한 공격을 하지 않았으며, 따라서 제국주의 진영에서는 바그다드 총회에 대해 불만스러워 했다고 밝혔다. 물론 총회 내에서 부분적으로는 소련에 대해 유해한 발언을 하는 이들이 있었다. 총회 첫 날 아직 소련 대표가 바그다드에 도착하기 전에 수단 대표가 "공산주의 이데올로기는 아프리카 나라들에게 매우 위험하다. 왜냐하면 소련이 아프리카 나라들을 자신의 영향력 아래에 두려고 하기 때문"이라며 소련을 공격했다. 미국의 무슬림 대표단도 반소비에트적인 발언을 했다. 그러나 이러한 발언들은 총회 참석자들의 지지를 얻지 못했다고 푸진은 평가하고 있다.[35]

총회 기간 한 위원회를 이끌고 있던 미국 대표는 소련 무슬림의 상황에 대

---

35 Там же.

한 문건을 작성했다. 이 문서에는 '2,500~3,000만의 소련 무슬림들은 종교의 자유를 누리지 못하고 있으며, 소련 정부는 이슬람에 반대하는 선동을 하고 있으며, 무슬림 종교 조직과 지도부는 법적 권리를 얻지 못하고 있다'는 것이었다. 이 문서는 총회 지도부에 의해 거부되어 배포되지 못했다.

이라크에 있는 소련 대사관의 보고에 의하면 소련 무슬림 대표단의 총회 참석은 매우 긍정적인 효과를 창출했다. 소련 대표단은 총회 참석자들과 이라크 정부에 커다란 영향을 미쳤다. 중앙아시아 무슬림종무원 무프티인 지야우딘 한 바바하노프의 연설은 바그다드 라디오를 통해 전파되었고, 이라크의 언론들에 널리 소개되었다. 언론이 특히 주목한 것은 군비감소를 위한 투쟁과 세계 평화를 견고하게 확립하자는 것과 독립을 위해 투쟁한 나라들에 대한 소련의 사심 없는 도움에 대한 바바하노프의 연설이었다.

케냐의 대표단은 이라크에서 소련 대사관을 방문하여 "바바하노프의 연설은 큰 감명을 불러일으켰습니다. 많은 사람들이 소련의 종교에 대해, 무슬림들의 상황에 대해 매우 적게 알고 있습니다. 바바하노프의 연설은 미국과 터키의 대표단에 의해 행해진 소련에 대한 그릇되고 중상모략적인 견해들을 날려버렸습니다"[36]라고 자신들의 견해를 표명하기도 했다.

또한 총회이후 바그다드에서 소련 무슬림 대표단은 기자회견을 열었다. 이 기자회견에는 이라크와 외국의 신문사와 방송사들이 다 참석했다. 기자회견은 매우 성공적이었다. 바바하노프가 기자회견에서 말한 것과 기자들의 질문에 답한 것 전부가 이라크의 신문들에 게재되었다. 이외에도 소련 무슬림 대표단은 이라크 수상 카심을 접견했으며, 바바하노프는 이 접견에서 소련 무슬림의 삶과 종교의 자유, 이슬람 종교 의례를 지키는 것 등에 대해서 이야기 했다. 바바하노프는 총회 참석자들과 다른 이들을 초청하는 계획을 세우기도 했다.

푸진은 이 문서에서 이와 같은 사실들을 명시하면서, 소련 무슬림 대표단

---

36 Там же.

의 바그다드에서 개최된 세계 이슬람 총회 참석은 전적으로 올바른 선택이었으며, 아시아와 아프리카 나라들에서 소비에트 국가의 이익을 위해 무슬림 기구와 조직을 활용할 가능성과 당위성을 보여준 것이었다고 평가했다.

이러한 기조 하에 중앙아시아 무슬림종무원을 통해 소련 정부는 아시아 아프리카 국가들과의 접촉을 지속해 나갔다. 1963년 8월에는 종무원의 초청으로 인도 무프티이며, 울레마 공동체 의장인 아티쿠르라만과 델리에 있는 모스크 〈샤히〉의 이맘, 사이드 압둘라 부하리를 대표로 한 방문단이 타슈켄트를 방문하기도 했다.[37] 지야우딘한은 소련 무슬림 조직의 부서장으로서, 또한 전 세계 평화위원회의 회원으로서 인도와 파키스탄의 갈등을 중재하는데 적극적으로 참여했다. 그 결과 1966년 1월 소련의 참가 하에 인도와 파키스탄 양국은 타슈켄트에서 평화선언문에 서명했다. 이 때 그는 인도의 수상 랄 바하두르 샤츠트리(Лал Бахадур Шастри)와 파키스탄 대통령 모하마드 아유브한(Мохаммад Аюб Хан)의 대표단을 영접했다(Ўзбекистон мусулмонлари идораси, 2014: 19-20).

아울러 지야우딘한은 국제 포럼, 국제 회의 등에 참석하여 명연설을 했으며, 국외의 라디오, 텔레비전에 출현하고, 신문 혹은 저널에 글을 게재함으로써, 국제 사회와의 수많은 만남을 가졌다. 이를 통해 전 세계에 소비에트 무슬림의 삶에 대해 널리 알리는 역할을 했다. 이외에도 지야우딘이 이끄는 국제관계부를 통해 소련은 모로코, 레바논, 이집트, 사우디아라비아, 요르단, 예멘, 시리야, 튀니지, 파키스탄, 터키, 모로코, 이라크 등과의 관계들을 지속적으로 가졌다. 이러한 국제정세로 인해 스탈린 사후 1950년대 후반에서 1960년대 초반에 걸쳐 거행된 '반-종교 캠페인' 시기에 이슬람도 탄압을 받았으나, 타종교에 비해 현저하게 탄압을 적게 받았다(Ислам и советское государство, 2011: 23).[38]

---

37 ГАРФ. Ф. Р-6991. Оп. 4. Д. 162. Л. 16-18.
38 이는 80년대 초 소련 내 등록된 모스크는 1,330개였으며, 등록되지 않은 모스크는 몇 배 더 많았던 것에서도 잘 알 수 있다.

2. 냉전시기 중앙아시아 무슬림들이 누렸던 혜택

2차 대전 시기 전쟁 물자 동원에 적극 협조한 대가와 종전 이후 냉전시기(전후 스탈린 시기, 포스트 스탈린시기) 국제 관계에 있어서 중앙정부의 정책에 적극적으로 협력한 공인 이슬람[39]의 무슬림들은 그 혜택을 누릴 수 있었다. 1945년 11월 6일 17명이 첫 성지 순례를 떠난 이래로 소련 시기 내내 중단 없이 메카로 성지순례를 떠날 수 있었으며, 종교 교육의 발전을 도모할 수 있게 되었다. 종교교육과 관련된 구체적인 사항들은 다음과 같다. 1945년 10월 10일에 인민위원회 법령 No 148083에 의해 타슈켄트와 부하라에 무슬림 종교 교육기관 설립이 허가되었다.[40] 그런데 실제로 1945년에는 부하라에서만 '미르 이 아랍' 메드레세가 설립되었다가 1956~1961년에 타슈켄트에 '바라크혼(Баракхон)' 메드레세가 문을 열었고, 이를 근간으로 1971년에 부하라에 '이슬람 신학교(이메니 이맘 부하리)'가 세워졌다. 메드레세 '바라크혼'은 15~16세기에 건립된바 있다. 소비에트 정권 수립 이후에는 이곳에서 등유를 판매했고, 시각장애인들의 거주지로 사용되었다. 1955년에 무프티 에숀 바바한은 당국에 메드레세 〈바라크혼〉을 복원해 줄 것을 요청했으며, 사비로 다른 장소를 구입하여 거주하고 있던 20가구의 시각장애인들을 이주시켰다.[41]

1945년에 건립되었던 '미르 이 아랍'에서 1967년에 수학 중인 학생의 수는 50명이었다. 당시 '미르 이 아랍'에는 3개 학년(4학년, 6학년, 9학년)이 있었다. 4학년(22명), 6학년(16명), 9학년(12명)이었다. 재학생 연령층은 18~20세 미만(6명), 20~25세 미만(7명), 25~30세 미만(24명), 30~40세 미만(15명)이었다.[42] 입

---

39 중앙 정부의 이러한 유화정책은 공인 이슬람들에게 해당되는 것이었다.
40 ГАРФ. Ф. Р-6991. Оп.4. Д.1. Л.15.
41 Ислам и советское государство(2011).
42 숫자상의 오류가 있다. 총 50명이어야 하는데, 52명이 기록되어 있다.

학 이전의 학력 수준을 살펴보자면, 중등교육(31명), 9학년(2명), 8학년(5명), 7학년(8명), 7학년 이하(4명)이었다. 입학 이전의 직업은 농업(콜호즈닉)(20명), 노동자(25명), 관리(3명), 학생(2명)이었다. 거주지는 키르기스스탄 공화국(7명), 타지키스탄 공화국(5명), 카자흐스탄 공화국(5명), 투르크메니스탄 공화국(1명), 러시아연방(7명), 우즈베키스탄 공화국(25명)이었다.

'미르 이 아랍'의 교과 내용은 종교적인 것과 인문학적인 것 두 분야로 구성되어 있다. 종교적인 과목은 1. 코란 읽기(таджвид, Чтение Корана), 2. 코란 해석(тафсир, Толкование Корана), 3. 무하마드 언행록(хадисы, Изречения Пророка)이다. 인문학적인 과목은 1. 실용 아랍 어와 문학, 2. 아랍어 문법, 3. 러시아어, 4. 아랍 문자 칼리그라피야, 5. 국제 경제 지리, 6. 소련 역사, 7. 사회학, 8. 체육(그외 정치경제, 우즈벡 언어와 문학) 등이 있었다.[43]

1971년에 개교한 '이슬람 신학교(이맘 알-부하리)'는 모스크의 이맘들을 배출하는 교육기관으로서, 그 기능은 오늘날까지 이어지고 있다. 메드레세 '미르 이 아랍'과 더불어 종교 교육의 중심기관이었던 '이슬람 신학교'에 1971년 개교 당시 학생은 20명이었다.[44]

이러한 종교교육 이외의 부문으로는 '중앙아시아 무슬림 종무원'에 의해 종교적인 정기 간행물이 발간된 것이었다. 1947년에 저널 〈소비에트 동방 무슬림(Мусульмане советского Востока)〉을 4개의 언어로 출간하기 시작했으며, 1989년까지 이 저널은 유일한 소련 이슬람 정기간행물이었다. 또한 2대 무프티 지야

---

43 ГАРФ. Ф. Р-6991. Оп.6. Д.92. Л.9-11.

44 1982년에 메드레세 '미리-아랍'에는 86명의 학생들이 있었고, 이슬람 신학교에는 34명의 학생이 있었다. Белоглазов А.В. Влияние ислама на политические процессы в Ценральной Азии: учеб. пособие. Казан: Казан. ун-т, 2013. С. 114. 2009년에는 이슬람 신학교 재학생은 147명(교수 37명), 메드레세 '미리-아랍'에는 113명의 학생이 재학 중이며, 23명의 교사가 재직 중이다. 이슬람 신학교와 9개의 메드레세 전체에는 1044명의 학생과 229명의 교육자들이 있다. http://www.idmedina.ru/books/school-book/?1835 (검색일: 2018.2.23).

우딘한의 지도하에 『소비에트 국가들의 무슬림(Мусульмане в Стране Советов)』이라는 책자가 아랍어와 영어로 출판되기도 했다. 지야우딘한이 종무원장으로 재직하던 시기에 쿠란을 출판했으며, 무슬림의 절기를 표기한 달력도 출간했다.[45] 이러한 소련 정부와 중앙아시아 이슬람과의 밀월관계는 1980년 아프가니스탄 전쟁이 발발할 때까지 지속되었다.

V. 맺음말

소련의 입장에서 총동원 전쟁이었던 독소 전쟁 기간 동안 소련 내의 정교회, 유대교를 비롯한 이슬람교도들은 승전을 위해 인적, 물적 자원들을 적극적으로 제공했으며 그 대가로 종교의 자유를 누릴 수 있었다. 이는 유대교를 제외하고는 전후 재건 시기까지 이어졌다. 그리고 1953년 스탈린이 사망한 이후 집단지도체제 하에서 권력투쟁이 지속되는 동안은 종교에 대한 온건 정책이 우세했다. 그러나 1956년 말렌코프와의 권력다툼에서 승리한 후, 흐루쇼프는 정적인 스탈린주의자들을 누르고 자신의 권력을 공고히 하기 위해 스탈린 격하운동을 본격적으로 펼쳤다. 그런데 이러한 탈스탈린 운동 중 중요한 부분을 차지한 것은 스탈린이 전쟁기간에 행했던 종교에 대한 완화정책에 대한 비난이었다.

전시의 스탈린의 종교정책은 '종교는 아편이다'라고 선언했던 마르크스와 레닌의 기조에 벗어나는 것이었기 때문에 스탈린 격하운동의 좋은 표적이 될 수 있었다. 1957년 집단지도체제에서 벗어나 권력을 획득한 흐루쇼프는 스탈린주의자들의 저항을 누르고, 자신의 권력을 더욱 공고하게 다지기 위해 1958년

---

45 Ўзбекистон мусулмонлари идораси(Управление Мусульман Узбекистана).

후반부터 '반-종교 캠페인'을 대대적으로 펼쳤다. 이와 같은 '반-종교 캠페인'의 혹독한 바람은 러시아 정교회와 침례교를 비롯한 소규모의 종파들인 개신교, 유대교에 혹독하게 불어 닥쳤다.

이러한 '반-종교정책'의 바람은 이슬람교에도 불어 닥쳤지만, 비공인 이슬람의 영역들에 집중되었고, 다른 종교들과 비교할 때 그 강도는 미약했다. 그 이유는 냉전체제의 수립과정에서 제3세계에 속하는 지역들, 특히 중동과 동남아시아 지역의 무슬림들이 서구 제국주의로부터 벗어나 민족주의적 저항을 펼치는데 이슬람을 활용하고 있었기 때문이었다. 이스라엘이 친미노선을 택함으로써, 반미 경향이 강해진 중동 국가들과의 원활한 연대를 위해 흐루쇼프는 '반-제국주의 아젠다'를 내세우며 국내의 무슬림 기구인 '중앙아시아 무슬림종무원'을 활용하였다.

중앙아시아의 무슬림들은 국내에서는 '반-종교 캠페인'의 비바람 속에 있었으나, 국제관계 속에서 펼쳐지는 '반-제국주의 아젠다'라는 우산 속에서 거할 수 있었다. 그 결과 '반-종교정책'이 강하게 펼쳐지던 해빙기 소비에트 시기에도 중앙아시아에서 이슬람은 상대적으로 자유로웠음을 알 수 있다. 예를 들면, 1958년 우즈베키스탄 페르가나 계곡의 콜호즈 '볼셰비크'의 지도자도 성스러운 라마단 의식을 수행했다는 기록이 있다. 무엇보다 1955년에는 우즈베키스탄의 등록된 모스크에만 '우라자-하이트(Ураза-хаит)'[46] '쿠르반 하이트(Курбан-хаит)'[47] 축제에 164,000명이 참가했으며, 1958년에는 288,000명이 참가했다(Белоглазов, 2013: 115). 또한 1959년 우즈베키스탄 공산당 중앙위원회 총회에서 공화국 안에 2천 명의 이샨[48]이 있다고 밝힌 바 있다. 이처럼 중앙아시아 무슬림들은 냉전체제의 혜택을 누릴 수 있었다.

---

46 라마단의 러시아식 표기, 라마단 마지막 날 벌이는 축제.
47 라마단 이후 70일째 양을 잡는 축제
48 수피즘의 사제

현재 중앙아시아에서 이슬람은 여전히 커다란 영향을 미치고 있다.[49] 이러한 현상들은 오늘날 중앙아시아 국가들에서 이슬람과 국가와의 관계를 이해할 수 있는 단초가 된다. 중앙아시아 신생독립국가들의 국가 만들기(nation building), 즉 국가 정체성 확립과정에서 이슬람을 적극적으로 활용하고 있다. 물론 모든 무슬림들이 이처럼 국가가 제공한 우산 속에서 공인 이슬람의 노선만을 추구한 것은 아니었다. 흐루쇼프 통치 시기의 중앙정부의 이러한 정책들은 비공인 이슬람을 더욱 활성화시켰으며, 오늘날 중앙아시아 이슬람의 중요한 한 축을 형성하고 있기도 하다.

---

49 현재 중앙아시아 5개국의 이슬람 신자들의 비율은 매우 높다. 외교부 자료에 따르면 종교분포는 다음과 같다. 우즈베키스탄(2018): 이슬람 88%, 정교 9%, 기타 3%; 카자흐스탄(2018): 이슬람 70%, 러시아 정교 23%, 개신교 2%, 기타 5%; 타지키스탄(2018): 이슬람 90%(수니파 85%, 시아파 5%) 러시아 정교등 기타 10%; 투르크메니스탄(2018): 이슬람 89%, 러시아정교 9%, 기타 2%; 키르기스스탄(2018): 이슬람 80%, 러시아 정교 15%, 개신교 등 기타 5%.
http://www.mofa.go.kr/www/nation/m_3458/view.do?seq=116;
http://www.mofa.go.kr/www/nation/m_3458/view.do?seq=121;
http://www.mofa.go.kr/www/nation/m_3458/view.do?seq=125;
http://www.mofa.go.kr/www/nation/m_3458/view.do?seq=127;
http://www.mofa.go.kr/www/nation/m_3458/view.do?seq=124 (검색일: 2019.1.30).

참고문헌

송재우. 1996. "중앙아시아의 종교와 민족주의." 임영상·황영삼 편. 『소련과 동유럽의 종교와 민족주의』. 서울: 한국외국어대학교 출판부.

정세진. 2012. 『중앙아시아 민족정체성과 이슬람』. 서울: 한양대학교 출판부.

현승수. 2009. "우즈베키스탄의 정치와 종교 관계: 분석 개념으로서 '종무국 이슬람'과 공인–비공인 이슬람의 이항구도를 중심으로." 『중동문제연구』 제8권 2호, 1–32.

Абдурасулова, Х.И. 2011. *Ислам и Религиозная политика в Узбукистане в 1940-1980-е годы Анализ Англо-Американской историографии*. Ташкент.

Аксючиц, Виктор. 2015. "Хрущевская "оттепель" и "заморозка": о причинах и последствиях распада советского идеологического монолита." *Свободная Пресса*. 18 июля 2015 http://svpressa.ru/politic/article/127608/?rss=1(검색일: 2018.2.15).

Белоглазов, А.В. 2013. *Влияние ислама на политические процессы в Центральной Азии*. Казан.

Бобохонов, Р.С. 2016. *История ислама в ценральной Азии (средневековое, новое и новейшее время)*. Москва: Научные технологии.

Иродан, М.В. Кузеев Р.Г., Червонная С.М. 2001. *Ислам в Евразии*. Москва.

Ислам и советское государство (1944-1990). сборник документов. 2011. сост. Д. Ю. Арапов. М.: Изд.дом Марджани.

Малашенко, А.В. 1998. *Исламское возрождение в современной России*. М.: Московский Центр Карнеги.

Митрохин, Л. Н. 2008. *Философские проблемы религиоведения*. СПб.: Издательство РХГА.

"Мусульмане и "хрущевская оттепель"." *Islam news*. ИНФОРМАЦИОННОЕ АГЕНТСТВО РОССИИ. http://www.islamnews.ru/news-499726.

html(검색일: 2018.3.20).

Наумов, В.П. 1996. "К истории секретного доклада Н.С. Хрущева на XX съезде КПСС." *Новая и новейшая история* №4, 147-168.

Дымарский, В.Н. "Времена Хрущева. В людях, фактах и мифах: Хрущев и церковь. Антирелигиозная кампания." http://www.libma.ru/istorija/vremena_hrusheva_v_lyudjah_faktah_i_mifah/p13.php(검색일: 2017.12.20).

Хрущев, Н.С. 1989. "О культе личности и его последствиях." *Известия ЦК КПСС* №3, 128-170.

"Хрущёвская антирелигиозная кампания." http://iamruss.ru/khrushchevs-antireligious-campaign(검색일: 2018.6.9).

"Политика Советской власти по отношению к религии в годы правления Н. Хрущева." http://islam-today.ru/istoria/kogo-ne-sogrela-ottepel/ (검색일: 2018.5.16).

Усманходжаев Амирсаидхан. 2008. *Жизнь муфтиев Бабахановых: служение возрождению ислама в советском союзе*. Москва - Нижний Новгород: Издательский дом Медина.

Ўзбекистон мусулмонлари идораси(*Управление Мусульман Узбекистана*). 2014. таҳрир ҳайъати. У. Алимов. Тошкент Movarounnahr.

№ 39 Записка Отдела пропаганды и агитации ЦК КПСС по союзным республикам "О недостатках научно-атеистической пропаганды." https://rusoir.ru/03print/03print-02/03print-02-239(검색일: 2018.10.3).

Anderson, John. 1992. "The archives of the council for religious affairs." *Religion State and Society* 20, 3-4, 399-404.

Anderson, John. 1994. "Islam in the Soviet Archives: A research note." *Central Asian Survey* 13, 3, 383-394.

D.-Cokun, Birgul. 2008. "Khrushchev's Policies toward Religion: Repression in a Period of Reform." *Karadeniz Araştırmaları* №. 18, 83-91.

Khalid, Adeeb. 2007. *Islam after communism: religion and politics in Central Asia*. University of California Press. Berkeley and Los Angeles. California.

Rywkin, Michael. 1987. "Islam and the new Soviet man: 70 years of evolution." *Central Asian Survey* 6(4), 23-32.

Tasar, Eren Murat. 2010. *Soviet and Muslim: The Institutioalization of Islam in Central Asia, 1943-1991*. Dissertation. Cambridge. Massachusetts: Harvard University.

Tasar, Eren. 2017. *Soviet and Muslim: The Institutionalization of Islam in Central Asia*. Oxford University Press.

Yaacov, Ro'i. 2000. *Islam in the Soviet Union : from the second World War to Gorbachev*. New York: Columbia University Press.

https://interaffairs.ru/news/show/9929(검색일: 2018.11.28).
https://islamist.ru/%D0%BD%D0%B5%D0%B4%D0%B6%D0%B5%D1%84(검색일: 2018.9.20).
https://rusoir.ru/03print/03print-02/03print-02-239(검색일: 2018.1.22).
http://www.idmedina.ru/books/school-book/?1835(검색일: 2018.2.23).
http://www.mofa.go.kr/www/nation/m_3458/view.do?seq=116;
http://www.mofa.go.kr/www/nation/m_3458/view.do?seq=121;
http://www.mofa.go.kr/www/nation/m_3458/view.do?seq=125;
http://www.mofa.go.kr/www/nation/m_3458/view.do?seq=127;
http://www.mofa.go.kr/www/nation/m_3458/view.do?seq=124(검색일: 2019.1.30).

II부

현대 중앙아시아의 이슬람 문화와 교육

제6장 현대 우즈베키스탄의 생활이슬람의 양상과 전망 - 오원교
제7장 이슬람의 중앙아시아 투르크 세계 전파와 수피즘 - 오은경
제8장 우즈베키스탄 역사교과서에 나타난 이슬람 서술 분석 - 최아영
제9장 카자흐스탄 이슬람 연구: 이슬람 종무기구와 교육제도를 중심으로 - 김상철

제6장
현대 우즈베키스탄의 생활이슬람의 양상과 전망*

오원교

I. 머리말

1300여 년의 지난한 역사 속에서 중앙아시아의 이슬람은 부침을 거듭했지만, 전통적으로 개인적, 사회적 삶의 강력한 조정자이고 종교적, 문화적 정체성의 고유한 벡터이며 민족적, 지역적 연대의 단일한 기초로서 작용해 왔다. 요컨대 이슬람은 통상적 의미의 종교에 국한되는 것이 아니라 정치, 경제, 사회, 역사, 문화 등을 포괄하는 무슬림들의 삶의 규범이자 양식이며 총체이다.

주지하다시피 이슬람에서는 경전과 교리의 차원에서 확고한 정통성이 강조되지만, 의식과 관례의 차원에서는 유연한 개방성이 또한 고유하다. 중앙아시아에서 언어(투르크어), 인종(투르크족)과 함께 문화 정체성을 구성하는 가장 핵심적 요소이자 근본적 토대의 하나인 이슬람은 외래의 정통 종교와 토착적 민간 신앙과 전통 관례가 독특한 상호 작용을 거쳐 대중의 삶 속에 뿌리내려온 역

---

* 이 글은 『러시아연구』 27-1(2017)에 게재되었던 논문을 본서의 편집 취지에 맞도록 수정 · 보완한 것입니다.

사적 산물이다. 말하자면 정통성(외래성)과 토착성(지역성)의 역동적 상호 혼융의 결과인 중앙아시아 이슬람은 토착 신앙과 전통 관행에 대한 이슬람 의식과 관례의 부단한 상호 영향을 통한 중앙아시아 문화의 폭넓은 자기화이자 그 속으로의 맥락화이다.

이런 차원에서 중앙아시아 이슬람이 장구한 역사의 부침을 견뎌낸 생명력의 원천은 바로 정통성과 토착성의 고유한 융합에 기초한 독특한 유연성이다. 이를테면 제정·소비에트 러시아의 식민 통치로 대표되는 외세의 혹독한 억압과 철저한 지배 아래서도 무슬림성(muslimness)이라는 고유한 정체성을 보존할 수 있었던 힘은 바로 무슬림 대중의 삶 속의 토착적 이슬람, 즉 일상 속의 이슬람 덕분이었다. 특히 소비에트 정권의 무신론적 반(反)이슬람 정책도 오랜 기간에 걸쳐 중앙아시아인들에게 내면화된 무슬림성 자체를 완전히 뿌리 뽑지 못했다. 심지어 인위적 영토 획정과 자의적 국가 분할에도 불구하고 "나는 무슬림이다"라는 자기정체성은 흔들림 없이 간직되었던 것이다.

하지만 120여 년간의 제정·소비에트 러시아의 식민 지배는 중앙아시아의 무슬림들에게 잊힐 수 없는 거대한 역사적 트라우마를 남겼는데, 그것은 다름 아닌 이슬람 사회의 내적 분열과 무신론적 세속화로 인한 종교성 자체의 약화이다. 주지하다시피 '무슬림 종무원'으로 대표되는 공식이슬람(official islam)은 식민 체제의 지배 이데올로기를 선전, 선동하는 하부기관이었으며 독립 후에도 정통성이 약한 권위주의 정권의 대변자로서 과거의 부정적 유산을 반복하고 있다. 또한 체제전환기의 역사적 산물인 저항이슬람(political islam)은 이슬람 국가 건설이라는 급진적 목표와 폭력투쟁이라는 과격한 수단으로 인해 반(反)공식이슬람으로 취급되면서 체제의 혹독한 탄압과 대중의 심리적 반감을 동시에 초래하고 있다.[1]

---

1 일반적으로 중앙아시아의 이슬람은 정치권력과의 관계에 따라 '공식이슬람'과 '비(非)공식이슬람'으로 구분된다. 이른바 각국의 '무슬림 종무원'은 공식이슬람의 대표적 기관이고 '생활이슬람'은 비공식이슬람의 중심적 조류이며, 이에 덧붙여 체제전환기에 반(反)공식적 조류인 '저항

그러나 공식이슬람과 반공식이슬람 사이의 탄압과 저항이라는 악순환 속에서도 이슬람의 계승과 부흥의 물결은 여전히 잦아들지 않고 있는바, 그것의 기본적 토대는 일상적 삶 속에서 무슬림성을 굳건히 지키며 살아가고 있는 평범한 무슬림 대중의 생활이슬람(everyday islam)[2]이다. 비(非)공식이슬람의 주류로서 생활이슬람 속에서 무슬림 대중은 전통적인 이슬람의 의식과 관례뿐만 아니라 비(非)이슬람적 토착 신앙과 관행을 일상 문화의 총체로서 꾸준히 준수하고 발전시키고 있다.

이러한 맥락에서 이 글은 중앙아시아 국가들, 특히 인구의 압도적 다수가 무슬림에 속하는 대표적 국가인 우즈베키스탄[3]을 중심으로 이슬람 사회와 문화의 현재적 양상과 미래적 전망을 구체적이고 심층적으로 분석해 보고자 한다.

앞서 언급했듯이 다른 주변국들과 마찬가지로 우즈베키스탄에서도 이슬람은 오랜 기간 동안의 숱한 외세 지배 하에서 민족자존을 위해서 뿐만 아니라, 독립 이후 새로운 정체성에 기반한 민족-국가의 형성과 지역적 연대의 구축이라는 시대적 과제의 해결을 위한 단일한 기초로 간주된다. 하지만 지나간 역사

이슬람'이 등장했다. 이러한 흐름들은 교리의 차원에서는 공통의 뿌리를 지니며, 따라서 구분은 역사적이고 조건적이다.

2 생활이슬람(бытовой ислам, everyday Islam)은 민중이슬람(народный ислам, popular Islam), 민속이슬람(folk Islam), 병행이슬람(parallel Islam), 언더그라운드이슬람(underground Islam) 등으로 다양하게 칭해진다.

3 우즈베키스탄은 중앙아시아 국가들 가운데 가장 많은 수의 인구(2016년 7월 기준 3,180만 명, 카자흐스탄 1,785만 명, 타지키스탄 816만 명, 키르기스스탄 601만 명, 투르크메니스탄 475만 명)를 지닌 국가로서 표제민족인 우즈벡인이 압도적 다수(82%)를 차지하고 또한 대부분(무슬림 93%, 러시아정교 4%, 기타 3%)이 이슬람을 믿고 있다. 우즈벡 민족의 역사와 가치 체계에서 이슬람과 그것의 의식 및 관례를 포함한 문화는 아주 중요한 위상을 차지한다. 이슬람의 영향 아래 우즈벡 민속의 사의식의 기본적 요소들이 형성되어왔다. 이슬람은 삶의 주요한 측면들—법과 제도, 도덕과 규범, 가치관과 세계관, 관습과 일상 등—을 규정해 왔으며, 한마디로 거의 모든 삶의 양식과 측면에 지대한 영향을 끼쳐왔다. 이에 대해서는 Толстова(1962: 318) 참조.

의 거대한 유산들과 전환기의 다양한 내외적 요인들이 점철된 결과로 오늘날 우즈베키스탄의 이슬람 사회는 실상 분열과 갈등―'공식이슬람', '생활이슬람', '저항이슬람'―이 지속되는 가운데 소통과 상생의 토대라기보다는 오히려 혼란과 갈등의 원천으로 지목되기도 한다.

　이에 이 글은 글로벌 시대의 보편적 지향인 소통과 상생의 관점에서 우즈베키스탄의 민족적 정체성은 물론이고 중앙아시아 전체의 지역적 정체성의 든든한 기틀로서 이슬람, 특히 생활이슬람의 현실태와 잠재성에 각별히 주목하고자 한다. 왜냐하면 우즈베키스탄을 비롯한 중앙아시아의 화합과 번영을 위해서는 그것의 정체성의 주요한 담지체인 이슬람 공동체의 조화와 통일이 우선적으로 요구되며, 그 과정의 중심적 추동체는 바로 무슬림 대중의 삶의 모태이자 문화적 터전인 생활이슬람이기 때문이다. 더구나 오늘날 우즈베키스탄에서 두드러져 보이는 이슬람 사회의 분열적 양상은 본질적으로 심원한 역사적 토대에서 비롯된 영원한 본성이라기보다는 복잡한 내외적 요인들에서 생겨난 일시적 국면이다. 따라서 우즈베키스탄에서 이슬람적 정체성은 채워져야 할 그릇과도 같은 것으로 우즈베키스탄인들의 진정한 무슬림성(мусульмончилик)은 여전히 지향과 재구의 대상이기 때문이다.

　현대 우즈베키스탄의 생활 이슬람의 양상과 전망을 객관적이고 실체적으로 탐구할 본고는 우선 우즈베키스탄 이슬람 사회의 현재적 양상을 공식이슬람, 저항이슬람, 생활이슬람을 통해 개괄적으로 고찰한다. 뒤이어 중심적 흐름인 생활이슬람의 실제적 양상을 사회제도적, 일상생활적 차원에서 다양한 예들을 통해 세밀하게 추적하며, 더불어 사회여론조사에 기초하여 무슬림들의 종교적 태도와 인식을 구체적으로 검증한다. 그리고 마지막으로 생활이슬람의 미래적 전망을 현실태에 대한 비판적 성찰과 잠재성에 대한 적극적 모색의 차원에서 시대적 과제의 일환으로 개진하고자 한다. 이처럼 현대 우즈베키스탄의 생활이슬람의 양상과 전망에 대한 체계적 고찰과 총체적 규명은 현대 우즈베키스탄의 사회 문화에 대한 보다 넓고 깊은 이해에 일조할 것으로 기대된다.

II. 현대 우즈베키스탄의 생활이슬람의 양상과 종교성

1. 현대 우즈베키스탄의 이슬람의 상황

우즈베키스탄의 현대사에서 이슬람 사회의 지형을 뒤흔든 가장 커다란 변화의 물결은 무엇보다도 '이슬람 부흥'이다. 이슬람 부흥은 1970년대 중동의 이슬람 부흥의 사상적 영향과 1980년대 후반 개혁·개방 정책을 계기로 촉발되었고, 소연방 해체와 독립과 함께 더욱 본격화되어 1990년대 중반 이후 다양한 형태의 이슬람 운동으로까지 확산되었으며, 비록 최근 높은 파고는 다소 가라앉았지만 일종의 시대적 흐름으로 여전히 유지되고 있다.

우즈베키스탄을 비롯한 중앙아시아 전역에 걸쳐 동시다발적으로 일어난 이슬람 부흥은 무엇보다도 소연방의 해체와 독립이라는 커다란 역사적 전환에 의해 외적으로 추동되었지만, 그것의 지속적이고 광범위한 전개는 지역의 무슬림 사회에서 내적으로 성숙되고 있던 다양한 전제들에서 비롯되었다.[4]

하지만 이슬람 부흥은 겉보기와는 달리 발생과 전개의 다차원적 맥락에서 예견되고 그것을 주도하거나 혹은 참여하는 사회집단이나 세력들 사이의 서로 다른 동기와 목표에서 감지되듯이 상당히 다채로운 양상을 보이고 있다.

이 와중에 우즈베키스탄에서는 제정·소비에트 러시아의 식민 지배가 종교문화의 영역에 남긴 커다란 부정적 유산 중의 하나인 공식이슬람과 비공식이

---

4 요컨대 독립 이후 이슬람은 우선 사회·이념적 차원에서 사회주의라는 소비에트 이데올로기를 대신할 대안 이념이자 통합의 도구이고, 정치적 차원에서는 민족-국가 형성에 필수적인 권력의 정통성과 대중의 지지력을 확보하는 수단이며, 경제적 차원에서는 취약한 구조와 신고한 사정의 극복 전망이고, 문화적 차원에서는 민족 문화의 뿌리이자 도덕적 가치의 중심이며, 나아가 국제정치적 차원에서는 주변 이슬람 국가들과 활발한 교류를 위한 공통의 기반으로 새롭게 주목받게 되었다. 이에 대해 자세한 것은 오원교(2008: 353-355); Р. Г. Шамгунов(2004: 87-92) 참조.

슬람의 분열 양상이 다시 반복되었으며, 급기야 독립 이후 권위주의 정권의 통치 아래서 반공식이슬람으로 취급되는 급진적 이슬람주의가 출현하여 이슬람 공동체 내의 갈등이 더욱 복잡해졌다. 그 결과 이슬람 사회의 지형도는 적지 않게 흔들렸으며 급기야 이슬람의 정체성 자체에 대한 심각한 의문이 제기되기도 하였다.

독립 직후 중앙아시아의 정치지도자들과 집권 세력들은 거의 예외 없이 (민족)국가 건설의 과정에서 이슬람의 정치적 의미와 가치를 뚜렷하게 인식하였는바, 소비에트 시대의 무신론을 청산하고 이슬람을 민족·국가적 정체성의 표지로서 받아들였으며 이슬람적 요소를 국가 상징에 도입하기도 하였다. 또한 이슬람 사원과 교육기관의 복원과 신축, 종교 활동과 조직 결성의 합법화, 종교적 축일의 기념과 공휴일 지정 등 다양한 차원에서 이슬람 부흥을 직간접적으로 지원하였다. 하지만 이러한 부흥의 파고는 타지키스탄 내전과 아프가니스탄에서 탈레반 세력의 부상을 계기로 급속히 가라앉게 된다. 이후 중앙아시아의 각국은 본격적으로 이슬람 정책의 근간을 구축하는데, 국가 관리 하의 공식이슬람을 적극적으로 권장하고 생활이슬람을 폭넓게 감독하며 저항이슬람을 철저하게 억압하게 된다.[5] 특히 취임식에서 쿠란에 손을 얹고 선서를 했던 우즈베키스탄의 카리모프(И. Каримов) 대통령은 1997년 나만간 지역과 1999년 타슈켄트에서 일련의 살인·테러사건 그리고 급기야 2005년 안디잔 사태를 계기로 이슬람을 정치적, 사회적 차원에서는 엄격히 제한하고 종교적, 문화적 차원에서만 선택적으로 허용하는 배제와 포용의 양면 정책을 탄력적으로 구사하였다.[6]

우즈베키스탄 정부는 이러한 정책의 수행을 위해 우선 종교 활동을 규제

---

5 독립 이후 중앙아시아 각국의 이슬람 정책은 소비에트 시대의 분할·통치 방식과 상당한 유사성을 지니고 있다. 이에 대해서는 Epkenhans(2009: 94-99) 참조.

6 이에 대해서는 이선우(2016: 269-301) 참조.

하는 법적 방안들과 제도적 장치를 마련하였다. 우즈베키스탄은 헌법을 통해 종교와 정치가 분리되는 세속국가임을 선언하고 인권 보호의 차원에서 신앙과 양심의 자유에 대한 기본권을 보장하였다. 또한 헌법은 종교에 근거한 차별, 적대감 선동, 정당 구성을 금지하고, 무(無)신앙을 보호한다고 명시하였다. 하지만 이러한 법적 조항들은 대부분 명목상의 정치적 수사에 불과하고, 종교와 관련된 일련의 하위 법규와 감독-집행기관을 통해서 종교 활동에 대한 통제를 다면적으로 시행하고 있다.[7]

또한 우즈베키스탄 정부는 제도적 차원에서 이슬람을 통제·관리하기 위한 장치로서 국가 이해를 정치적으로 대변하고 지원하는 공식적 종교 기관으로서 '무슬림 종무원'을 설치·운영하고 있다. 우즈베키스탄 무슬림 종무원(УМУ: Управление мусульман Узбекистана)은 소연방 해체 이후 소비에트 시절 중앙아시아 전역을 관할하던 타슈켄트의 '중앙아시아와 카자흐스탄 무슬림 종무원'이 해체되면서 다른 중앙아시아 4개국의 과거 지부와 함께 분리·독립되어 독자적 종무원으로서 나름의 역할을 수행하고 있다.[8]

---

7 이를테면 1991년 6월 우즈베키스탄은 최초로 「양심의 자유와 종교 조직에 관한 법률」을 채택하였다. 이 법률은 종교 영역에서 개인과 조직의 활동과 국가와의 상호 관계에 대한 법적 토대를 세웠다. 개인의 종교(선택)의 자유와 국가와 하부 기관의 종교 조직과 그 활동에 대한 불개입, 모든 종교 조직과 단체의 법 앞에서 평등 등이 규정되었고, 종교와 분리되는 국가의 세속적 성격이 천명되었다. 1992년 12월에 채택된 우즈베키스탄공화국 헌법에 따르면 "모든 개인에게는 양심의 자유가 보장된다. 모든 개인은 종교를 믿거나 믿지 않을 권리를 지닌다. 종교적 관점을 강요하는 것은 허용되지 않는다." 이어 1998년 5월 1일에는 의회에서 「양심의 자유와 종교 조직에 관한 법률」의 개정안이 통과되었다. 이 법률의 제14조에 따르면 공공장소에서 사제를 제외한 일반인은 종교적 복장을 착용할 수 없다. 또한 제5조는 개종이나 선교를 위한 활동을 금지하고 있다. 이에 대해서는 Арифханова и др.(2011: 480) 참조

8 1943년 타슈켄트에 설립되었던 중앙아시아와 카자흐스탄 무슬림 종무원이 해체되면서 1992년 마베르안나흐르 무슬림 종무원이 생겨났고 1996년 우즈베키스탄 무슬림 종무원으로 개칭되었다. 우즈베키스탄 무슬림 종무원은 가장 중심적이고 대표적인 이슬람 종교 기관으로

그러나 우즈베키스탄 무슬림 종무원은 소비에트 시대와 마찬가지로 집권 세력의 입장과 방침을 추종하고 그것에 의해 관리되는 국가의 하부 통치 기관으로 자리매김 되고 있다. 그것은 국가의 종교 업무 일체를 전담하는 내각 산하 기관인 '종교위원회'의 엄격한 통제와 실질적 지도하에 있으며, 무프티의 선출을 비롯한 제반 활동들은 정권의 의향에 따라 이뤄지고 있다. 이런 가운데 무슬림 종무원의 무프티를 비롯한 이슬람 지도자들은 국가의 위로부터의 명령과 대중의 아래로부터의 요구 사이에서 적지 않은 갈등을 겪고 있다.[9] 권력과 사회 중에서 어디에 복무할 것인가의 선택은 단순히 대중적 지지 뿐만 아니라 개인적 안위에도 심각한 영향을 끼친다.[10] 따라서 대부분의 이맘과 종교 엘리트들은 무슬림 대중의 대변자가 아니라 권력의 나팔수가 되어가고 있다. 이런 상황에

공식 인정받고 무슬림들의 제반 활동을 지도·지원하며 외국의 유사한 종교 조직과 교류·협력을 펼치고 있다. 또한 무슬림 종무원은 산하의 출판사 "마베르안나흐르(Мавераннахр)"에서 월간 잡지『올바른 길(Хидоят)』, 격주 신문 〈이슬람의 빛(Ислам нури)〉을 비롯하여 다양한 종교 서적을 발간하고 있다(Арифханова и др. 2011: 481).

9 무슬림 종무원은 금요 예배에 사용될 공식적 설교문을 제작하여 매주 전국의 이맘들에게 배포한다. 이맘들의 자유 설교는 원칙적으로 불가하고 따라서 공식적 설교는 무슬림들을 만족시키지 못하는 경우가 적지 않다. 예컨대 2001년 10월 종무원은 죄 없는 무슬림들의 피해에 대한 수많은 우즈벡인들의 염려에도 불구하고 이맘들에게 아프가니스탄에서 미국 주도의 군사 작전을 찬양하도록 지시했다. 이러한 종무원의 지시에 대부분의 이맘들은 대항하기 보다는 순종하여 편리와 안전을 도모하였지만 이러한 태도는 무슬림 대중의 불만을 자아냈다.

10 예컨대 우즈베키스탄의 무프티, 무함마드 사디크(Muhammad Sadiq Muhammad Yusuf, 재임기간: 1989~1993)는 이슬람 원리주의자들을 비롯한 무슬림들의 정치참여에 대해 강력히 반대하고, 그의 전임자, 샴수딘 바바칸(Shamsuddin Babakhan)의 세속정권에 대한 굴복, 쿠란에 대한 무지, 온갖 비행 등에 대해 비판적 입장을 취했다. 하지만 이러한 독자적 입장에 대한 대중의 커다란 호응으로 오히려 카리모프 정권의 분노를 샀고, 그는 수차례의 직간접적인 협박과 압력에 시달린 끝에 결국 1993년 강제적으로 무프티 자리에서 물러나 7년간의 망명생활을 겪어야 했다. 이처럼 진실한 이맘들은 정권의 선전 도구인 나팔수가 아니라 무슬림 대중이 마주하는 일상의 도전들 앞에서 안내인으로서 역할을 수행하고자 하지만, 이러한 독립성의 추구는 자주 비싼 대가를 치르게 된다. 이에 대해 자세한 것은 Haghayeghi(1995: 162-163) 참조.

서 심지어 평범한 무슬림들도 개인적 믿음과 신념을 따를 것인가 혹은 원치 않는 당국의 관심(주의)을 피할 것인가를 스스로 결정해야 한다(McGlinchey, 2007: 308).

특히 카리모프 정권은 무슬림 종무원에 의해 관리되지 않는 이른바 제도권 밖에서 이뤄지는 일체의 비공식적 종교 활동을 '독립 이슬람(Independent Islam)'이라는 새로운 명칭을 붙여 불허하였으며, 이것을 온화하고 정치적으로 위험하지 않는 '진정한 무슬림(True Islam)'[11]에 대립되는 '급진주의', '분리주의', '와합주의(Wahhabism)' 등으로 규정하여 지속적으로 탄압하였다.[12] 지배 권력은 정부가 공인한 이슬람에 대한 아주 사소하고 심지어 상징적인 도전들조차도 국가 권위에 대한 위협으로 인식하고 제재하는 것이다.

이처럼 권력의 의지로부터 자유롭지 못한 공식이슬람은 우즈베키스탄의 이슬람 사회에서 여전히 경계적 혹은 주변적 위치에 머물고 있으며, 오히려 통치 세력의 정치적 요구로부터 일정한 거리를 유지해온 비공식이슬람이야말로 평범한 무슬림들 사이에서 중심적 위상을 확보하고 있다. 이런 차원에서 독립 이후 우즈베키스탄에서 이슬람 부흥의 실질적인 토대인 비공식이슬람의 커다란 두 조류는 '저항이슬람'과 '생활이슬람'이다.

---

11 우즈베키스탄에서 '진정한 이슬람'의 경계에 대한 판단은 전적으로 무슬림 종무원 혹은 종교위원회의 소관인데, 2000년 3월 무슬림 종무원은 새로운 강령을 통해 하나피 법학파(ханафитский мазхаб)만을 공식적인 이슬람 교리로서 공표하였다. 이슬람 순니계의 4대 법학파 중의 최대법학파인 하나피파는 9세기부터 마베르안나흐르와 호라산에서 지배적 종교법학파가 되었는데, 마베르안나흐르의 대도시들, 즉 부하라와 사마르칸드를 중심으로 형성되었다. 하나피파는 형성기(9~10세기), 번영기(11~13세기초), 소멸기(13세기초~14세기) 등의 3단계를 거쳤다. 하나피파는 지역의 전통과 관례에 폭넓은 자유를 제공했고, 개인적 사고의 자유와 비교를 통한 코란과 순나에 상응 여부의 결정에 개방적이었다. 무엇보다도 하나피파는 토착 전통과 관례에 대한 관용 덕분에 널리 확산되었으며 정교 분리(공존)의 고수를 통해 공식성을 획득하였다.

12 이에 대해서는 Khalid(2007: 170-182) 참조.

이슬람 원리주의를 표방하는 저항이슬람의 출현과 전개는 독립 이후 중앙아시아에 불어 닥친 이슬람 부흥의 또 하나의 특징이다.[13] 이미 나름의 오랜 전통을 지니고 있었던 공식이슬람, 생활이슬람과는 달리 저항이슬람은 전환기에 새롭게 등장한 시대적 현상이었다. 저항이슬람은 이슬람 부흥을 이끈 다양한 내외적 요인들, 즉 대중 의식의 이념적 공백 상태, 해외 급진적 이슬람 사상과 세력의 유입, 권위주의 정권의 억압적 통치, 정부의 무능과 부패, 사회경제적 상황의 악화 등이 복합적으로 작용하여 낳은 역사적 산물이다.

우즈베키스탄의 이슬람주의는 애초에 무슬림 사회의 정화 혹은 비(非)이슬람적 요소의 청산을 위한 무슬림들의 자기표현과 자기실현의 노력에서 비롯되었다. 이 와중에 몇몇 원리주의자들은 이슬람의 전통주의적 입장을 선점하고 자신들의 순수주의적 개혁을 민족주의적(민주주의적) 요구와 결합하여 이슬람을 대표하는 것으로 주창하였다. 이러한 움직임을 정통성이 허약한 지배 정권은 국내 질서와 지역 안보를 위협하는 정치적 저항으로 간주하고 철저한 억압과 통제로 대응하였으며 이로 인해 집권 세력과 저항 세력 간의 끊이지 않는 극단적 대결이 초래되었다. 결국 이슬람 국가의 건설이라는 이슬람주의의 거대한 목표는 세속 정권들의 물리적 탄압 속에서 깨어진 이상으로 전락했고, 그 속에서 자기실현을 꿈꿨던 무슬림 대중은 또 다른 환멸을 맛보며 등을 돌려야 했다. 결국 비공식이슬람의 극단적 형태인 이슬람주의는 출현의 동기만큼이나 복합적인 이유들—세속 정권의 전복과 이슬람 국가 건설이라는 목표의 비현실성, 지배 정권

---

13 저항이슬람은 행태와 성격에 따라 정치적 이슬람, 이슬람주의, 근본주의(원리주의), 극단주의, 광신주의, 이슬람 테러리즘, 와합주의 등으로 다양하게 일컬어진다. 우즈베키스탄의 저항이슬람을 대표하는 이슬람주의 세력들로는 우즈베키스탄이슬람운동(ИДУ: Исламская движения Узбекистана), 이슬람해방당(ХТИ: Хизб ут-Тахрир аль-Ислами), 이슬람형제단(Мусулмон биродарлар), 아돌라트(Адолат, 정의), 토브바(Товба, 참회), 아크로미야(Акромийя), 대사그룹(Джамаат Таблиг), 이슬람전사들(Ислам Лашкарлари), 이슬람부흥당(Ислом уйгониш партияси) 등이 있다. 이에 대해서는 Олкотт(2009: 117); Mirsayitov(2006: 110-114); 정세진(2008:118-124) 참조.

의 무차별적 탄압, 이란이나 아프가니스탄의 근본주의, 와합주의의 관련과 영향에 대한 국내외의 우려와 대응, 지역의 이슬람 전통에 낯선 이슬람의 정치세력화, 과격한 이슬람주의 세력들이 저지른 일련의 폭력 행위와 불법적인 사건 등—로 인해 권력으로부터 탄압받고 대중으로부터 외면 받으며 궁극적으로 고립을 자초하고 있다.[14]

오늘날 우즈베키스탄에서 급진적 이념과 극단적 폭력을 통해 세속 체제를 위협하는 이슬람 저항 운동—대표적으로 우즈베키스탄이슬람운동(Islamic Movement of Uzbekistan),[15] 이슬람해방당(Hizb ut-Tahrir)[16] 등—은 지배 정권의 대대적이

---

14 이에 대해서는 오원교(2008: 365-369) 참조.

15 '우즈베키스탄이슬람운동(ИДУ: Исламская движения Узбекистана)'은 1991년 나만간에서 '타지키스탄이슬람부흥당(ПИВТ: Партия исламского возрождения Таджикистана)'을 대체하여 율다셰프(Тахир Юлдашев)의 주도로 조직된 이슬람 무장 단체인 '아돌라트(Адолат)'가 당국의 탄압으로 체포되거나 타지키스탄, 아프가니스탄, 이란 등으로 흩어진 후 1996년 타지키스탄에서 다양한 이슬람 조직들을 통합하여 일종의 해외 조직으로서 등장하였다. 최초의 목적은 카리모프 정권의 전복과 페르가나 계곡 지역에서 이슬람 국가의 건설이었다. 우즈베키스탄이슬람운동의 정치적, 이념적 지도자는 율다셰프였으며, 타지키스탄 내전에 야당연합의 일원으로 참가하였지만 내전이 종식된 후 타지키스탄에서 자리를 찾지 못하고 우즈베키스탄이슬람운동은 탈리반과 제휴를 통해 아프가니스탄으로 이동하였다. 그곳에서 파키스탄과 아프가니스탄의 국경지대로 밀려났고 후에 알카이다와 접촉을 했는데 이에 따라 파키스탄 군대의 탄압과 지역 주민들의 불만을 샀다. 타지키스탄 내전 시기에 우즈베키스탄이슬람운동에서는 2천 명 이상의 대원들이 활동했으나 점차 조직의 목표가 우즈베키스탄에서 멀어져감에 따라 대원의 규모가 줄어들었다. 오늘날 우즈베키스탄이슬람운동의 존립 여부가 의문시되는 가운데 내부 분열이 일어났고 율다셰프를 제외한 저명인사들은 남아 있지 않고 몇몇 지도자들은 '이슬람 지하드(Исламский джихад)'와 같은 나름의 조직을 형성하였다. 이에 대해서는 Бобохонов(2016: 291-293); 김태연(2016: 79-101) 참조.

16 '이슬람해방당(ХТИ)'은 국제 이슬람 조직으로서 우즈베키스탄과 키르기스스탄을 주요 무대로 활동 중이며 최근 들어 타지키스탄과 카자흐스탄에서도 세력을 점차 확대하고 있다. 우즈베키스탄에서는 1990년 초에 처음으로 세포 조직들이 생겨났고 1995년부터 집권 세력의 관심을 끌기 시작했다. 조직원들은 Тахрир 혹은 Хифс라고 자칭하고, 이슬람 '황금시대'로의 복귀와 세계적 이슬람 국가(Новый Халифат) 창설을 목표로 하며, 폭력적 투쟁 방법을 거부하고 계몽과 선전·선동 같은 평화적인 수단을 선호한다. 특히 이슬람해방당

고 지속적인 탄압으로 인해 과장된 선전과는 달리 그 영향력이 상당히 줄어들었다.[17] 하지만 최근 중대한 국제적 문제의 하나로 부각되고 있는 '이슬람 국가(IS)' 사태에서 짐작되듯이 특히 청년들 사이에서 이슬람에 대한 특별한 관심을 낳게 하는 근본적이고 구조적인 문제들이 아직 해결될 기미가 보이지 않은 상황에서 탄압과 저항이라는 악순환은 간헐적이지만 여전히 되풀이되고 있다.

하지만 공식이슬람과 반공식이슬람 사이의 탄압과 저항이라는 극한적 대립 속에서도 우즈베키스탄의 전역을 덮히는 이슬람 부흥의 온기는 꾸준히 확산되고 있는바, 그것의 원천은 권력에 매수된 일부 고위 이슬람지도자도 급진적 투쟁에 골몰하는 젊은 이슬람주의 세력도 아닌 일상적인 삶 속에서 무슬림성을 간직하며 살아가고 있는 평범한 무슬림 대중이다. 말하자면 진정한 이슬람 부흥은 위로부터도 옆으로부터도 아닌 아래로부터 비롯되고 있다.

주지하다시피 7세기경 아랍 제국의 동방 정복으로 중앙아시아에 전래된 이슬람은 8세기에 상위 계층 사이에서 지배적 종교가 되었고 10세기말에는 공식 종교로서 자리 잡았다. 초기부터 이슬람은 당시 중앙아시아에 존재하던 기성 종교들—조로아스터교, 마니교, 불교, 네스토리우스파와 야곱파 기독교, 유대교 등—뿐만 아니라 지역의 토착 신앙과 전통 문화, 특히 샤머니즘, 애니미즘, 토테미즘, 조상숭배 등과 서로 결합되면서, 내적으로 혼합 종교적 색채를 띠고, 외적으로 피정복지의 다양한 문화를 포용하는 복합 문화적 특징을 지녔었다. 요컨대 이슬람 교리와 이교적 관례는 점차 상호적으로 혼합, 융합되어 하나의 독특한

은 우즈베키스탄의 청년들 사이에서 종교적 문제뿐만 아니라 사회·경제적, 정치적 문제들에 관한 열린 논의로 지지받고 있다. 하지만 이슬람해방당은 애초에는 종교적·정치적 야당으로서 자신의 입장을 견지하였으나 내부 분열의 움직임과 함께 점차적으로 종교적 순교를 상찬하면서 이념적 과격화와 무력 투쟁으로의 선회 가능성도 드러내고 있다. 이에 대해서는 Бобохонов(2016: 294-299); 현승수(2010: 164-178) 참조.

17 우즈베키스탄 정부는 극단주의, 와합주의, 테러리즘 등의 유령을 저항이슬람이나 반체제 세력뿐만 아니라 대중 사회 일반을 억압하고 통제하는 일종의 전가의 보도처럼 활용하고 있다. 이에 대해서는 Freedman(2010: 152-154) 참조.

총체(синкретизм)를 형성하였고 그것이 중앙아시아 무슬림 사회의 문화적 본령이 되었다.[18] 우즈베키스탄에는 주류인 순니(Сунниты) 이슬람과 함께 독특한 수피즘(Суфизм)이 확산되었는데 토착 신앙과 전통 문화와 자연스럽게 어우러지면서 대중의 삶 속에 깊이 뿌리내려 이른바 생활이슬람으로 정착되었다. 특히 금욕적 자기수양과 신비적 체험, 고유의 개방성과 관용성 그리고 형제애를 강조하는 수피즘으로 대표되는 생활이슬람은 오스만 제국 시절에 이단으로 규정되어 핍박의 대상이 되기도 했지만, 특히 몽골 지배 하에서도 이슬람의 명맥을 유지하는 데 중요한 역할을 했다.

제정러시아 시대에 생활이슬람은 이른바 '야만의 문명화'라는 식민 지배의 허울 아래 통제와 억압에서 관용과 회유 사이를 오가는 양면 정책 속에서도 무슬림성을 담보하는 이슬람의 가장 견실한 토대였다.[19] 대부분의 평범한 무슬림들은 '이슬람연합회'[20]로 상징되는 공식적 이슬람으로부터 소외되고, '자디드운

---

18 이 과정에서 수피들을 비롯한 이슬람의 전파자들은 5주를 비롯한 이슬람의 교리와 의례를 고수하면서도 토착적 민간 신앙과 선동 관행들을 폭넓게 진유하였고, 경건적 정통성과 통일성 못지않게 의례적 유연성과 개방성을 발휘했다.

19 동방기독교를 신봉하는 러시아인들은 중앙아시아의 이슬람을 식민통치의 도구로 활용하였고 무슬림들을 자신들과 결코 동등하게 간주하지 않았다. 따라서 중앙아시아의 무슬림들은 이른바 군림하는 문명의 주체들에게 예속된 야만의 타자들로 남아 있었다. 이에 대해서는 Keller(2001: 25-28) 참조.

20 '오렌부르크 이슬람 종무원(Магометанское Духовное собрание)'는 예카테리나 2세가 1788년 오렌부르그(후에 우파로 옮겨짐)에 세웠는데, 소비에트 시대 이후 '무슬림 종무원(ДУМ: Духовное управление Мусульман)'의 모태로 간주된다. 연합회 의장인 무프티(Mufti)의 권한은 우크라이나, 카프카즈, 중앙아시아, 시베리아 등 러시아 전 지역에 미칠 만큼 강했으나, 친(親)러시아적인 성향이 강한 이슬람 성직자들 가운데에서 임명되었으며 차르 정부에 대한 전적인 충성이 요구되었다(최한우, 2000: 178). 말하자면 이렇게 획득된 이슬람 세계의 공식성은 무슬림 대중을 위한 대표성이 아니라 식민정권에 대한 부역의 대가로 취득한 특권에 불과했으며, 무슬림 공동체 내에서 지도자와 대중 사이의 분열의 단초가 되었다.

동'[21]으로 대표되는 계몽적 이슬람으로부터 대상화되었지만, 자신들의 비공식적인 일상생활 속에서 이슬람의 의식과 관례를 일종의 문화적 전통처럼 준수함으로써 이슬람적 정체성을 근근이 지켜나갔던 것이다.

더구나 소비에트 시대에는 무신론에 근거한 혹독한 반(反)이슬람 정책과 세속화로 상징되는 소비에트적 근대화[22] 속에서 '무슬림 종무원'으로 대표되는 공식이슬람이 명목을 유지하는 가운데 오히려 생활이슬람이 무슬림적 정체성의 억압 혹은 망각의 위협에 맞서 일상 속에서 이슬람적 의례와 관행을 은밀하게 보존하는 역할을 하였다.[23] 예컨대 이 시기에는 사원토지(waqf)의 몰수, 종교지도자의 탄압과 숙청, 이슬람 학교와 샤리아 법정의 폐쇄 그리고 성지순례를 비롯한 이슬람 의례와 관습의 금지, 이슬람 유산의 세속적 전용 등의 노골적 박

---

21 자디드운동(Jadidism)은 19세기말에서 20세기초 중앙아시아의 계몽적 지식인들 사이에서 널리 퍼졌던 무슬림 공동체의 내외적 혁신 운동으로서, 이른바 '새로운 방법(jadid)'에 기초하여 교육과 문화를 비롯한 무슬림 사회 전반의 근대적 개혁을 꾀하고, 나아가 민족의식의 고취와 정치적 각성을 통해 러시아의 식민 지배로부터 해방을 꿈꾸었던 중앙아시아 무슬림의 근대적 개혁·민족 운동이었다. 자디드운동은 무슬림들에 의한 자기 정체성에 대한 최초의 숙고이자 근대적 자의식의 본격적 출현이며 그것의 현실화를 위한 실제적 노력이었다는 점에서 커다란 역사적 함의를 지닌다. 그럼에도 불구하고 자디드운동은 후진성과 억압성으로 상징되는 당대 중앙아시아의 복잡한 내외적 상황 속에서 무슬림 대중과 굳건히 결합하지 못하고 결국 실패했다. 말하자면 당대의 사회 질서 속에서 자디드운동은 '위로부터도', '아래로부터'도 아닌 '옆으로부터'의 개혁 운동이었다. 이에 대해 자세한 것은 오원교(2009: 381-418) 참조.

22 볼셰비키 정권은 이른바 '계몽의 사도'로 자처하며 중앙아시아인들을 소비에트적 인간(Homo-Sovieticus)으로 개조하려 시도했다. 그들은 야만인들을 미신과 전통의 굴레에서 해방시키고 그것들을 합리적 논거와 경험적 이성으로 대체한다고 주장했다. 특히 소비에트 초기에는 일상적 삶의 공간을 변형시키려는 시도 속에서 여성들을 대상으로 삼아 가정을 개혁하는데 주의를 집중하였다. 즉 새롭게 태어날 소비에트적 인간은 공산주의 이상을 체현하고 사회주의 건설에 헌신하며 집단적 목표를 향해 매진하는 충성스런 신민이어야 했다.

23 이런 맥락에서 "이슬람의 본질은 사원과 예배서 혹은 교리 자체에 있기 보다는 차라리 샤리아, 무슬림 달력, 축일, 금식 그리고 각종 의례와 관행에 있다"라는 견해는 소비에트 시기의 중앙아시아에서 더욱 타당하게 여겨진다. 이에 대해서는 Ro'i(2000: 363-384) 참조.

해 조치들이 국가적 차원에서 행해졌다. 이러한 이슬람에 대한 소비에트 정권의 탄압은 2차 세계대전 시기에 무슬림들의 전쟁 동원을 위해 다소 완화되었지만, 이슬람의 세속화라는 소비에트의 기본 정책은 크게 변화되지 않았다. 따라서 무슬림들은 상당한 모험을 감수하며 이슬람의 의례와 관행을 비공식적 물라(Мулла)로부터 익혔고, 일상생활 속에서 대단히 조심스럽게 실행했던 것이다.[24] 다시 말해 소비에트 러시아 시대에 생활이슬람은 지배 정권의 온갖 탄압과 박해에도 불구하고 삶의 양식과 규범으로서 소비에트 무슬림들의 세계 인식과 도덕 이념의 발전에 적지 않은 영향을 끼쳤던 것이다.[25] 따라서 생활이슬람은 독립 이후 우즈베키스탄의 이슬람 부흥의 원동력이 되었다.

2. 현대 우즈베키스탄의 생활이슬람의 양상

평범한 무슬림 대중이 아래로부터 이끌고 있는 현대 우즈베키스탄의 이슬람, 즉 생활이슬람의 부흥은 사회적 제도에서 개인적 일상에 이르기까지 다양한 차원에서 일어나고 있는 괄목할만한 변화들에서 생생하게 감지된다.

주지하다시피 우즈베키스탄을 비롯한 중앙아시아의 무슬림들에게 소중한 문화적 유산이자 커다란 자부심의 원천이었던 수많은 사원과 교육기관은 소비에트 시대에 대대적으로 펼쳐진 이슬람 탄압 정책으로 인해 대부분이 철거되거

---

24 이에 대해서는 Montgomery(2007: 355-370) 참조.
25 소비에트 정권은 대중의 의식과 일상 속에 깊이 뿌리내린 생활이슬람의 의식과 관례들을 '낡은 종교적 잔재' 혹은 '사회주의의 발전을 가로막는 방해물'로 간주하면서 이에 대해 마찬가지로 부정적 입장을 취하는 공식 이슬람의 권위자들을 동원하여 억압하고 감시하였다. 하지만 1960·1970년대 이슬람 추일과 전통 명절에 지역의 이슬람 성묘 참배에서 보이듯이 소비에트 시대에도 이슬람 전통은 완전히 상실되지 않고 일정하게 보존되었다. 심지어 1970년대 중앙아시아에서 종교 의식과 종교 의례의 수준은 무슬림들이 러시아정교도보다 훨씬 높았다. 이에 대해서는 Hann et al.(2009: 1517-1541) 참조.

나 폐쇄되었고, 동시에 이슬람 성직자와 학생들의 수도 현저하게 감소했었다.[26] 하지만 이러한 상황은 독립을 전후해서 이슬람 부흥의 바람과 함께 크게 바뀌었다.

독립 직후 이미 1994년까지 중앙아시아에는 약 7,800개의 모스크(사원)가 새롭게 문을 열었다. 우즈베키스탄의 경우 2016년 기준 등록된 모스크만 2,037개에 달하고 미등록 모스크를 포함하면 현재 활동 중인 모스크의 수는 훨씬 더 많을 것으로 추정된다.[27] 대표적으로 2014년 10월 1일 이슬람 축일 쿠르반 하이트(Курбан Хайит) 전야에 타슈켄트에서는 대통령 카리모프의 칙령에 따라 국가 재원으로 2,400여 명을 수용할 수 있는 우즈베키스탄에서 최대 규모의 미노르 사원(Мечеть Минор)이 개원하였다. 동양적 전통의 우즈벡 양식으로 지어진 미노르 사원은 또 하나의 거대한 이슬람 성소로서 무슬림들의 커다란 관심을 끌고 있다.

또한 이슬람 교육기관도 증가하여 특히 젊은 무슬림들 사이에서 많은 주목을 받고 있다. 1999년 4월 7일 대통령 카리모프의 칙령에 따라 이슬람고등교육기관인 타슈켄트이슬람대학(Ташкентский исламский университет)이 문을 열었고, 현재 11개의 이슬람중등교육기관(마드라사)이 운영되고 있다.[28] 우즈베키스탄의 이슬람교육기관들에서는 1,500여 명의 남녀학생들이 김나지움, 리체이, 학사, 석사, 박사 과정에서 이슬람의 역사와 철학을 중심으로 우즈베키스탄 민

---

26 1917년 10월 혁명 이후 소비에트 러시아의 종교 탄압이 본격화되기 이전 중앙아시아에는 26,279개의 이슬람 사원, 6,000개의 막탑(maktab), 300개의 마드라사(madraseh), 그리고 45,399명의 성직자들이 있었다.

27 한편 2007년 통계를 기준으로 카자흐스탄 2,128개, 투르크메니스탄 110개, 키르기스스탄 1,668개, 타지키스탄 2,842개의 모스크가 각각 등록되어 운영 중인 것으로 알려졌다 (Ismailov, 2008).

28 최근 정부 당국의 통제와 감시 정책에 따라 이슬람 교육 기관과 모스크의 양적 규모는 독립 전후 이슬람 부흥기보다 다소 축소되었지만 질적 개선은 지속되고 있다.

족의 정신적, 역사적, 문화적 유산을 학습하고 있다. 타슈켄트이슬람대학의 종교학과는 우즈베키스탄에 존재하는 유사한 학과들 사이에서 실질적 중심이고, 이슬람법학과는 포스트 소비에트 공간에 존재하는 유일무이한 학과로 알려져 있다. 또한 이 대학에서는 현대 생활에서 종교, 특히 이슬람의 역할과 기능, 정신과 계몽의 기초, 극단주의와 테러리즘, 종교적 관용과 다원주의 등의 문제를 다루는 국내-국제적 세미나, 심포지엄, 학술대회 등이 자주 개최되고 있다. 또한 일찍이 1970년 중앙아시아와 카자흐스탄 무슬림 종무원 산하에 설립되었던 이슬람고등교육기관은 1991년 중세의 이슬람 신학자 이맘 알 부하리(Имам аль Бу-хари)의 이름을 따서 타슈켄트이슬람연구소(Ташкентский исламский институт)로 개칭되어 현재 우즈베키스탄 이슬람 종무원 산하에서 이슬람학(исламоведение)의 정립과 발전, 신세대 이슬람 학자와 지도자를 양육을 위해 폭넓은 연구를 선도하고 있다.[29]

더불어 이슬람교육과학문화기구(ISESCO)는 2007년 타슈켄트를 이슬람 문화의 성도(聖都)로 선정하였고, 이를 기념하기 위해 일 년 내내 수많은 행사들이 조직되고 활기차게 진행되었다.[30] 이처럼 이슬람 정신과 가치의 계승을 위한 우즈벡 무슬림들의 노력은 국제 이슬람 사회에서도 높은 평가를 받고 있다.

한편 이슬람 사원과 교육 기관들이 양적으로 급속하게 늘어남에 따라 일선 현장에서는 교재 부족 사태가 발생하기도 하였다. 이에 독립 직후 사우디아라비아는 우즈베키스탄 무슬림 종무원에 100만 권의 쿠란을 배포용으로 기부

---

29 타슈켄트이슬람연구소에는 2015년 기준으로 60여 명의 교수가 활동하고 230여 명의 학생들이 재학 중이며, 졸업생은 2003년부터 이슬람학, 이맘-하티프(имам-хатиб), 아랍어 전공 학사 학위를 부여받는다.

30 이를테면 타슈켄트이슬람대학에서 세미나(1월), 쿠켈다슈 마드라사에서 학술대회(2월), 세계경제외교대학에서 국제외교관 원탁회의(3월), 타슈켄트이슬람대학과 인터콘티넨탈 호텔에서 국제학술대회(7~8월), 사마르칸드와 부하라에서 이슬람교육과학문화기구가 주최한 국제학술대회(11월) 등이 개최되었다(Арифханова и др., 2011: 500).

하였으며, 이집트, 터키, 파키스탄, 쿠웨이트 등의 주변의 이슬람 국가들도 교재 지원에 동참하였다. 이 과정에서 마침내 쿠란이 우즈벡어로 번역되었고, 특히 세계에서 3번째로 맹인들을 위한 점자책으로 출간되기도 하였다. 1998~2003년 위기의 시기를 거친 후 오늘날 이슬람 관련 각종 문헌과 정보는 점증하는 수요에 기반하여 상업적 사업 영역으로까지 성장하였고, 보다 풍부한 내용이 다양한 형태와 방식—서적, 비디오, 오디오, CD, DVD, 인터넷—으로 제공되고 있다.[31] 하지만 타슈켄트를 비롯한 주요 대도시를 제외하고 지방에서는 여전히 이슬람 관련 정보의 공급이 수요에 미달하는 실정이다. 요컨대 오늘날 우즈베키스탄은 이슬람 문헌과 정보의 제 2 전성기를 맞고 있는 듯하지만, 여전히 통제주의와 전통주의가 완고하게 작동하고 있다.

우즈베키스탄에서 이슬람 부흥의 물결은 국가가 통제·관리하고 공식이슬람이 주도·후원하는 제도의 차원뿐만 아니라 비공식적 이슬람의 영역인 일반 대중의 일상적 차원에서 보다 뚜렷하게 나타난다. 이른바 '잊혀진 이슬람'의 부활이라는 의미에서 '재(再)이슬람화(реисламизация)'로도 칭해지는 이러한 현상은 이슬람의 전통적 의식과 관례뿐만 아니라 오랜 역사적 과정 속에서 그것들과 융합된 토착적 신앙과 관행을 포함하는 독특한 이슬람 문화, 즉 생활이슬람에 대한 관심의 증대와 실행의 확산이다.

우즈베키스탄의 생활이슬람에서 가장 널리 지켜지는 이슬람의 전통적 의식은 모든 무슬림에게 기본적 의무로 여겨지는 5주(柱)이며, 관례로는 성인 숭배, 이슬람 축일, 할례, 결혼식, 외모와 복장 등이 있다. 이와 함께 비(非)이슬람

---

31 예를 들어 1990년대 타슈켄트에서 저명한 이맘으로 활약했던 나자로프(Обидхон кори Назаров)는 카리모프 정권의 박해를 견디다 못해 스웨덴으로 망명했고 테러를 당하기도 했는데, 그가 2008년에 공개한 인터넷 사이트, '이슬람의 목소리(Ислом овози, http://www.islomovozi.com/)'는 우즈베키스탄에서 가장 유명한 이슬람사이트 중의 하나가 되었다. 또한 금요 예배에서 행해진 유명한 이슬람 지도자들의 설교는 인터넷과 각종 SNS를 통해 널리 유포되기도 한다.

적 토착적 신앙과 관행에는 샤머니즘, 애니미즘, 토테미즘, 조상 숭배, 상호부조, 나브루즈 등이 관련된다.

먼저 모든 무슬림이 갖춰야 하는 5대 덕목으로서 쿠란과 무함마드의 가르침 중에 나타나는 5가지의 의무를 뜻하는 5주—신앙고백, 예배, 금식, 순례, 희사—는 독립 이후 우즈베키스탄 대중에게 소비에트 시대에 억압적으로 망각되었던 자신들의 이슬람적 정체성, 즉 무슬림성을 복원하고 강화하기 위한 가장 기본적인 일상 규범이 되었다. 비록 세속적 삶의 양태에도 불구하고 대부분의 무슬림들은 신앙고백(шахада)을 전제로 삼아 예배(намаз)를 일과로 간주하며, 금식(пост)과 순례(хаджж) 그리고 희사(закят)도 여건이 허락하는 한에서 최대한 실행하려 노력한다.

무슬림은 "알라 이외에 신은 없고 무함마드는 알라의 사도임을 증언한다"라는 신앙고백을 통해 알라의 유일성과 알라의 사도에게 계시된 메시지의 진실성을 확신하는 믿음의 기본적 선언을 해야 한다. 뿐만 아니라, 절대자인 하나님에 대한 감사의 표시로 하루에 다섯 번 정해진 시간—새벽, 정오, 일몰 2시간 전, 일몰 직후, 일몰 2시간 후—에 성소 메카를 향해 기도를 올리는 것을 기본적 의무로 여긴다. 기도는 정갈한 곳에서 혼자 혹은 여럿이 하며, 여성들의 경우 전통적으로 집에서 하도록 권장된다. 특히 모스크에서 행해지는 금요 예배는 무슬림들 사이의 연대의식을 고취하고 형제애를 강화하며 평등사상을 확산하고 공동체의 규율을 발전시키는 아주 중요한 행사로 인식된다. 말하자면 우즈베키스탄의 무슬림들은 예배를 일상에서 행하는 가장 신성한 의무로 간주하고 실천한다.

또한 무슬림은 매년 일정 기간에 금식을 해야 하는데, 대개 이슬람력 9월(Рамадан)—무함마드가 알라로부터 계시를 받은 신성한 달—에 공식적으로 행해진다. 무슬림들은 예언자의 가르침에 근거하여 금식의 달인 라마단에는 천국의 문은 열리되 지옥문은 닫히며, 금식하는 자는 누구든지 과거의 죄 중에서 용서받을 수 있는 죄는 용서받는다고 믿는다. 그리고 금식시간이 끝난 저녁에는 대개 빈자(貧者)들을 위한 공공기관의 무료급식도 마련된다.[32] 우즈베키스탄의 무슬림들은 라마단을 자신의 정신적 삶에서 특별한 의미와 가치를 지니는 신성한 달로 인식하며, 상호간의 우애, 자비, 존중, 화합 등의 도덕적·종교적 품성을 앙양하는 중대한 계기로 삼는다. 특히 최근 라마단의 간소화에 대한 정부 당국의 요구에도 불구하고 우즈베키스탄의 무슬림들은 신성한 달에 사회적 약자들—병자, 빈자, 장애인, 노인, 퇴역군인 등—에게 도움을 베풀고 가족친지를 방문하며 성지와 성묘를 다녀오기도 한다. 더불어 우즈베키스탄에서는 라마단이 끝나는 마지막 날인 금식종료제(Рамазан-хайит)는 공식 공휴일로 지정 되어 다양한 종교문화 행사들을 통해 성대하게 기념되고 있다.

이슬람 세계에서 이슬람의 양대 성지인 메카와 메디나(무함마드가 사망한 곳)를 다녀오는 순례는 이슬람의 완성으로 인식된다. 순례는 무슬림들이 인종적, 언어적, 정치적 장벽을 넘어 고유의 평등사상에 입각해서 연대의식과 형제애를 강화할 수 있는, 따라서 일생에 한 번 이상은 행해야 하는 신성한 의무 중의 하나이다. 순례 중에는 몸으로 드리는 예배, 말로 하는 예배 등을 포함한 다양한 방식의 예배가 거행되고 기도, 희사(자발적 헌금), 대속(금식을 못했을 때 나중에 벌충함), 서원, 쿠란 낭송, 알라 음송, 간구(Dua) 등이 행해지는데, 따라서 순례야말로 이슬람의 완결판을 보여 줄 수 있는 최고의 의무로 간주된다. 나아가 성지 순례는 무슬림 각자에게 또 하나의 신성한 의무인 동시에 순례자의 규모와 순례의 성격은 특정 사회의 신앙심과 국가의 종교 정책을 가늠하는 척도로도 인식

---

32 쿠란의 가르침에 따라 10세(혹은 12세) 이상의 무슬림은 병자나 임산부 및 3일 이상 여행 중인 자를 제외하고 누구나 30일간 금식을 행해야 한다. 병자, 임산부, 여행자는 다른 날을 잡아 그 기간만큼 따로 단식을 해야 한다. 단식기간 중에는 해뜰 때부터 해질 때까지는 아무 것도 먹거나 마시지 않아야 한다. 물론 부부 사이의 잠자리도 피해야 하고 화를 내지 않아야 하며 담배를 피워서도 안 된다. 반면 그 외의 시간, 즉 금식 시간이 끝난 다음에는 원하는 것을 먹으며 또한 이슬람 율법이 허용하는 행위들을 할 수 있다. 이에 대해서는 진원숙(2008: 21-22) 참조.

된다. 독립 이후 우즈베키스탄에서 성지 순례는 우즈베키스탄 무슬림 종무원을 앞세워 국가가 주도하고 있으며 당국은 이를 위해 적지 않은 지원—특별항공편, 의료서비스, 환전대행, 비자발급 등—을 제공하고 있다.[33] 우즈베키스탄에서는 매년 대략 5,000명이 성지 순례에 참가하는데, 1992년부터 2008년까지 17년 동안 65,000여 명이 참가한 것으로 추산된다. 하지만 성지 순례의 참가 인원이 나라별로 무슬림 1,000명마다 1명씩 배당되는 원칙에 따르면 우즈베키스탄에 최대 25,000명이 배당될 수 있으나, 실상 당국은 1/5만 허용하고 있다. 예컨대 2015년에 이어 2016년에도 우즈베키스탄은 사우디아라비아의 관계 당국과 협의 아래 성지 순례 규모를 5,200명으로 확정했다고 한다. 우즈베키스탄에서 성지 순례는 대부분 45세 이상의 성인에게만 허락되고 마할라(mahalla) 위원회에 신청하여 매년 순서에 따라 하지는 1~2명, 움라(비정기 소규모 성지 순례, умра)는 4~7명씩 승인받는다. 순례 자체는 나름대로 대단히 체계적이고 조직적으로 행해지며, 따라서 국가의 후원은 순례자들에 대한 효과적인 통제의 수단으로 기능하는 동시에 다른 국가들과의 경쟁을 통해 선전의 도구로도 활용되고 있다. 이러한 상황 때문에 신성한 순례에 참여할 기회를 얻지 못하는 무슬림 대중 사이에서는 불만이 고조되고 있고 불가피하게 주변 국가를 우회하여 개인적으로 다녀오기도 하며 심지어 정해진 순서를 어기고 일찍 승인을 받기 위해 관계 당국에 뇌물을 바치는 경우도 생겨나고 있다.

또한 희사는 모든 무슬림들이 가난하고 어려운 사람들을 위해 자신의 수입이나 재산의 일부를 기부하는 행위로서 그 본질은 형제애에 기초한 나눔의 정신이다. 자캬트는 동정 혹은 자비라는 이슬람의 기본 정신을 반영하고 있으며 무슬림들에게 이기심을 버리고 이타심을 배양하는 신성한 계기이다. 성지

---

33 일찍이 대통령 카리모프는 조상들의 신앙인 이슬람을 무슬림의 의식이자 존재의 본질이고 삶 그 자체로 규정하면서 "정부는 모든 무슬림들에게 신성한 메카 순례를 위해 필수적인 협조를 할 것이다"라고 천명하였다. 이에 대해서는 Каримов(1992: 32) 참조.

순례 혹은 성묘 방문, 축일 등에서 행해지는 순수한 희사는 사다카(садака)로 칭해진다. 몇몇 이슬람 국가에서는 개인자산, 농산물, 상품 등에 부과하는 정규 세금으로 발전한 희사는 사원 건축, 빈민 구제, 공공사업 등에 사용된다. 예컨대 우즈베키스탄 무슬림 종무원장 우스만한 알리모프(Усманхан Алимов)의 공표에 따르면 2016년 라마단 기간에 우즈베키스탄 무슬림은 연간 수입이 기준 금액(нисаб)인 순금 85그램의 현금가 11,475,000숨(сум)을 초과할 경우 수입 총액의 2.5%(1/40)에 해당하는 금액 286,875숨을 희사금(закят)으로, 밀 2킬로그램에 해당하는 금액 4,000숨을 축일헌금(фитр-садака)으로, 빈자의 하루 식비에 해당하는 금액 10,000숨을 라마단 기간에 금식을 못한 1일당 대속헌금(фидья-садака)으로 기부해야 했다.[34]

    5주 이외에 우즈벡인들이 무슬림적 정체성을 확증하는 가장 대표적인 관례의 하나는 성인(авлиё) 숭배와 성묘 참배(зиёрат)이다. 특히 금욕적, 헌신적 생활과 신비주의적 체험에 근거하는 수피즘 전통에 강한 영향을 받은 생활이슬람에서는 개인적 경건주의와 함께 환상적, 주술적 경험이 점차 강조되면서 성인 숭배와 성묘 참배가 두드러진 특징으로 자리 잡았다.[35] 이것은 세상을 떠난 성인의 무덤을 신성하게 여기고 그곳을 직접 방문하여 의례를 행하여 성인이 생전에 간직하고 있던 성덕과 은혜를 나누어 가짐으로써 자신들의 기원이 성취된다는 믿음에서 행해지는 종교적 관행이다.

    성인 숭배는 이슬람의 수피즘에서 신을 향한 고유한 예배 의식인 '지크르(зикр)'와 함께 가장 중요하게 여겨지는 종교 의례로서 역대 교단의 창시자는 물론 저명한 수피들은 사후, 심지어는 생전에도 성인으로 추앙받아 왔다. 우즈

---

34   이에 대해 보다 자세한 것은 http://ru.sputniknews-uz.com/society/20160525/2888290.html (검색일: 2017.02.15) 참조.

35   실상 이슬람 세계에서 '신의 벗(wali Allah)'이라고 불리는 성인들의 존재 혹은 그들의 권능에 대한 믿음, 즉 성인 숭배는 널리 퍼져있는 보편적인 관행이다. 이 관습은 예언자 무함마드에서 출발했으며, 특히 수피즘이 형성되고 대중화된 시기인 13세기경부터 본격화되었다.

베키스탄에서는 제정·소비에트 러시아의 식민 통치에 저항하다 순교한 수피 지도자들, 뛰어난 이슬람 학자 그리고 저명한 역사적 인물의 무덤은 전통적 기복 신앙과 결합되면서 경배와 순례의 대상으로 신성시되고 있다. 우즈베키스탄에는 전국에 걸쳐 성묘를 포함하여 3,500여 개의 성지가 있는 것으로 추산된다.[36] 독립 이후 성묘를 참배하는 사람들의 수는 대폭 증가하였는데 성묘에 대한 새로운 인기는 부분적으로 참배객의 인구학적 다양성에서도 드러난다. 전통적으로 성묘 참배는 여성들과 아이들, 그리고 낮은 교육 수준과 사회적 지위를 지닌 나이 먹은 남성들이 주류를 이뤘으나, 오늘날에는 다양한 수준의 교육, 재산, 지위를 지닌, 즉 지배-엘리트층에서부터 일반 대중에 이르기까지 거의 모든 연령층의 사람들이 동참하고 있다. 더구나 이슬람의 성지인 메카와 메디나를 직접 순례하는 것이 현실적으로 어려운 적지 않은 무슬림들은 대신에 성인들의 성묘를 참배하는 경우가 많으며 그들에게 성묘는 이슬람 성지에 버금가는 의미를 지닌 것으로 간주된다.[37]

성묘 혹은 그 주변에는 대개 수피 도량인 한카(ханка)가 만들어져 있는데, 그것은 성인의 기적담을 참배자들에게 전달하는 역할을 한다. 무슬림들은 자신이 숭배하는 성인의 묘를 방문하여 보통 관 앞에서 쿠란을 읊으면서 기도를 드

---

36 대표적으로 부하라에 있는 이스마일 사마니(Исмаил Самани), 호자 바하우딘 낙쉬반디(Ходжа Бахауддин Накшбанд), 사마르칸드에 있는 이맘 이스마일 알 부하리(Имам Исмаил аль-Бухари), 아부 압둘라 무함마드 알 부하리(Абу Абдула Мухаммад аль-Бухари), 호자 아라르(Ходжа Арар) 등의 성묘가 있다.

37 다양한 성지는 또한 새로운 성인 숭배의 초점이 되고 있는데, 때때로 성인은 정치적 정당성, 경제적 이익 그리고 사회적 지위를 위해 그것과 발생학적 연관을 추구하는 사람들을 성지로 이끌기도 한다. 참배자의 규모와 자금의 유통 그리고 성지의 사회적 중요성의 증대는 신축되거나 새긴된 성지의 건축물들에서도 드러난다. 오래된 성지를 복원할 뿐만 아니라 현존하는 무덤 주변에 기념비를 건설하거나 때로는 성인들의 무덤 가까이에 자신들의 묘를 만들기도 한다. 이 과정에서 참배자의 기부금, 성인들에 관한 서적이나 기념품(부적), 입장료 등과 관련한 새로운 사업들이 생겨난다.

린다. 아랍어를 모르는 무슬림들은 이슬람 성직자들의 의례에서 들은 쿠란의 경구를 직접 암송하거나 성묘지기가 그들을 대신하여 읽어주기도 한다. 성묘가 잠겨 있는 경우 관이 보이는 문이나 창살 앞에서 동일한 의식을 행한다. 일부 지역에서는 성묘 앞에 등불이나 촛불을 밝히고 숄이나 천 조각을 쇠창살이나 나뭇가지에 매달기도 하는데, 이것은 우즈베키스탄의 곳곳에서 발견되는 성스러운 나무 가지에 헝겊을 매다는 관습과 관련이 깊다. 때때로 방문객들은 무덤에 양이나 닭을 제물로 바치고, 특별한 제례를 행하기도 한다. 우즈베키스탄 사람들은 질병, 임신, 취업, 출세 등의 일상적 삶의 문제들을 극복하는데 성인들의 중재를 얻기 위해 성묘를 방문한다. 이러한 의례는 역사적으로 이슬람 이전의 전통에서 기원했으며 특히 형식적 관행을 지양한 검소한 신앙생활, 내면적 성찰을 통해 신과의 합일을 지향하는 신비주의적 매력 때문에 생활이슬람에서는 외세 지배 하에서 물론이고 현대 사회에서도 이슬람의 전통을 수호하는데 커다란 역할을 하는 것으로 평가된다.

물론 유일신 사상이 절대적 원칙인 이슬람에서 신이 아닌 다른 어떤 존재도 숭배의 대상이 될 수 없고 더구나 그 자체의 미신적인 속성으로 인해 성인 숭배와 성묘 참배는 정통 이슬람의 전통에서 어긋나는 것으로 간주된다. 따라서 공식이슬람, 특히 무프티와 이맘 등의 공인된 사제들은 이러한 의례에 거부감을 표시하는데, 그런 태도는 자주 모스크의 설교에서나 성지에 놓여 있는 안내 명판에서 발견된다. 하지만 우즈베키스탄 당국에서는 이러한 관례를 민족적 전통으로 포용하면서 성지를 지원하고 방문을 후원하면서 그것의 발전을 촉진하기도 한다.[38]

---

[38] 2002년 우즈베키스탄 정부는 중앙아시아에 낙쉬반드 수피즘을 정립한 것으로 유명한 호자 아흐라르(Khoja Ahrar) 600주년 기념제를 개최하였다. 이것은 정부가 낙쉬반드 종파를 우즈베키스탄의 문화적 전통과 밀접하게 공명하는 이슬람 전통으로 인식한다는 점에서 중요한 의미를 지닌다. 호자 아흐라르 복합기념관 입구에는 정통 순니 이슬람에서는 신성 모독으로 간주하는 호자 아흐라르 형상이 그려져 있는데 우즈베키스탄에서 그러한 형상의 사용

이처럼 성인 숭배와 성묘 참배를 둘러싼 논란은 문화의 연속과 변화 사이에서 우즈벡인들의 긴장어린 인식과 기대를 보여주는 동시에 성스러운 것에 대한 다양한 관계들에 직간접적 영향을 미친다. 요컨대 우즈벡인들은 이슬람이 그들의 삶에서 중심적 역할을 한다는 공통의 이해에 기초하여 성인과 성묘 또한 그들의 종교적 상상 속에 통합하는 것이다.

생활이슬람에서 빼놓을 수 없는 또 다른 중요한 관례는 바로 이슬람 축일이다. 우즈베키스탄에서는 1992년부터 이슬람의 주요한 축일인 대축제(Курбан- байрам, 희생제), 소축제(Рамазан-хайит, 금식종료제)를 국가 공휴일로 지정하여 무슬림들의 민족적, 정신적 가치의 보존과 고양의 계기로 삼고 있다. 또한 예언자 무함마드의 탄생을 기리는 축일인 마울리드(mawlid)와 여성 성인인 비비 세샨바(Bibi Seshanba)를 기념하는 오쉬 비비요(Osh Bibiyo)도 성대하게 기념된다. 특히 마울리드에는 남녀가 서로 구분하여 참석하는데, 이 모임에서는 음식과 음료를 차려놓고 향(issrik)을 피우며 전문가(남성 — qori, 여성 — otincha, bibikhalfa)가 코란의 구절이나 예언가를 칭송하는 시구를 암송한다. 의례를 마

은 아주 일반적이다. 이 형상의 왼쪽에는 방문 규칙들을 담은 안내문이 붙어 있는데, 쿠란의 암송과 복장 채비 등의 널리 알려진 일반적 규범들 외에도 다음과 같은 규범들은 상당히 특징적이다.

무덤에 입을 맞추거나 절을 하지 마시오
촛불이나 나뭇가지를 태우지 마시오
묘석에 금전을 바치지 마시오
나무에 스카프나 천 조각을 매달지 마시오
성인께 개인적 문제의 해결이나 다른 도움을 요청하지 마시오
모든 것을 알라께 간구하시오

그럼에도 불구하고 방문객들이 이러한 규범들을 무시하는 증거들, 즉 이념과 실천 사이의 모순들을 발견하는 것은 어렵지 않다. 말하자면 방문객들은 수세기 동안 전해 내려오는 전통적 의례 역시 유지하는 것이다(Abramson et al., 2007: 319-320, 325-327).

친 후 함께 음식을 나눠먹고 남은 음식은 집으로 가져가 가족들에게도 나눠준다. 마울리드 모임은 주로 죽은 친척들을 위한 신의 찬양과 신앙 고백의 의례인 지크르와 함께 행해지기도 한다.

대부분의 중앙아시아의 무슬림들 사이에서 일관되게 지켜지고 있는 또 하나의 이슬람적 관례는 할례(хатна)이다. 할례는 이슬람이 출현하기 오래전에 유대인들에게서 비롯된 관행이지만 무슬림들은 이슬람 창시자 무함마드가 할례를 받았다고 널리 믿는다. 우즈베키스탄에서 할례는 하트나-킬리슈(хатна-килиш) 혹은 순나트-투이(суннат-туйи)라고 칭해지는데, 할례는 어린아이가 이슬람에 귀의하는 의식으로 간주되어 중요하게 취급된다. 할례는 보통 3, 5, 7, 9세의 소년들에게만 행해지는데, 남자 아이가 태어날 때부터 부모는 할례 의식에 필요한 준비를 미리 한다. 특히 몇 달 전부터 담요, 침대보, 의복, 각종 선물을 마련하는데, 일종의 품앗이처럼 이웃의 나이든 여성들이 함께 도움을 베푼다. 할례 의식에 앞서 이맘과 친척들, 마할라의 위원들이 참석한 가운데 쿠란을 낭송하고 상차림을 한 후 어른들은 각자 아이에게 다양한 선물을 전달하며 축복을 한다. 이 과정에서 때로는 남자가 되었다는 증표로 소년을 말 위에 앉히기도 한다. 그 후 여성들은 담요와 베개를 궤에 담는 타후라르(тахурар) 의식을 행하며, 마지막에는 플롭(плов)을 함께 나눠 먹는다. 이처럼 할례 의식은 기도, 춤과 노래, 선물 그리고 음식을 곁들인 마을 잔치의 성격을 띠고 공동으로 진행된다.

한편 우즈베키스탄에서 결혼식은 가장 화려하고 풍족한 대규모 행사 중의 하나이다. 결혼식에는 일가친척, 이웃, 직장동료, 친구 등의 거의 모든 주위 사람들이 초대된다. 중앙아시아의 다른 지역과 마찬가지로 우즈베키스탄에도 이슬람식의 결혼 풍습(никох-туй), 특히 신부 값(калым) 지불 전통이 남아 있다. 독립 이후 경제사정의 악화로 액수가 줄어들거나, 물건, 의류, 생활용품, 보석 등으로 대체되었으나, 우즈베키스탄에서는 카자흐스탄보다 비록 금액은 높지 않지만 훨씬 대중적으로 남아 있으며 대중 매체에서 공식적으로 언급하는 경우는 드물지만 일상생활에서는 자주 회자된다. 요컨대 대부분의 경우 신부 값의 지불 없이는 결혼이 불가능하며, 사실상 그것은 결혼 성사의 필수적 조건에 해당하는 것으로 간주된다. 비록 의아하게 보일지라도 새로운 시장 경제 체제는 이러한 과거 전통을 오히려 강화했으며, 신부가 마치 상품처럼 팔리는 대상이 되었다는 힐난도 드물지 않게 들려온다. 실상 현대 우즈베키스탄에서 많은 액수의 신부 값은 한편으로 가족의 높은 사회적 지위를 드러내지만, 다른 한편으로 결혼 전의 중대한 장해물이 되기도 한다. 전통적으로 우즈베키스탄에서는 딸은 다른 사람의 소유이고 아들은 영원히 부모와 살면서 신부를 맞이해야 하는 것으로 인식된다. 신부 값은 신부의 양육에 대한 보상과 새로운 가정생활의 준비를 위한 재원이다. 우즈베키스탄에서 신부 값은 지역마다 차이가 있으며, 기본적으로 가정의 경제적 상태에 달려 있으나, 적게는 1,000달러에서 많게는 5,000달러에 달하기도 하는데, 타슈켄트 지역에서는 평균적으로 2,500달러 내외이다. 카라칼팍 지역에서는 신부 값이 양가 사이의 다툼의 씨앗이 되기도 하며, 따라서 과거에는 신부를 훔쳐오는 관습도 있었다. 독립을 전후해서 이슬람의 부흥과 함께 전통적인 결혼 관습도 부활하였는데, 진정한 무슬림은 신부 값 혹은 신부 재산(маxр)없이는 결혼을 상상조차 할 수 없다고 한다. 쿠란에는 신부 값에 대한 남성(신랑)의 절대적 의무와 여성(신부)의 배타적 권한에 대한 언급이 존재하며, 하디스에도 신부 값의 지불을 거부하는 것은 가축 살해와 임금 체불과 함께 가장 추악한 죄악 중의 하나로 취급된다. 소비에트 시대에 신부 값은 봉건적·가부장적 사회관계의 잔재로 간주되어 대도시에서는 많이 사라졌으나 우즈베키스탄의 몇몇 지역에서는 은밀하게 존재해왔고, 소연방의 붕괴 이후 일종의 전통으로 되살아났다.[39] 신부 값 전통은 이슬람 이전 시대에 생겨났

---

39 신부 값은 중앙아시아 전역에 다양한 규모와 형식으로 존재하는데, 유목 민족인 카자흐와 투르크멘에 비해 정주 민족인 우즈벡에서는 신부 값의 억힐이 상대적으로 크다고 평가되며, 신부 값은 신랑-신부 사이가 아니라 그들의 가족들 사이에서 맺어지는 일종의 사회적 계약으로서 결혼의 의미와 밀접하게 관련 된다. 중앙아시아에서는 신부 값의 규모를 결정하는 신부의 자질로서 경제 활동 능력, 외모, 가족의 명성, 교육 수준, 처녀성(순결), 도덕 -

고 애초에는 종교와 특별한 관계가 없었으나 이슬람화 과정에서 사라지지 않고 오히려 종교적 의미가 부가되기 시작했으며 그 이후로 가부장적 관계가 확고한 우즈베키스탄을 비롯한 몇몇 국가들에서 지속적 현상으로 남아 있다. 말하자면 무슬림들의 일상적 결혼 의례의 하나로서 잔존하는 것이다.[40]

한편 우즈베키스탄에서는 이슬람적 요소를 적지 않게 담고 있는 탄생, 할례 그리고 결혼 등의 생애주기와 관련된 축제를 토이(to'y)라고 칭하기도 한다. 오늘날 토이는 무슬림 공동체에서 생활이슬람의 대표적 일상적 관례로 간주할 수 있는데, 그것은 무엇보다도 현대 사회에서 중요성이 커져가는 사회적 네트워크를 형성·존속·확장하는데 커다란 역할을 하고 있다. 일반적으로 토이를 개최하는 가정은 친척, 친구, 동료 그리고 이웃을 포함하는 거의 모든 사회적 네트워크의 구성원들을 기꺼이 초대한다. 따라서 이러한 행사는 수백 명의 손님들이 참석하며 상호간에 선물과 호의를 베푸는 중요한 계기가 된다. 이처럼 선물과 호의를 주고받는 행위 속에서 무슬림들은 상호간의 부조와 연대의 정신을 꽃피우고 강화한다(Kandiyoti et al., 2004: 336-337).

일상 속에서 이슬람의 실행은 우즈베키스탄 무슬림들의 외모와 복장에서도 발견된다. 오늘날 우즈베키스탄에서는 전반적으로 생활 방식의 서구화와 당국의 통제와 감시 때문에 무슬림 남성이 (턱)수염을 기르거나 무슬림 여성이 베일을 착용하는 경우가 적잖이 줄어들었다. 우즈베키스탄에서는 일반인이 공공장소에서 종교적 복장을 착용하는 것을 법률로 엄격히 금지하고 있으며 위반할 경우 일정한 처벌을 내린다.[41] 따라서 남성의 경우 이맘을 비롯한 공인된 종

심리적 품성 등을 차례대로 중요하게 꼽는다. 이에 대해서는 Ильясов(1991: 67-79) 참조.

40 이에 대해서는 Расулов(2009) 참조.

41 「양심의 자유와 종교 조직에 관한 법률」 제14조와 행정책임지침 제1부 제184조는 공공장소에서 종교적 복장의 착용을 엄격히 금지하고 있다. 특히 행정책임지침 제1부 제184조는 "공공장소에서 종교적 복장을 착용하고 나타난 우즈베키스탄의 시민에게는 최저임금의 5~10배에 해당하는 벌금이나 최대 15일간의 행정적 구금을 부과한다"라고 규정되어 있다. 이에 따라 예컨대 히잡을 착용했다 적발된 여성은 첫 번째는 약 250달러의 벌금에 처해지

교인을 제외하고는 머리에 흰색 터반 혹은 모자를 쓰거나 원통형의 긴 두루마기(외투)를 입는 경우가 드물다. 특히 전통적으로 이슬람에서 남성성의 상징이자 인간의 본성의 일부로 간주되는 (턱)수염은 비록 법률에 의해 공식적으로 금지된 바는 없지만, 급진적 이슬람주의자의 표징으로 간주되어 공안 당국의 검문과 체포 혹은 주변인들의 주목과 감시의 동기가 될 수 있다. 심지어 수염을 기른 사진으로는 이슬람주의자가 아니라는 지역 종무원의 증명이 없는 한 신분증(여권) 발급마저 제한된다. 여성의 경우는 이슬람식의 베일—대표적으로 얼굴을 제외하고 머리를 가리는 수건인 히잡(хиджаб)—을 착용했을 경우 거의 비슷한 상황에 처하게 된다. 전통적으로 우즈베키스탄의 여성 무슬림들은 눈과 손을 제외하고 얼굴 전체를 가리는 파란좌(паранджа)로 칭해지는 기다란 베일(бурка)을 착용했으며 1927년 이후 이른바 '후줌(Худжум)'운동[42]으로 파란좌를 벗게 되었다가 독립 이후 이슬람 부흥과 함께 히잡 착용이 다시 확산되었는데, 이에 지배 권력은 또 다시 억압과 감시를 위한 법적 조치를 취하게 되었다.

 그러나 우즈베키스탄 당국이 종교적 헌신성과 반체제적 저항의 표지로 간주하여 통제와 감시를 강화함에도 불구하고 농촌이나 산악 지역의 가정이나 소

고, 두 번째는 15일 동안 구금되며, 그 후에는 더 오랜 기간의 징역형을 살아야 한다. 우즈베키스탄 당국은 특히 젊은 세대에 대한 이슬람주의 운동의 영향을 우려하여 (턱)수염과 히잡을 보다 엄격하게 통제하고 있다.

42 후줌 운동은 1927년 소비에트 정부가 전통의 멍에에서 중앙아시아 여성들을 해방시킨다는 명목 아래 전개했던 캠페인이었다. 이 운동은 볼셰비키들에게 억압, 무지 그리고 종교적 광신주의와 결합된 이슬람 전통의 우상으로 간주되었던 베일을 벗을 것을 촉구하는 대중적 선전선동이었다. 그러나 후줌은 해당 지역 주민들에게 자신들의 사회적, 도덕적, 정신적 이상에 대한 공격으로 인식되어 광범위한 저항에 직면했다. 따라서 베일을 벗어던진 여성들은 자신의 가족이나 지역 공동체로부터 혹독한 비판을 받아 쫓겨나거나 심지어 죽임을 당하기도 하였다. 흥미롭게도 오늘날 수염과 히잡의 강제적 금지 조치와 마찬가지로 후줌 운동은 결과적으로 이슬람의 관행과 상징에 대한 대중의 자의식을 오히려 증대시켰다. 이런 와중에 소비에트 중앙 권력과 무슬림 지역 공동체 사이에서 여성들은 상황에 따라 베일의 벗기와 쓰기를 반복하면서 전술적으로 행동하기에 이르렀으며, 이와 비슷한 양상이 오늘날에도 지속되고 있다. 후줌운동에 대해서는 Northrop(2004: 69-101) 참조.

모임에서는 이슬람 전통 양식의 외모와 복장을 여전히 준수한다. 특히 이슬람 종교 행사에서는 다소 간편한 방식으로라도 전통 복장 의례를 갖추는 경우가 늘어나고 있다.

한편 우즈베키스탄의 생활이슬람 속에는 이슬람 이전시대로까지 기원이 거슬러 올라가는 아주 오랜 역사적 전통을 지닌 다양한 토착적 신앙과 관행이 함께 존재한다. 가장 대표적 토착 신앙으로는 애니미즘, 토테미즘, 샤머니즘 등이 있다. 예로부터 우즈베키스탄을 비롯한 중앙아시아의 투르크계 유목민들은 삼라만상에는 영혼이 깃들어 있고 그 영원하고 신비한 힘은 인간의 운명에 다양하게 영향을 미친다고 인식했으며, 따라서 삶 속에서 우주와 자연과 인간의 조화와 상생을 지향하였다. 바로 우즈베키스탄의 토착 민간 신앙은 바로 이러한 세계관과 인생관을 반영하고 있으며, 이슬람교나 기독교가 전파된 이후에도 새로운 환경 속에서 독특한 혼합을 이루며 고유의 생명력을 간직하고 있다.

돌, 샘, 나무 그리고 동굴 등 주로 자연물을 신성한 대상으로 숭배하는 애니미즘은 이슬람이 전파되기 이전에 성인이나 조상의 무덤, 특이한 나무, 별다른 샘 등이 있는 곳을 성스러운 장소로 숭배하던 토착 전통에서 유래하였다. 이슬람이 본격적으로 전파된 이후에도 이러한 관행은 신비한 자연현상과 자연의 영(靈)을 통해 알라를 숭배할 수 있는 것으로 여겨지면서 적극 활용되었는데, 특히 앞 절에서 이미 언급한 이슬람의 성인 숭배와 성묘 참배의 전통과 결합되면서 더욱 확장되었다. 무슬림 성인이 생전에 기거했던 장소, 발을 담그고 목욕을 했던 샘물, 신도들을 가르치며 앉았던 바위, 매장된 묘지와 무덤(관) 등이 숭배 대상으로 각광을 받았다(이성수, 2007: 128-130). 이를테면 몇몇 성묘에는 이슬람 이전의 애니미즘 전통에 뿌리를 두고 보다 전통적인 이슬람 대상들과 결합되어 있는 대상물들이 다수 존재한다. 성묘 위에 산양의 뿔이나 다양한 전통 악기들이 놓여 있는데, 특히 산양의 뿔은 성묘와 방문객들을 불운과 재앙으로부터 보호한다고 믿어진다. 우즈베키스탄의 거의 전역에 걸쳐 산재하고 있는 성묘를 비롯한 성지 주변에서는 다양한 염원을 담은 형형색색의 헝겊 조각이 무수히

매달린 오래된 나무들을 쉽사리 발견할 수 있으며, 방문객들은 성지에 있는 샘(우물)에서 몸을 씻거나 성수로 간주되는 물을 길러 집으로 가져가 가족들과 함께 나누는 경우도 많다.

또한 생활이슬람에서는 토템 사상의 흔적도 상당히 많이 남아 있다. 고대 투르크 민족들의 삶에서 토테미즘의 발전은 우즈벡의 전통적 의식과 관례에 명백한 흔적들을 남겼다. 토템적 사고는 종족의 시조와 동식물에 대한 숭배 사상으로 발전했고 우즈벡의 부족명, 지명, 민담 그리고 의례적 상징에 빈번히 원용되었다. 이러한 현상은 특히 인명에서 두드러진다. 성스럽게 여기는 동물의 이름을 성(姓)이나 부족명으로 사용하는 관행이 지금까지도 계속되고 있다. 가장 대표적인 토테미즘의 대상으로는 늑대, 말, 곰, 독수리, 뱀, 염소, 산양, 황소, 나무 등이 있다. 예를 들어 투르크인들에게 늑대를 의미하는 бури(волк)가 우즈벡의 부족명, бойбури, байбура와 지역명 бурилик, бури에서 자주 발견되며, 검은 독수리(беркут)와 연관된 우즈벡의 부족명 буркут 혹은 бургут, 뱀과 관련된 우즈벡의 부족명 иланли, илонли, джиланни도 여전히 존재한다(Арифханова и др., 2011: 462-463). 이처럼 이슬람을 숭배하는 우즈벡 무슬림들 사이에는 동식물에 대한 숭배를 보여주는 토템 사상 또한 적지 않게 작용하고 있는 것이다.

더불어 우즈베키스탄을 비롯한 중앙아시아 민족들 사이에서는 오늘날까지 샤머니즘에 기반한 무속 신앙이 깊이 뿌리내리고 있다. 정령과 인간의 매개자(중개자)로서 샤먼은 영계(靈界)로부터 미래에 일어날 일에 대한 계시를 받은 사람으로서 각종 주술과 무속적 의례(굿)를 통해 악귀를 추방하거나 병자를 치유할 수 있는 특별한 능력을 지닌 영적 지도자(무당)로서 추앙된다. 우즈벡인들은 샤먼을 박쉬(бахши), 파리한(парихан, 점술가), 폴빈(фолбин, 예언가), 타읍(тауб), 쿠슈노치(кушноч 혹은 кучнач)라고 칭하는데, 그들은 주술을 통해 황홀경에 몰입하여 수호신인 정령들과 접촉하고 그들의 도움으로 진(джины), 즉 나쁜 귀신(악령)들을 굴복시켜 그들이 인간에게 일으킨 질병을 치료하는 것으로 알려져 있다.

흥미롭게도 이러한 박쉬의 역할을 이슬람의 물라도 행하는데, 그는 일반적으로 무속적 의례를 통한 수호신인 정령들과의 접촉에 의해서가 아니라 쿠란의 암송을 통해 알라 신의 힘을 빌려 환자를 치유한다. 또한 오늘날에는 샤먼인 박쉬도 주술의 한 방편으로 쿠란을 암송하는 경우도 적지 않다. 이러한 샤먼과 물라의 활동은 우즈벡인들 외에도 카작인, 키르기즈인, 투르크멘인, 타직인 등의 거의 중앙아시아 민족들 전체에 널리 퍼져있다.[43]

예컨대 페르가나 계곡의 우즈벡인들 사이에서는 칠탄-모모(Чилтан-момо), 카라-모모(Кара-момо), 킨나-모모(Кинна-момо)라는 악령에 대한 사고가 널리 퍼져있다. 칠탄-모모의 방해로 몸의 일부가 붉어지거나 파래지는 증상이 나타나면 환자는 즉시 샤먼인 박쉬를 찾아가야 하고 박쉬는 쿠란의 구절을 암송하며 상처 부위에 솜을 붙이는 주술을 통해 치료를 한다. 이 지역의 무슬림들은 악령이나 부정한 힘으로부터 자신을 보호하는 최선의 방법으로 이슬람의 5주 중의 하나인 일일 기도를 꼽으며, 베개 아래에 칼, 매운 고추, 레표쉬카(лепешка, 얇고 둥근 빵)를 두거나 혹은 머리맡에 쿠란을 놓아두는 것도 좋은 방법으로 여긴다. 우즈베키스탄의 샤먼-박쉬들이 주술 의례에서 사용하는 도구로는 북, 채찍, 나뭇가지, 불과 재, 물과 소금 등이 있다. 이슬람의 영향이 강한 페르가나 계곡에서는 남자가 샤먼이 되는 것을 수치스럽게 여기며 따라서 대부분의 샤먼은 여성이다. 샤먼이 행하는 가장 중요하고 흥미로운 의례는 쿠치르마(кучирма)라고 칭해지는데, 그것은 중병이 걸린 사람의 몸에 깃든 악령을 쫓아내는 의례로서 아주 영험한 샤먼들만이 행할 수 있다. 우즈베키스탄의 샤먼들은 비록 대부분이 이슬람에 대한 충분한 지식을 갖고 있지 못하지만 자신들의 의

43　중앙아시아에서 샤머니즘의 박쉬와 이슬람의 물라의 상호적 역할은 투르크 문화에서 가장 보편적인 토착 신앙인 천신사상에서 '신' 또는 '하늘'을 의미하는 탱그리(Tangri)와 정통 이슬람의 알라의 관계 속에서도 나타나는데, 중앙아시아인들에게서 탱그리=알라는 토착 신앙과 정통 이슬람의 융합을 단적으로 보여준다.

례를 이슬람에 상응하는 것으로 간주하며 따라서 자신들의 활동이 이슬람의 전통에 어긋나지 않는다는 점을 확신시키려고 의례를 시작하기 전에 절대자(알라), 예언자, 성인들을 먼저 칭송하며 의례 중에는 전통적인 북 대신에 염주를 사용하고 쿠란을 위시한 이슬람 경전에 기초해서 기도를 올리며 그들의 수호령도 무슬림 성인들—바하우딘 낙쉬반드(Бахауддин Накшбанд), 하즈라티 히즈르(Хазрати Хизр), 하즈라티 술레이만(Хазрати Сулейман), 비비 파티마(Биби Фатима), 비비 주흐라(Биби Зухра) 등—과 자주 관계된다(Халмурадов, 2012). 이처럼 이슬람의 영향 속에서 샤머니즘은 점차 이슬람에 대립되는 의례적 요소들을 상실하거나 변화시켜 갔고 오히려 이슬람적 요소들을 많이 수용하였다. 또한 반대로 이슬람에도 샤머니즘적 요소들—수피들의 의례, 성인 숭배, 정령 사상 등—이 적지 않은 영향을 끼쳤으며 이로부터 상호 융합이 자연스럽게 진행되었다.[44]

그 결과 오늘날에는 '이슬람 부흥'과 유사하게 이른바 '샤머니즘 부흥'이라는 새로운 바람이 예로부터 '샤머니즘의 보고 혹은 메카'로 간주되어온 시베리아와 우즈베키스탄을 비롯한 중앙아시아 전역에서도 드물지 않게 일어나고 있다. 이들 지역의 무슬림들은 샤머니즘 속에서 전환기적 삶의 불안과 고단을 해소하고 심리적 위안과 종교적 만족 그리고 생활의 안정을 모색하고 있다. 이슬람과 함께 샤머니즘은 무슬림들의 삶의 종교적·정신적 길잡이로서 독특한 역할을 수행하고 있는 것이다.

우즈벡인들에게 조상 숭배는 아주 중요한 전통 중의 하나이다. 그들은 태

---

44 우즈베키스탄에서 샤머니즘과 이슬람의 관계는 적대적 반목보다는 상호 공존과 동화의 양상이 지배적이다. 샤머니즘의 이슬람화, 이슬람의 샤머니즘화, 코란의 구절을 암송하는 샤먼, 샤먼의 전통과 정령의 도움을 이용하는 물라, 특히 수피즘에 의한 샤머니즘적 요소들의 자유로운 수용 등이 자주 일어났는데, 이에 수피의 영적 지도자들은 샤먼들을 자신의 추종자로 받아들이고 샤먼의 의례와 수피의 관행(특히 지크르)을 결합시키는 것을 허용하기도 한다. 따라서 샤먼들은 자신들의 정령들과 치유력이 신으로부터 비롯되고 세속적 이익이 아니라 오직 성스러운 신을 위해서 활동하기에 스스로를 이슬람의 계율에 충실한 독실한 무슬림으로 자인하며 치료를 받는 사람들에게도 무슬림으로서의 삶을 살도록 권고한다.

어나서 죽을 때까지 이 세계에 사는 동안 인간은 하늘, 태양, 달과 같은 자연의 지배를 받지만, 죽은 이후 저 세계에서 조상신 혹은 조상령이 되어 자손들의 길흉화복에 직간접적으로 영향을 끼친다고 믿는다.

조상신 혹은 조상령을 우즈벡인들은 아르보크(arvokh)라고 부르는데,[45] 질병, 불임, 기근, 재해 등 일상생활 속에서 어려운 일이 닥쳤을 때 그들은 샤먼이나 물라뿐만 아니라 직접 조상에게 도움을 청해 자신들이 처한 난관으로부터 벗어나고자 한다. 조상 숭배는 장례식, 추도식, 묘지 참배 등의 다양한 의례를 통해 표현된다. 우즈벡인들은 장례식이나 추도식을 성대하고 극진하게 치르는 것으로 유명하며, 자주 조상의 묘를 찾아 기도를 드리거나 서약을 하기도 하는데, 이런 의례에서는 대부분 동물이나 특별한 음식을 제물로 준비하여 조상에게 정성스럽게 바친다. 예컨대 이슬람의 관례에 따라 우즈벡인들은 사후 7, 20, 40일째에 희생 제례이자 일종의 추도식인 '후도이(худойи)'를 치르며, 라마단 기간에도 조상에게 감사 의례를 드리기도 한다. 또한 우즈벡인들은 여행 중에 초원에서 갑자기 밤을 맞이했을 때 무덤 옆에 잠자리를 마련하는데, 그곳에 잠든 사자의 영혼이 자신들을 보살펴 줄 것이라기 믿기 때문이다. 이슬람의 전래 이후 우즈베키스탄을 비롯한 중앙아시아에서 조상 숭배의 의식은 다소 줄어들었지만, 여전히 중요성을 잃지 않고 있으며, 특히 이슬람의 성인 숭배와 자연스럽게 결합되어 최근에는 이슬람 축일과 더불어 행해지는 경우도 많다.[46]

우즈베키스탄에서 생활이슬람은 개인적 차원에서 성찰적, 정신적 헌신이나 신과의 관계뿐만 아니라 오히려 사회적 차원에서 문화적 관례라는 공동체적 측면의 성격이 훨씬 두드러진다. 우즈베키스탄에서는 가정, 이웃, 마을 등의 다양한 차원의 사회 집단 속에서 생산품, 서비스, 노동 등의 다양한 형태의 상호적

---

45 조상령을 카작인들은 아우락(aurak), 키르기즈인들은 아브락(avrak)이라고 칭한다.
46 이밖에도 생활이슬람 속에 접목된 중앙아시아의 토착 관행으로는 온곤(Ongon) 숭배, 산신(山神)사상, 점치기, 무당 굿, 성소(聖所) 사상, 제물 헌사, 불 숭배 등이 있다.

나눔과 부조라는 일종의 공동체적 전통들이 지켜지고 있는바, 이러한 관례들은 일상 문화뿐만 아니라 이슬람 문화와 깊은 관련을 지니는 것으로 간주된다. 예를 들어, 금전적 보상이 없는 일종의 품앗이에 해당하는 공동체 사업—모스크 건립, 도로 공사, 공동 농장 등—에 대한 노동 봉사인 하샤르(hashar)가 대표적이다. 공동체 사업에 대한 공헌은 신이 내린 은덕(savob)이자 훌륭한 행위(ehson)로 인식되며, 가족과 친척 심지어 이웃들 사이에 계산이나 대가없는 상호 나눔의 관례가 널리 퍼져있다. 흥미롭게도 많은 사람들은 이러한 관행을 소득의 1/40을 가난한 사람들을 위해 기부하는 이슬람의 5주 중의 하나인 희사와 유사하게 이슬람 전통과 관련지어 생각하고, 훌륭한 선행으로서 무슬림성의 구현으로 인식한다. 우즈베키스탄 사람들, 특히 노년 세대는 지역 자치 제도인 마할라를 무슬림 공동체 혹은 모스크 공동체(masjid qaum)로 간주하는 경우가 많으며, 하샤르 외에도 공동체적 상호 관계로서 사회성은 보다 제도화된 배경 위에서 행해지기도 하는데, 직장 동료, 친척 혹은 동창들 사이의 정기적인 순회 모임인 갑(gap)이 좋은 예이다.[47]

이밖에도 심지어 이슬람과는 별다른 관련이 없지만 무슬림들이 기리는 전통도 이슬람적인 것으로 여겨지기도 하는데, 이란에서 유래한 신년 축일, 나브루즈(навруз)가 대표적 예이다. 나브루즈는 조로아스터교, 즉 불을 숭배하는 페르시아 사람들이 겨울의 추위를 가져온 악령들을 보내고 봄의 따스함을 맞이하였던 관행에서 기원한 명절이다. 따라서 이슬람이 전파되면서 오히려 이교적인 정령 숭배 요소로 인해서 배척 대상이 되기도 하였다. 뿐만 아니라 축제의 종교적, 민족적 성격으로 인해 소비에트 시기에는 공식적으로 금지되었다. 그러나

---

47 우즈베키스탄의 지역 공동체에서 행해지는 이러한 일상적 의례들은 이맘들을 비롯한 이른바 정통 이슬람을 추종하는 사람들로부터 이슬람 이전의 지역적 전통에서 유래한 비(非)이슬람적 요소로서 비판의 대상이 되기도 한다. 하지만 평범한 개인들은 일상생활 속에서 융합되어 있는 이슬람적 요소와 비이슬람적 요소를 명확하게 구분하지 않으며, 그러한 구분 자체가 특별한 의미를 지니지 않는다. 이에 대해서는 Rasanayagam(2011: 38-43) 참조.

나브루즈는 일종의 민속 문화로서 가족이나 공동체 단위로 꾸준히 전승되었으며, 소연방의 붕괴 이후 특히 우즈베키스탄을 비롯한 중앙아시아 국가들과 주변국들에서 국경일로 지정되어 과거보다 훨씬 더 활성화되고 있다.[48] 나브루즈는 밤과 낮의 길이가 같아지는 3월 21일을 전후하여 약 15일간 지속되는데, 새해의 출발, 봄의 도래, 농사의 시작 등과 관련된 가장 중요한 축제의 하나이다. 중앙아시아 이슬람 지도자들뿐만 아니라 무슬림 대중도 나브루즈를 이슬람적인 것으로 여기고 이슬람적 색채를 가미하여 성대하게 기린다.

나브루즈 축일이 되면 이 날을 기념하고 알리는 펼침막들이 거리의 여기저기에 걸리고, 사람들은 집안을 정돈하고 꽃으로 장식하며 새 옷을 입고 친척을 방문한다. 나브루즈 기간 동안 아이들은 삶은 달걀을 꾸미는 행사에 참여하며 여성들이 대부분의 행사를 주최하며 축제에서 주도적 역할을 담당한다. 또한 이 시기에는 대규모 바자르가 열리고, 국가와 지역 공동체는 광장에서 전통 춤과 노래, 민속놀이를 즐길 수 있는 문화 행사를 개최한다. 따라서 나브루즈는 다양한 행사를 통해 공동체 구성원들 사이의 상호 교류와 유대를 강화하고 문화 전통을 계승할 수 있는 좋은 계기가 된다. 말하자면 나브루즈 축제는 민족 구성원들이 함께 펼치는 총체적 문화의 향연이라 할 수 있다. 이에 나브루즈 축제는 문화적 의미와 가치를 인정받아 2009년 유네스코 인류무형문화유산으로 지정되었으며, 마침내 2010년 유엔총회에서 매년 3월 21일이 국제 나브루즈의 날로 선포되었다.

이처럼 고유의 직관성과 개방성을 지닌 수피즘으로 대표되는 우즈베키스탄의 생활이슬람은 전래 이전의 토착 신앙과 전통 문화와 상호 결합되어 종교적 교리로서만이 아니라 문화적 총체로서 무슬림 대중의 일상 속에 뿌리내려

48　오늘날 나브루즈는 우즈베키스탄, 카자흐스탄, 투르크메니스탄, 키르기스스탄, 타지키스탄 등의 중앙아시아 국가들과 아제르바이잔 그리고 이란, 이라크 등의 중동 국가들에서 널리 성행하고 있으며, 러시아 남부지역과 타타르스탄에서도 축제가 열린다. 그리고 각 지역에서는 자기 나름의 고유한 방식으로 나브루즈를 기념하고 있다.

오늘날까지 면면히 전승되고 있다. 한마디로 생활이슬람은 오랜 기간의 문화적 접변과 소통의 역사 속에서 토착된 우즈베키스탄을 비롯한 중앙아시아판 이슬람인 것이다. 따라서 많은 수의 우즈벡인들은 소위 경전적 이슬람에 대한 특별한 종교적 지식이나 이해 없이도, 심지어 그것의 기본적인 의례에 대한 철저한 준수 없이도 자신을 쉽사리 무슬림으로 여기고 이슬람을 자신들의 삶의 뿌리이자 양식으로 간주한다(Gleason, 1997: 42). 제정·소비에트 러시아의 지배가 남긴 부정적 유산의 하나로도 간주되는 이러한 현상 속에서 우즈벡인들은 공동체적 일상 체험으로서 무슬림적 삶(muslimness)을 선호하며, 이런 이유에서 자신들의 삶을 '이슬람적인 것'으로서가 아니라 '무슬림적인 것'으로 흔히 표현한다. '종교적 최소주의(religious minimalism)'로도 칭해지는 이러한 경향은 생활이슬람의 부정할 수 없는 오랜 전통 중의 하나이다. 공식이슬람과 반공식이슬람과는 달리 비공식이슬람의 주류로서 생활이슬람이 독립 이후 이슬람 부흥의 실질적 토대가 될 수 있었던 것은 바로 이러한 근거에서 비롯된다.

3. 현대 우즈베키스탄 무슬림들의 종교 의식

지금까지 살펴보았듯이 우즈베키스탄의 무슬림들에게 이슬람은 단순히 하나의 종교 제도에 국한되는 것이 아니다. 그들에게 이슬람은 순전히 의식적 차원에서 보다는 오히려 평범한 일상적 차원에서 이뤄지는 종교적 문화 활동이며, 삶에서 언제나 유일무이한 요소는 아닐지라도 가장 핵심적인 요소 중의 하나로 간주된다. 특히 평범한 무슬림들에게 이슬람은 도덕적, 정신적 삶의 핵심으로서 자신들의 일상적 행위를 규제하는 규범이자 종교적·문화적 정체성을 좌우하는 요체라고 할 수 있다.[49]

---

49 이런 맥락에서 극단주의, 원리주의, 와합주의 등의 이데올로기적 용어들은 개인의 종교 활

하지만 우즈베키스탄에서 이슬람에 대한 무슬림들의 시각과 태도는 결코 단일하지 않으며, 실상 각각의 무슬림은 이슬람의 의례와 관행을 주위 환경이 허락하는 한도 내에서 무엇보다도 자신에게 가장 의미심장한 방식으로 다채롭게 실천한다. 예를 들어 금요 예배는 중요한 종교적 모임이자 일종의 사회적 행사인데, 무슬림 공동체의 구성원들은 모스크에 함께 모여 기도를 올리고 안부를 전하며 상호간의 내외적 연대감을 거듭 체험한다. 따라서 실제로 관계가 아주 밀접한 공동체에서는 금요 예배에 참여해야 한다는 모종의 사회적 압력이 존재하기도 한다. 하지만 이러한 심리적 의무감이 본래의 종교적 동기들을 해치지는 않는다. 왜냐하면 우즈베키스탄의 무슬림 대중을 이슬람의 의례와 관행으로 이끄는 것은 결코 특정한 이념이 아니라 차라리 고유한 삶 자체이기 때문이다(Montgomery, 2007: 358-360).

앞서 언급했듯이 우즈베키스탄의 생활이슬람에서 토착적 신앙과 관행은 결코 간과할 수 없는 의미 깊은 일상의 종교적 경험에 속한다. 대표적으로 성인(조상) 혹은 자연 숭배는 이슬람의 정통적 관행에서 벗어나는 이단적 관행으로 보일 수도 있지만, 복합적 성격을 지닌 일상 현실에서 이러한 관행은 쿠란에 기초한 기도와 알라에 대한 절대적 믿음 속에서 행해지며, 그 속에 이슬람을 상기시키는 특별한 요소가 존재한다고 믿어진다. 성인(조상) 혹은 자연 숭배를 비판하는 사람들에게 전통적 토속 관행은 종교적 진위 혹은 정통성의 문제와 관련되지만 실상 그러한 논쟁은 종교 엘리트 사이에서 벌어질 뿐 평범한 무슬림들에게는 별다른 주목을 받지 못한다. 대중은 일상 속에서 자신이 올바르고 합당하다고 믿는 것을 그것이 정통 의례이냐 토속 관행이냐에 관계없이 실행하는 것이다. 요컨대 일부 종교 엘리트들은 이슬람에 대한 정통적 이해를 중심에 두

동에 대한 본질주의적 측면들을 드러낼 수 있지만, 종교가 대중에게 과연 어떤 의미와 가치를 지니는가에 관한 총체적 함의를 온전히 담아내지 못한다. 따라서 그런 용어들로 우즈베키스탄의 평범한 무슬림들의 신앙생활의 실체적 모습을 전면적으로 기술하는 것은 사실상 불가능하다.

고 민간 신앙적 전통과 혼합주의를 주변에 위치시키려 하지만 실상 현실은 훨씬 더 복잡하고 난해한 것이다.[50]

이처럼 이슬람은 거의 14세기에 달하는 오랜 기간에 걸쳐 우즈베키스탄을 비롯한 중앙아시아 지역에 뿌리를 내리고 진화하면서 고유한 존재의 형식들을 창조해 왔다. 그것은 결코 간단치 않은 정치·사회적, 정신·문화적 삶의 과정 속에서 대중의 무슬림적 정체성(망딸리떼)를 본질적으로 규정해 왔다. 요컨대 제정·소비에트 러시아의 식민 지배의 산적한 잔재들과 독립 이후 밀어닥친 세계화의 거센 도전에 맞서면서 대부분의 우즈벡인들은 이른바 정통 이슬람의 모든 교리와 의례를 습득하고 실행하지는 못할지라도 스스로를 무슬림으로 자각하면서 자신의 정체성을 지속적으로 모색하고 있다.

이상에서 살펴본 현대 우즈베키스탄의 생활이슬람의 다양하고 실제적인 양상은 이슬람을 비롯한 종교에 관한 우즈벡인들의 인식과 입장을 구체적 통계로서 제시하는 여론 조사를 통해 직간접적으로 확인할 수 있다.

2005년 11~12월 우즈베키스탄의 국가여론조사센터(Ижтимоий фикр)가 실시한 '종교적 태도의 기본 원칙들과 종교 의식의 수준'에 관한 사회 여론 조사[51]에 따르면, 우선 우즈벡인들 사이에서는 자신을 신앙인으로 간주하면서 종교적 삶을 적극적으로 영위한다고 생각하는 사람의 비중이 점차 높아지고 있다.

---

50 예컨대 하루에 다섯 번 기도를 빠짐없이 올리는 샤먼-점술가는 기도용 묵주와 부적 혹은 향초 그리고 동물의 기름을 치료를 위해 사용하며, 성인, 조상, 자연뿐만 아니라 모스크의 가치를 똑같이 소중하게 여긴다. 또한 우즈벡인들은 가정, 거리, 사무실 등에서 향초 혹은 향나무를 태워 연기를 피워 건강과 행복과 성공을 기원하고 악령과 불운을 몰아낸다고 한다. 이에 대해서는 Montgomery(2007: 361) 참조.

51 국가여론조사센터(소장 О. Б. Ата-Мирзаев)가 주관한 해당 여론 조사는 우즈베키스탄의 전 지역과 다양한 연령층에 걸쳐 총 1,789명을 대상으로 이뤄졌으며, 그 가운데 1,097명(61.3%)은 농촌 거주자이고 692명(38.7%)은 도시 거주자이며, 응답자의 83.1%는 우즈벡인이고, 99%가 신앙인이다. 이하에서 인용하는 통계 자료를 비롯한 해당 여론 조사에 대해 보다 자세한 것은 Алимова(2008: 154-162) 참조.

국가여론센터가 진행한 연례 조사들을 비교해 보면 그 비중은 2001년 10.7%, 2002년 11.9%, 2004년 13.4%로 점증했으며, 특히 2004년 안디잔 지역은 17.7%, 페르가나 지역은 16.7%에 달했다. 종교적 삶의 영위에 대한 입장은 연령층에 따라 다소 차이를 보이는데 50세 이상 연령층에서는 25.5%, 29세 이하 연령층에서는 11.2% 그리고 여성들에서는 16%가 각각 긍정적인 응답을 보였다. 또한 날마다 사원을 방문한다는 응답자는 2003년 5.6%에서 2005년 12.2%로 거의 2배 이상 상승했다. 요컨대 우즈벡인들의 종교적 삶에 대한 지향은 경향적으로 증가하고 있다고 판단할 수 있다.

그러나 우즈베키스탄 인구 중의 압도적 다수―예컨대 2005년 프리덤하우스 통계(Freedom House)에 따르면 전체 인구 중에서 이슬람 88%, 러시아정교 9%, 기타 종교 3%로 집계(Фридман и др., 2006: 125)―가 신앙을 가지고 있음에도 불구하고, 응답자의 84%에 달하는 대다수 사람들은 일상생활 속에서 종교적 성향을 명백히 드러내지는 않는 것으로 나타났다. 또한 응답자의 1/5은 자신을 종교적 인간으로 인식하지 않고 종교적 전통에 소극적으로 관계한다고 답했다. 더불어 응답자의 1/3은 비록 정신적으로 독실해야 한다고 생각하면서도 종교적 의례와 관행의 준수를 필수적으로 여기지는 않았다. 이처럼 대체로 종교적 삶에 대한 지향의 경향적 증가에도 불구하고 대부분의 우즈벡인들은 자신의 종교적 정체성을 노골적으로 드러내기를 주저하며 상당수는 종교적 의례와 관행의 준수 자체를 종교성의 핵심으로 판단하지는 않는다는 사실을 알 수 있다.

또한 흥미로운 것은 종교적 자의식과 민족적 자의식의 상호 관계의 문제인데, 여론 조사에서는 특징적으로 종교적 자의식(47.5%)이 민족적 자의식(27%) 보다 상대적으로 높게 나타났으며, 24.6%의 응답자는 양자 사이의 분리 불가능성을 표명했다.[52] 특히 이러한 입장은 나만간 지역(46.2%)과 안디잔 지역

---

52 전통적으로 중앙아시아인들은 자신의 민족적 정체성과 종교적 정체성을 밀접하게 상관 지워 왔는데, 공통적으로 "우즈벡인, 카자흐인, 투르크멘인, 키르기즈인, 타직인은 무슬림이고

(43%)에서 높게 나타났다. 하지만 29세 이하의 젊은 계층에서는 민족적 귀속감이 종교적 소속감을 앞서고 있으며, 전체 연령 계층에서 종교적 소속감(1998년 64.8%에서 2005년 47.5%)에 비해 민족적 귀속감(1998년 16.9%에서 2005년 27%)이 점차 증가하는 양상이 드러났다. 이러한 경향은 독립 이후 점차 이슬람으로 대표되는 종교적 정체성을 선택적으로 포섭하고 민족(국가)적 정체성을 상대적으로 강조하는 권력 집단의 지배 전략과 결코 무관하지 않아 보인다.

주지하다시피 현대 우즈베키스탄에서 생활이슬람의 성장, 보다 구체적으로 우즈벡 무슬림들의 종교성, 즉 무슬림성의 강화는 무엇보다도 독립을 전후한 시기에 불어 닥친 이른바 이슬람 부흥의 기운에 커다란 영향을 받았다. 이슬람 부흥의 물결 속에서, 예컨대 이슬람 사원과 교육기관의 복원과 신축, 종교 기관과 단체의 조직과 활성, 이슬람의 의례와 관행의 준수와 확대, 이슬람에 대한 다양한 지식과 정보의 증가와 확산 등에서 종교 의식의 증대는 이미 예감된 것이다. 이슬람의 부흥에 대해 우즈벡의 무슬림들은 전반적으로 호의적으로 평가했는데, 특히 여론 조사 응답자의 82%는 신앙의 자유와 신앙인의 권익 보장을 위해 제도적 차원에서 국가가 기울이는 다양한 노력을 긍정적으로 평가했으며, 단지 4%만이 포용과 배제로 상징되는 국가의 권위적이고 선별적인 양면 정책에 대해 부정적 견해를 표명했다. 더불어 우즈베키스탄 무슬림 종무원의 활동에 대해서는 공식이슬람의 대표기관으로서 지배 권력의 이해를 대변하는 제한성에도 불구하고 전반적으로 긍정적으로 인식했다. 하지만 무슬림 사회에 끼친 이슬람 부흥의 긍정적 효과에도 불구하고 개인적 차원에서 무슬림들은 여전히 적지 않은 불만을 간직하고 있다.

또한 우즈베키스탄에서 생활이슬람의 성장은 이슬람의 의례와 관행에 대한 태도에서 보다 분명하게 나타난다. 대표적으로 무슬림의 기본 의무인 5주, 특히 그 중의 하나인 금식의 준수도 점증하고 있다. 우즈벡 무슬림들에게 라마

러시아인은 정교도이다(Gunn, 2003: 394)"라고 인식해왔다.

단 기간의 금식은 필수적으로 여겨지는데, 여론 조사에서 응답자의 75%가 일정하게 금식을 지키며, 그들 중의 40%는 규칙적으로 준수한다고 대답하였다. 반면에 전혀 준수하지 않는다는 응답자의 비율은 2003년 35%에서 2005년 25%로 점차 줄어드는 추세이다. 또한 2005년 응답자의 5%는 메카와 메디나의 성지 순례를 다녀온 것으로 파악되었고, 여러 가지 복잡한 사정으로 인해 성지 순례에 참여하지 못한 많은 수의 무슬림들은 우즈베키스탄이나 중앙아시아의 유명한 성지들을 대신하여 방문한 것으로 알려졌다. 이와 함께 상당수의 우즈벡 무슬림들은 알 부하리, 바하우딘 낙쉬반드 등의 복합기념관 등의 국내에 존재하는 성지에도 커다란 의미를 부여하고 있는 것으로 나타났다. 반면 성지 순례를 다녀오지 않았거나 향후 그것에 대한 의향이 없는 응답자는 15%에 불과했다.

나아가 일상적 차원에서 우즈벡 무슬림들의 종교적 자의식의 점증은 종교적 지식의 지속적 심화와 확대에 대한 기대와 요구에서도 감지된다. 여론 조사에서 응답자의 19%는 종교성(종교적 계몽)의 수준이 낮다고 스스로 평가했다. 이것은 무엇보다도 제정·소비에트 러시아 지배 시기의 세속화와 독립 이후 종교 영역에 대한 국가의 통제와 관리 정책과 밀접하게 관련되지만, 그런 와중에 전통적으로 가정이나 독학으로 이뤄지는 이슬람의 학습과 체화 방식과도 무관하지 않다. 종교적 지식과 정보의 획득을 위한 모든 노력이 반드시 그것의 올바른 수용으로 귀결되는 것은 아니기 때문이다. 특히 가정에서 이뤄지는 오튄(отын, турсуной), 이웃, 동료 등의 정당하고 충분한 자격을 갖추지 못한 종교 활동가로부터 지식과 정보의 획득은 종교적 사고의 그릇된 형성, 즉 종교의 비정상화ㅡ신비화, 세속화, 급진화 등ㅡ로 귀결될 수 있다. 따라서 이슬람 의례와 관행의 현대적 개선과 함께 이슬람 교육의 합리적 확대는 오늘날 우즈베키스탄의 생활이슬람의 중차대한 과제 중의 하나이다.

마지막으로 무슬림적 정체성의 핵심과 연관된 "무슬림은 누구인가?"라는 질문에 대한 응답도 각양각색이다. 예컨대 일일 예배인 나마즈를 비롯한 이슬람의 5대 의무와 의례를 철저하게 준수하는 사람부터 이슬람 가정에서 태어나서 질서 있는 삶을 영위하는 사람을 거쳐 민족-종교적 정체성을 간직한 사람에 이르기까지 해석은 실로 다양하게 나타난다. 요컨대 현대 우즈베키스탄에서는 이슬람 부흥에 힘입어 종교적 자의식의 점증에도 불구하고 응답자의 절반 이상은 자신을 세속적 인간으로 간주하며 드물지만 무신론자로 칭하는 경우도 존재한다. 이처럼 우즈벡인들의 정신성은 종교적이기보다는 오히려 적지 않게 세속적이라고 평가할 수 있는데, 이러한 현상은 제정·소비에트 러시아의 식민 지배의 부정적 유산, 특히 무신론으로 대표되는 과거의 소비에트 이데올로기, 전반적으로 낮은 종교 교육의 수준, 권위주의 정권의 이슬람에 대한 주도면밀한 통제 그리고 신자유주의적 세계화라는 시대적 흐름 등의 복합적 상호 작용의 결과로 추정된다. 하지만 무슬림들은 삶에서 양심과 정의의 푯대로서 이슬람에 대한 채워지지 않는 욕망을 간직하고 있다. 이런 의미에서 우즈벡 이슬람 사회에서 무슬림들의 종교성, 즉 무슬림성은 여전히 지향과 재구의 대상이며, 그것은 과거 완료형이 아니라 현재 진행형이다. 따라서 무슬림 사회는 이를 위한 적지 않은 역사적 과제를 안고 있다.[53]

III. 맺음말

우즈베키스탄에서 독립 이후 체제전환기는 제정·소비에트 러시아의 식민지배

---

53 또 다른 여론 조사도 이러한 상황을 반영하는데, 오늘날 우즈베키스탄 인구의 10~11%만이 엄격하게 종교적 삶을 영위하고 있으며, 나머지 사람들은 신을 믿지만 자신의 삶을 세속적으로 간주힌디. 40.9%의 사람들이 라마단 금식을 행하며, 72.8%는 독립 이후 이슬람 부흥 과정을 지지한다. 82%의 사람들은 우즈베키스탄에서 신자들의 권리가 줄어들지 않으며, 67%의 사람들은 중앙아시아 발전의 주요한 위협으로 종교적 극단주의와 테러리즘을 꼽는다. 이에 대해서는 Убайдуллаева(2007: 157) 참조.

로 상징되는 과거의 낡은 잔재를 청산해야 하는 역경의 시기이자 민족적·국가적 정체성을 모색하여 새로운 역사를 펼칠 수 있는 기회의 시기였다. 우즈베키스탄이 이러한 당대적 과제의 해결을 위해 역사의 무대에서 되살려낸 것이 바로 이슬람이고, 아직 완전히 잦아들지 않은 그 파고가 소위 이슬람 부흥이다.

하지만 앞서 살펴보았듯이 우즈베키스탄을 비롯한 중앙아시아 전역에 걸쳐 일종의 시대적 조류처럼 번져나갔던 이슬람 부흥의 물결은 결코 단일한 것이 아니었으며 시간이 지나면서 지역은 물론이고 민족 내에서도 여러 갈래로 나뉘어졌다. 이른바 공식이슬람과 비공식(생활)이슬람이라는 두 개의 커다란 전통적 흐름에 반공식(저항)이슬람으로 간주되는 급진적 이슬람주의가 더해졌다. 우즈베키스탄의 경우에 두드러지듯이 이슬람 사회의 정체성 분열, 즉 공식이슬람과 생활이슬람의 분리는 무엇보다도 러시아 강점과 권위주의 체제의 결과물이며 저항이슬람은 전환기의 특수한 내외적 요인들의 부산물이다. 따라서 역사성과 당대성을 동시에 지닌 우즈베키스탄 이슬람의 반목과 갈등을 엄밀한 의미에서 공식이슬람, 생활이슬람, 저항이슬람 중의 어느 한 조류만의 탓으로 돌릴 수는 없다. 그럼에도 불구하고 개인과 사회를 넘어 민족과 지역에서 정체성의 단일한 토대라는 우즈베키스탄 이슬람의 거대한 사명을 염두에 둘 때, 이슬람 사회의 소통과 상생, 화합과 번영은 가장 긴요한 시대적 과제임이 분명하다. 이러한 맥락에서 우즈베키스탄의 무슬림들에게 오늘의 역사적 전환이 후퇴가 아니라 전진의 계기가 되기 위해서는 생활이슬람을 중심으로 이슬람 사회 전체가 처한 복잡한 내외 상황과 현실에 대한 비판적 성찰과 냉정한 전망이 동시에 요구된다.

앞서 지적했듯이 우즈베키스탄은 헌법상으로 명백히 세속국가로 천명되었지만, 아이러니하게도 종교위원회와 무슬림 종무원이라는 국가 부속 기구를 통해 일체의 종교 활동에 개입하고 있다. 이런 차원에서 무슬림 종무원으로 대표되는 공식이슬람의 최대 과제는 국가로부터 조종되는 통제 기구이자 지배 이데올로기의 선전 도구이며 반체제 세력을 탄압하는 수단이라는 예속적 지위로부터 탈피이다. 앞에서 강조했듯이 이 문제는 러시아의 식민지배가 낳은 부정적 유산과 현재의 권위주의 정권의 통치 전략에서 비롯되었기에 결코 간단하게 해결될 문제는 아니지만 이슬람의 온전한 정체성의 회복을 위해서 선차적으로 해결되어야 한다. 이를 위해서는 미래 모색을 향한 과거 청산과 현재 지양이라는 관점에서 공식(좋은 이슬람)과 비공식(나쁜 이슬람)의 오랜 구별 혹은 간극을 극복해야 하며, 무엇보다도 이슬람 지도자들이 협소한 공식의 경계를 넘어 광활한 비공식 영역에 방치되어 있는 무슬림 대중과 대화적으로 소통하고 그들의 관심과 이해에 복무하며 진정한 이슬람으로 조화로운 통합을 지향해야 한다.[54] 이와 함께 민족적, 문화적 정체성의 형성에서 이슬람의 역사적 역할과 잠재성에 대한 재인식에 기초하여 국가 당국의 정책적 변화와 실천적 노력도 뒷받침되어야 한다.[55]

또한 문제는 반공식이슬람인 저항이슬람에도 적지 않게 존재한다. 우즈베키스탄에서 대부분의 이슬람주의는 본연의 원리주의적 입장에서 민족주의적 정서에 기대어 이슬람을 대표하는 것으로 자임하지만, 실상 전환기의 특수한 상황에 힘입은 바 크다. 더구나 신정일치의 이슬람 국가 건설이라는 원대한 목표는 무슬림 대중의 현실적 요구와는 동떨어진 추상적 이상에 불과하다. 따라서 저항이슬람은 공식이슬람의 도구적 기능과 마찬가지로 상징적 역할에 머물 가능성이 농후하다. 한마디로 저항이슬람도 무슬림 대중의 온전한 정체성을 표현하기 보다는 그것의 극단적인 일면을 노출시키고 있으며, 따라서 반(反)공식

---

54 실상 평범한 무슬림들에게 공식과 비공식의 경계는 뚜렷하지 않는 바, 그들은 공인여부에 상관없이 여러 모스크를 방문하고 다양한 의례와 관행을 실천하며, 실제로 공인된 이맘과 비공인된 물라 사이에도 적지 않은 협력과 유대가 형성되고 있다.

55 이를 테면 종교의 사회정치적 위상과 국가 종교 정책의 재고, 국가와 종교의 관계에 대한 법적 토대의 개선, 종교를 다루는 국가 구조의 성격과 위상의 변화, 헌법을 비롯한 관련 법규에 규정된 신앙과 양심의 자유에 대한 기본권 보장, 이슬람을 포함한 제반 종교 활동의 제도적 지원, 종교 간의 관용과 협력의 강화 등이 우선적으로 요구된다.

이라는 일부의 비판은 나름의 근거를 지닌다. 이런 의미에서 이슬람적 사회 질서의 확립이라는 이상적 목표와 많은 이슬람주의자들이 암암리에 전제하는 폭력적 수단은 우즈베키스탄의 내외적 현실 상황에 비추어 엄밀하게 재고되어야 한다. 요컨대 이슬람주의는 전통적으로 관용적이고 개방적인 무슬림 대중 사이에서 폭넓은 관심과 지지를 획득하기 위해 합리적 목표와 정당한 수단에 기초한 근본적 혁신을 단행해야 한다.

이슬람 부흥을 민족 문화의 유산을 새롭게 전유하기 위한 일종의 풀뿌리 운동이라 할 때, 그것의 산실은 무슬림 대중의 생활이슬람이다. 오랜 역사를 거치면서 토착 신앙과 전통 문화와 상호적으로 융화되어 삶 속에 뿌리내린 생활이슬람은 외세의 혹독한 탄압과 정권의 전면적 통제 속에서도 꿋꿋이 살아남은 우즈베키스탄 이슬람의 생명력의 징표이다.

하지만 오늘날 생활이슬람은 하나피파와 수피즘의 영향과 소비에트 시대 이래 지속되는 세속화의 결과로 의례와 관행의 형식주의적 고수와 이슬람의 도덕적·정신적 가치와 규범에 대한 무관심 혹은 몰이해라는 부정적 경향을 드러내는 것도 엄연한 사실이다. 오늘날 우즈베키스탄의 무슬림 대중이 지배 권력에 의한 공식이슬람의 강요와 비공식이슬람의 통제에 수동적이거나 무감각하며 이슬람주의 세력의 급진적 선전·선동에 현혹되는 것은 이러한 사정을 반영한다.

무슬림 세계에서 종교적 사고와 인식은 끊임없이 심화하고 확대되어 왔지만, 불행히도 우즈베키스탄에서 이러한 과정은 러시아의 식민지배로 인해 외부의 이슬람 세계로부터 고립되었고 자디드운동과 같은 내부 혁신도 억압되었으며 독립 이후 권위주의 정권의 감시 속에서 놓여 있기에 순조롭게 진행되지 못했다. 말하자면 고립과 억압과 감시 속에서 이슬람은 이른바 현대화로부터 불가피하게 뒤처졌던 것이다. 따라서 우즈벡 무슬림들 사이에서 종교 의식(종교성)의 수준은 보편적 욕구에 따른 점차적 증대 추세에도 불구하고 이른바 '최소주의' 혹은 '이슬람적 문맹'으로 칭해질 만큼 여전히 초보적이고 제한적이다.[56] 이것은 오늘날 우즈베키스탄에서 이슬람이 본래의 건설적이고 창조적인 사명을 다하지 못하는 주요한 원인 중의 하나이다. 이슬람은 대중적 기대와는 달리 아직 민족-국가 형성의 중요한 추진력이 되지 못하고 있는 것이다.[57]

이러한 맥락에서 이슬람 부흥 운동이 낳은 외적 성장에 걸맞은 생활이슬람의 내적 혁신에 대한 요구는 이론적으로나 실천적으로 정당하다. 그것은 이슬람 교리와 경전의 현대적 해석과 이슬람법(샤리아)의 현대화, 토착(유목/정주) 문화와 이슬람 문화 그리고 현대 문화의 상생과 발전의 추구 등을 포함하는 일상 문화의 점진적이고 전면적인 개혁이다. 특히 종교적 인식의 고양을 위해 이슬람에 대한 폭넓은 학습과 깊은 이해를 제공할 수 있는 종교 교육의 양적 질적 개선과 합리화가 우선적으로 필요하다. 이와 함께 종교적 최대주의를 지향할 필요는 없지만 이슬람의 의식과 관례에 대한 형식주의적 고수에서도 탈피해야 한다. 이러한 내적 혁신을 통해 진실한 무슬림성[58]을 획득할 때 우즈베키스탄

---

56 독립 이래 국가가 승인한 수많은 사원과 교육 기관의 복원·신설과 함께 코란을 비롯한 이슬람에 대한 공식적 학습의 기회가 급증하게 되었다. 하지만 자신을 무슬림으로 간주하는 대부분의 개인들은 의미심장한 종교적 학습을 받지 못하거나 성서조차도 직접적으로 접하지 못한다. 종교적 지식과 정보는 모스크의 금요 설교에서 획득하거나 가정이나 이웃 공동체의 종교적 의례에서 혹은 사회적 네트워크 속의 일상적 관계에서 주로 습득한다. 말하자면 개인들은 무슬림적 자아를 가정, 이웃의 각종 의례와 관행과 사회 공동체의 의무와 부조 네트워크에 참여하는 과정에서 배양하지만, 그 결과는 여전히 자신의 기대와 욕구에 훨씬 못 미친다(Rasanayagam, 2011: 21).

57 오히려 우즈베키스탄의 이슬람은 종교적 인식이 시대에 뒤떨어져 있는 한 원초적 잠재력을 지닌 종교도 사회의 통합적 요소로 기여하기보다는 사회의 분열적 요소로 전락할 수 있다는 점을 보여준다. 말하자면 화석화된 종교적 사고는 종교적 극단주의와 타문화에 대한 편협 그리고 사회적 불안정으로 쉽사리 이어질 수 있는 것이다.

58 본질적으로 우즈베키스탄에서 무슬림성은 이슬람의 일상적 실행인데, 그것은 삶 속에서 이해되고 경험되며 육화되는 것이다. 평범한 무슬림들의 신앙생활은 실상은 그다지 극적이거나 도발적이지 않다. 그것은 공인된 순니 이슬람의 하나피파나 수피즘보다 훨씬 다양하고 복합적이다. 더구나 종교적 사고와 실제적 행위 사이에는 때로 일정한 거리와 심지어 모

의 이슬람은 순응주의와 신비주의라는 해묵은 비판으로부터도, 급진주의와 과격주의의 일시적 선동으로부터도 자유로운 실질적 대안 세력으로 거듭나게 될 것이다.[59] 이슬람 부흥의 모토인 이슬람 사회의 정화는 과거의 전통적 이슬람 사회로 단순한 회귀를 의미하지 않으며, 이슬람 원리의 창조적 계승을 통한 완전히 현대적이고 도덕적으로 건실한 사회를 이룩하는 것이기 때문이다.

우즈벡인들에게 무슬림성은 역사 속에서 상실되거나 최소한 부분적으로 잊혔던 일종의 사회적 기억이며 동시에 현재적 흔적이자 미래적 투사이다. 사회적 기억은 다양한 역사적 인식들이 지속적으로 경쟁하고 협상되는 과정이다. 생활이슬람은 공식적 담론에 의해 결코 과잉 결정되지 않으며, 정치권력은 과

순이 드러나기도 하며 그럼에도 불구하고 양자 사이에는 나름의 조화가 존재하고 모색된다. 이처럼 삶의 의미심장한 일부로서 종교 활동은 완전히 의식적인 차원에서 보다는 오히려 일상적인 차원에서 이뤄진다. 예컨대 이슬람은 다양한 방식으로 체험되는데, 어떤 중요한 행위에 앞서 습관처럼 되뇌는 '아멘', 걸인들이 자선가들에게 던지는 종교적 축복의 암송, 카드와 염주로 치는 점술, 온갖 바람을 담아 피우는 향초, 후시경에 걸려 있는 부적과 염주, 만나는 사람마다 던지는 인사 '아살라말라이쿰' 등, 이 모든 것들은 너무나 일반화되어 일상 종교를 넘어 생활 문화의 일부로 간주된다. 요컨대 우즈베키스탄에서 이슬람은 개인적, 집단적 정체성의 핵심적 구성소로서 그것의 의례와 관행의 다양성 혹은 혼종성은 삶 속에서 존재의 의미와 역할 그리고 자신의 위상을 이해하고 획득하려는 사람들에게 대단히 소중하고 각별하게 남아 있다. 한마디로 무슬림성은 구성되는 종교-문화적 사회성이라 할 수 있다.

59 이러한 의미에서 생활이슬람을 대표하는 수피즘의 최대 교단인 낙쉬반디야의 활동은 주목을 끈다. 낙쉬반디야는 지나친 금욕주의를 경계하고 세속과의 단절이 아니라 오히려 '세상 속에서 은둔(уединение в обществе)' 혹은 '마음은 신에게, 손은 노동에(Сердце — Другу(Богу), руки — труду)'라는 무슬림의 생활 원칙을 설파하면서 세속 안에서 내면에 신을 위한 은둔처를 마련할 것을 권장한다. 교단원은 자신이 속한 공동체의 사회 활동에 적극적으로 참여해야 하고, 직장 생활에 종사하며, 가족을 부양해야 한다. 이와 함께 일상생활 속에서 신을 향한 마음의 수양, 즉 내면(무언)의 지크르를 지속하면서 경건한 절제된 정신 상태를 유지해야한다. 일상적 삶과 종교적 삶의 결합을 강조하는 낙쉬반디야의 이러한 교의는 그것의 세속적이고 사회적인 능동성을 반영하며, 오늘날 인기와 권위를 지속적으로 확장하는 토대이다(Бабаджанов, 2001: 349).

거와 현재 그리고 미래에 대한 종교적, 문화적 식민화에 완전히 성공하지 못한다. 또한 생활이슬람은 일상적 삶의 관심으로부터 떨어져 있는 것이 아니라 반대로 이러한 관심과 밀접하게 결합되어 있다. 중요한 것은 이슬람에 대한 대중의 인식과 실행이다. 그들에게 성스러운 것은 멀고도 가깝다. 무슬림들의 이슬람적 정체성, 즉 무슬림성은 삶의 궁지에 대한 고정된 답이 아니라 생성되는 도덕성이며, 따라서 그것은 변화하는 세계 질서에 맞서 함께 도전하는 사람들에게 의미심장한 대안을 제시할 수 있다.

오늘날 우즈베키스탄에서 개인, 씨족, 민족(국가) 등에 걸쳐 일상화되어가는 온갖 반목과 갈등을 넘어서기 위해서는 차이를 존중하는 관용의 원칙에 입각하여 화합과 번영을 위한 공동 연대의 노력들이 필수불가결하다. 특히 다민족, 다문화, 다종교라는 우즈베키스탄의 현실적 다원성에 착목할 때, 바로 생활이슬람은 우즈벡인들이 사회적, 민족적, 지역적 차원에서 소통하고 상생할 수 있는 가장 튼실한 토대 중의 하나이다. 하지만 모든 것은 아직 잠재태일 뿐이며 그것의 현실화는 우즈베키스탄 무슬림들 자신에게 달려 있다. 여기서 과거를 철저하게 성찰하고 현재를 정당하게 직시하며 미래를 창의적으로 구상하는 것은 순전히 우즈벡인들의 몫이기 때문이다.

참고문헌

김태연. 2016. "우즈베키스탄이슬람운동(IMU)과 타지키스탄이슬람부흥당(IRPT)의 발생 조건과 요인 비교연구."『러시아연구』제26권 제2호, 71-109.

오원교. 2008. "중앙아시아 이슬람 부흥의 양상과 전망."『러시아연구』제18권 제2호, 347-381.

오원교. 2009. "중앙아시아의 자디드운동(Jadidism)에 대한 재고(再考)."『러시아연구』제19권 제2호, 381-418.

이선우. 2016. "우즈베키스탄 카리모프 정부의 이슬람정책: 1인 독재체제 구축을 위한 전략적 선택."『중소연구』제40권 제3호, 269-301.

이성수. 2007. "이슬람교가 중앙아시아 전통문화에 끼친 영향 - 중앙아시아 토속신앙과 샤머니즘을 중심으로."『지중해지역연구』제9권 제1호, 125-144.

정세진. 2008. "중앙아시아 이슬람 원리주의의 급진적 특성에 대한 연구 - 1991년 독립 이후의 원리주의 단체와 이념적 패러다임."『평화연구』제16권 제1호, 118-145.

진원숙. 2008.『이슬람의 탄생』. 서울: 살림출판사.

최한우. 2000. "소련 해체 이후 중앙아시아 이슬람 근본주의 운동의 현상과 과제."『중앙아시아연구』제5호, 174-199.

현승수. 2010. "적대적 공존: 우즈베키스탄의 정교(政敎) 관계와 이슬람해방당."『한국이슬람학회논총』제20권 제3호, 155-184.

Алимова, Д. А. 2008. "К вопросу о трансформации религиозного сознания в Узбекистане(на примере ислама)." *Исламские ценности Центральной Азии: толерантность и гуманизм*. Ташкент, 154-162.

Арифханова, З. Х., С. Н. Абашин и Д. А. Алимова, ред. 2011. *Узбеки*. М.: Наука.

Бабаджанов, Б. 2001. "Возрождение деятельности суфийскийх групп в Узбе-кистане." *Суфизм в Центральной Азии*. СПб.: Филологический факультет СПбГУ, 331-355.

Бобохонов, Р. С. 2016. *История ислама в Центральной Азии*. М.: Научные технологии.

Ильясов, Ф. Н. 1991. "Сколько стоит невеста." *Социологические исследования* №. 6, 67-79.

Каримов, И. 1992. *Узбекистан: свой путь обновления и прогресса*. Ташкент: Ўзбекистон.

Олкотт, М. Б. 2009. "Провал джихадистских движений в Узбекистане." *Россия и мусульманский мир* №. 10(208), 116-128.

Расулов, З. 2009. *Узбекские свадебные обряды до бракосочетания никах*. Ташкент.

Толстова, С. П. ред. 1962. *Народы Средней Азии и Казахстан* Т. 1. М.: Издательство АН СССР.

Убайдуллаева, Р. А. 2007. "Исламская цивилизация в жизни населения независимого Узбекистана (по результатам социологического опроса)." *Общественное мнение. Права человека*. Ташкент, 153-160.

Фридман, Э. и Уолтон, М. 2006. "Страны Центральной Азии: освещение проблем религии независимыми информационными сайтами интернета." *Россия и мусульманский мир* №. 7(169), 123-138.

Халмурадов, Б. Р. 2012. "Остатки шаманства в традиционном образе жизни узбекского народа (на примере Ферганской долины)." http://jurnal.org/_articles/2012/hist12.html(검색일: 2017.02.15).

Шамгунов, Р. Г. 2004. "Исламский фактор в Центральной Азии." *Вестник СПб университета*. Сер. 6, Вып. 4, 87-98.

Abramson, D. M. and Karimov, E. E. 2007. "Sacred Sites, Profane Ideologies: Religious Pilgrimage and the Uzbek State." *Everyday Life in Central Asia: Past and Present*. Bloomington and Indianapolis: Indiana University Press, 319-338.

Epkenhans, T. 2009. "Regulating Religion in Post-Soviet Central Asia: Some Remarks on Religious Association Law and 'Official' Islamic Institutions in Tajikistan." *Security and Human Rights* No.20(1), 94-99.

Freedman, E. 2010. "Authoritarian Regimes, Muslims' Religious Rights in Central Asia, and Lack of Foreign Press Coverage of Rights Violations." *Central Asia and The Caucasus* No.11(1), 146-158.

Gleason, G. 1997. *The Central Asian States: Discovering Independence*. Boulder: Westview Press.

Gunn, T. J. 2003. "Shaping an Islamic Identity: Religion, Islamism, and the State in Central Asia." *Sociology of Religion* No.64(3), 389-410.

Haghayeghi, M. 1995. *Islam and Politics in Central Asia*. NY.: St. Martin's Press.

Hann, Ch. and Pelkmans, M. 2009. "Realigning Religion and Power in Central Asia: Islam, Nation-state and (Post) socialism." *Europe-Asia Studies* No.61(9), 1517-1541.

Ismailov, E. 2008. *Central Eurasia 2007: Analytical Annual*. Sweden: CA&CC Press.

Kandiyoti, D. and Azimova, N. 2004. "The Communal and the Sacred: Women's Worlds of Ritual in Uzbekistan." *Journal of the Royal Anthropological Institute* Vol. 10, No.2, 327-349.

Keller, Sh. 2001. *To Moscow, not Mecca: The Soviet Campaign against Islam in Central Asia, 1917-1941*. Westport, CT: Praeger.

Khalid, A. 2007. *Islam after Communism: Religion and Politics in Central Asia*. Berkeley: Univ. of California Press.

McGlinchey, E. M. 2007. "Divided Faith: Trapped between State and Islam in Uzbekistan." *Everyday Life in Central Asia: Past and Present*. Bloomington and Indianapolis: Indiana University Press, 305-318.

Mirsayitov, I. 2006. "The Islamic Movement of Uzbekistan: Development Stages and Its Present State." *Central Asia and The Caucasus* No.6(42), 110-114.

Montgomery, D. W. 2007. "Namaz, Wishing Trees, and Vodka: The Diversity of

Everyday Religious Life in Central Asia." *Everyday Life in Central Asia: Past and Present*. Bloomington and Indianapolis: Indiana University Press, 355-370.

Northrop, D. 2004. *Veiled Empire: Gender and Power in Stalinist Central Asia*. Ithaca: Cornell University Press.

Rasanayagam, J. 2011. *Islam in post-Soviet Uzbekistan: The morality of experience*. Cambridge: Cambridge University Press.

Ro'i, Ya. 2000. *Islam in the Soviet Union from the World War II to Gorbachev*. NY.: Columbia University Press.

http://ru.sputniknews-uz.com/society/20160525/2888290.html(검색일: 2017.02.15).

제7장
이슬람의 중앙아시아 투르크 세계 전파와 수피즘*

오은경

I. 머리말

중동 지방 메카에서 태동한 이슬람교가 투르크인들에게 전파된 이후 이슬람은 투르크인들의 정체성을 결정하는 매우 중요한 문화요소가 되었다. 근대화와 산업화가 이루어진 오늘날까지도 그 비중은 조금도 축소되지 않고 계속 되고 있다. 이슬람교가 전 유라시아 대륙에 전파되고 확산되는데 투르크인들의 역할과 공헌은 결코 적지 않았고, 투르크 국가들의 문화정체성을 형성하는 가장 비중이 높은 문화요소도 역시 이슬람교라는 점을 생각해 본다면, 이 또한 당연한 일이다.

그런데, 투르크인의 이슬람은 아랍의 이슬람과는 매우 다르게 느껴진다. 그 이유는 투르크-이슬람의 경우, 신크레티즘적인 요소가 매우 강하기 때문이

---

* 이 글은 『중동연구』 17-4(2018)에 게재되었던 논문을 본서의 편집 취지에 맞도록 수정·보완한 것입니다.

다. 역사적으로 이 지역에서는 하나피 법학파가 공인 법학파로 채택되면서 보다 융통성 있고 관대한 율법 해석이 적용되었다. 이와 더불어 투르크인들의 이슬람에는 수피즘의 비중과 역할이 매우 크다고 볼 수 있는데, 수피즘은 샤머니즘과 텡그리즘, 토템 등의 토착신앙과 생활방식과 융합되었으며, 결과적으로 중동아랍국가의 이슬람과는 매우 다른 차이를 만들어냈다(오은경, 2017: 1-22).

　이 글은 "중앙아시아 이슬람과 종교적 신크레티즘"이라는 연구논문의 후속연구로써, 수피즘이 중앙아시아 투르크-이슬람 세계 속에 어떻게 전파되고 확산되었는지에 대한 과정과 근대화로 인한 변화에 대해 알아보고자 한다.

II. 투르크-이슬람 세계 속의 수피즘 전파와 확산

1. 투르크 세계 속의 이슬람 전파와 순니파의 부흥

투르크인들이 이슬람과 처음 접하게 되었던 것은, 7세기 중반 아랍·이슬람군이 사산조 페르시아를 정복했을 때다. 642년 네하완드(Nehawand) 전투에서 아랍족과 투르크족 사이에 건재하던 사산조 페르시아가 멸망함으로써 투르크인들이 아랍무슬림들을 만나는 것이 용이해졌기 때문이었다(이희수, 1993: 196). 그렇다고 해도 투르크인들이 이슬람을 받아들이게 되는 과정과 시간은 매우 오래 걸렸다. 이슬람이 투르크족 사이에 전파되기 시작한 것은 8세기이며, 트란스옥시아나에서부터 시작되었다. 중앙아시아 투르크 국가로써 최초로 이슬람을 공식 받아들인 왕조는 카라한조(Karakhanid, 840-1212)였다. 이후 10세기가 되어서부터 투르크 국가들의 이슬람화는 매우 급속도로 진행되었으며, 14세기에 이르면 거의 모든 투르크인들이 이슬람교로 개종하기에 이른다. 그런데 투르크 국가들이 시아파 이슬람이 성행하던 페르시아계 왕조와 밀접한 관계를 지속해 왔음에도 불구하고 정통파인 순니파 이슬람을 받아들였다는 것은 매우 특이한 점이다. 그리고 투르크 중에서도 오우즈족이 중동지역으로 대거 유입된 이후 이들이 순니파의 부활을 이끌었다는 점에 주목할 필요가 있다. 11세기에는 투르크어를 쓰는 유목민들이 중동으로 대거 이주해오면서 투르크 군대의 유입도 절정에 이르렀다. 이런 흐름은 이란 북동부의 호라산과 아프가니스탄 지방, 그리고 인도 북부를 다스렸던 가즈나왕조(977-1186)[1]와 트란스옥시아나 지역에서 가장 큰 오우즈 부족인 셀주크 투르크족이 부이 왕조와의 전투에서 승리한 이후에 더욱 가속화되었다(세이디, 2012: 50-52).

셀주크인들은 10세기 말 이슬람으로 개종한 투르크족이다. 셀주크인들은 스텝지역을 떠돌던 수피 선교사들을 통해 이슬람을 받아들였고, 탁발 수피들은 대부분 순니였기 때문에 투르크인들이 순니 이슬람을 받아들이게 된 것이라고 볼 수 있다.[2]

투르크족들은 이슬람을 받아들인 후, 종래 스텝지역의 정복 정신을 이슬람의 지하드로 승화시켰다. 투르크인들의 지하드 정신은 짧은 시간에 투르크 국가를 팽창하고 건설하는 원동력이 되었다. 결국 투르크 국가는 정통 순니파 압바스 왕조 칼리프의 보호자로 등장하게 되었고, 후대 오스만 제국 건설 후에는 이슬람 세계를 대표하는 칼리프를 차지하게 됨으로서 이슬람 제국으로써의 위상 확보는 물론 오스만 제국의 종교적 정당성을 확보할 수 있었다. 아랍인이

---

1   당시 가즈나(Gaznavids) 왕조는 전성기를 맞이하여 오늘날의 이란과 호라산, 아프가니스탄, 인도 북서쪽과 파키스탄의 대부분을 차지하고 있었다.

2   셀주크인들은 자신들이 세계를 지배하도록 선택된 종족이라고 굳게 믿고 있었다. 셀주크 제국의 시조가 꾼 꿈이 전설처럼 전해져 내려오면서 신탁처럼 받아들여지고 있었다. 꿈 내용은 그가 불길에 휩맡려 있는 세계에 소변을 보았는데, 그 이후 세계를 평정하게 되었다는 것이었다. 11세기 고대 투르크어 사전에 마흐무드 카쉬가르는 사전서문에 "나는 알라의 제국에서 투르크족의 집 위로 태양이 떠오르는 것을 보았다."고 기록하고 있다(로빈슨 외, 2006: 75).

독점하고 있던 이슬람에 대한 정당성을 마침내 투르크인들이 확보하고 주도하게 된 것이다.[3]

2. 투르크-이슬람 세계 속의 수피즘 확산 요인

투르크인들이 이슬람을 받아들던 시기에 성행한 이슬람 사조는 흔히 이슬람 신비주의로 알려진 수피즘이었다. 중앙아시아 투르크-이슬람의 특징적인 요소들은 한마디로 하나파 법학자들의 유연한 해석과 수피즘, 그리고 고대 투르크인들의 토착신앙과 사상인 텡그리즘, 샤머니즘, 토템 등과 결합한 신크레티즘

---

3 투르크 국가 군주의 명칭은 고대부터 점차 변화를 거치게 된다. 카간(Qakan), 하칸(Hakan)으로 불리던 군주는 카라한조에 이르면 한(Han)으로 불리게 되었고, 셀주크제국부터는 술탄(Sultan)으로 불리게 되었다. 이슬람에서의 군주는 칼리프(Caliph, Kalifa)이고, 알라의 대리인으로 지상에 군림하는 절대적 통치자이며, 정신적인 정점을 의미한다. 그러므로 모든 이슬람 국가의 군주들은 칼리프의 승인을 통해 통치권을 행사하는 것이 일반적이었다. 그럼에도 불구하고 투르크-이슬람 국가들의 군주들은 종교적으로는 칼리프에 존경을 표하기는 하였으나 세속적인 통치에 있어서는 칼리프의 간섭 없이 독자적인 권력을 행사하였다. 그런데 오스만 제국의 술탄 셀림은 맘루크 원정에서 승리한 이후, 칼리프직을 정식으로 이양받게 된다. 1516년 8월 29일 칼리프직을 공식 이양 받은 것은 물론, 바그다드 칼리프들이 사용하였던 무함마드의 외투, 수염, 인장, 검, 활 등 성물들을 이스탄불로 옮겨왔다. 그리고 1923년 터키공화국 선포 이후 칼리프제가 공식적으로 폐지될 때까지 오스만제국은 이슬람 세계의 중심 역할을 하였다(이희수, 1993: 261, 333). 그런데 오스만 제국의 군주들이 칼리프라는 명칭을 사용하기는 하였지만, 대체로 이 명칭은 '술탄'의 수많은 칭호 중의 하나로 취급되었다고 보여진다. 오스만 제국이 바그다드 점령 후 '칼리프'라는 칭호를 사용하기도 하였지만, 콘스탄티노플을 점령한 후에는 로마제국의 후계자임을 자처하기 위해 "케사르(Caesar, Kayser)"라는 칭호를 선호하기도 하였거나, '칼리프' 외에도 "지상 하나님의 그늘"이라는 뜻으로 "Zill Allah fi'l-alem" 혹은 '신자들의 사령관'이라는 뜻으로 "Amir'-Al-Bumin"을 사용되기도 하는 등 다양한 용어가 사용되었기 때문이다. '칼리프'라는 호칭이 오스만제국 내에서 재부각 되기 시작한 것은 18세기말 러시아와 프랑스가 자국 내 영향을 행사하기 시작하면서부터이다. 이때부터 비로소 '칼리프'라는 명칭이 외교문서에도 사용되기 시작하였다 (Gibb et al., 1978: 945-946).

등의 특징을 들 수 있다. 그러나 이 중에서도 수피즘이야말로 중앙아시아를 비롯한 투르크-이슬람의 특징을 가장 잘 설명해주는 것이라고 할 수 있다(오은경, 2017: 1-22).

수피즘은 오늘날의 중앙아시아 지역에 해당하는 투르키스탄, 특히 호라산 지역에서 가장 성행하였다. 더불어 11세기경부터는 여러 수피 종단들이 생겨나기 시작했으며, 중앙아시아의 주요한 수피 종단은 12세기에서 17세기 사이 등장했다. 투르크인들에게 중요한 수피 종단 중의 하나는 예세비(Yesevi, Yassaviya) 종단이다. 투르키스탄의 예시(Yesi) 지역에서 아흐마드 예세비(Ahmad Yesevi, 1166년 사망)에 의해 창시되었으며, 수피의식에 투르크어를 사용하였다. 스텝 지역의 투르크인들 사이에 추앙받고 있는 하킴 술레이만 아타(Hakim Sulaiman Ata, 1186년 사망)는 예세비종단 수피이다. 예세비 종단은 투르키스탄 및 북아시아 스텝지역에서 알툰 오르두 지역과 아프가니스탄, 호라산 일대로 전파되면서 트란스옥시아나에서 바하우딘 낙쉬반드(Bahauddin Nakshiband, 1398년 사망)에 의해 창시된 낙쉬반디 종단과 아나톨리아에서 번성한 벡타쉬 종단 형성에 크게 영향을 미쳤다. 벡타쉬 종단은 15세기 말에 설립되는데, 예세비 종단의 한 분파로까지 여겨지며, 쉬아파, 기독교, 그노시스와 연결된 송교 혼합주의 성격을 갖는다. 오스만 제국에서는 예니체리와 긴밀하게 협력함으로써 특권을 획득하기도 했다. 세마 춤으로 유명한 메블레비(Mevlevi) 종단도 잘랄루딘 알-루미(Jalal al-Din al-Rumi, 1207-1273)에 의해 세워진 중요한 종단이다. 그러나 가장 중앙아시아 투르크인을 비롯해서 인도까지 확산된 가장 큰 대규모 종단은 낙쉬반디(Naqshbandis) 종단이다. 키슈티(Chishitiya) 종단도 중앙아시아에서 등장해서 인도로 전파된 종단인데, 무인 알-딘 치슈티(Mu'in an-Din Chishti, 1142-1236)가 창시자이다. 쿠브라비(Kubrabiya) 종단은 호레즘 출신 수피 아부 나집 수흐라와르디의 제자 나즘 아딘 쿠브라(Najim ad-din Kubra, 1145-1221)가 창단했다. 아브드 알-까디르 길라니(Abd al-Qadir Gilani, 1077-1166)가 창단한 까디리(Qadiriya) 종단도 중앙아시아에 뿌리를 두고 있는 종단이다(김, 1997: 165-166; 이희수, 1993:

269).

수피들은 일체의 허례허식과 관념적 사치를 부정하고 신비주의 춤인 세마와 염송인 지크르(Dhikr)를 동원하여 몰아적 명상을 통해 인간과 알라의 일체감을 추구했다. 수피즘은 당시 정통파 이슬람 신학자들이 쿠란의 해석이 지나치게 교리적이고 독단적인 태도를 취하였기 때문에 이에 대한 반발로 더욱 확산되었다. 더구나 자유분방한 스텝의 유목민 투르크족에게 지나치게 교리적인 이슬람은 맞지 않았던 터라, 보다 융통성 있고 자유로운 해석을 적용하는 수피즘이 더욱 쉽게 전파될 수 있었다. 대외적인 분위기도 가세했다. 이슬람 제국의 드넓은 영토를 지배하던 압바스 왕조의 칼리프들은 점점 통제력을 잃어가고 있었고, 중앙정부가 움마를 보존할 수 있으리라는 희망도 점점 사라져가고 있었다. 각 무슬림 공동체는 자체적으로 능력을 발휘하고 살아갈 방법을 마련하는 수밖에 없었다. 통일되었던 무슬림 제국은 개별적인 국가의 정치 세력 단위로 분할되어 갔고, 무슬림 공동체는 민중들이 주체가 되어 법학파와 수피 종단 등 여러 분야의 제도를 정비할 수밖에 없게 흘러갔다. 결국 법학파나 공동체 구성원들이 주도하는 무슬림 사회가 건설되었으며, 각 공동체마다 고유한 무슬림 전통이 만들어지기 시작했다. 투르크 왕조들은 자신들에게 맞는 하나피 법학파를 채택하였고, 예세비, 낙쉬반디와 같은 여러 수피종단을 만들었다.

3. 투르크-이슬람 세계 속의 수피즘 전개 양상

투르크 민족들의 무대였던 유라시아 대륙과 투르크인들의 역사 속에서 수피즘은 매우 중요한 역할을 하였다. 특히 원래 '은둔'을 강조하는 사상과는 다르게 정치권력과 어느 정도는 밀접한 관계를 유지하며 발전하고 성장해왔다고 볼 수 있다. 그렇지만 수피들이 세속권력에 대해서 협조적이었는지, 저항적이었는지는 단순한 흑백논리로는 설명하기 어려운 측면이 있다. 세속 권력자들 역시 마찬가지이다. 수피나 성자들의 축복이 없이는 지배권을 행사하기가 어렵다고 믿는 군주도 있었고, 경우에 따라서는 수피들이 지니는 세속적 영향력을 경계해서 탄압을 한 군주도 있었다. 이러한 미묘한 갈등과 긴장관계는 현대 중앙아시아 국가에도 여전히 이어지고 있는 현상이다.[4]

한편, 권력자들 역시 수피들을 정신적인 지도자로 추종했던 탓에 수피즘은 더욱 그 권위를 인정받을 수가 있었으며, 민중 속으로 침투해가기에 유리한 면이 있었다는 것은 부정할 수 없는 사실이다. 예를 들면, 유라시아 대륙에서 대제국을 형성했던 티무르 역시 예외가 아니었다. 티무르는 수피 쉐이크들이나 추종자들과 우호적인 관계를 맺기 위해 늘 노력했다. 12세기 수피 쉐이크 아흐마드 예세비도 중앙아시아 유목민들 사이에서 숭배를 받는 인물이었다. 예세비는 사후 자신의 고향 마을 예시에 묻혔는데, 1397년 예시 순례를 다녀온 후 티무르는 그를 위해 대영묘를 건립했을 정도로 그에 대한 존경심이 깊었다. 티무르는 수피를 존경하고 경건한 건축물을 남김으로써 예세비가 사람들의 기억 속에 성인으로 각인되기를 바랐다.

낙쉬반디 종단 또한 인도, 아프가니스탄, 중앙아시아에 걸치는 넓은 지역에서 티무르 왕조의 보호 아래 영향력을 얻었고, 인도에서는 이슬람과 힌두교를 융합시키려는 움직임을 반대하는 사람에게는 강한 정신적 힘이 되어 주었다. 중앙아시아에서는 낙쉬반디 종단 사이에 세속 권력의 장악을 둘러싼 치열한 권력 다툼이 벌어지기도 했지만, 1800년대를 전후로 낙쉬반디 수피들은 부하라를 지배하는 수령이 되기도 하였다(루이스, 1996: 134).

13세기에서 14세기까지 몽골이 이란지역을 지배하는 동안 사파비인들은 아르다빌에서 수피즘을 주도해나가며 선봉적인 역할을 했으나 수피즘의 흐름

---

4 역사적으로도 수피즘은 수세기 동안 이란 시아파 학자들의 비판을 받았고, 와하비즘이나 터키 개혁주의자들의 공격 대상이 되기도 하였다. 중앙아시아에서도 근대 계몽주의자들로부터 신비주의적인 경향 때문에 공격을 받기도 하였다.

을 바꾸어 놓는데 결정적인 역할을 했다. 시아파로 바뀌게 되면서 결과적으로는 순니파였던 수피들을 탄압하는 결과를 초래하게 된 것이다. 처음에는 사파비 종단 쉐이크는 유대교인과 기독교인을 아우르고 절충하면서 사파비 종단을 이끌어갔지만 15세기가 되자 사파비인들은 점점 시아파로 기우는 경향을 나타냈다. 15세기 후반 그들은 오스만 제국의 동쪽 아나톨리아 국경 분쟁을 계기로 현재 아제르바이잔 지역과 동부 아나톨리아를 장악하고 있는 투르크족과 종교적 마찰을 겪었다. 그리고 사파비는 점차 무장하고 군사화 되어갔다. 유목민 순니파 부족인 악코윤루(Ak Koyunlu, 백양조)와 카라 코윤루(Kara Koyunlu, 흑양조)가 1450년대 이래로 서부 이란을 지배하였기 때문에 이에 대항하기 위해서였다. 1500년대 들어서면 사파비 종단은 꽤 전투력이 뛰어난 군대로 발전하게 된다. 종단을 무장화한 샤 이스마일 1세(Ismail I, 1487-1524)는 타브리즈를 점령하면서 드디어 사파비 왕조를 세웠다. 샤 이스마일 역시 수피였다(루이스, 1996: 273).

초기 사파비 왕조의 쉐이크들은 통합력과 지도력을 갖춘 인물들이었다. 다른 부족들도 쉽게 융화시킬 수 있는 리더쉽이 있었다. 그들은 추종자들의 정신을 지배하는 영적지도자인 수피 쉐이크였으며, 시아의 이슬람의 합법적 지도자였다. 그리고 일곱 이맘파의 자손이면서 또 한편으로는 수피즘과 시아파의 이중적인 이데올로기로 추종자들의 마음을 사로잡기도 했다. 샤 이스마일 1세는 이러한 이중적이고 복잡한 이데올로기를 가지고 도저히 융합이 불가능해 보이는 아제르바이잔 지역과 동부 아나톨리아에 사는 투르크족을 통합시킬 수 있었다. 샤 이스마일 1세는 '크즐 바쉬(Kızılbaşı)'를 이용했다. 이들은 독특한 머리장식을 하고 다녀서 '크즐 바쉬'로 불렸는데, 이는 투르크어로 '붉은 머리'라는 뜻이었다. 부족민 대부분은 재임 첫 10년 동안 북부 이란 고원을 점령한 그를 거의 신적인 존재로 여길 정도로 신망이 높았다. 드디어 1510년에 샤 이스마일 1세는 서부 투르키스탄 메르브에서 우즈베크 칸국의 칸 샤이바니(Shaybani, 1451-1510)를 처형함으로써 이 지역에서 발생한 오랜 전쟁에 종지부를 찍었다.

이 기간 동안 샤 이스마일 1세는 사람들에게 열두 이맘 시아파를 강요함으로써 이란지역의 종교적 색채를 변화시키기 시작했다. 그는 순니파를 탄압하고, 시아파를 장려하는 정책을 썼다. 신념이 강한 순니파 학자들을 처형하고, 시아파의 성묘와 교육기관, 종교 예술을 국가적으로 후원했으며 시리아와 이라크의 시아파 학자들을 초대했다. 그 당시 이란지역에는 순니파가 압도적으로 많았기 때문에 시아파 울라마는 거의 살지 않았다. 따라서 사파비 왕조가 탄압하던 주된 대상은 수피즘 종단들이었다. 순니 성향이 강한 수피종단인 낙쉬반디 종단이 대표적이다. 사파비 왕조의 권력자들은 종교의 무과오성을 주장하는 수피들을 받아들이지 않았다. 결과적으로 박해와 억압은 물론 수피즘에 대한 후원이 끊기자 수많은 수피와 수피즘의 영향을 받은 시인들은 인도 무굴제국으로 떠나 버렸다. 티무르 제국이 멸망하는데 결정적 원인이 되었던 사파비 왕조가 순니 성격이 강한 낙쉬반디 종단을 탄압하였고, 결국 이들이 인도로 쫓겨 가게 된 것이다.

이에 비해 중앙아시아와 인도 북부에서는 이슬람 순니가 어느 정도 지속적으로 유지해나갈 수 있었다. 우즈베크 칸과 무굴제국의 황제들은 칭기즈칸과 그의 사위 가문인 티무르가(家)의 혈통이었다. 우즈베크 연합국의 시조 격인 샤이바니 칸 우즈베크의 추종자들은 대부분 투르크인이었지만 정작 샤이바니 칸 자신은 정통 칭기즈칸 혈통이었다. 초창기 우즈베크 칸국 칸들은 부족을 연합체 형태로 지배했다. 샤이바니 칸의 후손 가운데 압둘라 칸 2세(Abdullah Khan II, 1533-1598)는 연합국을 페르시아 제국 형태로 바꾸려고 시도했으나 성공하지는 못했다. 그 후 등장한 후계자들은 아무도 그런 시도를 하지 못했다. 우즈베크 칸들은 정치적으로도 분열되었고 군사적으로 취약했기 때문이다. 게다가 그들은 전략상 중요하고 풍부한 자원을 가진 호라산을 지배하기 위해 사파비 왕조와 싸워야 했다. 그들은 또한 조상들의 고향인 힌두쿠시 산맥 북쪽을 되찾기 위해 무굴 제국의 통치자들과도 충돌했다. 우즈베크 칸국들은 서투르키스탄과 주로 부하라, 타슈켄트, 사마르칸트, 히바와 같은 도시들, 아무다리야 강과 제라프샨 강 사이의 기름진 충적지와 비옥한 페르가나 계곡에서 3세기 이상 지배력을 행사했다.

최고의 권위를 가졌던 부하라의 우즈베크 칸은 도시 국가들을 지배했다. 1512년에 세워진 히바와 1700년에 세워진 페르가나 계곡의 코칸드 독립왕조도 그 도시국가에 포함되었다. 부하라는 그 곳에 있던 마드라사들이 하나피-순니 울라마들을 대거 배출하게 되면서 중앙아시아에서 이슬람 신학의 중심지가 되었다. 이란과 남아시아, 중국의 영향력에서 멀리 벗어나 있던 이러한 도시 국가들은 19세기 후반 러시아 군대가 침입해올 때까지 존속해왔다.[5] 다만, 세계적인 수학자 알 호라즈미(Al Xorazmiy)를 비롯해서 의학자 이븐 시나(Ibn Sina), 천문학자 알 비루니(Al-Biruni) 등과 같은 대 학자를 배출했던 부하라를 중심으로 한 중앙아시아 순니-투르크 이슬람 세계는 서쪽 이란 지역에는 시아파가 득세하고, 북쪽에는 러시아가 세력을 확장함으로 인해 다른 순니 이슬람 세계와의 교류에 제한을 받았으며, 이런 상황은 해상실크로드의 발전과 더불어 중앙아시아가 고립되고 낙후되는데 영향을 미치기도 한다.

우즈베크 칸국의 페르가나 계곡 동쪽 변방인 투르키스탄에 있던 칭기즈칸의 손자 차가타이의 후예들은 북동쪽 몽골의 위협에도 불구하고, 16세기 중반까지 그 지역을 지배했다. 결국에는 남쪽에 있던 낙쉬반디 수피들의 혈통에 의해 대체되었다(Allworth, 1990:42). 16세기 중앙아시아의 낙쉬반디 종단은 몽골인들을 대상으로 선교활동을 펼쳤고, 이슬람의 중추적인 세력으로 떠올랐다. 낙쉬반디와 쿠브라비 그리고 까디리 종단은 다신교나 이슬람교에 감화된 부족들을 이슬람 도시 문화로 끌어들이는데 중요한 역할을 했다. 이와 같은 수피와 부족민의 밀착관계는 수피 쉐이크들이 어떻게 정치에 연루되었으며, 심지어 그 가운데 몇몇은 어떻게 지배자까지 될 수 있었는지에 대한 해답의 실마리를 제공한다. 수피들과 지배자들 사이 밀접한 유대가 가능할 수 있었던 것은 낙쉬반

---

5 16세기 중반 러시아 군대는 카잔과 볼가 강 중하류의 아스트라한을 손에 넣었고, 1783년에는 크리미아 칸국을 정복했다.

디 종단의 쉐이크 호자 우바이드 알라 아흐라르(Shaykh Khwaja Ubayd Allah Ahrar)와 그의 혈연적, 정신적 후예들이 서투르키스탄의 지배자이자 우즈베크 칸국의 전임자였던 티무르가와 연합한 덕분이었다. 이 연합관계는 낙쉬반디 종단의 경우, 귀족 숭배 면모를 보이며 변질되는 계기가 된다. 이러한 현상은 남아시아의 티무르 왕조와 무굴 제국 치하의 북부 인도에서 뚜렷하게 나타났다.

낙쉬반디 종단이 카프카스에서 러시아에 저항했을 때 그러했던 것처럼 18세기와 19세기에 낙쉬반디는 무슬림 정치 세력이 약하거나 효율적으로 영향력이 미치지 못했던 지역에서 정치적 입지를 다져갔다. 다른 쉐이크들은 초기 낙쉬반디 종단이 그러했듯이 카슈카르에서 커다란 영향력을 행사했다. 낙쉬반디 종단에서 영감을 받았던 중국 간쑤 지방의 무슬림들도 개혁주의를 펼쳐갔다. 결국 그것은 18세기 후반 무슬림들이 만주인 지배에 대항해 일으킨 반란의 씨앗이 되었다. 낙쉬반디 쉐이크들은 이슬람권의 변방에서 얻은 성과만큼은 아니었지만 오스만제국에까지도 영향력을 미쳤다. 오늘날까지 터키와 이라크의 쿠르디스탄에 낙쉬반디 종단이 폭넓게 존재하게 된 기반도 이때 형성되었다.

III. 투르크-이슬람 세계의 근대화와 수피즘

1. 자디드 운동과 수피즘

중세 시대 학문이 번성하고 소통과 교통이 중심이 되었던 오아시스 실크로드 중앙아시아는 16세기 이후 해양실크로드의 발전으로 인해 점차 고립된 형태로 근대를 맞이하게 된다. 특히 중앙아시아 투르크-이슬람 세계는 1800년 이래로 서구의 도전이 점점 거세지기 시작하면서 내부적인 갈등이 깊어 갔다. 17세기와 18세기에 걸친 유럽의 발전으로 인해 기독교 세계는 투르크-이슬람 세계와 경쟁할 수 있을 만큼 성장했다. 이러한 경쟁이 더욱 치열해지면서 무슬림과 이교도들이 공존할 것이라는 희망은 좌절되었다. 19세기와 20세기 초에 이르면 무슬림 지역 대부분은 유럽제국에 흡수되었고, 무슬림 세력은 현저하게 약해졌다. 오스만 제국이 그러했고, 중앙아시아가 그러했다. 이슬람 세계는 서구 유럽이 압도적으로 강세를 보이는 세계에서 어떻게 살아남을 것인지 그리고 어떻게 하면 근대적 독립국가로 거듭날 수 있을 것인지에 대한 문제와 직면했다. 정치적 독립이 위협받는 상황과 더불어 1800년 이후 무슬림은 서구 제국주의와 근대화가 빚어 낸 변화에 맞닥뜨릴 수밖에 없었다. 유럽의 식민지 국가나 무슬림 국가들이 유럽의 대외 팽창과 근대화 과정을 지켜보며 커다란 충격을 받았던 것은 부정할 수 없는 사실이다.

특히 제정러시아와 대영제국 간의 그레이트 게임(Great Game) 속에서 짜르의 군대가 중앙아시아를 침공하였고, 당시 중앙아시아 내부에서 발생한 부족 간이나 씨족간의 분쟁들로 인해 러시아는 중앙아시아를 쉽게 정복할 수 있었다. 18세기 중엽에 카자흐 초원으로 침투해 온 러시아는 불과 20여 년 만에 중앙아시아를 군사적으로 정복하게 된다. 그러나 당시 러시아인들은 영토 확장에만 관심이 있었을 뿐 중앙아시아 무슬림들에게는 신중한 태도로 접근하였다. 저항을 두려워하여 이슬람 종교 계율 자체에 대한 직접적인 관여는 회피하려는 자세였다(술타노바, 2015: 23).

러시아인의 중앙아시아 정복으로 인해 무슬림들은 점차 자신들의 정체성을 깨닫게 되었다. 무슬림들의 각성은 크게 두 가지 양상을 보이게 된다. 이슬람의 청교도적 운동을 이끌었던 와하비의 주장에 동조하는 사람이 있는가 하면, 어떤 이들은 개혁적인 성격의 수피 종단들에게 새로운 흐름을 이끌도록 요구하기도 했다. 따라서 이 모든 흐름은 서로의 가치관이 혼합된 양상으로 나타났다.[6]

---

6 18세기 중반 일부 중앙아시아 무슬림들은 중앙아라비아에 있는 이븐 압드 알 와하브(Muhammad ibn Abd al-wahhab)가 이끄는 정화와 부흥을 위한 이슬람 운동에서 영향을 받

투르크 이슬람 국가인 오스만 제국에서 근대화 개혁으로 탄지마트 개혁을 추진하고 나자, 중앙아시아의 국가들도 근대화라는 개혁을 직접 목격하게 되었다. 당시 유럽인들에게 '낙후된 무슬림 국가'의 표본으로 간주되고 있던 부하라에도 중앙 권력이 강화되던 무렵인 아미르 나스르 알라(Amir Nasr Allah)의 통치 하에서 개혁의 바람이 불기 시작했다. 당시 러시아의 분위기는 짜르를 중심으로 전제적 정치 체제가 펼쳐지고 있었고, 1868년 이후에는 권력과 번영에 힘을 실을 수 있는 사상들이 쏟아져 나왔다. 동시에 그리스 정교회도 러시아 제국의 무슬림들과 이교도들 사이에서 교세를 확장하고 있었다. 이러한 도전에 가장 강렬히 반응한 사람이자 중앙아시아 무슬림들에게 개혁사상을 소개한 사람들은 바로 타타르족이었다. 무함마드 압두 사상을 계승한 타타르족의 시하브 앗 딘 마르자니(Shihab ad-Din Marjani)는 이즈티하드의 문이 닫혀있다는 것을 부인하고, 쿠란과 과학의 양립이 필요하다고 주장하는가 하면, 마드라사에서 과학과 러시아어를 가르쳐야 한다고 설파했다. 서구식 교육을 받은 투르크 언론인이자 교사인 이스마일 가스피린스키(Ismail Gasprinski)는 신문 '타르주만(Tarjuman)'을 발행하여 종교교육 개혁의 필요성을 피력했다. 마침내 1884년 그는 최초로 '새로운 방식'이라는 뜻의 '우술 자디드(usul jadid)' 교육 방법에 입각한 학교를 설립했다(Allworth, 1990:45). 이를 필두로 아랍어로 '새로움'을 뜻하는 '자디드(Jadid) 개혁운동'이 러시아 무슬림을 중심으로 시작되어 중앙아시아 전역에 확산되었다. 이는 새로운 교육 방식인 '우술 자디드(usul jadid)'를 기반으로 하여, 사회, 문화, 경제, 정치 등 모든 분야의 사회적 진보와 근대적 개혁을 꾀하고, 나아가서는 식민지배로부터 해방을 목표로 했던 근대적 개혁운동이었다.

왔다. 18세기 중엽 사우디아라비아 반도에서 일어난 와하비야 운동은 이븐 타이미야 영향을 받아 이슬람 세계가 낙후하게 된 주원인을 전통 이슬람에서 탈선한 것에서 찾고, 치유방법으로 이슬람교의 근본교리와 참정신의 회복, 쿠란으로의 회귀를 주장하였다. 그리고 인간과 알라 사이에 중개자가 있다는 일신부정설과 수피즘에서 성행하는 성도, 성묘, 성물 숭배를 극력 배격하였다(정수일, 2002: 302-303).

마흐무드호자 베흐부디(Mahmudhodja Behbudi), 압두라우프 피트라트(Abdurauf Fitrat), 무나브바르 꼬리(Munavvar Qori) 등이 대표적인 자디드 개혁주의자였다(Khalid, 2007: 138-140). 이들은 넓은 의미로 정치 권력에 대항하는 신엘리트 계층을 의미하는데, 과거의 이슬람 교육으로 되돌아가기보다는 서구의 교육 방식을 이슬람화하여 이슬람 이상을 추구하는 것을 목표로 삼았다.

　　이러한 자디드 운동은 짜르 군주제에 반대하는 무슬림들을 배출하는 결과를 낳았다. 레닌(Vladimir Ilich Lenin)의 지휘 하에 있던 볼셰비키들은 반(反)이슬람정책 때문에 이른바 무슬림 공산주의자들을 소원하게 했다는 사실을 뒤늦게 깨달았다. 그 후 이들은 이슬람을 다루는데 신중을 기했다. 울라마 사이에서 나타난 새로운 모스크 세력들은 개혁을 옹호하며 볼셰비키 정권과 협조했다. 자디드 지식인들에게 혁명이란 어디까지나 민족주의 이념에 입각한 개혁을 추진하는 것이 목표였고, 계급투쟁은 별다른 관심사가 아니었지만 그들은 이슬람과 공산주의의 공통점을 규명해내는 글을 썼고, 사회주의 시각에서 이슬람을 재해석했다.[7] 자디드 지식인들에게 '민족'이란 '중앙아시아 투르키스탄의 무슬림'을 의미하는 것이었다. 결국 이들은 범이슬람주의 노선보다는 범투르크주의 노선을 따르게 되지만 여기서 '투르크'란 어디까지나 투르키스탄 무슬림 공동체를 의미하는 것이었다. 세속화된 무슬림을 표방하던 이들에게 민족적 정체성이란 너무나 중요한 문제였다. 결국 이들은 반제국주의 차원에서 혁명에 가담하였는데, 반제국주의의 계급은 민족이 대체할 수 있다는 그들만의 논리와 신념으로 무장하였다(Khalid, 1998: 294). 그러나 1920년대 중반에 이르자 소련의 태도가 돌변해 버린다. 즉 사회주의 정부가 무슬림 기관들을 철저하게 통제하고 탄압

---

[7] 결과적으로 자디드 지식인들이 중앙아시아 이슬람 사회가 소비에트화 되는데 크게 기여했다고 볼 수 있다. 이에 10여 년간 소련에 저항하는 무슬림들의 바스마치(Basmach) 운동이 전개되었다. 그럼에도 불구하고 이는 성공을 거두지 못하였고, 1930년대에는 바스마치 운동도 완전히 사라진 가운데, 1924년 우즈베키스탄이 사회주의 공화국으로 출범하고, 1936년까지 타지키스탄, 카자흐스탄, 키르기스스탄은 차례로 사회주의 공화국으로 소연방에 편입되었다.

했던 것이다. 러시아의 간섭에 맞섰던 미르 술탄 갈리예브(Mir Sultan Galiev)와 같은 무슬림 공산주의자들은 국내 민족주의를 선동하는 위험한 자들로 내몰렸다. 그리고 우술 자디드 교육방식을 채택한 학교들은 오랫동안 반이슬람 운동의 주요 공격대상이 되었다. 소련에 남아있던 무슬림들은 대부분 지하로 잠적했다.[8]

결과적으로 서구의 성장과 러시아의 정복을 맞이한 중앙아시아 투르크인들의 청교도주의적 와하비즘과 계몽적 이슬람 자디드 운동으로 인해 수피즘은 비판의 대상이 될 수밖에 없었다.

2. 이슬람부흥운동과 수피즘

18세기에 접어들면서 투르크-이슬람 세계에서는 이슬람 세계의 지식 전달자라고 할 수 있는 울라마와 수피들과 정치 지배자들과의 관계가 점차 악화되어 갔다. 무슬림들의 세력이 약화되고 있었기 때문이다. 울라마와 수피들은 무슬림 사회에 적합한 이슬람 지식을 확립하기 위한 재평가를 실시하고자 했다. 울라마와 수피 같은 종교 지도자들은 내적 부흥뿐만 아니라 외적 실천이라는 개혁

---

[8] 예카테리나 2세는 1788년 오렌부르그에 '이슬람연합회'를 세웠다. 러시아 전역의 무슬림 공동체를 통제하기 위한 목적으로 이른바 '종무국(Muslim Board)'이라는 기관이 형성된 것이다. 이는 소련시대 '무슬림 종무원'으로 변신하는데, 4개가 존재했다. 그 중 하나가 '중앙아시아 및 카자흐스탄 무슬림 종무원'의 형태로 타슈켄트에 설치되었다. 이는 오늘날 우즈베키스탄 종무원의 전신이라고 볼 수 있다. 중앙정부에서 친러시아적 성향이 강하고, 정권에 대한 충성도에 따라 무프티를 임명하였다. 따라서 관제 이슬람은 종무원의 통제와 지원을 받는 종무원 이슬람이었다. 종무원 이슬람은 공인과 비공인 이슬람을 구분하였고, 종무원 소속 종교지도자들은 '공인 울라마(official ulama)'로 통칭되었으며, 이들은 모두 하나피 학파에 속했다. 오늘날에도 우즈베키스탄에서 이슬람은 공식/비공식 이슬람으로 분류되며, '진정한' 이슬람인지 아닌지의 경계와 판단은 무슬림 종무원에서 주로 맡는다.

운동을 통해 주도권을 장악했다. 그들은 이슬람 정화라는 사명에 바탕을 두고 새로운 세계관을 수립하려고 애썼다.

무슬림 사회 내부에서는 서구의 침략에 대항할 수 있는 이슬람 사회를 건설하기 위해 우선 내부적인 갈등을 해결해야 했다. 와하비즘으로 이슬람을 개혁들 시도했던 자들은, 이러한 어려움이 생긴 것을 무슬림 통치자들이 지역적인 종교 관습들을 조정하기 위해 벌였던 타협 때문이라고 비난하면서, 이슬람적인 삶과 사회에 대한 순수한 비전을 강조했다. 그들은 신앙과 실천의 제1원칙인 쿠란과 하디스로 돌아가고 싶어 했다. 그 회귀의 여정을 가장 잘 이끌 수 있는 안내자로 예언자 무함마드를 꼽았다. 우선적으로, 이슬람의 부흥운동은 신의 유일성에 도전하는, 대중 종교의 모든 양상을 공격했는데 특히 수피 전통들과 연관된 이단적인 관습을 공격했다. 즉, 성자의 무덤을 숭배하는 행위나 이슬람으로 개종한 사람들이 보다 쉽게 동화될 수 있도록 도입한 이븐 알 아라비(Ibn al-Arabi)의 범신론적 견해마저 거부했다.[9]

이성주의 학문에 대한 점차 강한 회의를 느꼈던 19세기 이러한 시각은 과거로부터 전수된 학문적 유산으로까지 확대되었다. 이와 함께 비록 이븐 알 아라비의 말이 여전히 모든 지식 담론에 강력한 영향력을 가지고 있었지만 수피즘에 관한 그의 시각은 점차 의문시되었다. 이븐 알 아라비의 '존재의 단일성' 이론을 '증거의 단일성'으로 반박하고, "모든 것이 신이다"라는 개념을 "모든 것이 신에게서 나온다"는 개념으로 대체했던 아흐마드 시르힌디의 주장이 폭넓게 인정

---

9 이븐 아라비는 순니, 시아, 이스마일파, 수피즘, 신플라톤주의, 영지주의, 연금술에 의지하여 수피즘에 대한 종합적인 체계를 세우고, 절대적이며 물질계를 초월한 알라의 존재를 주장했다. 이븐 알 아라비는 수피즘과 무슬림을 종교적으로 이해하는데 많은 영향을 끼쳤다. 그는 '존재의 단일성' 개념을 정리하는데 몰두했으며, 신과 물질 관계를 쿠란의 내용과 조화시키는데 주력했다. 그는 '하나의 존재'를 의미하는 '우주디야'를 처음으로 교리화했다. 본질적으로 '피조물은 무(NOTHING)이고 창조주의 존재가 그 핵심"이라고 하는 것이 그의 주장이다. 피조물이 신의 예지로부터 유출된 것이며, 역방향으로 조립된 혼들이 신적 본질을 재결합한다고 하였다(Güngör, 1991: 87-95).

되었다. 한발리파 추종자들은 수피즘과 이성주의 학문에 반대하며 쿠란과 하디스의 권위에 충실했던 대표적인 사람들이었다. 여기에 새롭게 등장한 알 와하브는 당시 이슬람 청교도주의의 상징이 되었다. 그는 이븐 타이미야의 작품에서 영향을 받아 이슬람의 개혁자로 등장했다. 이와 같이 새롭게 제시된 강력한 주장들은 이슬람 지식분야에서 매우 중요한 의미를 지니게 되었다. 이러한 현상들은 폭넓은 수용성을 띠었던 이슬람이 점점 배타적인 종교로 그 성격이 변화하고 있음을 보여주고 있다. 나아가 이는 내세에 초점이 맞춰져 있는 신의 가르침을 현세의 문제들에 직접 적용시키는, 즉 이슬람 교리의 변화를 뜻하기도 했다.

와하비스트들은 제국의 식민주의 지배 상황을 받아들이지 않기 위해 18세기에 일어났던 이슬람 부흥운동의 원칙과 이념을 그대로 도입했다. 이러한 과정에서 청교도적 이슬람의 한 형태로 발전할 수 밖에 없었으며, 이슬람 사회를 창조하기에 역부족이었던 책임을 무슬림 각 개인에게 떠넘겼다. 지상에서 신의 목적을 실현시켜야 하는 것이야말로 이들에게는 가장 중요한 일이라고 여겼다.

인간의 의식형성이 최대 관심사인 와하비스트들의 이븐 알 아라비의 '존재의 단일성'에 관한 주장과 인간과 신 사이의 중재를 인정했던 수피의 관행들, 그리고 이슬람 관행과 뒤섞여있던 지방의 토착신앙과 융합된 관습들에 대한 이들의 비판은 성공적으로 이루어졌다. 그 덕분에 예언자 무함마드의 생애에 대한 관심이 더욱 높아졌다. 20세기에는 인쇄술이 활성화되어 예언자의 생애에 대한 작품들이 쏟아져 나왔다. 이들은 이슬람의 전통적인 지식들 가운데 왜곡되지 않은 순수한 유산만을 골라 현실에 적용시켰다. 동시에 이들은 유럽의 신지식으로부터 이슬람 사회에 적합한 지식이 무엇인지를 찾기 위해 다양한 노력을 기울였다. 이들은 전통적인 상인 엘리트들의 지원을 받았으며, 울라마들에게는 반대하는 입장을 취했다.

힌편, 외히비즘外 학장 속에서 수피들은 이슬람 지식과 실천을 새롭게 강조하기 시작하였다. 수피들은 이러한 현실적인 가르침을 이슬람권의 많은 지역으로 전달하였다. 이러한 새로운 견해와 움직임 때문에 많은 전통적 수피 관행들은 물론, 극단적으로 수피즘 자체까지 공격받게 된다. 수피들은 이에 굴하지 않고 창의적인 태도로 개혁과 도전에 임했다. 이들은 수피즘 체제 내의 가장 중요한 권위로써 쿠란과 하디스를 부각시키는데 모든 노력을 기울였다. 황홀경을 체험하는 것과 같은 수행법과 관행을 약화시켰고, 자신들의 믿음 속에 자리하고 있는 형이상학적 경향들을 재검토했다. 이렇게 개혁된 수피즘의 두드러진 특징 가운데 하나는 예언자의 생애를 기록한 전기문학과 탄생일에 벌어지는 수많은 축제를 통해 예언자 무함마드의 생애에 새롭게 접근하는 것이었다.[10]

한편, 모든 수피 추종자들이 이러한 새로운 형태의 사상과 행동에 동참한 것은 아니었다. 오히려 18세기 이후로 수많은 과거 종단들이 부활하거나 새로운 종단들이 설립되기도 하였는데, 수피즘의 부활이라는 결과로 나타나기도 했다. 대표적으로 낙쉬반디 종단을 들 수 있다. 이 시기 낙시반디 종단의 수피즘은 중앙아시아를 비롯해서 아시아 전역으로 전파되었다. 이들은 인도네시아, 중국, 중앙아시아, 카프카스에서 일어난 주요 정치운동에 영감을 주었다. 무엇보다 낙쉬반디 학자들은 서로 긴밀한 네트워크를 형성하여 인도와 중동의 많은 지역에서 중요한 역할을 하기도 했다. 수피즘에 대한 거센 공격이 있기는 했지만 개혁적인 수피들의 신념까지 꺾지는 못했다. 몽골 지배 하에서도 이슬람의 명맥을 유지하는데 중요한 역할을 했던 수피즘은 이미 중앙아시아에서 생활이슬람으로 자리 잡은 지 오래였다. 중앙아시아의 낙쉬반디 종단은 서구 기독교가 전파되는 것을 막기 위한 폭넓은 시도를 하게 되는데, 자신들의 관습과 믿음을 새롭게 정비하고 18세기 이후 러시아에 대항하는데 큰 역할을 할 수 있던 것도 이러한 이유 때문이다.

수피종단들은 한결같이 지하드를 주창했다. 종종 이러한 지하드는 이슬람 국가들을 성공적으로 건립하는 결과를 낳았다. 중앙아시아에서 몽골 침략시기

---

10 오로지 예언자의 길을 따른다는 것이 강조되는 분위기 속에서 설립된 종단이 무함마디야 종단이다.

수피종단은 외세 저항세력으로 힘을 발휘하였으며, 러시아 지배시기(1867-1917)에도 역시 수피종단의 저항은 다시 한 번 세력과 영향력을 입증하여 주었다. 특히 1875~1876년 페르가나 봉기와 1898년 수피 둑치 이샨(Dukchi Ishan)의 안디잔 봉기와 반러시아 저항운동은 매우 유명한 역사적 반러시아 저항 사건이다.[11]

무엇보다도 이슬람 부흥주의를 표방한 학자들은 대부분 낙쉬반디 종단 소속이었다. 이슬람의 부흥과 개혁을 폭넓은 지역에서 보강할 수 있었던 것은 울라마와 수피를 이어 준 매개체가 한몫 했기 때문인데, 그 지역에서 우수하고 뛰어난 전승학자들의 역할에 주목할 수 있다.

이슬람 역사에서 18세기만큼 울라마와 수피가 적극적으로 활동했던 시기도 없었다. 이들의 관계는 매우 복잡한 성격을 띠었다. 그들 관계에 고무적인 발전을 이루는 데는 무엇보다 지역 환경이 중요한 한몫을 했다. 이는 울라마와 수피 관계에서 비롯된 사상 운동과 분위기의 흐름이 정도(正道)였음을 의미했다. 울라마와 수피를 잇는 연결고리는 지식의 연결망이 활발하게 순환하고 소통할 수 있도록 만들어 주는 동맥과 정맥과 같은 역할을 했다고 볼 수 있다.

이때 믿음에 대한 신비주의적 이해는 퇴조하였고, 이슬람 개혁을 추진했던 와하비스트들은 수피즘을 꺼져가는 불빛으로 여겼다. 자디드 지식인들은 계몽주의 출현 이후 냉담한 분위기를 조장했다. 수피들은 무관심의 대상이거나 전혀 부적절한 대상일 뿐이었다. 지난 2세기에 걸쳐 무슬림들은 새로운 사고 방식을 가지게 되었고, 새로운 무슬림 주체가 등장하게 되었다. 이는 이슬람의 신비스러운 매력을 반감시키는 결과를 낳았다. 특히 수피즘이 번창할 수 있는 영역은 점점 줄어들었다.

투르크-이슬람 사회에서 이슬람 지식이 갖고 있던 성격과 지위가 변화하면서 전통적 지식을 전달하던 사람들의 위상도 자연스럽게 바뀌어 나가기 시

---

11 소비에트 체제에 접어들자 곧바로 바스마치 운동 진압 후 와크프를 폐지하고, 종교재단을 국유화하여 수피 종단의 재산을 몰수하는 등 종단을 해체하려는 움직임이 시작된다.

작했다. 수피들의 지위도 수피즘의 쇠퇴와 운명을 같이 했다. 몇몇 수피들은 여전히 존경을 받았지만 정신적 지식을 신봉하는 사람들이라기 보다는 무식하고 속기 쉬운 사람들을 현혹시키는 협잡꾼으로 여겨지기 시작했다. 수피들은 오직 현대 무슬림 사회를 위해 자신들의 본질적인 역할을 수행할 수 있는 곳에서만 제 기능을 발휘했다. 대표적인 종단은 소련의 지배 하에서도 이슬람의 불꽃을 유지하고 있던 중앙아시아의 낙쉬반디 종단과 까디리야 종단이었다(Aşirov et al., 2014: 193-202).

울라마들이 수행했던 교사나 법률가로서의 자격과 기능은 현대국가에서 한층 전문화된 직업인들로 대체되면서 그들은 사회의 변두리로 밀려났다. 20세기 무슬림들에게 울라마라는 존재는 무슬림의 퇴보를 나타내는 상징으로 인식되었다. 그러나 울라마의 쇠퇴가 곧 수피들의 쇠퇴와 동일한 의미를 갖는 것은 아니었다. 중앙아시아 투르크-이슬람 사회에서 수피들은 여전히 존경받고 있다. 이것은 특히 중앙아시아 투르크 국가들에서 이슬람이 '민속 이슬람(Folk Islam)'과 '일상생활 이슬람(Everyday Islam)'의 형태를 띠고 있고, 수피즘이야말로 중앙아시아 투르크인들의 정신문화의 근간이 되고 있기 때문이다. 수피들은 아직도 현대 투르크인들의 관혼상제들의 의례를 주도하는데 깊이 관여하고 있는 것이 이를 보여준다.[12]

---

12 구소련이 해체되고 각 국가들이 독립을 하게 된 이후에 수피즘은 오히려 그 의미가 재구성되고 재발견되고 있다. 와하비즘은 테러와 원리주의로 인식되어지고 각 국가마다 정권을 위협하는 요소로 받아들여 강력한 규제의 대상이 되고 있는 반면에, 수피즘은 독립 이후 국가의 정체성 형성과 민족주의 노선과 맞물려 전통으로 인정받고 있다. 중앙아시아 국가들은 개별적으로 조금씩 상황이 다른데, 우즈베키스탄의 경우 수피즘의 가치는 우즈베크 국민들의 정신문화이며, 선조들에게 물려받은 무형유산으로 인정받고 있다. 물론 낙쉬반디야의 정치 참여적 성향으로 인해 집권세력의 긴장의 긴장과 갈등이 야기되고 있는 측면이 있기도 하지만, 우즈베키스탄 정부는 낙쉬반디와 호자 아흐라르 기념일을 대대적인 국가행사 차원에서 경축하였다.

IV. 맺음말

'이슬람'은 이미 세계와 문명을 주도했던 대종교이다. 이슬람교가 태동하고 전 세계로 전파되는 과정 중에서 투르크인들의 무대가 되었던 유라시아 대륙도 이슬람이라는 거대한 파도와 물결을 피해갈 수는 없었다. 이슬람은 투르크인들의 무대 속으로, 의식 속으로 그리고 생활 속으로 침투해 들어갔고, 마침내는 한 몸이 되었다. 그리고 아랍인의 이슬람과는 또 다른 이슬람을 창조해냈다. '이슬람'이라는 종교는 하나이지만, 각 국가나 지역마다 이슬람은 저마다 다른 얼굴을 가지고 있다는 것은 이미 주지의 사실이다. 투르크인들은 역사 속에서 이슬람을 받아들이고, 새롭게 재창조하여, 또 다른 세계로 전파하는데 적극적인 전도사 역할을 해냈다. 그 안에 수피즘이 있었다. 투르크인들이 토착신앙이나 문화와 융합하여 새로운 이슬람을 창조한 것과 함께 수피즘을 받아들이고 확산시키면서 관용과 평화의 깊이 있는 이슬람 지식을 일구어내는데 주도적인 역할을 하였다는 것은 중요한 역사적 사실이다.

신플라톤주의, 중앙아시아 토착신앙과의 결합, 그리고 우마이야 왕조의 도덕적 타락과 방종에 대한 저항 등으로 출현하여 발전한 수피즘은 중앙아시아에서 매우 번성하였고, 다양한 종단을 형성하여 전 세계로 퍼져나갔다. 이와 함께 알 가잘리나 알 아라비와 같은 매우 유능한 수피학자들에 의해 이론이 체계화되었고, 정비되었다. 역사적으로 중앙아시아에서 수피 종단들의 역할은 중앙아시아 투르크 이슬람 역사에서 간과될 수 없는 매우 중요한 것이다. 이슬람 – 투르크 세계의 각 국가들이 '근대화'라는 숙명적 과제에 직면하면서 와하비즘과 자디드 운동이라는 커다란 두 흐름 속에서 수피즘은 비판과 외면의 대상이 되기도 하였다. 더불어 사람들의 의식은 변화하였고, 이슬람 지식을 받아들이지 않는 숫자도 늘어나기는 하였으나, 여전히 대부분의 중앙아시아 투르크 국가들에서 수피즘은 중요한 역할을 하고 있으며, 정신문화의 근간이 되고 있다.

모든 생활의 의례를 주관할 만큼 수피들은 존경의 대상이 되고 있다.

이슬람이 전 세계적으로 테러의 주된 요인이라는 오명 속에 있고, 이슬람은 폭력적이라는 해석과 편견이 난무하고 있다. 그러나 수피즘으로 이슬람을 이해한다면, 이들의 우주관과 세계관이 얼마나 심오하고 평화적인지도 이해할 수 있을 것이다. 이슬람이 전 세계인에게 전파되는 과정에서 수피즘의 역할이 매우 클 수밖에 없던 이유도 바로 여기에 있을 것이다. 다만, 수피즘의 우주관과 세계관에 대해서는 지면의 한계로 후속연구로 남겨둔다.

여전히 어느 정도는 이슬람 세계에서도 정통 이슬람과 수피즘과의 미묘한 긴장과 갈등은 유지되고 있는 것도 현실이지만, 수피즘은 사상적, 철학적, 종교적 교리 면에서 이슬람을 빛내주고 있는 인류의 문화유산이라는 점은 잊지 말아야 할 것이다. 투르크-이슬람 세계가 그 중심에서 큰 역할을 했다는 것도 재조명되어야 할 것이다.

참고문헌

고가영. 2016. "소비에트 시기 중앙아시아 이슬람: 중앙아시아와 카자흐스탄 무슬림 종무원 설립과정과 활동을 중심으로."『서울대 아시아 연구소 중앙아시아센터 제3회 국내학술회의 발표문』, 23-42.
공일주. 2011.『이슬람의 수피즘과 수쿠크』. 서울: 기독교문서선교회.
김중순, 이희수. 2016.『수피즘: 실크로드를 읽는 문화코드』. 서울: 소통.
깁 H.A,R. 1997.『이슬람』. 이희수·최준식 공역. 서울: 주류성.
로빈슨 프랜시스 외. 2006.『사진과 그림으로 보는 케임브리지 이슬람사』. 손주영, 송경근, 황병하 역. 서울: 시공사.
루이스 버나드. 1996.『이슬람 문명사』. 김호동 옮김. 서울: 이론과 실천사.
백위드 크리스토퍼. 2009.『중앙유라시아 세계사』. 이강한, 류형식 역. 서울: 소와당.
세이디 쉴레이만. 2012.『터키민족 2천년사』. 곽영완 역. 서울: 애플미디어.
손주영. 2005. "이슬람법과 법학파 형성에 관한 연구."『한국이슬람학회논총』제15권 1호, 66-68.
술타노바 라지아. 2015.『샤머니즘에서 수피즘까지 중앙아시아의 무슬림 여성과 문화』. 박일우 옮김. 서울: 민속원
에이지 마노, 도오루 호리카와, 지카 오비야. 2009.『교양인을 위한 중앙아시아사』. 현승수 역. 서울: 책과 함께.
오은경. 2017. "중앙아시아 이슬람과 종교적 신크레티즘."『이슬람학회논총』제23-1집, 1-22.
욥코체브 슈흐랏. 2016. "중앙아시아 이슬람의 전개와 지역적 특성."『우즈베키스탄 역사문화특강』, 35-38.
이성수. 2007. "이슬람교가 중앙아시아 전통문화에 미친 영향."『지중해 지역연구』제9권 제1호, 125-144.
이희수. 1993.『터키사』. 서울: 대한교과서주식회사.
정수일. 2002.『이슬람 문명』. 서울: 창작과 비평사.
코르방 H. 1997.『이슬람 철학사』. 김정위 역. 서울: 서광사.
최영길. 1989.『이슬람문화사』. 서울: 송산출판사.
현승수. 2009a. "중앙아시아 정교관계의 이론적 분석틀: 종무국 이슬람." *e-Eurasia* vol.19, 12-13.

현승수. 2009b. "중앙아시아 수피즘 연구를 위한 시론: 수피 교단의 영성과 정치성의 역사적 기원." 『중앙아시아 연구의 학적 체계화』. 한양대 아태연구센터 국내학술대회, 177-197.

Abazov, Rafis. 2008. *The Palgrave Concise Historical Atlas of Central Asia*. New York: Palgrave Macmillan.

Allworth, Edward A. 1990. *The Modern Uzbeks: From the Fourteenth Century to the Present*. Hoover Press.

Aşirov, A.,. Pasilov, B. A. 2014. *Orta Asya Sufi Grupların Ritüellerindeki 'Cehri Zikir' Kavramı ve Onun Etnografik Özellikleri*. Çev. Mariia Talianov, Gazi Türkiyat, Güz 2014/15, 193-202.

Bayrakdar, Mehmet. 2016. *Tasavvuf ve Modern Bilim*. Istanbul, İnsan.

Gibb, H.A.R.and Kramers, J.H. 1978. *The Encyclopaedia of Islam*. Volume 4, 579.

Güngör, Erol. 1991. İslam Tasavvufunun Meseleleri, Istanbul, Ötüken.

Gürbüz, Ahmet. 2016. *Zen ve Tasavvuf Işığında Kendini Bilmenin Yolu*. Istanbul, Insan.

Fakry, Majid. 2005. *Islamic Philosophy, Theory and Mysticism*. Oxford: Oneword, 2005/ 3, 87.

Hitti, P. 1970. *Islam, a Way of Life*. Minneapolis: University of Minnesota Press, 43.

Kara, Mustafa. 1922. T*asavvuf ve Tarikatlar.* Istanbul, İletişim yayınları.

Khalid, Adeeb. 1998. *The Politics of Muslim Cultural Reforms, Jadidism in Central Asia*. Berkely and Los Angeles: University of California Press.

Khalid, Adeeb. 2007. "The Fascination of Revolution: Central Asian Intellectuls,1917-1927." *Empire, Islam and Politics in Central Eurasia*. Hokkaido University.

Kısakürek, Necip Fazıl. 2016. *Batı tefekkürü ve İslam Tasavvufu*. Istanbul, Büyük Doğu Yayınları.

Lapidus, Ira M. 2014. *A History of Islamic Societies*. University of California: Berkeley.

제8장
우즈베키스탄 역사교과서에 나타난 이슬람 서술 분석*

최아영

I. 머리말

한 국가가 국가정체성을 형성하는 과정에서 지향하는 바를 다음 세대에게 전달하고 교육하기 위해 사용하는 효과적인 수단 중 하나가 역사교과서이다. 우즈베크인들은 20세기에 두 차례나 '새로운 조국'이 세워지는 과정을 겪어야했고, 이때마다 정부는 민족과 국가가 지나온 궤적을 재해석하고, 나아갈 방향을 정립하여 역사교과서라는 도구를 통해 다음 세대가 가져야 하는 민족 및 국가정체성의 내용을 정의했다.

    소비에트 시기 우즈베크인들은 사실상 러시아인들의 역사가 주를 이루는 소비에트 역사를 중심으로 역사교육을 받아야 했다. 소비에트 정권은 1950년대부터 '우즈베크 소비에트 사회주의 공화국의 역사'(История Узбекской ССР)

---

* 이 글은 『슬라브학보』 32-1(2017)에 게재되었던 논문을 본서의 편집 취지에 맞도록 수정·보완한 것입니다.

를 교육과정에 포함시켰지만, 교과서에 수록된 내용은 소비에트 역사 서술의 큰 틀 안에서 검열을 통과한 제한적인 부분일 뿐이었고, 소비에트 국민으로서의 정체성 형성이라는 목표를 가지고 기술되었다.

구소련 붕괴 이후 독립을 맞이한 우즈베키스탄은 새로운 국가 및 민족 정체성을 형성하는 작업에 매진했다. 이 시기 우즈베키스탄을 비롯한 중앙아시아의 독립 국가들은 소비에트 시기 억압되었던 자민족의 문화와 전통을 이슬람에서 찾는 시도를 하게 된다. 이슬람 카리모프 정권은 이슬람 전통을 회복하기 원하는 국민들의 열망을 간파했고, 독립 직후에 이븐 시나(Ibn Sīnā), 이맘 알 부하리(Muhammad al-Bukhari), 낙쉬반드(Baha-ud-Din Naqshband Bukhari)와 같은 중세 이슬람 전성기에 활동했던 학자들을 국가 영웅으로 소환했고, 연이어 거대한 모스크를 복원하거나 새롭게 건축하는 등 친이슬람 행보를 보였다.

우즈베크인들의 문화 및 민족 정체성의 근원이 이슬람과 깊이 연관되어 있음은 굳이 정부의 이슬람 전통과 문화 끌어안기의 전략과 수사를 들여다보지 않아도 우즈베크인들의 삶 속에서 목격되는 바이다. 우즈베크인의 대다수는 종교적 실천과 상관없이 스스로를 무슬림이라 여기고 있다. 7세기에 트란스옥시아나(Transoxiana)에 전래된 이슬람은 이 지역에 예전부터 존재했던 조로아스터교와 샤머니즘 등과 혼합되었다. 그 결과 우즈베크 토착 신앙과 이슬람을 분리하는 것이 쉽지 않을 정도로 그 경계가 모호해졌다.

한편 우즈베키스탄 정부는 전통과 문화로서의 이슬람과 종교로서의 이슬람의 경계를 뚜렷하게 구분하는 태도를 보이고 있다. 1990년대 초에 발생한 타지키스탄 내전과 1999년 타슈켄트에서 일어난 테러 등 일련의 사건 이후 카리모프 정부는 정교분리 원칙을 더욱 분명하게 천명하면서 이슬람의 정치화를 철저하게 막고, '종교'로서의 이슬람의 발흥을 주도면밀하게 통제했다. 이러한 정교분리의 원칙과 세속국가로서의 우즈베키스탄의 정체성은 카리모프 정부가 규정한 '국가이념'(Национальные идеи)에 명시되어 있고 '민족 독립 이념'(Идея национальной независимости)이란 과목을 통해 학교에서 교육되고 있다.[1]

이러한 국가-종교의 분리는 교육에서도 뚜렷하게 적용되고 있다. 1991년에 제정된 〈종교의 자유 및 종교 단체에 관한 법〉의 7조에는 우즈베키스탄의 교육제도는 종교와 분리되어 있고, 종교과목을 교과 과정에 포함시키는 것이 금지되어 있으며, 종교에 상관없이 우즈베키스탄 국민은 세속교육을 받을 수 있는 권리가 있음이 명시되어있다.[2]

한편 우즈베키스탄 정부는 종교와 국가는 분리되었지만, 이것이 종교와 사회가 분리되었음을 의미하지는 않으며, 우즈베키스탄은 "이슬람 국가는 아니지만 무슬림의 나라"라는 수사(修辭)를 생산하여 사용하고 있음을 볼 수 있다. 2016년에 서거한 이슬람 카리모프 대통령의 장례식이 무프티(mufti)의 기도와 함께 이슬람의 장례 절차에 따라 치러졌고, 카리모프 자신은 여러 통치자들의 묘와 함께 이슬람 성인들의 영묘가 위치한 샤히-진다(Шахи-Зинда)에 묻힌 것은 이러한 우즈베크인들의 의식을 잘 보여주고 있다.

이 글은 정교분리 원칙을 바탕으로 세속국가임을 천명한 우즈베키스탄의 역사교과서가 이슬람을 어떠한 내러티브로 전달하고 있는지를 분석하고자 한다. 이로써 우즈베키스탄 국가가 이슬람을 어떠한 방식으로 청소년들의 역사의식 및 독립국가 국민으로서의 정체성 형성에 필요한 자원으로 활용하는가에 대한 답을 모색하려 한다.

우즈베키스탄의 교과과정에서 역사 과목은 5학년부터 11학년 과정에서 교육된다.[3] 이 글에서 분석하고자 하는 역사교과서는 총 9권이며 소비에트 시

---

1 '국가 이념'은 국가의 번영, 국민의 안정, 국가의 평화, 종교적 관용, 민족 간 평화, 협력하는 사회, 이상적인 인간형 구축을 내용으로 하고 있다.
2 http://www.lex.uz/pages/GetAct.aspx?lact_id=65089(검색일: 2016. 11. 01)
3 2018년 이전까지 우즈베키스탄의 학제는 공립학교 1-4학년(초등), 5-9학년(중등)과정과 특수 전문 고등학교인 리체이(лицей)와 콜리지(колледж) 과정으로 이루어졌다. 그러나 2018년 1월 미르지요예프 대통령은 공립학교 시스템을 기존의 9년제에서 11년제 의무교육

기 편찬된 역사교과서 2권과 독립 이후에 만들어진 역사 교과서 7권으로 이루어져있다.

지금까지 수행된 우즈베키스탄의 역사 교과서에 대한 연구는 매우 드문 편이다. 국내에서 이루어진 연구는 독립 이후 2000년에 편찬된 역사교과서가 제정러시아와 소비에트 정권이 중앙아시아에서 실행한 정치 및 경제 정책과 그 영향에 대해 기술하는 내용과 방식을 소비에트 시기 만들어진 역사교과서의 서술과 비교 분석했다.[4] 또한 켈러(S. Keller)는 제2차 세계 대전 이후 소비에트 사관에 따라 우즈베크 소비에트 사회주의 공화국의 역사 교과서가 만들어지고, 역사 교육 커리큘럼이 형성되는 과정을 설명하였다(Keller, 2010: 191-206).

이와 같이 기존의 연구는 소비에트 시기에 편찬된 역사교과서의 전반적인 내러티브를 분석하고, 소비에트 역사교과서의 서술 관점이 독립 이후 우즈베키스탄의 역사교과서에서 부정되거나 또는 존속되는 양상을 주로 비교하였고, 독립 이후 편찬된 교과서에 나타난 과거 식민 정권의 정치 및 경제 정책에 대한 평가를 주된 내용으로 하고 있다. 한편 이 글은 우즈베키스탄의 역사교과서가 전달하고자 하는 '이슬람'에 주목하면서, 소비에트 시기 편찬된 역사 교과서와 현대의 역사 교과서의 이슬람 서술을 비교 분석했을 뿐 아니라 독립 이후 우즈베키스탄 국가가 이슬람에 대한 역사 서술을 새롭게 만들어가는 전략과 양상을 분석했다. 이를 위해 사용된 9개의 역사교과서가 편찬된 시기도 1974년부터 2013년까지로 분석 자료의 시간적 경계도 확장되었다.

우즈베키스탄의 역사교과서가 다루는 시기가 매우 길고 이슬람의 역사도 이와 궤를 같이 한다. 따라서 이 글에서는 교과서가 다루는 모든 시기의 이슬람 내러티브를 분석하기보다는 이슬람이 우즈베키스탄 역사에서 상대적으로 부각

으로 전환하는 것을 내용으로 하는 대통령령을 발표했다. 이에 따라 학생들은 11학년을 마친 후 콜리지에 진학해서 6개월에서 2년 동안 교육받을 수 있다.

4 국내에서 수행된 우즈베키스탄 역사교과서에 대한 선행연구는 성동기(2003)를 참조할 것.

되었던 시기를 중심으로 이슬람 서술을 살펴보고자 한다.

이 글의 제Ⅱ장에서는 제정 러시아 통치 시기와 소비에트 초기 종교 탄압 시기를 다루는 역사 교과서가 어떤 양상으로 이슬람을 서술하고 있는가를 살펴볼 것이다. 이 장에서는 19세기 후반에서 20세기 초 그리고 소비에트 시기를 다루는 9학년, 10학년, 콜리지와 리체이 1학년 교과서가 분석되었다. 1974년과 1982년에 집필된 역사교과서와 독립 이후 편찬된 역사교과서의 이슬람 서술을 비교 분석함으로써 우즈베키스탄 정부가 탈식민주의에 입각한 새로운 국가정체성을 확립하는데 있어서 어떠한 방식으로 이슬람을 활용하고자 하는가에 대한 답을 모색하고자한다.

제Ⅲ장에서는 독립 이후 시기를 다루는 역사교과서에 나타난 이슬람 서술을 분석한다. 제Ⅱ장에서는 이슬람과 관련된 과거의 재해석에 대한 분석에 집중하고 있다면, 이 장에서는 독립 이후 정부가 전통으로서의 이슬람과 종교로서의 이슬람에 대한 관계를 설정하는 양상이 어떻게 교과서에 반영되어 있는지를 살펴볼 것이다. 제Ⅲ장에서는 독립 이후 시기를 내용으로 하는 고등 과정 역사교과서가 분석되었다. 또한 이슬람 중세 시기의 업적이 독립 이후 대거 소환되었기 때문에 이슬람 전래와 전성기를 다루는 4~16세기 초반을 내용으로 하는 7학년 교과서도 함께 분석되었다.

Ⅱ. 러시아 및 소비에트 통치 시기의 이슬람에 대한 서술 분석

1. "민족의 아들들": 자디드 운동(Джадидизм)과 바스마치 운동(Басмачество)

19세기 말과 20세기 초에 중앙아시아에서 발생했던 이슬람 근대화 운동인 자디드 운동과 볼셰비키의 통치에 저항하며 일어난 바스마치 운동은 독립 이후 집필된 우즈베키스탄 역사교과서에서 "이민족에 의한 식민통치에 저항한 민족해방운동"으로 재정의되면서 중요하게 다루어지고 있다.

중앙아시아의 자디드 운동은 타타르인 이스마일 가스프린스키(Ismail Gasprinski) 등의 영향을 받아 시작되었다. 기실 이 운동은 당시 중앙아시아 사회가 처한 새로운 환경에서 비롯된 변화를 거부한 채 오로지 샤리아에 입각한 무슬림사회를 구현하고자했던 이슬람 보수주의(kadimism)에 반대하는 일련의 진보적 이슬람 종교지도자들이 주도한 이슬람 종교개혁 운동으로 시작되었다. 마흐무드 호자 베흐부디(Mahmudkhodja Behbudiy), 무나바르 카리(Munawwar Qari)등 자디드 운동을 이끌었던 사람들은 카디(qadi), 무프티, 코란 교사 등 이슬람 종교 지도자 출신들이 많았다. 자디드 운동의 목표는 중앙아시아 민족들의 문화, 종교의 동질성을 바탕으로 투르키스탄에 근대적인 무슬림 국가를 만드는 것이었다. 자디드 운동에 투신했던 사람들은 세속학문 교육, 민족어 교육 등 교육 및 문화 분야의 개혁을 통해 이를 성취할 수 있다는 신념을 가졌다. 이렇듯 이슬람 내부에서 비롯된 종교개혁 운동으로 시작되었고, 근대적 무슬림 양성이라는 목표를 가지고 교육, 문화 분야의 개혁에 집중했던 자디드 운동은 1905년 러시아 혁명 이후 투르키스탄 국가 건설이라는 정치적 성향을 띠면서 다층적인 성격을 가지게 되었다.[5]

한편 우즈베키스탄의 역사교과서는 교육 및 학교 개혁, 출판, 문화 분야의 개혁을 통한 우즈베크 민족정체성 함양이라는 자디드 운동이 가지는 계몽적인 측면을 부각하고, 이 운동이 민족독립운동의 성격을 띠었음을 강조하는 한편, '무슬림' 근대화 운동으로 자디드 운동이 지녔던 종교적 측면을 최소화하여 기록하고 있음을 볼 수 있다.

---

5 중앙아시아 자디드 운동의 본질과 활동, 의의에 관해서는 다음의 논문 참조
   오원교, 2009; 구자정, 2012; 성동기, 2003; 손영훈, 2013; 손영훈 외, 2015; 김중순, 2013.

자신의 시각과 이상을 선전하기 위해서 자디드들은 가장 효과적인 방법을 찾았다. 바로 민족극장을 만드는 것이었다. 자디드들은 1911~13년 투르키스탄의 여러 도시에 극장을 만들었다. 문맹률이 높은 상황에서 배우의 연기는 자디드들의 사상을 민중에게 전하는 도구가 되었다(Хидоятов et al., 2006: 118).

자디드들은 중앙아시아인들로 하여금 스스로 사회, 정치, 경제적 기반을 가진 국가 건설을 가능하게 하는 민족 이념을 형성했다. 이들은 휴머니즘, 자유, 평등이라는 우즈베크인들의 오랜 전통을 계승한 위대한 사람들이었다(Хидоятов et al., 2006: 120).

자디드들은 교과서를 통해 조국에 대한 책임감을 가르치길 원했고, 조국의 번영을 위해 힘쓰도록 가르쳤다. 자디드 학교 교육을 통해 많은 유능한 학자, 작가, 예술가들이 길러졌고, 이들은 민족문화 발전에 큰 영향을 주었다(Хидоятов et al., 2006: 134).

대부분의 중앙아시아의 자디드들은 소비에트 정권 수립 이후 "부르주아 민족주의, 범투르크주의, 범이슬람주의 전파"라는 죄목으로 1920년대 말부터 시작된 민족지식인 숙청과정에서 제거된다. 스탈린 사후 1960년대에 일부 자디드들의 명예가 회복되었다. 그러나 여전히 1960~80년대 소비에트 역사학에서 자디드 운동은 마르크스 레닌주의에 기초하여 연구되었고, 중앙아시아의 침체, 후진성 극복을 위한 부르주아 민족주의 운동으로 평가되었다(Бобохонов, 2016: 88).

소비에트 시기 비판의 대상이었던 자디드 운동은 아래 표에 나타나듯이 우즈베키스탄의 독립 이후 지극히 민족주의적인 색채를 덧입게 되었고, 이민족에 대항한 우즈베크 민족의 해방을 위한 애국주의 운동으로 칭송되었다. 자디드들의 대대적인 명예회복과 이들에 대한 영웅화 작업도 이루어졌다.

표 1 역사교과서의 자디드 운동에 대한 시기별 정의와 평가[6]

	소비에트 시기 교과서 (1974, 1982)	독립 이후 역사교과서 (1995, 2005, 2006)
호칭, 정의	·부르주아 민족주의자	·진보적 애국자 ·위대한 교육자, 민족의 계몽운동가 ·우즈베크민족의 오랜 전통의 계승자
목표	·민족 부르주아의 이익 대변 ·이슬람과 샤리아에 기초한 봉건 부르주아 국가 건설 ·반동적 범이슬람주의, 범투르크주의 선동, 러시아인에 대한 증오 선동	·투르키스탄 무슬림들의 단결 ·칸의 권력에 저항(부하라, 히바 자디드), 식민 정권에 저항 ·피흘림 없는 점진적인 개혁 ·민족정체성과 정치의식의 함양 ·민족의 도덕과 윤리 수준을 높이는 것
평가	·혁명적 개혁가였던 부하라, 히바의 좌익 자디드 운동가들 ·민중의 지지를 얻지 못한 부르주아 운동 ·거대한 혁명투쟁으로 인해 마비되었고, 이후 러시아 프롤레타리아 투쟁에 녹아들었음.	·문화계몽운동 ·민족독립이념에 기초를 놓았음.

사실 자디드들이 추구했던 문화자치, 전통 계승, 민족어 회복, 민족문학 및 민족 예술 회복은 현재 우즈베키스탄 정부가 독립 이후 국가 만들기의 도정에서 역점을 두어 추진하고 있는 국가적 과제이기도 하다. 따라서 이민족 통치의 잔재를 청산하고자 하는 현재의 우즈베키스탄이 자디드 운동에 스스로를 투영하면서 가지게 되는 경외감과 긍정적인 재평가는 지극히 당연한 것이다. 한편 이 과정에서 자디드 운동이 가졌던 정치적 측면, 즉 1905년 이후 투르키스탄 무슬림의 목소리를 두마(Дума)에서 대변하기 위해 무슬림 정당 활동을 했던 자디

---

6 표 1에서 분석한 역사교과서는 다음과 같다. Муминов, 1974; Мусаев, 1982; Раджапова et al., 1995; Алимова et al., 2005; Хидоятов et al., 2006.

드들의 행보는 이슬람 정당 창설을 금지하는 카리모프 정부의 역사 교과서에서는 "자디즘 운동=우즈베크 민족의 애국적 민족문화부흥운동"이라는 거대 서사 안에 함몰되어있다.

바스마치 운동도 자디드 운동과 비슷한 맥락에서 기술되고 있다. 아래 표 2에서 나타나듯이 상대적으로 비폭력적인 저항을 추구했던 자디드 운동과는 달리 1918년부터 코칸드(Коканд), 페르가나(Фергана)를 중심으로 발생한 반 볼셰비키 무장봉기인 바스마치 운동에 대한 소비에트 시기 교과서의 평가는 매우 냉소적이다.

표 2 역사교과서의 바스마치 운동에 대한 시기별 정의와 평가[7]

	소비에트 시기 교과서 (1974, 1982)	독립 이후 역사교과서 (1995, 2005)
호칭, 정의	·바스마치(폭도), 반혁명분자 ·깡패집단 ·착취세력, 반혁명분자, 민족부르주아 ·무슬림 성직자들, "소비에트를 향한 거룩한 전쟁" (부하라 아미르의 말 인용)	·무장저항운동세력, 독립운동가 ·자랑스러운 민족의 아들들 ·대규모 무력항쟁 ·민중봉기 ·독립운동 ·소비에트 정권과 붉은 군대에 저항하는 무장봉기
목표	·투르키스탄을 소비에트 정권에서 분리하여 부르주아 국가 건설	·민족의 생명, 명예, 종교의 수호 ·샤리아에 따른 무슬림 관습 보호 ·소련 정권으로부터 투르키스탄의 독립 쟁취
평가	·반소비에트 운동 ·민중의 지지를 받지 못했음. ·무슬림들의 종교가 가지는 강한 선동력을 바탕으로 거짓과 폭력을 통해 농민들을 반혁명 운동으로 유인했음. ·소비에트 문화 건설, 경제 재건을 방해함	·모든 사회 계층이 참여했던 민족해방 전쟁 ·내부 연합의 부재로 인한 실패 ·소비에트 시기 가장 슬프고 비극적인 역사 ·볼셰비키의 선동이 이 운동의 본질을 왜곡

---

7 표 2에서 분석한 역사교과서는 다음과 같다. Муминов, 1974; Мусаев, 1982; Раджапова et al., 1995; Алимова et al., 2005.

한편 독립 이후 편찬된 역사교과서에서는 '폭도', '깡패'를 의미하는 '바스마치'(Басмачи)에서 기원한 '바스마치 운동'(Басмачество)이라는 호칭은 '독립운동'(Истиклолчилар харакати)으로 수정되어 기록되고 있다(Раджапова et al., 1995: 5).

소비에트 정권은 이들을 바스마치(폭도)라고 불렀다. 이들은 길거리 강도가 아니라 소비에트 정권에 대항하여 무장 봉기한 민중들이었다(Алимова et al., 2005: 73).

볼셰비키 사상에 동의하지 않고, 자유를 갈망하던 민족의 의지는 소비에트와 침략자 붉은 군대를 향해 무력으로 대항하는 세력을 낳았고, 이들은 "바스마치"(인민의 적)라고 불렀다. 1920~30년대에 소비에트 정부가 행한 끔찍한 탄압정책으로 인해 헌신적으로 민족을 위해 투쟁한 민족의 자랑스러운 아들들이 목숨을 잃었다(Алимова et al., 2005: 9).

독립 이후 편찬된 역사 교과서는 바스마치 운동이 발생한 주요 원인을 볼셰비키 정부의 곡물 독점, 국유화 등 경제적 착취 외에도 종교 탄압, 모스크 폐쇄, 이슬람 종교 재판인 카디 재판제도 폐쇄 등 이슬람에 대한 박해에서도 찾고 있다. 한편 바스마치 운동이 실패한 원인을 이들이 진보적이지 못했고, 부하라 아미르 체제를 유지하면서 이슬람 국가를 세우려고 했기 때문이라고 보고 있다(Алимова et al., 2005: 77). 자디드 운동을 이끌었던 사람들이 진보적인 이슬람 종교 지도자들이었던 것과는 대조적으로 바스마치 운동을 이끌었던 이슬람 종교 지도자들은 샤리아 체제를 유지하려 했던 보수적인 이슬람 종교지도자였던 것에서 그 이유를 찾을 수 있을 것이다.[8] 독립 이후 역사교과서는 바스마치 운동

---

8   타지크인 학자인 보보호노프는 바스마치 운동이 가지는 종교전쟁의 측면이 거의 연구가 되

을 무장독립운동으로 기록하지만, 그것이 추구하는 바가 이슬람법을 기초로 하는 구체제 유지였다는 점에 대해서는 비판적인 해석을 하고 있다. 이와 관련하여 흥미로운 사실은 독립 이후 편찬된 역사교과서는 19세기 후반 20세기 초 러시아와 소비에트 통치 시기 우즈베키스탄의 이슬람 종교 지도자에 대해 이중적인 평가를 하고 있다는 점이다.

> 이 정권(부하라 아미르국)의 든든한 지지자들은 바로 무슬림 종교지도자들이었다. 이들은 그 수와 민중에 대한 영향력 면에서 무슬림 사회에서 지배적인 자리에 있었고, 왕정과 민중을 잇는 굳건한 고리였고, 왕정을 지지해주었다(Раджапова et al., 1995: 67).

독립 이후 편찬된 역사 교과서에서 부하라 아미르국, 코칸드 칸국, 히바 칸국에 대해서는 부정적인 해석이 주를 이룬다. 이들이 제정 러시아와 볼셰비키 정권에게 무너진 이유는 서로 연합하지 않았고, 샤리아를 기초로 하는 구체제를 유지하려 했기 때문이라는 것이다(Хидоятов et al., 2006: 51). 따라서 이 정권을 수호하는 이슬람 종교지도자와 이를 개혁하려 했던 자디드를 비롯한 진보적 이슬람 종교지도자들에 대한 평가가 명백하게 엇갈릴 수밖에 없다. 이것은 마치 소비에트 시기에 편찬된 역사교과서가 볼셰비키를 지지하던 무슬림 노동자 대의원 소비에트(Советы мусульманских рабочих депутатов), 무슬림 노동자 연맹(Союз трудящихся мусульман)에 가담한 중앙아시아 무슬림들을 환영하는 반면, 자디드 운동과 바스마치 운동을 주도했던 무슬림들에게 "인민의 적"이라는 낙인을 찍은 것과 흡사한 구도라 할 수 있다. 이러한 이슬람 '선별'의 프레임은 소비에트 시기 뿐 아니라 독립 이후 우즈베키스탄 역사교과서에서도 여전히 지

어 있지 않음을 지적하면서 바스마치 운동을 소비에트 정권, 즉 비무슬림 이교도를 향한 거룩한 전쟁, 지하드로 보아야 한다고 주장한다(Бобохонов, 2016).

속됨을 볼 수 있다.

2. "훼손된 전통": 소비에트 초기 이슬람 파괴운동

소비에트 시기에 편찬된 역사교과서는 현재의 우즈베키스탄을 포함한 중앙아시아의 특징을 문화적인 낙후와 후진성으로 정의하고 있다. 이러한 후진성을 극복하기 위한 첫 단계는 중앙아시아 지역의 후진성의 근원이라 여겼던 이슬람을 파괴하는 것이었다. 소비에트 시기 중앙아시아에서 이슬람은 없애야 할 과거의 상징이었다.

한편 제정 러시아 말기와 소비에트 정권 수립기를 다루는 독립 이후 편찬된 역사교과서는 다른 시기를 다루는 역사교과서에 비해 이례적으로 이슬람의 종교적인 측면을 상세하게 기록한다.

> 이슬람은 투르키스탄 민족들의 정신적 삶에 큰 영향을 주었다. 교육, 예술, 법학, 철학, 문학 등 모든 것이 무슬림 신앙의 영향을 받았다. 샤리아는 무슬림들의 삶의 모든 부분을 규정했다. 무슬림들은 5가지 중요한 종교적 의무를 다해야 했다. 즉 중요한 기도를 드리는 것인데, 이것은 충실한 믿음을 표현하는 "알라 외에 신이 없고 무함마드는 그의 선지자이다"라는 신앙고백을 하고 (샤하다), 매일 5번 기도를 해야 하며 (나마즈, 살랏), 매년 금식을 해야 하며 (우라주, 사움), 메카 순례를 해야 하고(하즈), 자선을 베풀어야 했다(자카트) (Хидоятов et al., 2006: 131).

위의 인용한 부분은 연구자가 분석한 9개의 역사교과서중 유일하게 이슬람 종교의 5대 기둥에 대해 설명하고 있다. 또한 와크프(waqf)의 국유화, 카디 재판 제도 폐지, 막탑(мактаб)과 메드레세(медересе) 등 전통 종교 학교의 폐쇄,

모스크 파괴와 같은 일련의 과정을 우즈베크 민족의 전통에 대한 타격으로 기록하고 있다.

> 볼셰비키는 투르키스탄에서 1917년부터, 부하라와 호레즘에서는 1920년부터 토착 민족의 문화, 전통, 종교를 탄압하는 정책을 시행했다. 프룬제가 부하라를 침공한 후 거대한 역사·문화적 가치가 있는 건축물들이 파괴되었다. 그 중에는 칼랸 미나렛(Минарет Калян) 등의 건축물들이 있다. 칼랸 미나렛은 대포를 맞았다. 그리고 수도에서도 많은 모스크와 메드레세가 파괴되었고 그중 많은 것들이 마구간으로 쓰였다. 옛 부하라는 완전히 파괴되었다(Алимова et al., 2005: 117).

> 이슬람 재판관인 카디에 의한 사법 제도의 폐지는 소비에트 중앙 정부에 완전히 복속됨을 의미한다(Хидоятов et al., 2006: 65).

이는 이민족에 의한 통치 시기가 이슬람이 우즈베크 민족정체성과 관습, 전통의 동의어로 강하게 작동하기 시작하는 지점임을 보여준다. 소비에트 시기 이슬람은 우즈베크인들이 스스로를 다른 민족과 구분할 수 있는 민족정체성의 중요한 기준이었다. '침략자' 볼셰비키들이 들여온 소비에트 체제와 사회주의 이념이 얼마나 우즈베크 민족에게 이질적인가를 설명하기 위해서는 민족정체성의 중요한 부분을 이루는 이슬람 신앙이 무엇이고, 당시 중앙아시아(현재 우즈베키스탄)가 얼마나 이슬람에 기초한 사회였는지를 기술해야 할 필요가 있음은 자명하다. 볼셰비키에 대한 현재 역사교과서의 부정적인 태도는 10월 혁명을 혁명(революция)이 아닌 "쿠데타"(переворот)또는 "사건"(событие)으로 기록하고 있음에서 미루어 짐작할 수 있다.

이 시기 교과서는 소비에트가 중앙아시아를 정복하는 과정을 모스크와 같은 이슬람 건축물, 와크프, 카디 재판 등 이슬람의 제도 그리고 수피 지도자인 이샨(ишан), 물라(мулла)등 이슬람 종교 지도자들에 대한 물리적인 파괴와 제거의 과정으로 기록한다. 현재의 교과서는 소비에트 문화를 중앙아시아에 이식하기 위해 추진한 소비에트 정부의 이른바 '문화재건'사업은 이슬람으로 대변되는 이 지역의 정신적 가치, 관습 및 전통에 대한 '무지몽매함'과 '무시'로 점철되어 실패했다고 기록한다.

소비에트 정권에 의한 우즈베크 전통의 '훼손'을 극적으로 보여준 사건 중 하나가 '후줌'(Худжум) 운동이다. 소비에트 시기를 다루는 독립 이후에 편찬된 3개의 교과서 모두 후줌 운동을 비교적 상세하게 기록하고 있다. 후줌 운동은 1920년대 후반 우즈베키스탄을 비롯한 중앙아시아 각지에서 무슬림 여성들이 착용하던 얼굴과 전신을 가리는 복장인 '파란자'(паранджа)를 벗어 태운 사건이다. '후줌'이라는 단어는 '공격, 진격'이라는 뜻을 가진다. 소비에트 정부가 근대화 운동을 추진하면서 우즈베키스탄의 여성들을 주목한 이유는 파란자로 상징되는 억압의 대상이었던 우즈베크 여성들을 '해방'함으로써 혁명이 후진적 무슬림 사회를 변화시켰다는 것을 효과적으로 보여줄 수 있었기 때문이었다(기계형, 2011: 340). 모스크나 메드레세 등 이슬람 종교의 제도가 파괴되었어도 여성 무슬림들은 상대적으로 영향을 덜 받으면서 이른바 비공식의 영역에서 무슬림 신앙을 지켜가고 전수할 수 있는 영향력을 지녔기 때문이기도 했다.

독립 이후 편찬된 교과서는 소비에트 정권이 들어선 후 조혼, 일부다처제, 신부의 몸값을 지불하는 제도(калым)가 금지된 것에 대해서는 긍정적으로 기술한다. 그러나 후줌 운동과 관련하여 파란자 착용을 오로지 여성에 대한 억압으로만 보는 소비에트 역사 기술에 대해서는 동의하지 않음을 볼 수 있다. 유럽인들은 파란자를 여성에 대한 모욕으로 생각하겠지만, 이것은 유럽인들은 이해할 수 없는 동방의 전통이고 관습이며 코란과 하디스(hadith)를 기초로 하여 샤리아를 준수하며 살아온 여성들이 꼭 억압당했다고 볼 수는 없다는 것이다(Раджапова et al., 1995: 103).

투르키스탄 여성과 처녀들의 지위는 수세기에 걸쳐 이슬람법과 전통에 의해 유지되었고, 특수한 민족적 특성을 가지고 있었다. 특히 여성들은 노동에 투입되지 않았고, 대부분 가사와 자녀양육에 전념했다. 소비에트 정권은 이것을 종교에 근거한 (여성에 대한) 편견이라고 보았다(Усманов et al., 2011: 92).

자디드들은 코란과 하디스를 통해서 여성들은 남성과 같은 권리가 있고, 공부와 일을 할 권리가 있다는 것을 확인해주었다(Алимова et al., 2005: 193).

표 3에서 보듯이, 현재의 역사 교과서는 소비에트 정권이 들어선 이후 우즈베크 여성의 권위가 상대적으로 신장되었다는 사실에는 동의하지만, 이 지역의 이슬람 전통이 전혀 고려되지 않은 가운데 이루어진 후줌 운동을 비롯한 소비에트 정부의 여성 정책은 우즈베크인들의 종교심을 모욕했고, 이로 인해 1927~1928년 사이 수천 명의 우즈베크 여성들이 살해되는 비극이 벌어졌다고 기술한다. 요약하자면 우즈베크 여성들이 파란자를 벗는 것은 무슬림 여성 해방에 기여했다고 볼 수도 있지만, 이 과정은 우즈베크인들의 종교와 관습에 대한 충분한 이해를 바탕으로 점차적으로 이루어졌어야 했다는 것이다.

교과서는 소비에트 정권 수립 후 우즈베크 여성들의 직업 선택의 폭이 넓어졌다는 점은 긍정적 측면으로, 또 동시에 부정적인 것으로 기록한다. 1930년대 우즈베크 여성들을 대상으로 트랙터 운전 교육이 성행했다는 점을 들면서, 이러한 직업군은 우즈베크 여성들이 종사하지 않았던 전통적이지 않은 직업이라고 표현하고 있다. 농업집산화, 공업화에 함께 여성 노동력이 착출되었다고도 표현한다(Алимова et al., 2005: 195). '어머니이자 노동자'인 소비에트 정권이 상상한 이상적인 여성성이 우즈베크 여성들의 전통적인 성역할과 맞지 않았다는 평가이다. 현재 우즈베키스탄 사회에서 전통적 이슬람이 규정하는 젠더 구조의 회귀가 서서히 이루어질 가능성이 있음을 미루어 짐작케 하는 대목이다.

표 3 후줌 운동에 대한 시기별 교과서 기술 및 평가 비교[9]

소비에트 시기 교과서의 후줌 운동에 대한 기술 및 평가(1974, 1982)	독립 이후 교과서의 후줌 운동에 대한 기술 및 평가(2005, 2011)	
·여성해방을 위한 투쟁 ·봉건적 속박에서 여성을 구출했음. ·사회주의 문화혁명, 남녀평등 ·파란자라는 족쇄에 갇혀 지내던 여성들을 해방하여 사회, 정치, 생산 노동 참여하게 했음.	긍정적 평가	
	·여성해방 자체는 필요했음 ·여성들이 다양한 기관, 직업에 종사하게 되었음 ·여성의 문자 해득률 증가	
	부정적 평가	
	·우즈베크 여성들의 생활양식과 전통을 고려하지 않음. ·여성의 완전한 해방을 위한 사회 분위기가 아직 조성되지 않은 가운데 폭력적, 강압적으로 실행됨 ·이슬람 전통을 완전히 부정했기 때문에 여성해방에 대한 부정적 태도가 형성되었음 ·우즈베크인들의 종교적 감정을 모욕했음 ·민족의 전통과 관습, 이 지역의 특수성을 고려하지 않고 시행했음 ·수세기 걸친 관습이 무시되고, 윤리적 기초가 파괴됨 ·후줌 운동에 적극적으로 가담했던 여성들도 결국 숙청됨	

한편 이 시기를 다루는 교과서가 방법론의 측면에서는 후줌 운동을 전통을 훼손한 행위로 비판하지만, 그것이 추구하는 궁극적인 지향점 자체를 부정하지 않았다는 사실은 소비에트가 추진했던 공적 담론의 탈이슬람화 경향이 독립 이후에도 우즈베키스탄 정부에 의해 유지되고 있음을 보여준다. 우즈베키스탄 정부는 〈종교의 자유 및 종교단체에 관한 법〉의 제14조에 따라 공공장소에서 종교적인 의상을 착용하는 것을 금하고 있다.[10] 개인의 메카 순례를 허용하지만, 순례할 때 입는 흰 옷(ihram)과 같은 복장을 국내에서 착용하는 경우 심지

---

9 표 3에서 분석된 역사교과서는 다음과 같다. Муминов(1974), Мусаев(1982), Алимова et al.(2005), Усманов et al.(2011)

10 http://www.lex.uz/pages/GetAct.aspx?lact_id=65089 (검색일: 2016. 11. 1)

어 모스크 출입도 금지하고 있다. 이랍인의 옷을 입었다는 이유에서이다.[11] 이렇듯 민족과 전통의 범주에서 벗어난 이슬람에 대한 철저한 타자화는 카리모프 정권의 이슬람 정책의 기저에 위치한다.

III. 독립 이후 시기의 이슬람에 대한 서술 분석

1. '영웅의 귀환' – 중세 이슬람 학자들에 대한 소환

1991년 우즈베키스탄이 소련으로부터 독립한 이후 카리모프 정부는 열정적으로 국가 건설에 박차를 가하는 과정에서 이슬람을 적극적으로 활용했다. 1991년에 이슬람 축일인 라마잔 하이트(Рамазан хайит)와 쿠르반 하이트(Курбан хайит)를 공휴일로 지정했다(Husnidiniv, 2005: 15). 또한 1992년에는 코란이 우즈베크어로 번역되었다. 소비에트 시절 정부의 통제 하에 극히 제한적으로 이루어졌던 메카 순례에 이제는 매년 3천 명 이상의 우즈베크인들이 참여할 수 있게 되었다.[12] 소비에트 시절 두려움에 감추어 놓았던 아랍 문자로 쓰인 고서적들이 박물관에 전시되었다. 교과서는 소비에트 시기 파괴되었던 모스크를 재건하고, 종교 학교인 메드레세가 지어지고 도심의 광장과 공원에 이븐 시나, 알 페

---

11   http://rus.ozodlik.org/a/27311745.html (검색일: 2016. 11. 14.)

12   소비에트 정권이 수립된 직후만 해도 메카 순례가 이어졌으나 1930년대 초 중단된다. 이후 종교에 대한 소련의 태도에 변화가 발생했던 1944년에 6명의 소비에트 이슬람 종교 지도자들이 메카 순례를 개재했고, 그 이후 소수의 이슬람 종교지도자들과 무슬림들이 메카 순례를 했다(Хакимов, 2013: 88). 또한 소비에트 정부는 메카 순례를 소비에트 무슬림 단체와 전 세계 무슬림 기관과의 우호 증진이라는 이름으로 선전하고, 이슬람 관련 국제 문제에 대해 소련의 입장을 피력하는 창구로 이용하기도 했다(Арапов, 2011: 418).

르가니(Al-Fergani), 알 부하리 등 "영웅적인 우리 조상들"의 동상이 세워지고, 이들의 사상을 기록한 책들이 다시 우즈베크 민족의 품으로 돌아왔다고 기술한다. 이렇듯 역사교과서는 우즈베키스탄에서 역사적인 기억을 소환하고 전통을 부활하는데 있어 이슬람은 매우 강력한 기제가 되고 있음을 보여준다.

> 한 사회의 정신적인 측면이 발전하기 위해서는 역사적 기억이 중요한 역할을 하고, 조상들의 역사와 민족의 윤리적 가치, 전통, 우리의 거룩한 종교가 큰 역할을 한다(Шарифходжаев, 2006: 196).

그렇다면 교과서는 우즈베키스탄 역사의 어느 지점에서 존재했던 영웅적인 조상들을 무엇을 위해 소환하고 있는지 살펴봐야할 필요가 있다. 이슬람은 7세기에 현재 우즈베키스탄 영토가 위치한 마베란나흐르(Мавераннахр), 즉 트란스옥시아나에 아랍인들에 의해 전래되었다. 한편 교과서는 이 지역으로 이슬람이 전래된 사건을 아랍 "침략자들"의 중앙아시아의 "정복" 전쟁의 산물로 기술하고 있다.

> 중세 시기 우리나라의 영토는 아랍 칼리프에게 정복당했다. 사람들이 모르는 아랍문자가 도입되었다(Мухаммеджанов, 2013: 4).

마베란나흐르에서 칼리프의 정치적 권력을 강화하고, 그것을 안정적으로 유지할 목적으로 아랍인들은 모든 계층의 피정복민들에게 이슬람을 전파하는 것에 특별한 의미를 두었다. 이와 관련해서 아랍인들은 이 지역 민족들의 토착신앙인 조로아스터교와 다른 종교를 제거하기 위해 치열한 투쟁을 벌였다. 불의 사원들이 모두 파괴되었고 그 대신 모스크가 지어졌다(Мухаммеджанов, 2013: 39).

이 시기 아랍인을 정복자로 타자화하며, 스스로를 피정복민으로 서술하는 구도는 소비에트시기에 집필된 우즈베크 소비에트 사회주의 공화국의 역사에서도 동일하게 나타난다. 소비에트 시기 우즈베크 역사학자들은 부하라와 사마르칸트가 압바스조에 끊임없이 저항했음을 강조하고 있다. 독립 이후 역사 교과서도 이슬람을 전한 아랍인에 대한 종래의 서술 구도는 유지하지만, 종교로서 이슬람을 부정적으로 묘사하고 있지는 않다. 이를 보여주는 것이 코란에 대한 긍정적인 설명이다. 7학년 교과서는 "코란은 인간이 지켜야 하는 법과 윤리적 행동을 규정한 가장 풍부하고 독특한 책이다"라고 서술하고 있다(Мухаммед-жанов, 2013: 35).

이슬람을 우즈베크 민족의 역사적 유산이라고 기술하지만, 정작 이슬람을 이 지역에 전파한 아랍에 대한 타자화는 이슬람의 혼종성이라는 맥락에서 살펴볼 수 있다. 이슬람은 원래 아라비아 반도에서 태동했지만 전래된 지역마다 현지의 토착 전통과 풍습과 어우러져 혼종의 과정을 경험했다. 중앙아시아의 경우 이슬람이 이 지역 토착 종교인 샤머니즘과 조로아스터교의 영향을 받아 이미 아랍의 이슬람과는 다른 형태를 가졌기 때문인 것으로 보인다. 그러나 이보다 더 근본적인 이유는 보다 가까운 과거에서 찾을 수 있다.

아랍에 대한 타자화는 독립 초기 비교적 온건한 이슬람 법학파인 하나피(Hanafi) 학파가 지배적인 우즈베키스탄에 엄격한 한발리(Hanbali) 학파의 전통을 가진 사우디아라비아의 선교사들이 '무지한' 우즈베키스탄의 무슬림을 '올바른' 이슬람의 길로 인도한다는 명목으로 그 세를 확장하려 했고, 현재 우즈베키스탄 정부가 극도의 민감함을 보이고 있는 와하비즘(Wahhabism)도 이 지역과 연관되어 있음에서 그 원인을 찾아볼 수 있다. 중앙아시아인들이 이슬람을 전한 아랍인을 자신의 조상으로 토착화했다는 칼리드(A. Khalid)의 주장은(Khalid, 2007) 적어도 현재 우즈베키스탄 역사 교과서가 전개하는 이슬람 관련 내러티브 구조에서는 설득력을 가지지 못한다.

부하라가 사만조(Samanid)의 중심이 되는 9세기 말부터 이 지역이 찬란하게 꽃을 피운 이슬람 문명의 중심지로 기술되고 있다. 또한 이븐 시나, 이맘 알 부하리, 알 페르가니와 같은 트란스옥시아나 출신 무슬림 학자들의 학문, 교육, 문화 분야의 업적들도 상세하게 기록하고 있다. 이슬람 전래 초기 낯설고 공격적인 이민족의 종교인 이슬람을 '우리'의 종교로, '우리'의 전통으로 기록하기 시작하는 시점도 이 시기부터이다.

> 마베란나흐르의 문화 발전에 있어 이슬람 신학자들의 영향이 컸다. 그들로 인해 수도 부하라는 동방 이슬람의 중심지로 변했다. 수많은 모스크들이 세워졌다. 이 시기 무슬림들이 사는 동방 최초의 종교 교육기관인 메드레세가 부하라에 세워졌다. 이 메드레세는 10세기에 세워졌고, 이름을 파르작(Ф арджак)이라 했다(Мухаммеджанов, 2013: 55).

아랍인들과의 분명한 선긋기와는 대조적으로 중앙아시아 이슬람 문화가 꽃을 피웠던 트란스옥시아나 지역을 자신들의 역사적 공간으로 모두 품으려는 시도는 독립 이후에도 우즈베키스탄이 과거 소비에트 시기에 운용되었던 역사 서술의 공식을 그대로 유지하고 있음을 잘 보여준다. 1924년 우즈베크 소비에트 사회주의 공화국이 성립되면서 명목민족인 우즈베크인들이 소련이 획정한 영토에 오래 전부터 거주했다는 정당성을 확보할 필요가 있었다. 이를 위해 우즈베크인들의 조상은 1924년 소련이 획정한 우즈베크인들의 영토에 거주했던 모든 민족들로 확장되었다. 알 페르가니나 알 콰리즈미(Al-Khwarizmi)와 같은 학자들은 현대 우즈베크 민족의 위대한 조상이자 역사적인 영웅들로 칭송되고 있다. 그러나 이들은 칼리프 알 마문(Al-Mamun)이 바그다드에 세운 '지혜의 집'(Bayt al-Hikmah)에서 주로 활동했던 페르시아계 학자들이고, 현재 우즈베크인들이 사용하는 언어와 다른 페르시아계 언어를 사용했던, 지금의 우즈베크인들과는 다른 민족이었음은 자명하다. 우즈베크인들의 푸시킨이라고도 여겨지는 알리세르 나보이(Alisher Navoiy)가 살았던 시대도 스스로를 우즈베크인이라고 부르는 민족이 현재 우즈베키스탄 영토에 당도하기 전이었다(Keller, 2010: 199). 이러한 상황으로 인해 우즈베키스탄과 중앙아시아의 다른 민족, 특히 사마르칸트와 부하라의 이슬람 유적을 타지크인들의 문화유산이라고 주장하는 타지키스탄과 문화재 귀속의 문제를 둘러싼 충돌의 가능성이 상존한다. 그럼에도 불구하고 역사 교과서는 우즈베키스탄의 역사가 중앙아시아 다른 민족들의 역사와 밀접한 관련이 있지만, 마베란나흐르는 우즈베크인들의 땅이었으며, 위대한 학자들은 독립과 함께 우즈베크인들에게 돌아온 조상들이라고 기록한다.

소비에트 시기 집필된 역사교과서도 천문학, 수학 등 자연과학 분야에서 업적을 남긴 일련의 중앙아시아 무슬림 학자들을 긍정적으로 평가한다. 예를 들어 이븐 시나의 〈의학전범(醫學典範)〉은 "세계에 대한 현실주의적 시각의 전형이었고, 자연 현상에 대한 유물론적 관점을 잘 표현했다"고 기술했다(Муминов, 1974: 79). 그러나 소비에트 역사가들은 무함마드의 언행을 기록한 하디스를 수집하고 연구한 신학자인 이맘 알 부하리[13], 수피 교단의 지도자 낙쉬반드, 아흐메드 야사위(Ahmed Yasawi) 등을 교과서에 기록하지 않았다. 하지만 독립 이후 우즈베키스탄의 역사 교과서는 소비에트 교과서가 침묵했던 이슬람 신학자에 대한 우즈베키스탄 정부의 대대적인 영웅화작업을 상세하게 기술한다.

> 이맘 알 부하리는 이슬람을 풍요롭게 하였고, 코란 다음으로 중요한 지혜의 근원인 성훈집 알 조미 아스 사히흐(Аль-Джоми ас-Сахих)를 썼다. 우리의 조상인 이맘 아부 만수로 알-마투리디(Абу Мансур аль-Матуриди), 알 마르기노니(ал-Маргинони), 바하우딘 낙쉬반드, 이맘 앗-테르미지(Имам ат-Тирмизи), 호자 아흐마드 야사비는 인간의 정신을 완성시키는

---

[13] 이맘 알 부하리가 평생 수집한 60만 조목의 무함마드의 언행 중에서 선별된 7천 개의 조목이 들어간 하디스 모음집은 수니파 이슬람에서 가장 권위 있는 진본(眞本)성훈집으로 인정받고 있다. 우즈베키스탄 정부는 이 책을 1992년에 코란보다 먼저 우즈베크어로 번역해서 출판했다.

종교, 윤리 및 법적 규범을 만들어냈다. 우리의 종교적 가치는 독립 이전에는 망각되었지만, 독립 이후 이제 부활했고, 우리의 위대한 이슬람 학자들의 이름은 정당한 대우를 받게 되었다. 1993년 9월에 부하라에서는 세이흐 바호우딘 낙쉬반드의 탄생 675년 주년 기념행사가 열렸다. 이 기념일과 관련하여 부하라에서는 낙쉬반드와 관련된 역사적 유물들이 복원되었고 그의 작품들이 출판되었다. 1998년 10월 23일 사마르칸트에서는 위대한 사상가인 이맘 알 부하리의 탄생 1225년(이슬람력) 행사가 열렸다. 이맘 알 부하리의 4권짜리 하디스 모음집이 출판되었다(Шарифходжаев, 2006: 203).

중앙아시아 뿐 아니라 이슬람 세계에서 하디스학의 태두로 칭송받는 이맘 알 부하리를 비롯한 이슬람 신학자들을 위대한 조상으로 끌어안음으로써 우즈베키스탄의 이슬람은 '오염된' 이슬람이 아닌 '바른' 이슬람임을 선포하고자 하는 정부의 의도를 교과서는 그대로 그려내고 있다. 우즈베키스탄이 이슬람 세계에 가치 있는 기여를 했고, 그렇기 때문에 중요한 위치에 있음을 각인시키고자 하는 것이다. 그러나 이것이 곧 우즈베키스탄이 중동을 비롯한 다른 이슬람 국가들과 종교 분야에서 연대하거나 적극적으로 교류하는 것을 의미하지는 않는다. 역사교과서는 카리모프 대통령이 사우디아라비아를 순방했을 당시 국왕으로부터 메카 카바(Kaaba)신전의 덮개인 키스와(kiswab)를 선물 받은 것을 두고 무슬림 형제국가로서의 연대라는 관점으로 서술하기 보다는 우즈베크 민족이 이슬람의 발전과 전파에 크게 기여한 증거이며, 이슬람을 복원시키려는 카리모프 대통령의 노력을 높이 평가한 사건이라고 기술한다(Джураев et al.,2001: 172).

한편 역사교과서에는 중앙아시아 이외의 지역의 무슬림 사상가나 현대의 이슬람 학자에 대한 언급이 전혀 없다. 이것은 교과서가 카리모프 정부의 이슬람에 대한 역할 분배 구도, 즉 '이슬람=전통'이라는 구도를 뚜렷하게 재생산하고 있다는 사실을 보여준다. 즉, 민족과 전통의 범주에 들어가지 않는 이슬람은

'해로운' 또는 '나쁜' 이슬람으로 경계와 배제의 대상이 되며, 역사교과서는 이러한 상황을 종교적 가치의 회복을 다루는 장에서 이슬람 전통의 부활과 함께 언급하고 있다.

2. '좋은' 이슬람 VS '나쁜' 이슬람 : 급진 이슬람에 대한 경계

카리모프 정권은 독립 초기에 우즈베크 민족 부흥과 민족정체성 회복을 위해 이슬람을 적극적으로 사용했지만, 동시에 우즈베키스탄은 정치와 종교가 분리된 세속국가임을 분명히 했다. 이러한 종교의 정치화에 대한 명백한 거리두기는 역사 교과서에서도 선명하게 나타난다.

> 이와 함께 종교 분야에서 활동하는 사람들, 우리의 형제 무슬림들에게 재차 반복하고 싶다. 종교는 자신만의 갈 길이 있고, 국가도 그러하다. 종교 정당을 만들고 정권을 위해 투쟁하는 것은 신의 뜻에 맞지 않다(Джураев et al., 2001: 171).

이러한 정부의 입장은 역사교과서에서 사용되는 어휘에도 반영이 되었다. 독립 이후 시기를 다루는 역사 교과서에서 '이슬람'이란 단어는 드물게 등장한다. 이슬람과 관련한 맥락에서 주로 사용되는 단어는 "정신"(духовность), "정신적 가치"(духовные ценности), "정신적 유산"(духовное наследие), "위대한 조상들의 유산"(наследие великих предков), "전통"(традиция)등이다. 이슬람이라는 용어에서 파생되는 종교적 실천과 연관된 어휘는 극히 드문 경우를 제외하고는 배제된다.

독립 직후 다양한 종교의 선교사들이 우즈베키스탄에서 활동했지만, 카리모프 정부가 가장 민감하게 반응했던 것은 다름 아닌 사우디아라비아 출신 이슬람 선교사들이었다. 이들은 정교일치를 주장하고, 코란을 읽고 이를 엄격히 지키는 것이 올바른 이슬람이며, 우즈베크인들에게 익숙한 영묘숭배나 모스크를 화려하게 짓는 것은 올바른 이슬람이 아니라고 주장했다. 이들의 가르침은 우즈베키스탄의 이슬람 전통과는 분명히 이질적이었고, 또한 우즈베키스탄 정부가 추진하는 이슬람을 중심으로 하는 민족문화 및 이슬람 유적지 복원 활동의 대척점에 있었다. 우즈베키스탄은 중앙아시아에서 최초로 해외 무슬림 선교사들의 활동에 제재를 가한 나라이기도 하다(Akiner, 2003: 240). 타슈켄트의 이슬람대학교, 이슬람신학교는 사우디아라비아를 비롯한 중동지역에서 신학을 공부한 우즈베키스탄 유학생들의 학위를 인정해주지 않고, 유학생들을 본국으로 소환하는 등 감독을 강화하고 있다.

타지키스탄, 아프가니스탄의 이슬람 급진화로 인한 영향을 경계하던 카리모프 정부는 1999년 2월 타슈켄트에서 테러가 발생하자 '다른' 이슬람이 '나쁘고 해로운' 이슬람이 되는 적대구조를 더욱 강화시켰다. 2000년 우즈베키스탄 무슬림 종무원(УМУ: Управление мульсман Узбекистана)도 하나피 학파를 우즈베키스탄의 유일한 이슬람의 도그마로 선포하면서 모든 이맘들로 하여금 하나피 학파가 아닌 다른 이슬람 법학파와 맞설 싸울 것을 촉구했다(Khalid, 2003: 590). 이러한 이슬람 근본주의에 대한 적대구도는 교과서에서도 확연히 표출된다.

> 독립한 우즈베키스탄에게는 내부와 외부의 적이 있었다. 가장 위험한 것은 내부의 적이었다(Шарифходжаев, 2006: 185).

> 대통령은 현재 민족의 정신과 의식을 향한 사상투쟁이 이루어지고 있다는 것을 경고했다. 그리고 우즈베키스탄에는 청년들을 잘못 인도할 수 있는 종교적 극단주의가 전파될 위험이 있다고 경고했다. 친구, 신앙의 형제, 고향사람이라고 자신을 소개하면서 사람들로 하여금 소위 이슬람의 정화를 위해 싸우자고 부추긴 사람들이 있었음을 잘 알 것이다. 이들은 종교라는 마스크를 한

국제 테러 조직의 일원이라는 것이 알려졌다(Шарифходжаев, 2006: 210).

이와 함께 역사 교과서는 1999년 타슈켄트 테러의 배후에 야당인 에르크 당(Партия Эрк)의 당수였던 무함마드 살리흐(Мухаммад Салих)가 있었다는 사실을 기록하고 있다(Шарифходжаев, 2006: 117). 이렇게 급진 이슬람 조직은 곧 국가 전복 세력이라는 우즈베키스탄 정부의 급진 이슬람에 대한 태도가 선명하게 교과서에 반영되어 있다.[14] 교과서에는 테러리스트들이 사용한 무기와 테러 현장에 대한 사진들이 수록되어 있고, 알카에다, 탈레반과 같은 이슬람 국제 테러 조직들에 대한 설명이 비교적 상세하게 기록되어 있다. 이러한 급진 이슬람에 대한 적대구조의 강화, '나쁜' 이슬람에 대한 타자화를 설명하는 부분에서 무엇보다 카리모프 대통령의 언사가 많이 인용되어있다.

독립 이후 만들어진 모든 역사교과서에서 가장 큰 권위를 가지는 것은 초대 대통령인 카리모프의 언행임은 자명하다. 교과서에 수록된 참고도서의 맨 윗줄에 자리한 것도 카리모프 대통령의 어록과 저서이다. 특히 독립부터 현재 시기를 다루는 교과서는 카리모프 대통령을 민족 문화 부흥의 주창자로 명명한다. 교과서에 카리모프 대통령의 내각회의 담화문에서부터 외교행사 연설문과 저작까지 가감 없이 인용되고 있다. 이렇게 대통령의 언행과 행보는 우즈베키스탄 역사교과서에서 흔들 수 없는 권위를 가진 '지침'으로 작용하고 있다.

---

14 1999년 2월 테러 사건 발생 이후 우즈베키스탄 정부가 테러 주동자로 지목한 타히르 율다셰프(Тахир Юлдашев), 쥬마 나만가니(Джума Намангани), 무함마드 살리흐에 대한 재판이 이루어졌다. 우즈베키스탄 정부는 이들이 급진 이슬람 조직인 '우즈베키스탄 이슬람 운동'(IMU)에 가담했다고 판단했다.
http://archive.svoboda.org/programs/RTL/2000/RTL.110100.asp (검색일: 2016. 11. 01).

Ⅳ. 맺음말

어느 국가든지 역사교과서가 올바른 역사인식을 바탕으로 집필되는 것에 커다란 중요성을 부여한다. 특히 우즈베키스탄과 같이 19세기와 20세기 초 두 번이나 타국에 의한 통치를 경험한 국가에서는 역사의 재해석과 재평가의 문제는 중요한 국가적 과제가 된다.

소비에트 체제를 "제정 러시아 식민 통치의 심화된 형태"라고 정의하는 우즈베키스탄의 역사교과서는 이슬람의 회귀를 식민 통치 시기 훼손된 전통의 복구로 서술하면서 탈 식민주의적 구도를 견지한다. 과거 식민 통치 시기 발생한 이슬람 근대운동은 민족 해방운동으로 해석되고, 소비에트가 파괴한 이슬람의 제도, 건물, 인물들은 곧 이민족에 의한 자민족 전통에 대한 공격으로 인식된다. 독립 이후 집필된 역사교과서는 다시 세워지고 있는 모스크와 과거에서 소환되고 있는 이슬람의 영웅들에 대해서는 오로지 민족정체성과 전통의 부활의 맥락에서만 의미를 부여하고, 이것을 종교로서의 이슬람의 '부흥'으로 기록하지 않는다.

한편 아이러니하게도 현재 우즈베키스탄 역사교과서는 불과 100년도 지나지 않은 과거에 소비에트 식민 통치 체제가 획정해준 민족의 공간에서 1000년이 넘는 과거에 존재했던 '조상'들을 소환해내면서 탈 소비에트, 탈 식민화의 논리로 민족 전통의 부활을 담아내고 있다. 또한 소비에트 시기의 특징이었던 국가와 종교의 분리라는 공적 담론도 여전히 이어지고 있다. 우즈베키스탄 정부는 전통이라는 필터로 걸러지지 않는 이슬람은 광신주의, 원리주의로 엄격하게 분리하려는 경향을 뚜렷하게 보여준다. 이러한 구도는 우즈베키스탄의 역사교과서에 선명하게 반영되어있다.

우즈베키스탄의 역사 교과서는 독립 이후 성대하게 국경일로 지켜지는 나브루즈(Навруз)의 의미는 설명하지만, 독립 선언 이전에 이미 공휴일로 지정되었던 이슬람 종교 축일과 무슬림의 중요한 의무인 라마단과 성지순례에 대해서는 별다른 설명의 공간을 할애하지 않는다. 타슈켄트의 하스트 이맘(Хаст-Имам) 모스크 부속 박물관에 전시된 우스만 칼리프 시기에 제작된 코란 정본의 사진은 교과서에 수록되지만, 코란의 구절은 기록되지 않는다. 우즈베키스탄 정부는 청소년들이 이슬람 원리주의에 현혹되지 않기 위해서는 '바른' 이슬람을 배워야 하며 이를 위해 계몽교육(просвещение)이 필요하다고 외친다. 그렇지만 엄격한 세속주의를 표방하는 공교육 시스템에서 이슬람을 배울 수 있는 기회는 사실상 존재하지 않는다. 독립 이후 우후죽순 생겨났던 메드레세가 1999년 테러 이후 상당부분 폐교되었고, 이제 소수의 이슬람 종교교육기관이 명맥을 유지할 뿐이다.

현재 우즈베키스탄의 역사 교과서는 이슬람 유산의 복원을 제정 러시아와 소비에트 식민체제에 대한 청산의 일환으로 보는 탈 식민주의적 시각을 여전히 소비에트식 민족국가담론에 기초한 역사기술 방식을 통해 서술하고 있다. 또한 과거와는 달리 이슬람과의 강압된 단절이 아닌 의도된 단절, 그리고 선별된 연결을 뚜렷하게 보여주고 있다. 바로 이러한 것들이 독립 이후 편찬된 우즈베키스탄의 역사교과서에서 나타나는 이슬람 관련 서술의 핵심적인 특성이라 할 수 있다.

참고문헌

구자정. 2012. "이식된 근대, 만들어진 민족, 강제된 독립 — 소비에트식 "민족창조"를 통해 본 중앙아시아 지역 유럽 근대성의 착종 -."『역사문화연구』제44권, 169-229.

기계형. 2011. "중앙아시아의 민족, 젠더, 베일 — 1920년대 후줌(Hujum)운동을 중심으로."『역사와 경계』제79권, 329-369.

김중순. 2013. "이슬람 근대주의의 이해."『동서인문학』제47권, 23-52.

오원교. 2009. "중앙아시아의 자디드운동(Jadidism)에 대한 재고(再考)."『러시아연구』제19권 2호, 381-418.

성동기. 2003. "독립 후 우즈베키스탄에서 편찬된 새 역사책 분석: 독립우즈베키스탄 역사관과 소비에트 역사관 비교에 따라."『러시아어문학연구논집』13권, 431-456.

손영훈. 2013. "우즈베키스탄 근대 무슬림 지식인의 형성과 정치활동."『한국이슬람학회논총』제23권 2호, 89-113.

손영훈, 추석훈. 2015. "중앙아시아 자디드 운동과 러시아혁명."『한국이슬람학회논총』제25권 1호, 31-59.

Алимова, Д. А, Балчи, Б, Ташбаева, К, Ёвкочев, Ш, Лейн, Б, Хакимов, А. 2008. *Исламские ценности Центральной Азии: толерантность и гуманизм. Историко-философские и культурные аспекты. Материал международнойнаучной конференции*. Ташкент.

Алимова, Д. А, Каримов, Р. Х, Акилов, К. А, Раджабов, К. К, Алимов, И. А, Маврулов, А. А, Голованов, А. А. 2005. *История Узбекистана (1917-1991 гг.). Учебник для учащихся 10 классов обшеобразовательных школ. Издание 2-е. Переработанное и дополненное*. Ташкент: Шарк.

Арапов, Д. Ю. 2011. *Ислам и советское государство(1944-1990). Сборник документов. Выпуск 3*. Москва: Марджани.

Бобохонов, Р. С. 2016. *История ислама в Центральной Азии. Средневековое,* новое и новейшее время*. Москва: Науч. технологии.

"В Узбекистане верующих в "религиозном одеянии" не пускают в мечети." http://rus.ozodlik.org/a/27311745.html (검색일: 2016. 11. 14)

Джураев, Н, Файзуллаев, Т. 2001. *История Узбекистана. Период национальной независимости. Учебник для учащихся 11 классов общеобразовательных школ*. Ташкент: Шарк.

Муминов, И. М. 1974. *История Узбекской ССР. С древнейших времен до наших дней*. Ташкент: Издательство "Фан" Узбекской ССР.

Мусаев, М. М. 1982. *История Узбекской ССР. Учебное пособие для 9-10 классов средней школы*. Ташкент: Укитувчи.

Мухамеджанов, А. 2013. *История Узбекистана(IV - начало XVI вв.). 7 класс. Второе переработанное издание*. Ташкент: Sharq.

"Национальная база данных законодательств Республики Узбекистан." http://www.lex.uz/pages/GetAct.aspx?lact_id=65089 (검색일: 2016. 11. 01)

"Суд в Ташкенте." http://archive.svoboda.org/programs/RTL/2000/RTL.110100.asp (검색일: 2016. 11. 01)

Раджапова, Р. Я, Акилов, К. А, Ибрагимова, А,Ю и др. 1995. *История Узбекистана(1917-1993 гг.). 9 класс*. Ташкент: Укитувчи.

Усманов, К, Садиков, М. 2011. *История Узбекистана(1917-1991 годы). Учебник для учащихся 1 курса академических лицеев и профессиональных колледжей. Издание 4-е, исправленное*. Ташкент: Sharq.

Хакимов, Р. Ш. 2013. "Из истории практики отбора советских мусульман-паломников для свершения хаджа в святые места в 1944-1990-е годы." *Вестник Челябинского государственного университета*. №8. 88-91.

Хидоятов, Г. Я, Костецкий, В. А. 2006. *История Узбекистана(Вторая половина XIX - Начало XX вв.). 9 класс*. Ташкент: Узбекистан.

Шарифходжаев, М. 2006. *История Узбекистана. Период национальной неза-*

висимости. Учебник для учащихся 2 курса академических лицеев и профессиональных колледжей. Ташкент: O'quvchi.

Akiner, Shirin. 2003. "Islam in Post-Soviet Central Asia." In Munavvarov Z. and Schneider W. eds. *Islam and the Secular State.* Tashkent: International Fund of Imam al-Bukhari and Friedrich Ebert Foundation.

Husnidinov, Zuhriddin. 2005. *Islamic Spirit in the Life of the Uzbeks,* Tashkent: Tashkent Islamic University.

Keller, Shoshana. 2010. "Story Time And Dependent Nationhood in the Uzbek History Curriculum." In Bhavna D. ed. *Politics of Modern Central Asia, Vol. II.* London and New York: Routledge.

Khalid, Adeeb. 2003. "A Secular Islam: Nation, State and Religion in Uzbekistan." *International Journal of Middle East Studies,* Vol. 35, No. 4, 573-598.

Khalid, Adeeb. 2007. *Islam after Communism, Religion and Politics in Central Asia.* Berkeley, Los Angeles, London: University of California Press.

제9장

카자흐스탄 이슬람 연구:
이슬람 종무기구와 교육제도를 중심으로*

김상철

I. 머리말

최근 중앙아시아는 유럽과 러시아에서 발생한 테러 주동자들의 출신지역으로 알려지면서 급진이슬람의 새로운 배후지로 오인되는 현상이 빈번하게 나타났다. 그러나 실제 중앙아시아 이슬람은 급진이슬람과는 상당한 거리가 있으며, 중앙아시아 국가들 간에도 큰 차이를 보이고 있다. 이러한 중앙아시아 국가별로 이슬람과 관련된 상이한 상황을 이해하기 위해서는 중앙아시아만이 가지고 있는 이슬람 관련 제도에 대한 이해와 그 배경적인 접근이 필요하다.

    중앙아시아에 대한 기존의 접근법에서 가장 흔히 나타나는 오류는 중앙아

---

* 이 글은 『中東硏究』 36-1(2017)에 게재되었던 논문을 본서의 편집 취지에 맞도록 수정·보완한 것입니다.

시아라는 지역이 동일한 지역속성을 가진다는 전제에서 중앙아시아 이슬람에 대한 이해와 분석을 시작한다는 점이다. 문명사적인 기준에서 중앙아시아 내부를 구분해보면 정착문명지대에 해당되는 권역(오늘날의 우즈베키스탄, 타지키스탄, 카자흐스탄 남부, 키르기스스탄 남부), 유목문명지대에 해당되는 권역(카자흐스탄 남부, 키르기스스탄 남부를 제외한 카자흐스탄, 키르기스스탄 전역, 투르크메니스탄)에서 나타나는 사회문화적인 속성은 하나의 공통적인 단위로 분류되기 어려울 정도로 다르게 나타난다. 또한 유목지대는 소비에트 시기에 강제적인 정착이 이루어져 소비에트 정착사회로 변모되었지만, 소비에트 정착사회 형성기는 소련에서 강력한 반종교탄압정책이 시행되었던 시기였기 때문에 이른바 전통적인 정착문명지대에서 나타났던 강력한 이슬람 중심 공동체 결속이라는 구조는 형성될 수 없었다.

이러한 측면으로 인해 오늘날 중앙아시아의 이슬람은 문명사적인 배경에 따라 정착문명권과 유목문명권에서 나타나는 양상이 두드러진 차이를 보이고 있지만, 이러한 차이에 대한 고려 없이 정착문명권에 속하는 우즈베키스탄이나 타지키스탄 또는 키르기스스탄 남부 등에서 나타나는 급진이슬람에 대한 연구를 중앙아시아 전체 이슬람의 특성이라는 맥락에서 이해 및 분석하는 경우가 대부분이었다. 물론 이는 정착문명권이 이슬람과 관련되어 중앙아시아 전체의 역사에서 중심적인 역할을 해 왔던 기간들이 길었기 때문이라는 점에서 적어도 소련체제 붕괴 시점까지의 중앙아시아 이슬람에 대한 연구의 프레임에서는 충분히 유효성을 가질 수 있다.

그러나 소련붕괴 이후 독립한 중앙아시아에서는 이슬람과 관련된 양상의 전개가 국가 단위로 차이를 보이고 있지만, 정착문명권과 유목문명권이라는 범주를 대입하여 분석하면 대표적인 두 양상이 파악되고 있다. 이는 이른바 중앙아시아 정착문명권을 대표하는 이슬람에 해당되는 우즈베키스탄-타지키스탄 사례, 이와는 대비되는 중앙아시아 유목전통권의 대표적인 이슬람이라 할 수 있는 카자흐스탄(남부 제외)-키르기스스탄(남부 제외)의 이슬람을 꼽을 수 있다.

형성과정 측면에서 소련말기까지는 중앙아시아 이슬람의 하위 지역범주에서 이해되었던 카자흐스탄 이슬람은 소련말기에 중앙아시아 개별 국가단위의 이슬람종무기구 설립이 이루어지면서 종무제도 측면에서 독자적인 활동 단위로 분화되었다. 역사 및 문화적인 배경 측면에서도 카자흐스탄으로 대표되는 유목전통권에서의 이슬람 전파 및 확산과정에서는 교리보다는 생활에서의 종교적인 관행 중심 이슬람 수용현상이 일어났다. 이는 유목민 공동체가 가지고 있었던 사회구조와 긴밀하게 연관되어 있으며, 중앙아시아 유목전통권에서 더욱 두드러지고 있는 온건 및 생활이슬람적 특성이 형성되기 시작했던 가장 근본적인 출발점이라 할 수 있다.

이 글은 이러한 측면에서 오늘날 카자흐스탄으로 대표되는 중앙아시아 유목전통 계승 국가에서 나타나는 이슬람과 관련된 특성들이 근대화 이후시기에 만들어지기 시작한 이슬람의 제도적인 특성보다는 중앙아시아 정착문명과 유목문명이라는 환경이 준 영향이 더 크다는 것을 전제로 하고 있다. 그럼에도 불구하고 오늘날 중앙아시아 국가들의 이슬람은 개별 국가단위와 종무제도, 이슬람과 관련된 교육의 연계를 통해 급진적인 비공식 이슬람의 확산 문제가 지속적으로 제기되고 있는 상황이다. 이와 관련하여 공식이슬람제도를 통해 종교적인 자유가 허용된 중앙아시아 국가들 가운데 급진 이슬람 활동이 가장 미약한 카자흐스탄 이슬람의 사례가 중앙아시아 지역단위의 이슬람에 대한 이해 프레임과는 더 이상 일치하지 않고 있다는 점이며, 이러한 차원에서 중앙아시아 이슬람에 대한 이해 프레임도 이른바 주권국가 단위 이하의 미시적인 접근법이 요구되고 있다.

글의 전개와 이해도를 높이기 위해서 제도적인 차원에서의 동일한 구조가 역사적인 시기에 따라 반복되고 있는 상황을 중심으로 내용을 기술하였는데, 이슬람정책 또는 민족정책 차원에서 제정러시아말기와 레닌사망 이전까지의 소비에트 초기는 사실상 동일한 정책노선이 유지되었다는 점, 레닌 사망이후 종교 및 민족문제에 대한 강경한 입장이 제2차 세계대전 발발 시기까지 지속되었다는 점, 제2차 세계대전 시기부터 종교에 대한 일종의 타협적인 정책 양상이 나타났다는 점이 정책 및 제도차원의 구분을 제시하는 기준으로 사용하였다.

II. 소비에트 초기의 중앙아시아 이슬람제도와 교육

1. 묵인적 이슬람 정책기: 제정러시아 및 소비에트 초기

제정러시아의 중앙아시아 정복이 시작된 후 중앙아시아의 무슬림에 대한 정책은 중앙아시아 정복이전 이루어졌던 러시아내 무슬림들에[1] 개종 또는 종교적인 자유 보장 등의 상황이 시기적인 차이를 두고 중앙아시아에서 재현되는 양상으로 전개되었다. 제정러시아의 제국내 피지배민 무슬림에 대한 강제개종 시도는 별다른 성과를 거두지 못하고, 18세기말 중단되었다. 에카테리나 여제 통치기에는 이슬람공동체 자치가 공식 허용되었지만 행정적인 통제는 남아있었다. 이 시기 우파 이슬람종무원(Muftiate)의 설립은 당시 러시아 내륙 및 시베리아 지역의 모든 물라(mullahs, 이슬람 사제)들의 임명, 활동에 대한 점검, 모스크 공동체들에 대한 감독이 목적이었다. 이는 제정러시아내에서 이슬람공동체에 대해서도 정교공동체와 동일한 관리 및 감독 구조를 만들기 위한 시도였고, 이슬람 사제들에게도 제정러시아 제국의 공식성직자(clergy, духовенство) 지위가 부여되었다.

이슬람에 대한 제정러시아의 정책이 상대적으로 호혜적이었던 시기에 볼

---

[1] 대표적으로 16세기 이후 제정러시아에서는 타타르인, 바쉬키르인 무슬림에 대한 제정러시아의 통치자에 따른 무슬림 개종 또는 종교적 자율 허용과 관련된 상충되는 정책과 양상이 나타난바 있다.

가 중부를 근거지로 하는 타타르인들에 의해 이슬람 문헌 연구 활성화, 이슬람 율법 및 신학 지식(주로 아랍어), 지역 역사(주로 투르크어) 등의 분야로 이슬람 관련 학문 분야의 저변이 확대되었다. 타타르인 물라들은 제정러시아의 카자흐 영역 진출 과정에서 카자흐 스텝에 교역루트와 제정러시아 군대요새 주둔지역을 따라 정착지대의 이슬람 교육을 확산시켰다. 반면 오늘날의 카자흐스탄 남부 지역은 유목보다는 정착공동체의 성격이 강한 곳이었는데, 호자들이 수피 이슬람 사원들에서 이슬람 확산 및 관련 교육을 수행하였다(Edelbay, 2012: 122). 카자흐스탄 남부와 인접한 정착문명 지대였던 트랜스옥시아나 지역에서 이슬람 교육, 역사를 비롯한 이슬람 문헌 발간 등의 활동은 당시 3 칸국 왕조들의 후원을 통해 이루어졌다. 이 시기에도 이미 볼가-우랄지역과 트랜스옥시아나의 학문 중심지간에 긴밀한 연계가 형성되어 있었다.

중앙아시아 무슬림에 대한 종무기구 차원의 체계화는 당시 중앙아시아를 관할하는 제정러시아의 3개 총독부 가운데 하나였던 오렌부르그 총독부가[2] 위치한 러시아 우랄남부 도시 오렌부르그에서 1788년 제1차 제정러시아 오렌부르그 영적지도회의(The Orenburg Muslim Spiritual Assembly, Оренбургское магометанское духовное собрание)가 개최되면서 시작되었다. 오렌부르그 영적지도회의 기능과 목적은 우파 무슬림종무원의 그것과 유사했는데, 당시 새로이 제정러시아로 편입되고 있었던 중앙아시아 무슬림들을 국가관리 종교 관리체계 내부에서 관리하기 위한 것이었다.[3] 그러나 이 당시 형성된 국가 중심 무슬림 종무체계는 개별 지역 단위까지 행정단위와 긴밀하게 연관되어 확산되지 못

---

2 1730년대 이후 제정러시아의 중앙아시아 카자흐에 대한 복속이 시작되면서 복속된 지역을 효율적으로 통치하기 위해 제정러시아는 카자흐 서부를 관할하는 오렌부르그 총독부(오렌부르그), 동부를 관할하는 서시베리아총독부(옴스크)를 설치하였다.

3 이는 이미 제정러시아가 러시아정교에 대해서 국가가 관할하는 공식 종교 형태의 기구를 통해 관리 및 감독했던 동일한 구조가 새로이 제정러시아에 편입된 무슬림공동체에서도 형성됨을 의미했다.

했고, 따라서 개별 지방 단위에서는 국가 중앙적인 무슬림 종무체계 제도와는 상관없이 여전히 독자성을 기반으로 무슬림과 관련된 제도, 기구들이 기능을 수행하고 있었다.

1917년 혁명 직후 권력을 잡은 볼셰비키는 제정러시아 통치지역 전체에 대한 통치권을 확립하였고, 러시아 제국의 이슬람 정책들을 부분적으로 수용 및 묵인하였다. 소비에트는 제정러시아 국가와 긴밀하게 연관되어 있었던 러시아 정교간의 전통적인 연계를 단절시켰다. 이는 특히 교육 분야에서 두드러지게 나타났고, 제정러시아의 무슬림 공동체들에 대해서도 이러한 시도들이 행해졌다. 러시아정교회에 대한 박해는 소련체제 초기부터 시작되어 강력한 탄압이 가해졌다.

반면 이슬람에 대해서는 이와는 다른 양상이 나타났는데, 이는 몇 가지 요인들에 의해 나타난 것으로 보인다. 첫째로 소련체제 초기에 볼셰비키는 무슬림을 짜르 식민주의와 압제의 희생양으로 파악하고 있었고, 따라서 무슬림으로부터의 지지를 얻기 위해 노력하였다. 둘째로는 공산당 중앙당국이 이슬람 및 이와 연관된 사회 및 종교 기구들에 대한 지식이 미흡했기 때문에 소련체제에서 이들에 대한 대처 및 관리에 대한 인식이 부족했다. 셋째로는 공산체제 초기에는 공산당의 입장에서는 이슬람 문제보다는 더욱 시급한 문제들이 많았다(Kemper et al., 2010: 5).

1920년대 중반에는 전면적인 반-이슬람 선전선동이 준비되고 있었지만, 이슬람에 대한 탄압이 러시아정교보다는 덜 급격한 방식으로 진행되었기 때문에 1920년대 이슬람 제도들에 대한 소비에트 정책은 시간적으로 미시적인 접근을 통해 정확한 이해가 가능하다(Crews, 2006: 244; Tomohiko, 2007: 8). 이슬람 교육은 소비에트 종교억압정책의 영향을 상대적으로 적게 받았는데, 이는 이슬람 공동체가 경제적으로 부동산에 의존하지 않았고, 또한 대부분의 모스크들이 수월하게 몰수가 가능한 귀중품들을 가지고 있지 않았기 때문이었다. 무슬림 학교들은 러시아정교 교구학교 및 신학교들보다는 덜 공식적이었고 더 융통성 있게 운영되었고, 국가 중심의 종교조직으로부터 지원을 받지도 않았다. 따라서 이슬람 교육은 탈중앙화된 조직체 및 공동체기반의 지원을 통해 이루어졌다. 제정러시아 시가에 형성된 세속학교들을 대체하고, 소련체제 초기에도 여전히 큰 영향력을 가지고 있었던 이슬람 교육체제와 경쟁 또는 이를 대체할 수 있는 소비에트 교육체제가 중앙아시아에서는 신속히 확립되지 않았고, 지방 행정당국은 대중들의 불만을 초래할 가능성이 높은 전통 이슬람학교의 폐쇄에 적극적이지 않았다.

이러한 요인들로 인해 소비에트 중앙아시아에서는 1927-1928년 시기에도 이슬람 사제와 이슬람 교육기관에 대한 억압은 러시아정교 사제 및 신학교에 대한 억압보다는 그 수준이 덜하였다. 동일한 배경들로 인해 이슬람 교육은 일정수준으로 회복되었고, 일부 지역에서는 이슬람 학교의 숫자가 혁명이전보다 증가하기도 했다. 제정러시아 말기 중앙아시아에서는 1914-1921년 동안의 시기에 발발한 제1차 세계대전, 소비에트 혁명에도 불구하고 구체제 이슬람 교육 시스템은 큰 타격을 받지 않았으며, 신경제정책(이하 NEP, 1923-1928)시기의 경제적인 자율성과 다원주의 구조로 인해 무슬림 공동체는 대부분 온전하게 유지되었고, 이 시기(NEP) 모스크와 이슬람학교 신설에 대한 기록도 남아있다(Kemper et al., 2010: 6). 이슬람 교육분야 이외의 부분에서도 이 시기의 소비에트 통치제도는 무슬림의 정치 및 경제적인 지위 상승 수단으로도 이용될 수 있었다. 1924년 이후 볼셰비키의 차별 철폐조치들은 무슬림을 위한 일종의 약자 우대정책으로 작용했고, 따라서 무슬림 공산주의자들에게는 무슬림으로서 가지고 있는 특별한 정치 및 문화 정체성의 보존이 중요한 문제였다. 공산당은 혁명 이후 상당 기간 동안 이러한 추세들을 완전하게 억압하지는 않았고, 스탈린은 무슬림 민족 공산주의자들에 대한 제거도 과정을 직접 주도하는 대신 당내 공산당 분파들간의 내분 과정에서 경쟁을 통한 도태의 형태로 이를 시행하였다

2. 소련초기의 이슬람개혁세력 청산과 사회&문화 격변기의 이슬람 위상 변화

제정러시아 말기 및 소비에트 초기의 중앙아시아 무슬림 공동체 시기에는 제정러시아 말기의 이슬람 개혁주의가 1920년대초반에도 여전히 지속되었다는 특성이 드러난다. 1880년대 이후로 자디드의 신(新)학교(우술리 자디드) 운동은 러시아제국 곳곳에서 성직자가 아닌 일반인에 대한 세속 이슬람 교육 및 이슬람 관련 출판의 확산을 기반으로 발전하였을 뿐만 아니라, 당시 무슬림에 대한 러시아 및 유럽적인 문화와 교육의 영향력이 확대되고 있는 상황에 대처하기 위한 성격도 가지고 있었다.

자디드의 목표는 근대적인 교육을 받은 무슬림들이 급속히 발전 및 근대화가 이루어지고 있었던 제정러시아내에서의 새로운 도전에 대응할 수 있도록 하는 것에 있었다. 러시아 학교, 무슬림을 위해 설립된 러시아-타타르 학교는 제정러시아 당국으로부터 공식적인 지원을 받고 있었는데, 자디드 학교는 이들 학교들과 경쟁적인 위치에 있었다. 그러나 이러한 시기에도 이슬람의 전통 초등교육기관인 막탑(또는 멕텝)과 이슬람신학교(메드레세)는 공동체와 긴밀한 연계 속에서 전통적인 교수법, 고전적인 이슬람 교과과정을 그대로 유지하였다. 이슬람 보수세력들은 이슬람 율법과는 맞지 않는 당시로는 혁신적인 교과목들이 교육과정에 도입되는 것에 대해 우려했고, 전통적인 교육체계의 유지가 무슬림 청소년의 바람직한 도덕 교육 및 안정적인 사회통합에 필수적이라는 입장이었다(Kemper et al., 2010: 7). 1917년 혁명 직전시기의 자디드 학교 개혁운동은 이슬람 공동체에 이전과는 다른 변화를 가져왔고, 이들의 활동에 대한 국제적인 교사 및 후원활동, 투르크어 서적 출판 등은 특정 지역범위를 벗어나서 이루어졌다.

1920년대초 많은 자디드 개혁가들은 볼셰비키 세력내로 흡수되었는데, 특히 오늘날의 우즈베키스탄, 아제르바이잔 지역에서 활동했던 이들은 소비에트 체제에 이른바 개혁된 이슬람학교 체제의 도입을 희망했다. 볼셰비키는 초기 개별 지역에서의 인력들이 부족했기 때문에 전통 보수이슬람에 맞서는 자디드를 지원했다. 이러한 자디드와의 일시적인 연대를 통해 볼셰비키는 무슬림 보수성직자 세력들을 분열시키려 했고, 이는 당시 정교회 내부에서 혁신운동 세력을 형성하여 분열을 만들었던 것과 유사한 방법이었다. 1920년대 후반 볼셰비키는 대부분의 무슬림 지역에서 소비에트 국가 및 무신론 학교체계를 완성하였다. 이 시기에 자디드 세력은 이슬람 문화와 종교에 대한 유대가 훨씬 더 약해진 새로운 지역 공산당 엘리트들로 대체되면서 1930년대말까지 대부분의 주요 자디드들은 탄압받거나 처형되었다. 그러나 제2차 세계대전의 발발로 이러한 이슬람 교육제도들에 대한 개혁은 1940년대까지 지연이 불가피했다.

이슬람 교육에 대한 결정적인 장애요인은 무슬림 공동체들이 사용했던 투르크 계통 언어들에 대해서 1927/28년 사이에 기존 아랍문자 사용표기에서 라틴문자 사용표기로 바꾼 정책으로부터 시작되었다(Baldauf 1993). 무슬림 엘리트의 일부는 이러한 문자표기 방식 변화를 현대화와 유럽화라는 측면에서 지지하였지만, 이는 궁극적으로 문화 및 교육에서 전통적인 종교가 차지하는 지배직인 위상 붕괴를 위한 것이었나. 그리고 1937-1940년 사이에는 라틴문자 사용표기가 키릴문자 사용방식으로 다시 변화되었다. 이러한 수단은 소련 무슬림 민족들의 문화적인 유산에 대한 평가절하의 성격을 가질 뿐만 아니라, 1928년 문자개혁으로 라틴문자를 채택한 터키와 소련 무슬림 공동체간의 원활한 소통을 어렵게 만들었다.

키릴문자 표기방식의 채택은 무슬림 민족들이 당시 소련의 러시아중심적인 프롤레타리아 문화에 더 가까워질 수 있도록 하는 목적도 가지고 있었다. 이러한 두 차례의 표기방식 변경을 통한 과거와의 단절로 인해 이슬람 지식의 계승에 부정적인 영향이 나타났다. 젊은 세대들은 종교 서적들을 읽을 수 없게 되었는데, 이는 종교와 관련되는 문헌들이 새로운 표기방식에 따라 재서술이 거의 이루어지지 않았고, 새로운 종교 서적의 출간도 중지될 수밖에 없었다. 이러한 두 차례 표기문자 변경이 효과적인 과거단절 정책의 수단이 될 수 있었던 배경으로는 1920년대와 1930년대에 소련내 무슬림 공동체에서 신학 및 율법과 관련된 분야에서는 여전히 아랍어 표기가 중심이었기 때문이었다.

    1926-1928년 사이에 공산당은 당시까지 이슬람 활동의 일환으로 지속되고 있었던 무슬림 교육을 당시 발전하고 있었던 소비에트 교육체제에 대한 위협이 될 것으로 판단하였다. 이러한 인식은 NEP 말기 소련 공공영역의 급진화뿐만 아니라 다양한 형태로 이루어지는 소비에트 여러 정책들에 대한 무슬림 공동체의 항의 증가에서도 잘 나타나고 있다. 소비에트 당국의 이슬람 교육에 대한 탄압이 주로 행정적인 방식으로 이루어졌는데, 1926년초에는 모스크와 이슬람 학교의 등록 및 재등록, 인력충원이 어렵게 바뀌었다. 기존에 등록된 기관들에 대해서는 허가기간 종료 이후 연장을 불허하는 방식으로 폐쇄조치가 이루어졌다. 또한 이슬람 교육을 받을수 있는 연령하한선을 높여서 사실상 유소년 연령대를 종교(이슬람) 교육 대상에서 배제시켰다(Kemper et al., 2010: 10).

    또한 지방행정 당국 및 공산당청년동맹 활동가들은 다양한 이유를 들어 이슬람 교육기관들을 폐쇄시키고 이들 대부분을 파괴하거나, 각종 문화시설 및 창고 등으로 사용하였다.[4] 무슬림 공동체에 대한 가장 결정적인 타격은 1928/29년에 시작된 강제집산화 조치이다. 이 시기에 무슬림 인구가 대부분인 농촌지역에 콜호즈가 만들어지기 시작했고, 이러한 과정에서 행해진 공동체 기반의 와크프 몰수, 토지 및 수자원 관련 개혁은 이슬람 학교들의 경제적인 토대들을 약화시켰다. 기존 종교관련 자산의 청산뿐만 아니라 와크프를 통해 자신이 속한 공동체에서의 이슬람교육을 후원해왔던 전통적인 세력인 상인, 지주 및 부농(kulak)들의 재산 몰수가 이루어졌다. 이 과정에서 많은 이슬람 교육

---

4   아제르공화국과 우즈벡공화국에서는 지방 고위관리들이 이에 개입하여 오히려 일부의 경우는 해당 공동체들에 모스크, 학교 및 자산들이 반환되기도 했다는 점에서 중앙의 정책이 일관되게 지방에서 시행되었다고 보기는 어려운 측면을 가지고 있다.

자와 사제들이 집산화과정에서 강제이주되거나 처형됨에 따라 이슬람 관련 종교 공동체 및 교육기관의 설립 또는 유지자체가 불가능한 상황이 만들어졌다. 1937/38년 대테러 시기에는 이와 관련 가능성이 있는 민족엘리트들에 대한 처형이 나타났다. 범투르크주의(Pan-Turkism) 또는 범이슬람주의(Pan-Islamism)을 이유로 많은 무슬림 학자들과 지식인들이 비난의 대상이 되었고, 상당수의 저명 이슬람 학자들과 수피들이 희생되었다.[5]

3. 소비에트 카자흐공화국 형성기의 이슬람제도와 교육

카자흐스탄에서 이슬람 발전 및 이슬람 교육은 카자흐스탄의 고유 공동체 특성에 의해 두 개 지역으로 구분된다. 우즈베키스탄과 맞닿아 있고 역사 및 문화적인 측면에서 긴밀한 연계가 있는 카자흐스탄 남부지역은 야사위 교단 및 낙쉬반디 교단 중심의 이슬람 공동체가 형성되어 있다. 이 지역 이슬람 공동체에서는 예언자 무함마드의 후손 또는 제4 정통 칼리프의 후손들이라 할 수 있는 수피 성인인 호자(Khwaja)가 중심적인 역할을 하며, 가장 대표적인 성인인 호자 아흐메드 야사위를 기리는 투르키스탄에 위치한 호자 아흐메드 야사위 이슬람 사원이 중심이었다(Privratsky, 2001). 이외 지역에서 이슬람의 역할은 사회공동체 구성원의 특성 및 이슬람 전파 과정으로 인해 남부지역에 비하여 제한적인 특성을 보이고 있다.

5　제도적인 측면에서는 제정러시아 말기 설립되어 소련초기에도 계속 역할을 제한적이나마 수행하고 있었던 우파 러시아중앙종무원은 마지막 무프티(muffti)인 리자옛딘 파흐렛디노프 (Rizactdin Fakhrctdinov)가 1936년 사망이후 사실상 기능이 중단되었고, 북카프카즈에서는 1940년대에만 수백여명의 이슬람 사제들이 체포되었으며, 이들 중 다수는 처형되었다. 다게스탄에서는 1941년 시점에서 무슬림 교육기관들이 공식적으로는 하나도 존재하지 않는 것으로 파악되었으며, 1945년에는 합법적인 모스크는 더 이상 존재하지 않게 되었다.

지역적인 차이점이 존재함에도 불구하고 카자흐인의 정체성 저변에는 이슬람이 위치하고 있다. 전통유목공동체 시기에는 유목 부족들 사이를 순례하는 뮬라들이 있었고, 공동체 거주영역 각지에는 순례객들을 위한 자체 성지들이 형성되어 있었다. 유목공동체 내부에서는 19세기와 20세기 초에 이슬람의 저변이 확산되는 현상이 나타났고, 카자흐인 공동체 지역 가운데 남카자흐스탄을 제외한 공동체 밀집지역인 북부와 북동부 전역에서 타타르인 뮬라들이 중심이 되어 모스크가 건립되었다.[6]

제정러시아 말기에 현대 카자흐스탄 영역은 여러 행정단위로 나뉘어져 있었다. 1917년 11월 중앙아시아에 소비에트 통치가 시작되면서 만들어진 키르기스 자치소비에트사회주의공화국(ASSR) 및 투르키스탄 자치소비에트사회주의공화국에 카자흐의 영역 대부분이 포함되었다. 이러한 두 개의 공동체를 중심으로 1924년에는 카자흐 자치사회주의공화국이 오늘날 카자흐스탄의 영역과 거의 유사한 영역을 차지하면서 러시아소비에트연방사회주의공화국에 속하게 되었는데, 1936년 소련연방 구성공화국으로 지위가 격상되어 카자흐소비에트 사회주의 연방공화국을 거쳐 오늘날의 독립 카자흐스탄으로 이어지고 있다.

당시 카자흐공화국에서 소비에트의 대이슬람정책은 다른 지역들과 유사하게 적용되고 있었다. 10월혁명 직후 1918년 1월 교회와 국가, 교회와 학교의 분리를 규정하는 입법이 카자흐공화국을 관할하는 러시아소비에트연방사회주의공화국(RSFSR)에서 만들어지면서 공립학교의 종교교육은 중단되었지만, 카자흐 공화국에서의 실제 상황은 많은 차이가 있었다. 당시 카자흐 공동체에서는 교육 분야의 국가역할이 미약했고, 1918년 이후에도 종교교육은 여전히 민간이 담당하고 있었기 때문에 종교와 교육의 분리는 이루어지지 않았다. 이런

---

6 당시 모스크가 세워진 주요 지역은 세미팔라친스크, 파블로다르, 알마티 등 제정러시아 요새를 중심으로 카자흐인 공동체가 형성 및 확대된 지역, 전통적으로 카자흐인 공동체가 형성되어 있었던 볼가 중부의 알티-아타 등이다.

상황으로 인해 1920년대초까지도 무슬림 공동체의 이슬람 교육은 모스크를 기반으로 이맘들이 운영하는 모스크 부설 학교를 중심으로 활성화되어 있었다.

이슬람교육에 대한 일시적인 허용조치가 투르키스탄 자치공화국 차원에서 1922년 10월 24일 결정됨에 따라 일반학교에서의 종교(이슬람) 교육이 계속되었다. 또한 1921년 3월 5일에는 키르기스자치공화국(이후 카자흐자치공화국으로 개칭)에서는 공식휴일을 일요일에서 금요일로 변경하고 이슬람 명절인 '우라자 아이트(Uraza Ait)', '쿠르반 아이트(Qurban Ait)', '나우르즈(Nauruz)'를 공식 축일로 하는 법령이 채택되어 무슬림이 인구의 다수를 차지하고 있는 도시, 마을, 촌락 등에서 시행되기 시작했다(Kemper et al., 2010: 281). 또한 제정러시아 시기에 공식적으로 제도화되었던 결혼, 이혼 및 상속과 관련된 부분을 관할하는 샤리아법정은 1924년까지도 여전히 그 기능을 하고 있었다. 또한 무슬림 공동체들은 이맘에게 내는 자선세 성격의 자카트(zakat)와 종교세 성격의 사다카(sadaqa)로 모아진 재원을 이용하여 학교 및 모스크를 지었다.

제정러시아 시기에는 카자흐스탄을 관할하는 독자적인 이슬람중앙행정기구는 존재하지 않고 러시아내 이슬람행정기구 가운데 카자흐인과 밀접한 관계였고 많은 영향을 준 우파에 위치한 타타르인 중심 무슬림종무원이 이를 관할하고 있었다. 카자흐 영역에서 활동하는 이슬람 성직자 조직의 공식화는 1923년 우파에서 열린 제2차 전-러시아무슬림회의 참석에서부터 비롯되었는데, 이를 계기로 이슬람 성직자들은 이슬람학교 및 일정 수준의 이슬람 교육에 대한 보장을 소비에트 당국에 요구하게 되었다. 이러한 상황에 직면하자 소비에트 당국은 1926년부터 행정적인 조치들을 통해 이슬람 성직자 조직의 약화에 나섰고, 이들에 대한 우파 무슬림종무원의 영향력을 약화시켰다.

대규모 집산화의 시작과 함께 비공식 이슬람학교에 대한 폐쇄조치도 착수되었는데, 실제 양상은 당시 소비에트 국가와 지방 당 조직들간에 오고갔던 문서들을 통해 파악이 가능하다. 1926년 8월 현재의 알마티 북동부에 위치한 좌르켄트시 지역에서는 12개의 불법 이슬람 학교가 폐쇄되었다. 1927년 3월 아크몰린스크주(현재의 아스타나) 공산당의 기록에 의하면 당시 이 지역에는 공식 이슬람학교가 북카자흐스탄 페트로파블롭스크에 2개, 아크몰린스크에 1개가 운영되고 있었다. 반면 이맘이 성인들을 대상으로 교육을 하는 비공식 이슬람학교의 숫자가 1926년 10월부터 1927년 3월 사이에 11개가 추가로 파악되었는데, 남카자흐스탄 스르다리야 지역에서도 1928년에 한해에만 276개의 비공식 이슬람 교육기관의 존재가 파악되는 등 당시 카자흐스탄내 카자흐인을 비롯한 무슬림들의 공동체가 있었던 곳에서는 전반적으로 나타나는 현상이었다(Kemper et al., 2010: 282-283).[7] 이러한 공식적인 이슬람 교육기관 및 이곳에 다니는 학생들의 존재는 1920년대 후반에도 여전히 이슬람 교육이 지속되고 있었음을 보여주는 사례들이다.

    1927년 소련 당국은 비공식 이슬람 교육기관에 대한 폐쇄 및 이와 관련된 물라들에 대한 처벌을 목적으로 이러한 교육기관에 대한 조사를 진행했다. 1929년에는 이슬람 교육에 대한 공식적이고 명시적인 금지를 목적으로 하는 입법이 시행되면서 모스크 폐쇄 및 파괴조치가 시행되었다. 물리적인 폐쇄 조치와 아울러 이데올로기적인 차원에서 반-종교 정책도 적극적으로 시행되었다 (Kemper et al., 2010, 282-283). 전투적무신론자동맹 활동가들은 적극적으로 자발적인 종교축일 거부 및 기도시설의 폐쇄 선전선동에 나섰고, 이를 목적으로 1922년 발행된 소비에트 반-종교 저널 '무신론자(Безбожник, bezvozik)' 지지 세력 중심으로 1925년 전투적무신론자동맹(Союз воинствующих безбожников)이 만들어졌다.

---

[7] 아동을 대상으로 하는 학교들은 좌르켄트 지역은 학교 당 인원수가 15-75명 수준이었고, 아크몰린스크와 북카자흐스탄 지역은 41명에서 80명 수준이었다.

III. 소비에트중앙아시아 이슬람통치체계의 변천

1. 소비에트 중앙아시아 무슬림행정체계의 확립

소비에트 초기의 종교정책과 상황은 1920년대 소련의 경제 및 사회 정책이 개별 지역자치, 민족자치 상황과 맞물리면서 중앙아시아에서는 이슬람에 대한 적극적인 탄압 상황으로 이어지지 않았다. 또한 제정러시아 말기의 이슬람 개혁세력인 자디드들이 소비에트 통치체계에 적극적으로 협력하는 상황이 지속되었다. 이러한 상황에서 1922년 소비에트 당국은 중앙아시아 전체를 관할하는 지역단위 종교위원회의 설립을 허용했는데, 이는 1940년대에 설립되는 '중부아시아 및 카자흐스탄 무슬림 종무원(Духовное управление мусульман Средней Азии и Казахстана:САДУМ, 이하 SADUM)'과 유사한 기능을 수행하였다.

그러나 1923년 레닌 사망이후 소련의 국가기조는 자치에서 중앙집중화, 집산화 등 강력한 국가주도 중앙계획으로 변모하였고, 중앙아시아에서는 특히 여성과 관련되어 사회주의 이념과는 일치하지 않는 종교적인 관행에 대한 탄압 및 철폐 시도들이 나타나기 시작했다. 또한 종교탄압이 시작되면서 이슬람신학교가 폐교되었고 1928년에는 이슬람 기구나 조직들이 자체적으로 보유하고 있었던 자산에 대한 몰수도 이루어졌다.

제2차 세계대전의 발발은 이슬람 교육을 일정 정도 허용하는 계기가 되었다. 제2차 세계대전중에 정교회와 이슬람이라는 요소는 국가가 전쟁에 대한 대중들의 지지를 획득하는데 상당한 기여를 하였다. 소련의 종교에 대한 공식 입장은 여전히 세속주의와 무신론을 기반으로 하고 있었지만, 중앙집중화된 새로운 국가종교 행정제도가 만들어져서 국가 공식체계를 통한 종교공동체 관리가 가능해진 상황이 만들어지면서 소련내 여러 지역의 공식 무슬림 공동체들은 지역적인 차이에 상관없이 동일한 구조와 환경을 가지게 되었다.

이후 나타난 가장 두드러진 변화는 새로운 무슬림 통치기구들이 소련의 무슬림 밀집 지역을 중심으로 설립되었다는 점인데, SADUM이 타슈켄트에, 북카프카즈무슬림종무원이 부이낙스크에(이후 마하츠칼라로 이전 및 다게스탄 무슬림 종무원으로 변경), 바쿠의 카프카즈무슬림종무원이 설립되었고(아제르바이잔, 아르메니아, 그루지아 관할), 1936년 기능이 중단되었던 우파의 무슬림종무원 기능이 부활되었다.[8]

수직적인 관리체계를 가진 무슬림종무원 제도를 통해 소련당국은 개별적인 지역종교공동체의 관리 및 이들의 요구에 대응하는 체계를 수립하였다. 이 시기에는 제2차 세계대전 이전보다 직접적인 종교 탄압이 완화되면서 개별공화국에는 공식 모스크 숫자가 증가하였다. 또한 소련내 공식적인 이슬람 관련 인력의 양성 목적으로 소비에트 당국은 이슬람 신학교의 설립을 1943년 허용하여 1945년 부하라에 미르 이 아랍 이슬람신학교(메드레세), 1956년 타슈켄트에 바라칸 이슬람신학교가 설립되었다.

1943년 6월 타슈켄트의 일부 이슬람 율법학자들은 당시 최고소비에트 의장이었던 미하일 칼리닌에게 중앙아시아 종교엘리트 회의의 타슈켄트 개최를 청원하여 이를 개최할 수 있었다. 이 회의에서 당시 중앙아시아 개별 공화국들에서 참가한 이슬람 원로들은 타슈켄트에 중앙아시아 이슬람 조직의 역할을 수행할 중부아시아 및 카자흐스탄 무슬림 종무원의 설립을 승인함에 따라 1943년 10월 SADUM은 공식기구가 되었다. 이후 소비에트 당국이 무슬림들이 많이 거주하는 대도시들에서의 모스크 개설을 허용하여 중앙아시아 각지에서 폐쇄되어 있었던 이슬람 예배시설이 복구되었다. 또한 이 시기에 이슬람 세계와

---

8   우파의 경우에는 역사적으로 두 개의 무슬림종무원이 존재하였다. 제정러시아시기에 설립된 무슬림 종무원은 오렌부르그 마호메트 영적회의(Оренбургское магометанское духовное собрание)로 1788-1917년의 기간에 존재했고, 소련시기인 1943년에는 러시아무슬림중앙종무원(Центральное духовное управление мусульман России)이 설립되어 활동을 시작했다.

소비에트 무슬림들간의 직접적인 유대관계도 회복됨에 따라 1945년 에숀 바바한을 대표로 하는 소비에트 무슬림 대표단들의 메카와 메디나 성지순례가 최초로 이루어질 수 있었다.

1943년 설립된 SADUM은 소련말기인 1989년까지는 무프티 직위가 바바하노프 가문에 의해 계승되었다. SADUM의 최고 지도자인 무프티에는 에숀 바바칸(Eshon Babakhan ibn Abdulmajidkhan)이 최초로 선출되었다. 그는 시리아 계통의 이슬람 학자인 샤미-다물라(Shami-Damulla, 1932년 사망)에게서 수학하였는데, 샤미-다물라는 이슬람과 공산주의의 조화를 주장하고, 하나피 법학파의 지역관습과 수피관행 인정에 반대하는 입장이었다.

이른바 '대중이슬람(popular Islam)'에 반대하는 그의 근본주의 견해를 추종하는 그룹은 Ahl al-Hadith(People of the Prophetic Tradition)로 불리었는데, 대중이슬람에 대한 부정적인 그의 견해는 소비에트 관리들에 의해 이른바 중앙아시아 무슬림 일반인들 사이에 퍼져있었던 이슬람 미신주의를 비판하는데 이용되었다.[9] 샤미-다물라의 살라피즘은 바바하노프 가문 무프티들에 의해 발표된 이른바 '대중이슬람'에 대한 반대 입장이 반영되어 있는 여러 차례의 공식 이슬람관련 결정과 닝링들(fatwas)에도 나타나고 있었다. 이미 이 시기에도 소비에트 우즈벡공화국에는 사적인 공간에서 개인적으로 교리를 가르치는 영향력있는 다수의 학자들이 있었다. 이들 가운데 일부는 하나피 법학파의 교리를 옹호했지만, 또 다른 일부들은 코란과 순나를 독자적으로 재해석하는 활동에 치중했고, 또 다른 일부는 전통적인 이슬람 법학파의 유럽들을 전면 부정했다.

흐루시초프 해빙기가 되면서 스탈린 시기 종교탄압으로 인해 강제수용소에 수용되어 있었던 이맘들 가운데 상당수가 생존하여 강제수용소에서 석방되었다. 또한 스탈린 시기 북코카서스 지역에서 중앙아시아 및 시베리아로 강제

---

9 샤미-다물라는 정통 이슬람의 근본은 코란 및 예언자의 언행집인 순나(the Sunna o the Prophet)로 보았고, 따라서 하나피 법학파 전통의 이른바 '인간에 의해 확립된' 율법의 해석과 설명에 기반하지 않는다고 보았다.

이주되었던 무슬림 민족인 체첸, 잉구쉬, 발카르 등은 점진적으로 고향으로 귀환했다. 그러나 흐루시초프가 가지고 있었던 공산주의 사회에서의 종교의 불필요성에 대한 인식이 반종교적인 선전의 새로운 흐름으로 자리 잡게 되었다. 전투적인 무신론은 지식사회라는 수사로 대체되었고, 반-이슬람 선전선동은 더욱 과학적인 외양을 가지게 되었다. 이 시기 소련내 모스크 숫자는 1948년 411개에서 1970년 314개로 감소했는데(Ro'i, 2000: 66), 행정조치에 의한 폐쇄 및 법적인 규제를 통해 행해졌다. 같은 기간에 이맘을 양성하는 고등교육기관으로 1946년 타슈켄트에 설립되었던 바라칸 이슬람신학교(메드레세)는 1961년 폐쇄되었고, 이를 대체하는 새로운 이슬람교육기관은 1971년 개설되었다.

비공식 이슬람의 확대가 정치적인 운동으로 이어지지는 않았고, 이러한 비공식적인 이슬람은 소비에트 체제에서 이슬람 종교 의례들이 최소한도로 유지될 수 있도록 하는 유일한 수단으로 작용하였다. 공식적인 기도공간 설립이 불가능했기 때문에 이러한 비밀 무슬림 공동체들은 외부인들에 대해 폐쇄적이었고, 상호간 접촉은 거의 없었다. 따라서 공동체의 이슬람 지식 수준은 하락이 불가피했다.

1971년에는 1961년 폐쇄된 타슈켄트 바라칸 이슬람신학교를 대체하는 이맘 알-부하리 이슬람신학교가 열렸는데, 학교 명칭에 이슬람 예언자 무함마드의 수나(언행)을 모은 하디스 편찬자인 이맘 알-부하리가 사용된 점에서 이미 SADUM의 전반적인 흐름은 살라피주의에 있음이 분명해졌다. 이 시기 소련은 중앙아시아 무슬림을 대외관계 활성화 목적으로도 활용하였기 때문에 많은 SADUM 종사자들의 아랍권 유학이 허용되었다. 그러나 여전히 소련내에서 공식적인 이슬람 교육은 아주 소규모이며 제한적인 범위에서 허용되었고, 이슬람 관련 출판 역시 코란, 이슬람력, 기도집 같은 이슬람 문헌들이 제한적으로 이루어졌다. 또한 1950년대부터 1980년대까지 특히 우즈베키스탄과 타지키스탄에는 사설 이슬람 교리 서클(후즈라: hujra)들이 지속되었다. 이들은 주로 가족적인 연계를 통해 접촉했는데, 외딴 마을 공동체 뿐만 아니라 우즈벡의 수도인 타슈켄트내부에도 존재했고, 이미 타슈켄트는 비공식적인 이슬람 중심지로 과거 부하라와 사마르칸트가 수행했던 기능을 비공식적으로 수행하고 있었다. 후즈라 학자들은 상당한 규모의 이슬람 연구논문들과 논쟁적인 저술들을 생산하였는데, 이는 원고와 강연녹음테이프의 형태로 공유되었다.

    SADUM 관할기의 소비에트 카자흐공화국의 이슬람은 중앙아시아 전체 이슬람의 상황과 큰 흐름에서는 차이가 나타나지 않았다. 1943년 개별적인 중앙아시아 무슬림 공동체들의 통합 관리 조직인 중부아시아 및 카자흐스탄 무슬림종무원(SADUM)의 설립으로 중앙아시아와 카자흐스탄 전체 무슬림 성직자들의 공식 네트워크가 소비에트 국가차원의 행정관리체계로 편입되었다. 카자흐스탄 역시 여기에 속하게 되면서 소수의 카자흐스탄 출신 무슬림 학생들에게도 부하라의 미르 이 아랍 이슬람신학교 입학이 허용되었다.[10]

    이후 이슬람의 일상생활과 관련되는 모든 사항들을 관할하게 되었고, 이러한 형태는 소비에트 체제 말기까지 그대로 이어졌다. 이슬람에 대한 타협적인 입장은 제2차 세계대전 종전 이후 변화하여 1948년부터는 새로운 모스크나 이슬람공동체에 대한 등록이 중단되었고, 1953년 스탈린 사망이후 집권한 흐루시초프 시기에는 반-이슬람 선선선동이 이전보다 강화되었다(Ro'i, 2000: 37-39). 카자흐공화국 교육부 및 다른 정부 기관들도 이와 관련되어 과외활동에서 반-종교 교육의 확대필요성을 강조하였는데, 1950년대부터 1980년대 사이에 카자흐공화국의 모스크는 20개에서 29개로 증가하였다(Ro'i 2000: 62-65). 이맘, 무아진, 물라 등의 주요 이슬람 사제의 공식적인 숫자는 25명에서 59명으로 늘어났으며, 1960년에는 이맘이 공식적으로 25명이었고, 이 가운데 카자흐인이 21명, 우즈벡인 3명, 타타르인 1명이었다. 등록되지 않은 물라, 특정 모스크에서 소속되지 않고 활동을 하는 이슬람 사제 등의 숫자는 700여 명으로 추산되었다(Ro'i, 2000: 90-91).

---

10 1946년을 보면 카자흐스탄 출신이 16명 지원하였는데, 이 가운데 11명은 카자흐, 3명은 타타르, 둥간과 위구르가 각각 1명이었다.

IV. 카자흐스탄 이슬람 체계의 형성과 발전

1. 소련말기 및 독립초기 중앙아시아 이슬람 체계 변화

고르바초프 집권이후 소련 국가종교정책의 점진적인 자유화로 인해 소련의 무슬림 지역 대부분에서는 이슬람과 이슬람 교육이 활성화되었고, 1980년대말 타지키스탄과 우즈베키스탄에서는 사실상 모든 마을과 공동체들에서 모스크와 기도공간이 만들어지기 시작했다. 민간에 의한 종교교육 금지조치가 폐지되면서 새로운 이슬람 학교들이 국가-후원 영적지도위원회 뿐만 아니라 모스크 및 일반 가정에서도 설립되기 시작했다. 이러한 여건으로 인해 혁명 이전의 이슬람 및 이슬람 교육과 관련된 문헌들이 재출판되기 시작했고, 해외에서 발행된 이슬람 선교관련 문헌들이 유입되었다. 이런 문헌들은 일반인들이 쉽게 접할 수 있게 러시아어로 되어 있었고, 소련의 무슬림들에게도 허용되었던 메카 성지 순례객들을 통해서도 유입되기 시작했다.

소련 국내외적인 이슬람 부흥 상황에서 소련 이슬람행정체계에도 붕괴상황이 반영되기 시작하였는데, 타슈켄트에 위치한 SADUM이 1989년 우즈벡이슬람종무원(Управление мусульман Узбекистана, УМУ)로 바뀌었고, 카자흐스탄을 비롯한 중앙아시아 개별국가 단위 종무원 제도(Muftiate, Управление мусульман)가 만들어졌다. 개별 국가 단위의 이슬람 시스템이 만들어짐에 따라 이슬람 교육은 경험, 교육자료 및 인력 모든 측면에서 지원이 요구되었는데, 다른 이슬람 국가들과의 협력을 통해 이와 관련된 초기 문제점들이 해결되었다.[11]

---

11 크림반도에서는 크림지역 이슬람종무위원회(Directorate) 터키종교성 및 여타 터키 이슬람 종교 재단 및 기구의 지원을 받아서 터키식 이슬람제도를 중심으로 이슬람 및 이슬람교육 제도가 재건되었는데, 반면 키예프의 무슬림영적지도위원회는 아랍 국가들 및 아랍 이슬람 NGO들과 협력하여 시리아 또는 레바논식의 이슬람 교육제도를 재건하였다.

1985년 고르바초프 서기장 집권이후 공식적인 종교 및 이슬람 교육 정책에도 변화가 나타났다. 개혁 및 민주화가 추진되는 과정에서 많은 새로운 종교 조직들이 설립됨에 따라 당시의 카자흐 공화국 차원에서도 종교 행정기구의 서열화를 통한 개혁을 필요로 하고 있었다. 이는 이슬람 교육제도에는 직접적인 영향으로 이어졌지만, 국가 정책 차원에서는 이슬람의 강조 경향이 강조되지는 않았다. 독립직후 카자흐스탄은 국가 상징 도입과정에서 다른 중앙아 국가들에서 나타난 반달, 별 같은 이슬람을 의미하는 종교 상징을 독립 카자흐스탄의 국기에 전혀 반영하지 않았고, 국가사성 건설에 있어서 종교의 제도화를 시도하지 않았다(손영훈 2014: 10).

카자흐스탄에서 무슬림 공동체 관리체계에 대한 구조 개혁은 1989년초 최초로 제기되었다. 이는 당시 타슈켄트의 SADUM 이슬람 최고지도자인 샴시드 칸 바바하노프에 대한 우즈벡 무슬림들의 퇴진요구 직후 표면화되었다. 카자흐스탄 이슬람 조직의 독자기구화 과정은 1989년 11월 중순 알마티에서 열린 특별회의에 다수 이맘들이 참석하면서 시작되었다. 알마티의 이슬람 율법재판관(콰지: Qazi) 니산바예프는 SADUM으로부터 벗어나지 않는 한 카자흐스탄 이슬람의 실질적인 갱신이 가능하지 않음을 언급하였다.[12] 우즈베크와 가까운 카자흐스탄 남부 쉼켄트 모스크 금요예배 설교이맘(imam-khatib) 슈크룰로 무하메드자노프(Shukrullo Mukhamedzhanov)를 제외한 참석자 전부가 카자흐스탄 무슬림종무원(Духовное управление мусульман Казахстана, ДУМК, 이하 DUMK)의 설립에 동의하여 이와 관련된 논의는 비밀리에 진행되었는데, 카자흐스탄무슬림종무원 설립 공식 발표 이전에 타슈켄트 SADUM과 공개적인 대립이 발생할

---

12 라트벡-카지 니산바이-울르(Ratbek-kazhi Nisanbai-uly)는 부하라 사범대학, 1975년에 부하라 미르-이-아랍 메드레세를 졸업하고 리비아에서 유학했다. 이후 알마티에서 콰지 비서로 활동하다가 소련말기에는 콰지로 활동하다가 1990년 신설된 카자흐스탄무슬림종무원 초대 이슬람최고지도자로 2000년까지 활동했다. 카자흐어로 코란을 번역하였고, 이슬람 관련 서적을 발간하였다.

경우 이를 주도하는 니산바예프의 퇴진과 새로운 콰지 임명을 초래할 수 있었기 때문이었다.

SADUM의 규정에 의하면 구조개혁은 중앙아시아 및 카자흐스탄 무슬림 전체 총회에 의해 결정되도록 되어 있었기 때문에 카자흐스탄만의 독자적인 이슬람조직에 대한 찬성은 불가능했다(Kemper et al., 2010: 286). 1990년 1월 7-8일 모스크바는 DUMK의 독립을 승인하였고, 1월 12일 제1회 카자흐스탄 공식 무슬림 총회가 소집되었다. 250명의 대표자들이 DUMK의 새로운 법령을 채택했고 종신 무프티, 5명의 콰지(알마티, 타라즈, 쉼켄트, 우랄스크, 세미팔라친스크), 10명으로 구성된 집행부를 선출하였다.

소비에트 말기 및 중앙아시아 국가 독립 직후의 이슬람 교육에 대한 과열 분위기는 이후 진정국면에 들어서게 되었다. 짧은 시기에 급증한 이슬람 교육기관들은 해외로부터의 직접적인 지원 축소 및 국가의 관리가 강화되면서 조정양상이 나타나기 시작했다. 이슬람 영역에 대한 국가의 관리 강화로 인해 국가 이슬람종무원 관할권 바깥에 위치한 많은 (비공식) 이슬람 고등교육기관들이 폐쇄되었는데, 이는 이들이 궁극적으로 이슬람종무원의 경쟁세력으로 결집될 가능성이 높았기 때문이다. 또한 국가 당국은 이슬람에 대해 이슬람종무원이 규정하지 않은 비전통적인 방식에 따라 코란을 해석하고 이를 추종하는 세력들에 대해서는 원리주의(fundamentalism), 급진주의(extremism), 와하비즘(Wahhabism) 추종세력으로 분류하고 이들에 대한 규제를 시작하였다(Kemper et al., 2010: 16). 특히 원리주의는 국가의 이슬람 해석 및 이슬람 관련 지식 생산 독점을 인정하지 않는 많은 집단들을 관리 및 규제하는데 빈번히 이용되어 왔다. 2000년대에 들어와서 전세계적인 테러리즘과의 전쟁 맥락에서 이슬람 정치세력화에 대한 규제가 강화되어 비공식적인 이슬람 교육에 대한 전면적인 규제조치가 우즈베키스탄에서 도입되기도 했으며, 대중적인 이슬람에 대한 요구는 국가가 관리하는 일부 이슬람 고등교육기관들이 중심으로 이슬람을 기반으로 하는 윤리 교육의 형태로 대체되었다.

2. 카자흐스탄 무슬림종무원(DUMK) 설립이후의 이슬람교육

SADUM이 카자흐스탄 출신의 우즈베키스탄 소재 이슬람신학교 입학을 중단함에 따라 DUMK는 미래 무슬림 인력 양성을 위한 카자흐내 교육체계 설립에 착수하였다. 1996년까지 새로 설립된 알마티의 고등이슬람대학 2년제 과정을 통해 300명의 관련 인력들이 배출되었으며, 이들은 카자흐스탄 전역의 모스크들로 배치되었다. 이외에도 많은 모스크에서 자체적으로 하위 성직자 양성 프로그램을 개설하였고, 개별 학습단체에서도 이슬람에 대한 기본지식 및 아랍어 교육을 진행하였다. 3개 신학교가 남카자흐스탄주 쉼켄트와 인접지역인 잠불주 메르케에 개설되었지만, 2개 신학교는 1년도 지나지 않아 재정적인 문제와 교수인력 부족으로 폐쇄되었다.

    소련의 붕괴로 인해 DUMK는 다른 구소련 공화국들로부터 신속하게 독립기관으로 인정받았으며, 이러한 과정을 카자흐스탄 정부 역시 초기부터 지원하였다. 그러나 SADUM으로부터의 독립이 사전에 계획되어 이루어진 과정이 아니었기 때문에 재정적인 상황 및 국제적인 접촉의 범위 확대가 수월하게 진행되지는 않았고, 이로 인해 초기에는 국제적인 이슬람 지원 재단들로부터의 지원도 쉽게 이루어지지 않았다.

    무프티 니산바예프가 지방차원의 인력 양성과 관련된 권한의 독점시도, 비카자흐인 이맘들에 대한 해고 조치를 독단적으로 진행함에 따라 DUMK내부에서는 갈등이 나타나기 시작했다. 특히 남카자흐스탄의 많은 이맘들이 이에 대한 불만을 표출하였다. 이 세력은 쉼켄트의 이맘인 슈크룰로 무하메드자노프(Shukrullo Mukhamedzhanov)가 대표하고 있었고, 당시 카자흐스탄의 대표적인 민족주의 정당인 알라쉬당 역시 이들을 지지하고 있었다. 이러한 갈등은 카자흐스탄이 독립을 선언하기 직전인 12월 중순에 발생하였는데, 직접적인 원인은 무프티 니산바예프가 공산주의에 희생된 희생자들에 대한 기도 허용 문제에 대해 부정적이었던 것에서 기인하였다. 그는 1986년 12월 알마티 시위 당시 고르바초프의 입장을 지지하는 친소비에트 성향의 인물이었다. 이로 인해 그의 입장에 반대하는 알마티, 메르케 및 탈디코르간 지역 이슬람 성직자들의 시위가 진행되기 시작했고, 임시위원회가 만들어져서 니산바예프를 퇴진시키기 위한 무슬림 성직사회 내부의 쿠데타가 진행되었다.

니산바예프를 교체하기 위한 이슬람 공동체 내부의 시도는 카자흐공화국 최고소비에트가 독립을 선언하기 며칠 직전에 발생하였기 때문에 무슬림 성직자 내부의 의견과는 다른 방향으로 상황이 진행되었다. 당시 니산바예프 퇴진을 이끌었던 정치세력의 입장에서는 급진 민족주의 성향 야당인 알라쉬당의 급상승에 대한 통제 필요성을 절감하고 있었고, 신생독립정부는 소비에트 공화국 말기의 주축세력이었던 카자흐공산당을 중심으로 형성되었기 때문에 카자흐스탄 독립선언 이후 니산바예프는 카자흐스탄 정부의 지지를 획득하게 되었다. 이후 반대세력들은 1992년 4월 저항을 포기하였는데, 반대세력을 이끌었던 주요 이맘들은 자신의 직위에서 물러나거나 퇴진당하였으며, 이들 가운데 지도자급들은 카자흐스탄을 떠나게 되었다.[13]

이후 DUMK의 체계 변경을 위한 외부로부터의 대대적인 개혁요구는 나타나지 않았고, 2000년에는 아브사타르-하지 데르비살리(Absattar-Khadzhi Derbisali)가 제2대 무프티로 선출되면서,[14] 카자흐스탄 정부의 무슬림에 대한 영향

---

13 이맘 틸로프(Z. Tilov)는 1992년 여름 북카프카즈로 떠났고, 갈등국면에서 임시위원회 선출지도자였던 이브라김 마샨로(Ibragim Mashanlo)도 고향인 키르기스스스탄의 잘랄아바드로 갔다. 부-무프티였던 체첸인 무함마드 후세인 알사베코프(Muhammmad Huseyn Alsabekov)는 고향 체첸으로 돌아가서 무프티가 되었다. 저항운동을 조직하고 이끌었던 쉼켄트 우즈베크인 슈크룰로 무함메드자노프(Shukrullo Mukhamedzhanov)는 쉼켄트 모스크 이맘에서 퇴진당한 후 1994년 국외로 추방되었다.

14 1947년 남카자흐스탄주 생이며, 1969년 쉼켄트 사범대 졸업후 1987년 소련학술원 동방학연구소에서 모로코아랍문학 연구로 1987년 독토르 학위를 취득하였고, 1996년에는 카자흐스탄 공화국 학술원 아카데믹이 되었다. 1977-1997년까지 알마티 소재 카자흐국립대 교수 및 부총장으로 근무하였고, 1997-2000년에는 주사우디아라비아 카자흐스탄대사관 외교관

력은 DUMK를 통해 더욱 공고하게 행사될 수 있었다. 그는 조직의 내부적인 개혁과 효율적인 활동에 치중하였고, 교육이 가장 시급한 과제로 대두되었다. 이를 위해 신학적인 심화교육 과정 개설, 이맘에 대한 새 훈련과정 운영, 이맘에 대한 체계적인 재인증 제도를 도입하였다.

이와 아울러 무프티인 데르비살리(Derbisali)는 카자흐스탄내에 존재하는 고전적인 아랍이슬람 요소에 대한 지원을 적극적으로 추진하였다. 그는 성인숭배, 이슬람 이전시기 전통명절인 나우르즈의 국가공휴일화 등은 고전적인 이슬람 표준에 맞지 않다고 보았고, 투르키스탄의 호자 아흐멧 야사위 영묘가 이슬람사원으로 바뀌었다. 그의 개혁 시도는 카자흐스탄이 가지고 있는 전통-지역 수피즘의 근간을 붕괴시킬 수 있다는 비난을 받기도 했는데 결국 정치적인 상황의 변화로 인해 이러한 개혁정책은 약화되었다.[15] 2000년 12월에는 터키-카자흐 청소년지원 자선재단 후원으로 카자흐스탄 최초로 코란암송대회를 개최하였고, 2001년에는 코란 설교 경연대회 개최를 발표하기도 했는데, 이러한 시도들은 인본주의적인 이슬람 가치의 확산을 목표로 한 것이었다.

1990년초 DUMK는 초기부터 고등 이슬람 교육기관(대학)을 설립하였지만, 이에 대한 공식적인 능복은 1990년내 후반에 이루어졌다. 무프디 데르비살리 이전에는 이슬람 대학교는 교육시스템, 운영체계, 공식문서 등이 제대로 갖추어지지 않은 상태였기 때문에 정상적인 운영이 불가능했다. 데르비살리는 이를 폐쇄하고 누르-무바라크 이집트 이슬람문화대학교를 DUMK에 대한 이집트 정부의 기증 형식으로 개설하였다.

으로, 2000-2013년에 카자흐스탄 무슬림종무원 제2대 무프티로 활동하였다. 2013년 이후부터는 카자흐스탄 교육과학위원회 부설 동방학연구소 소장으로 재직중이다.

15 대표적인 것이 이슬람 축일인 오라자-아이트(Oraza-Ait)와 쿠르반-아이트(Qurban-Ait)의 국가공휴일 지정에 대한 의회의 반대였는데, 이후 이는 대통령의 다문화공존 및 존중 정책의 일환으로 러시아정교 크리스마스와 함께 2000년대 중반부터 모두 카자흐스탄의 국경일로 지정되었다.

V. 독립 이후의 카자흐스탄 이슬람과 교육

1. 이슬람 관련환경의 변화와 교육

카자흐스탄의 이슬람교육은 1992년 1월 15일 채택된 종교 및 종교조직 자유화법(О свободе вероисповедания и религиозных объединениях)의 제5조를 바탕으로 한다.[16] 이 종교자유법과 교육법에 의거하여 종교기관을 포함한 모든 교육기관들은 교육부 등록을 의무화하고 있으며, DUMK 조직의 일부분인 누르-무바라크 대학교는 이러한 공식등록 절차를 거친 유일한 이슬람 교육기관이다. 또한 종교자유법 7조에 따라 이슬람에 대한 교육은 사립 기관에서도 가능한데 이 경우 개별 종교단체들은 종교교육 관련 시설을 설립할 수 있으며, 교육부 등록이 의무화되어 있다. 그러나 실제로는 다수의 종교 단체들이 별도의 등록없이 종교교육을 실시하고 있으며, 이슬람 영역에 대한 교육을 받는 학생들의 숫자는 증가하고 있다. 이러한 다양한 종교교육 가운데 실제 이슬람 성직자인 이맘을 양성할 수 있는 교육은 누르-무바라크 대학에서만 가능하며, 이를 제외한 다른 이슬람 교육기관에서는 종교연구 및 아랍어 수업 정도만 진행되고 있는데, 이들 교육기관들의 운영에 관련된 재정들은 대부분 해외에 의존하고 있다.

카자흐스탄의 이슬람 교육 분야는 해외로부터 많은 영향을 받고 있는데, 해외 이슬람 국가의 대학에서 신학교육을 받고 있는 카자흐 학생들이 중요한 역할을 하고 있는데, 이들 대부분은 남카자흐스탄 출신이다. 그러나 이들 학생

---

16 이에 따르면 '공공교육 체계는 종교와 분리되어 실시되어야 하며 세속적인 특성을 가져야 한다. 부모는 자녀 교육을 특정종교에 따라 실시할 수 있지만, 자녀를 특정종교와 연결시키기 위한 강제적인 수단의 사용은 허용되지 않는다.....종교교육은 사립교육기관에서 제공될 수 있으며, 공립 학교는 종교 관련 내용을 교과과정에 포함할 수 있다.' Закон Республики Казахстан от 15 января 1992г. № 1128-XII, О свободе вероисповедания и религиозных объединениях. http://online.zakon.kz/Document/?doc_id=1000934.

들 가운데 일부는 급진주의나 테러리스트 조직의 영향을 받을 수 있다는 부분에서 우려가 증가하고 있다. 둘째로는 카자흐스탄에서 외국인근로자 및 외국인 학생으로 체제하면서 비공식적인 이슬람 선교활동의 전개도 영향을 끼치고 있으며, 셋째는 카자흐스탄의 관련 법규와 규정을 준수하지 않은 채 외국대학들이 카자흐스탄내에서 임의로 진행하는 이슬람 관련 활동들 역시 카자흐스탄의 이슬람 교육에 영향을 주고 있다. 2010년 기준으로 카자흐스탄의 2,192개 종교조직들 가운데 1,150개가 이슬람 관련 종교조직으로 파악되고 있다(Kemper et al., 2010: 291). 알마티의 경우에는 1993년부터 1998년 사이에 종교 단체들의 숫자가 최소 12배 이상 증가하였는데, 비전통종교 관련단체의 성장이 더욱 두드려졌고, 이 시기에 당시 무프티 니산바예프는 이에 대해 불개입적인 입장을 취하였다.

1990년대에 카자흐스탄내에서 이슬람 신학교를 통해서 이슬람교육이 가능했던 도시는 알마티, 타라즈(잠불), 쉼켄트, 메르케, 루고보이에서 가능했는데, 이 가운데 이맘들을 교육하는 이슬람 대학교가 위치했던 알마티를 제외하면 모두 남카자흐스탄에 위치하고 있었다. 이외에도 해외에서 이슬람교육을 받는 숫자도 증가하였다.[17] 비공식적으로 해외에서 이슬람 교육을 받는 경우도 많았고, 외국의 지원으로 카자흐스탄내에서 이슬람 학교들이 개설되기도 했다. 카자흐스탄 정부는 1993년부터 입법조치가 완료된 1992년 종교자유화법을 통해 종교적인 갈등을 초래할 수 있는 종교단체 조직 및 활동에 대한 규제를 시작했고 (Savchenko 2015:2), 1994년부터는 급진주의와 불리주의적인 종교 규제와 관련된 입법을 강화하였다.

2002/2003년에는 1992년 종교자유화법에 당시 급증하고 있었던 비전통적인 외국 무슬림 단체들 및 다른 종교 단체들에 대한 등록, 활동에 대한 규제

---

[17] 1996년에만 이집트의 알-아자르대학교에 80명, 터키에 100명, 파키스탄에 25명의 카자흐 학생들이 이슬람 전문 교육을 받고 있었다. 무프티 니산바예프 인터뷰. Ислам әлемі, no. 1/1996, pp.2-3.

강화 내용을 포함한 개정안이 의회에 제출되었다. 이 법은 카자흐스탄 헌법에 합치되지 않음을 이유로 채택되지 않았지만, 카자흐스탄 사법당국은 2004년과 205년에 국제적인 무슬림 무장 및 테러세력들을 불법단체로 규정하고 이들의 카자흐스탄내 활동을 금지하였다.[18] 카자흐스탄의 해외유학생중에 특히 외국의 종교관련 대학교에서 유학중인 학생들에 대한 국가차원의 관리도 강화되었는데, 이는 카자흐스탄 관계당국의 허가 없이 주로 선교를 목적으로 카자흐스탄에서 비공식적으로 활동하고 있는 민간단체의 학비후원이나 자비로 해외에서 유학중인 학생들을 소환할 수 있는 대통령명령의 입법으로 가시화되었다.[19] 이 법의 목적은 외국에서 유학중인 카자흐스탄 학생들을 현지의 급진종교 성직자들의 영향으로부터 차단하는데 있었다. 2000년대 중반이후 카자흐스탄에서도 나타나기 시작한 이른바 파괴적인 종교활동에 대한 제도적인 대처는 2011년 종교활동 및 종교단체 조직에 관한 새로운 법안의 도입 형태로 구체화되었는데, 종교간 합의, 종교간의 안정성 보호, 부정적인 종교적 표출 활동 등에 대한 반대를 근간으로 급진 이데올로기로부터 사회를 보호하는 안전판 역할을 하게 되었고, 이는 직접적으로는 비공식 이슬람 영역에서의 급진 이슬람 활동에 대한 공식적인 규제로 이어졌다(Savchenko, 2015:2).

2. 주요 이슬람 교육기관 현황

카자흐스탄무슬림종무원 직속 이슬람 교육기관으로는 누르-무바라크 이집트 이슬람문화대학교가 이맘에 대한 고등교육기관으로 카자흐스탄과 이집트의 협력을 통해 2001년 설립되어 운영되고 있다. 교과과정에 대학교에서 개설되는

---

[18] 이에 해당되는 조직은 알-카에다, 동투르키스탄이슬람당, 쿠르드민족회의, IMU, 무슬림형제단, 탈리반, 보즈쿠르트, 중앙아시아 무자히딘, 라스카르 알-타이바, 히즈-알-타히르 등이다.

[19] "Ислам должен возвышать человека," Казахстанская Правда, 25, Nov. 2000.

일반적인 교과목 외에, 이슬람 성직자에게 필수적으로 요구되는 코란, 하디스, 샤리아, 타프시르 및 아랍어 과목들이 포함되어 있고, 학사과정 4년, 석사과정 2년으로 구성되어 있으며, 우수한 학생은 이집트 카이로의 알-아즈하르 대학교에서 박사과정을 계속할 수 있다. DUMK 직속의 또 다른 이슬람 교육기관으로는 2001년 기존 이슬람 성직자들의 자질 향상을 위해 설립된 이슬람 대학이 있다. 이 대학에는 기존 이맘들 가운데 지위에 따른 세부적인 재교육 과정 중심으로 2년간 교육이 이루어지며, 연간 150여 명의 학생들이 배출된다.

DUMK 직속 이슬람 고등교육기관 이외의 국제적인 협력에 의해 설립된 이슬람 관련 고등교육기관으로는 외국의 재원으로 설립 및 운영되고 있는 카자흐스탄의 대학들 가운데 아랍어 과정 또는 이슬람 관련 과정을 개설 및 운영했던 3개 대학이 대표적이다.

남카자흐스탄 인문아카데미는 이전 명칭이 카자흐-쿠웨이트 대학교였는데, 1998년 공식적으로 설립되었고, 아랍연구와 이슬람 지역연구를 중심으로 300여명의 학생들이 다니고 있다. 국제 카자흐-아랍 대학교(오트라르 대학교)는 1992년 아랍어를 가르치는 이슬람신학교로 설립되었는데, 1993년 남카자흐스탄 아랍언어대학으로 개명되었고, 카자흐스탄 교육부의 허가로 신학교 학생 전부가 대학으로 소속이 변동되면서 본격적인 대학교육이 시작되었다. 현재 이 대학은 오트라르 대학교로 개명되었다. 호자-아흐멧 야사위 국제 카자흐-터키 대학교는 수피 호자 아흐멧 야사위 이름을 딴 대학교로 호자-아흐멧 야사위 영묘가 있는 카자흐스탄 남부 투르키스탄에 본교가 있으며, 인접한 쉼켄트에 분교가 있고, 최근에는 알마티에 대학부설 연구소가 개설되었다. 야사위 대학교는 터키와 카자흐스탄 사이에 고등 교육부문에서 최초로 이루어진 합작 대학교이며, 카자흐-터키교육재단(Kazak-Türk Eğitim Vakfı, 이하 KATEV)이 재정지원을 히고 있다.[20]

---

20 또 다른 터키계 대학교인 술래이만 데미렐 대학교 역시 알마티시에 위치하고 있지만, 이 대학교에서는 이슬람이나 아랍관련 교육 과정이 개설되어 있지는 않다.

학문적인 이슬람 연구는 일반 대학교들과 연구소를 중심으로 진행되고 있는데, 알파라비 카자흐국립대에는 동양학대학 아랍어과, 철학 및 정치학 대학의 종교학과에서 이슬람 관련 교육이 진행되며, 아바이 카자흐국립사범대학교는 언어학 대학의 외국어강좌에 아랍어가 개설되어 있고, 역사학대학에서도 동양학 및 지역학 전공으로 이슬람에 대한 연구가 진행되고 있다. 아블라이한 카자흐 국제관계 및 세계언어대학교에서는 지역연구와 아랍어문학 강좌가 개설되어 있으며, 카자흐 노동및사회관계아카데미에서도 동양학부에 아랍어 강좌가 개설되어 있다. 연구소 가운데에는 2000년 9월 카자흐스탄 국립 법률아카데미에서 이슬람법 연구센터를 개설했고, 2003년에는 카자흐스탄 교육과학부 산하 동양학연구소에서 이슬람학 센터를 개설하였다.

카자흐스탄 교육법에서는 초중등 교육기관에서의 이슬람 관련 과목 개설이 금지되어 있으며, 일부 공립학교 및 사립 중등학교들에서 아랍어 수업이 개설되어 있다. 아랍어와 터키어로 수업을 진행하는 일부 외국계 학교들에서 비공식적으로 이슬람에 대한 강의가 이루어지고 있는데, 알마티시의 25번 카자흐-터키 고등학교(리쩨이) 및 이집트협회 '타이바'가 운영하고 있는 알마티 사범 칼리지가 대표적인 사례들이며, 아부다비가 지원하는 적색신월재단(The Red Crescent Foundation)이 운영하는 고등학교에서도 역시 이슬람에 대한 교육이 이루어진다.

또한 KATEV의 카자흐-터키 고등학교 역시 카자흐스탄 교육체계에서 중요한 역할을 하고 있다. 이 재단은 터키 페툴라귤렌 선교재단과 연계되어 있는데, 기숙사비는 무료이지만 년간 학비가 미화 1,000달러 수준이기 때문에 부유한 가정 출신인 경우들이 많으며, 교장을 비롯한 교원 대부분이 터키인으로 이루어져 있다. 교육과정 자체는 종교학교 성격이 아닌 일반학교로 운영되고 있지만, 방과후 과외활동 등을 통해서 이슬람에 대한 교육이 이루어지고 있다.

아동들은 모스크에서 개설되는 기초이슬람 교육을 받을수 있는데, 이슬람 교리 기초 및 아랍어 수업이 이루어진다. 이슬람신학교인 메드레세는 대략 20

개 정도 개설되었는 대부분이 알마티, 아틔라우, 탈가르, 타라즈, 제즈카즈간에 위치해 있었다. 이 가운데 일부는 재정적인 문제로 문을 닫은 상태이며, 일부는 아동을 위한 기초 이슬람 과정으로 변경되었다. 이를 제외한 메르케 남성신학교, 잠불주 루고보이 여성신학교 등은 카자흐스탄 교육 표준을 충족시키지 못해서 공식적인 등록이 없는 상태이다. 이맘과 여성교육자를 양성하는 쉼켄트와 사르아가쉬의 이슬람신학교들 역시 국가 교육기관 면허를 취득하지 못해서 폐쇄되었다. 이외에도 잠불주와 카자흐스탄 남부지역에는 대략 20여개의 비공식 이슬람 학교들이 있는데, 이들 가운데 공식적인 등록이나 국가면허를 받은 곳은 없다. 그러나 이러한 학교에서도 이슬람 관련 교육, 아랍어 교육 등이 정식 교원자격이 없는 교사들에 의해 진행되고 있다.

VI. 맺음말

중앙아시아의 이슬람과 이와 관련된 교육은 제정러시아 말기부터 소련시기를 거쳐 오늘날까지 이른바 국가행정체계에 따른 종교행정 차원의 관리를 통해서 발달해온 공식 이슬람 부문과 이러한 체계 바깥에서 이어져온 비공식 이슬람으로 구분되며, 중앙아시아 전체 보다는 정착문명 전통권과 유목문명 전통권이라는 기준에 따른 차이가 특히 오늘날 중앙아시아 각 국가별로 이슬람과 관련된 상황의 다양화에 더 큰 영향을 주고 있으며, 공통적인 공식 이슬람 영역 이외의 이른바 비공식 이슬람 수용과 관련되어 이는 더욱 두드러지고 있음을 알 수 있다.

중앙아시아 국가 가운데 가장 온건한 이슬람공동체가 유지되어온 카자흐스탄은 오늘날과 같은 국가공동체가 형성되기 이전에는 중앙아시아 전체 단위의 이슬람 행정 및 교육체계에 의해 이슬람 공동체의 변화 및 이와 연관된 이슬람 교육이 실시되어 왔다. 따라서 제정러시아 말기부터 독자적인 카자흐스탄 무슬림종무원이 만들어지는 소련체제 말기까지의 기간 동안에는 타슈켄트에 위치한 중부아시아 및 카자흐스탄 무슬림종무원 체계를 통해 이슬람공동체와 교육에 관련된 정책이 수립 및 집행되어 왔다. 또한 소련시기에 형성된 러시아인 중심 다민족공존구조로 인해 이슬람공동체와 이와 관련된 이슬람교육의 활성화 정도는 상대적으로 매우 낮은 편이었다.

이러한 상황은 소련말기 카자흐스탄 무슬림종무원 설립을 계기로 급격하게 변화하였는데, 터키 및 중동 아랍국가들의 지원으로 카자흐스탄만의 독립적인 이슬람교육체계가 형성될 수 있었다. 이 과정에서 특히 터키 민간종교재단들의 지원이 카자흐스탄의 이슬람교육 분야 성장에 절대적인 역할을 하고 있으며, 카자흐스탄 정부는 외국의 지원을 받는 이슬람교육제도를 통해서 의도치 않은 급진주의 또는 테러주의, 공동체 안정에 위협을 초래할 가능성이 높은 비전통적 이슬람이 유입되지 않도록 하는 다양한 정책들을 펼치고 있다.

참고문헌

손영훈. 2014. "카자흐스탄의 국민형성 과정과 조직."『중동연구』제33권 1호, 1-23.

"Закон Республики Казахстан от 15 января 1992г. №.1128-XII, О свободе вероисповедания и религиозных объединениях."
http://online.zakon.kz/Document/?doc_id=1000934.

"Ислам должен возвышать человека." *Казахстанская Правда*. 25, Nov. 2000.

Ислам әлемі. no. 1/1996

Crews, Robert D. 2006. *For Prophet and Tsar: Islam and Empire in Russia and Central Asia*. Cambridge, Massachusetts: Harvard University Press.

Edelbay, Saniya. 2012. "Traditional Kazkh Culture and Islam." International Journal of Business and Social Science. Vol.3. No. 11, 122-133.

Kemper, Michael. Motika & Reichmuth. (eds.) 2010. *Islamic Education in the Soviet Union and its Successor States*. London: Routledge.

Ro'i, Yaacov. 2000. *Islam in the Soviet Union: From the Second World War to Perestroika*. New York: Columbia University Press.

Privratsky, Bruce G. 2001. *Muslim Turkestan: Kazakh Religion and Collective Memory*. Richmond/Surrey.

Savchenko, Anna. 2015. "Kazakhstan:Two-faced religion and regulations-official discourse on Islam in Kazakhstani 2011-2014." *Puls of Central Asia, Issue* No.10.

Tomohiko, Uyama (ed.). 2007. *Empire, Islam and Politics in Central Asia*. Sapporo: Slavic Research Center, Hokkaido University..

Baldauf, Ingeborg. 1993. *Schriftreformen und Schriftwechsel bei den muslimischen Russland und Sowjettuerken (1850-1937)*. Budapest: Akadémiai Kiadó.